"十三五"高等院校财务与会计规划教材

# 新编基本建设单位会计

## （第二版）

陈力生　马佳易　编著

立信会计出版社
LIXIN ACCOUNTING PUBLISHING HOUSE

**图书在版编目(CIP)数据**

新编基本建设单位会计 /陈力生,马佳易编著. —
2 版.—上海:立信会计出版社,2019.5
ISBN 978 - 7 - 5429 - 6117 - 4

Ⅰ.①新… Ⅱ.①陈… ②马… Ⅲ.①基本建设会计
Ⅳ.①F285

中国版本图书馆 CIP 数据核字(2019)第 079029 号

责任编辑　　方士华
封面设计　　南房间

**新编基本建设单位会计(第二版)**

| | | | |
|---|---|---|---|
| 出版发行 | 立信会计出版社 | | |
| 地　　址 | 上海市中山西路 2230 号 | 邮政编码 | 200235 |
| 电　　话 | (021)64411389 | 传　真 | (021)64411325 |
| 网　　址 | www.lixinaph.com | 电子邮箱 | lixinaph2019@126.com |
| 网上书店 | http://lixin.jd.com | | http://lxkjcbs.tmall.com |
| 经　　销 | 各地新华书店 | | |

| | | |
|---|---|---|
| 印　　刷 | 常熟市梅李印刷有限公司 | |
| 开　　本 | 787 毫米×1092 毫米 | 1/16 |
| 印　　张 | 20.25 | |
| 字　　数 | 419 千字 | |
| 版　　次 | 2019 年 5 月第 2 版 | |
| 印　　次 | 2019 年 5 月第 1 次 | |
| 印　　数 | 1—3100 | |
| 书　　号 | ISBN 978 - 7 - 5429 - 6117 - 4/F | |
| 定　　价 | 45.00 元 | |

# 第二版前言

《基本建设单位会计》一书，自1990年3月初版和1997年3月第二版出版以来，发行量达3.7万册，在一定程度上满足了财经院校、建设单位、建设银行、开发、投资等银行和其他基本建设主管部门和管理单位学习、培训和进修基建会计工作知识和技能的需要。

2003年，我们对《基本建设单位会计》又进行了重写，并将书名改为《新编基本建设单位会计》。本书的出版，弥补了书市中同类书的缺失，更是得到上海市教委和中国船舶工业集团暨江南造船厂整体动迁项目大力肯定和认同，并且指定本书作为系统的培训教材。自2003年1月出版至今，本书发行量达6万多册。

2003年以来，我国在基本建设管理体制、财政金融、财务会计、投融资、税收等方面都进行了重大改革，尤其近年来我国财政在预算管理、政府收支分类、财政资金绩效管理、政府会计制度等多方面综合改革中取得了显著成果。国家又先后颁发了《基本建设财务规则》和《政府会计准则制度》等一系列相关法律、法规，因此，建设项目单位会计必须随之变化，与时俱进。

应广大读者要求，我们根据上述变化，对本书进行了修订。本次修订在保持原框架结构不作大的变动基础上，对各章内容作了较大充实、完善和调整，全书共十章，第一章至第四章由陈力生教授执笔，第五章至第十章由马佳易经济师执笔。全书既有文字阐述，又列有账户结构等图表，为读者学习和加深记忆提供方便，并能尽快、尽好掌握基建会计核算来龙去脉。每章末均附有复习思考题和练习题，以供读者选用。

教材中如有缺点和错误，恳请广大读者批评指正，以便今后不断完善和改进。

作　者
2019年5月

# 目 录

# 第十章

## 建设项目非独立核算 ..................................................... 273

# 附　录

## ..................................................................................... 291

# 第一章

## 总　论

# 第一节 基本建设概述

## 一、投资、固定资产再生产与基本建设

社会主义的根本任务是发展社会生产力,固定资产投资既包括社会生产力的简单再生产,也包括社会生产力的扩大再生产,但它的根本任务是合理配置社会生产力。新中国成立 70 年来,我国集中和积累了大量的财力、物力和人力,进行了大规模的投资,目前已经形成了独立和完整的国民经济体系,也建成投产了一大批达到世界先进水平的重点建设项目和重大工程。在 2012—2017,基本建设投资增长始终维持近 20% 的高增长。2018 年上半年大幅回落到 7.3%,但 7 月 31 日的中央政治局会议明确指出,把补短板作为当前深化供给侧结构性改革的重点任务,加大基础设施领域补短板的力度,会议公报传递了全国基建投资加快的信号。实践证明:保持有效和适度增长的投资,已经愈来愈成为我国高速发展国民经济,加快实现"十三五"规划和现代化建设步伐,最大限度地满足人民日益增长的物质文化需要的第一推动力。

投资是一定投资主体为了获取预期的收益或特定目的,投入资金或其他经济资源,用以不断转化为实物资产、智力资产或金融资产的经济活动。这里,投资包含以下几个要求点:①投入的资金或其他资源,包括资金、土地与矿产、生产设备、材料与燃料、人力、技术等资源;②投资是一定主体的经济行为和过程,包括资金的筹措、引进、投向及投资预测、决策、计划、实施、调控等活动;③投资的目的是为了获取一定效益;④投资所可能获取的效益是预期效益,是不确定的且与所承担风险成比例;⑤投资所形成的资本有多种形式,一般来说有实物资本、智力资本和金融资本等形式。根据投入的要素不同,投资可分为固定资产投资、流动资产投资、智力资产投资和金融资产投资四类。固定资产投资通常是指用于购建新的固定资产或更新改造原有的固定资产的投资。按我国目前固定资产投资管理渠道,分为基本建设投资、更新改造投资、房地产开发投资和其他固定资产投资四类。流动资产投资通常指企业用于购买、储存劳动对象以及占用在生产过程和流通过程的在产品、产成品等周期资金的投资。这两者都是经营性项目投资不可缺少的组成部分,统称为实物资产投资。在投资过程中,要取得较好的投资效益,要求两者间保持与生产技术和工艺流程要求相一致的比例关系。智力资产投资的概念是 20 世纪 60 年代初舒尔茨在提出人力资本投资的基础上进一步拓展而来的。他发现人力资本投资报酬率高,不论在任何时候、任何国家,都比实物资产投资报酬率高。由于信息等高科技的迅猛发展,智力资产分人才资产、知识产权资产、市场资产和基础结构资产四类。人才资产包括体现在

劳动力身上的群体技能、创造力、解决问题能力、领导能力、企业管理技能等。主要用于教育、文化、卫生和健康投资；知识产权资产包括技能、专利权、商标权、土地使用权、著作权、非专利技术；市场资产包括各种品牌、对他们信赖的长期客户、备用存货、销售渠道、专利专营合同协议等与市场相关的无形资产潜力；基础结构资产包括企业文化、评估风险的方式、管理销售队伍的方法、财政结构、市场或客户数据库等，使企业得以运行的那些技术、工作方式和程序。金融资产投资是指通过购买股票、债券等各种证券品种的经济活动。构成国民经济的物质系统是实物投资，任何投资收益的最终来源是实物投资，金融资产投资的最终使用也均转化为实物投资。

为了保证社会再生产顺利地进行和发展，必须进行固定资产再生产。固定资产及其部分物资不断被消耗掉，又不断被重新生产出来、不断更新和不断扩大，这一连续不断的过程就叫做固定资产再生产。如果生产能力或效益是在原有规模得到补偿的基础上不断进行的，那叫做固定资产简单再生产。简单再生产要通过重置投资，使原有价值量得到补偿，其资金来源是折旧基金。但是在实际再生产过程中，当固定资产的物质补偿与价值补偿不同时进行时，折旧基金不仅具有补偿基金的属性，而且具有积累基金的属性。如果生产能力或效益是在扩大基础上不断进行的，则叫做固定资产扩大再生产。扩大再生产必须增加净投资才能实现，净投资资金来源是国民收入中的积累基金。为了保证固定资产日常运转和使用，必须进行日常保养和中小修理，它们虽然也带有一定程度的补偿成分，但只是一种追加性质的生产费用，不属于固定资产简单再生产。

固定资产经过较长时间使用磨损后，就必须进行大量更换零件和主要部件的大修理。固定资产大修理是固定资产局部简单再生产，但它不属于固定资产投资，而是按照自行制定的大修理计划由企业自行提取、管理和安排，这是实现固定资产再生产的第一条途径。固定资产经过长期磨损，它的基本部分已不能继续使用时，必须重新投资，进行原有固定资产的更新和替换，称作固定资产更新。凡利用企业基本折旧基金、国家更新改造预算拨款、企业自有资金、国内外技术改造贷款等资金，对现有企业、事业单位原有设施进行技术改造和固定资产更新以及相应配套的辅助生产、生活福利设施等工程和有关工作属于固定资产更新改造，为固定资产简单再生产和实现以内涵为主的扩大再生产。固定资产更新改造有三种类型：一是简单更新；二是在价值不变的条件下，在新的技术基础上的更新改造；三是追加净投资的技术更新，其支出列入更新改造投资计划。这是实现固定资产再生产的第二条途径。固定资产再生产还有第三条最重要的途径即基本建设，这主要是通过新建、扩建外延扩大再生产形式来实现的。凡利用国家预算内的基建拨款、自筹资金、国内外基本建设贷款以及其他专项资金进行的，以新增工程效益或扩大生产能力为主要目的的新建、扩建工程及其有关工作，属于基本建设。另外，如新增建筑面积超过原有面积的 30%，土建工作量超过项目资金总额 20% 的更新改造也作为基本建设。可见，现行计划、统计制度规定基本建设是指以新增工程效益或扩大生产能力为主要目的的工程建设及有关工作,更新改造和大修理均不纳入。虽然更新改造与基本建设性质有所不同,但两者同为固定资产再生产的投资支出,因此必须将更新改造投资与基本建设投资一起列入统一的固定资产投资计划进行综合平衡,才能确定一定时期内全社会固定资产投资规模。

综上所述,可将投资、实物资产投资、固定资产投资、基本建设投资、更新改造投资及固定资产再生产等相互之间的关系如图表1-1所示。

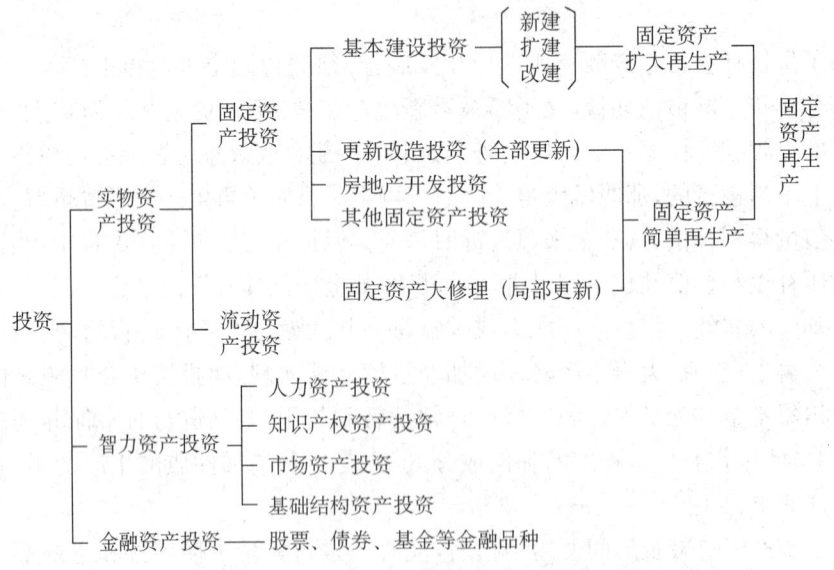

**图表1-1 投资等相关专业名词之间的关系图**

这里必须指出的是,固定资产简单再生产和扩大再生产只是一种理论上的抽象,在实际工作中很难也不可能截然加以区分,它们往往互相联系,互相渗透,经常交织在一起。例如,对固定资产的更新改造不可能是古董复制和修补,随着科学的发展和技术的进步,人们必然会采用更先进的技术,使固定资产提高生产能力或效率。这样,既可保证及时进行固定资产简单再生产,同时又在一定程度上实现力所能及的固定资产扩大再生产;又如,新建同等生产能力的煤井或油井代替已经报废的煤井和油井,这些矿井虽然属于新建,但它们都只能维持原有生产规模,并非扩大生产能力,因而也属简单再生产。在固定资产扩大再生产中,也有两种不同形式,必须在性质上加以区别:一种是内涵扩大再生产,例如进行固定资产更新改造,这是为了改进提高生产要素的质量和技术含量,通过依靠技术进步来提高效率,使生产在规模扩大的基础上连续进行,是向生产深度发展;另一种是采用新建扩建等外延扩大再生产,这主要是为了增加生产要素的数量,通过扩大生产场所,使生产在规模扩大的基础上连续进行,是向生产广度发展。对于这两种扩大再生产形式,一个国家在生产力发展水平不同的阶段,应有不同的选择和侧重。就我国而言,在建国初期开发经济时,工业基础薄弱,应以外延为主。当建国 70 年后我国的国民经济发展已具有一定的基础和规模时,除了新兴工业部门、填补科技空白重大项目外,则应积极转向有重点、有步骤地进行技术改造,充分发挥和挖掘现有企业潜力,实现以内涵为主的扩大再生产。实践证明,今后搞内涵扩大再生产是一条投资省、见效快、效率好、效果大的发展国民经济的好路子。

### 二、基本建设的概念及其意义

"基本建设"一词引自前苏联。最早提出基本建设的概念是以大修理对立形式——新企业建设而出现的。因为从 1925 年起,前苏联固定资产再生产的主要形式不再是恢复性质的大修理工程,而是新建设工程,新建设投资占总投资的比重上升到67.4%。为什么要给"建设"加上"基本"这个定语,这是因为这里所指的建设主要是指固定资产建设,以区别于流动资产建设。前苏联最初提出的基本建设概念,是指固定资产的建设及其投资,其含义包括基本建设和更新改造两个部分。为了便于管理,根据实际工作的需要,前苏联和我国计划部门把一部分不属于基本建设的内容(新企业首次购入属于低值易耗品范围的工具、器具)引入基本建设,而把属于基本建设的更新改造(我国 1967 年以后)排斥在基本建设之外,但这并不妨碍我们从理论上对基本建设概念进行探讨。由于基本建设有固有的含义,既包括旧的固定资产更新,又包括固定资产的新增和扩大,这样,我们就可以得到一个关于基本建设概念:基本建设是基本建设固定资产的再生产活动,即建造和购置固定资产的经济活动。这个经济活动过程,不仅包括物质生产过程(建造)和流通过程(购置),也包括对投资和资源优化配置过程,即它是由基本建设投资配置、基本建设生产和基本建设交换三个环节构成,其中投资配置是主导环节。因为没有投资配置,也就没有生产和交换活动;同时投资配置的量、质、结构,资源配置的平衡决定基本建设生产和交换的规模、质量和结构以及整个基本建设项目的经济效益。

在我国社会主义市场经济条件下,基本建设投资配置仍需在国家统一计划下进行。为此,从 1982 年起,国家决定把国民经济计划中的基本建设计划改为固定资产投资计划,把基本建设投资和更新改造投资全部纳入统一的固定资产投资计划之中,并赋予科学的经济含义,以此来反映国家投入固定资产再生产资金的总量。我们在安排基建投资计划时,一定要使基建投资总需求和总供给相一致,也要使基建投资需求结构和供给结构相一致,坚持财政、金融、物资、外汇的四大平衡,不搞基建投资超分配。基本建设生产是将一定的物质,如材料、设备等通过建筑安装施工、运输保管等劳动转化为固定资产。基本建设生产消费量大、周期长,一经建成后很难返工,其生产环节是基本建设的重要内容。因此,搞基本建设应该量力而行。基本建设交换是指零星购置建筑材料和中间产品以及工程项目的点交。交换环节最后完成,标志着基本建设一个运动过程的结束。

在基本建设投资配置、基本建设生产和基本建设交换三个环节中发生的为增加固定资产进行的建筑安装工程、购置机器设备、工具及其他有关工作,叫做基本建设工作。

通过基本建设,可以为国民经济各部门提供大量新增的固定资产和生产能力,为社会主义扩大再生产提供物质技术基础;通过基本建设,对现有企业进行更新和改造,可以用先进的技术装备工农业及国民经济其他部门,加快实现国民经济现代化;通过基本建设,可以适合知识经济与全球化发展,建成全国一大批高新技术开发区,促进我国高新技术迅猛发展与投资布局合理;通过基本建设,可以大规模开发中西部,重点建设一大批基础设施、基础工业和资源开发型项目,大量吸纳中西部地区劳动力;通过基本建设,可以提供更多、更好的物质文化健康福利设施和住宅,丰富和提高人民物质文化生活水平。由上可见,有计划地进行基本建设,对于加快实现社会主义现代化建设步伐,促进国民经济稳步、健康、持续地发展,优化产业结构、协调地区经济、抑制通货膨胀和防止通货紧缩,提高人民物质文化生活水平,增强我国的国防力量,应对知识经济竞争和实现可持续发展战略都具有非常重要的战略意义。

## 第二节　基本建设分类

为了加强基本建设管理,正确地评估和考核基本建设工作业绩,更好地控制和调节基本建设规模,对基本建设应采用不同方法进行分类。

### 一、按建设项目性质分

基本建设是由一个个基本建设项目(简称建设项目)组成的。所谓建设项目,是指按照一个总体设计进行施工的基本建设工程。例如,一个工厂、一个农场、一个医院、一个学校或独立的工程,都是一个建设项目。建设项目按其性质,又可分为新建、扩建、改建和恢复项目四种。

(1)新建项目:指从无到有,平地起家新开始建设的项目。有的建设项目原有的基础很小,经扩大建设规模后,其新增的固定资产价值超过原有固定资产价值3倍以上,也算作新建项目。新建项目对国民经济的发展,尤其是对新兴工业部门的建立,具有决定性作用。

(2)扩建项目:指现有企业、事业单位为扩大原有产品的生产能力(效益),或为增加新的产品生产能力,而增建主要生产车间(工程)的项目。扩建方法具有投资少、工期短、收效快的优点。

(3)改建项目:指现有企业、事业单位为提高生产效益,提高产品质量或改变产品方向,对原有设施、工艺进行技术改造的项目。有的企业为平衡生产能力增建一些辅助、附属车间,也属改建项目。改建的方法在多数情况下是和改革工艺、采用新技术、进行技术改造相结合来进行的,这是挖掘生产潜力的重要措施。

(4) 恢复项目:指企业、事业单位因地震、水灾等自然灾害或战争等原因,原有固定资产全部或部分报废,以后又按原有规模重新建立恢复起来的项目。

单纯购置单位,因其只有设备、工器具的购置活动,不兴工动料,故不按建设性质划分。

一个建设项目通常由一个或几个单项工程组成,单项工程也叫工程项目,是建设项目的组成部分,有独立的设计文件,建成后可以独立发挥设计文件所规定的生产能力或效益。工业项目的单项工程一般是指各个基本生产车间、办公楼、食堂、医院、住宅等;非生产项目的单项工程,是指诸如一个学校的教学楼、图书馆、实验室、学生宿舍等。单位工程是单项工程的组成部分,是指具有单独设计,可以独立组织施工、单独作为成本计算对象的工程。例如,车间是一个单项工程,它可分为厂房、设备安装、电气照明等单位工程。分部工程又是单位工程的组成部分,是指单位工程中某些性质相近,并且使用材料与度量又相同的施工工程,如厂房单位工程又可分土方、打桩、砖石、混凝土和钢筋混凝土、木结构等分部工程。分项工程是分部工程的组成部分,如土方分部工程又可分成填土、挖土、运土等分项工程,其划分方法基本上和分部工程相同,只是更加具体细致而已。

## 二、按投资额构成分

基本建设投资额是以货币形式表现的基本建设工作量,它是反映基建规模、建设进度、比例关系、使用方向的综合性指标。投资额又有计划投资额和实际投资额之分,会计上核算的是实际投资额。用实际投资额与计划投资额对比,可以考核计划投资额的完成情况。

为了加强基本建设投资管理,对基建投资实际完成情况进行核算和审查,以及寻求不同时期客观存在的投资各要素最优比例,以组成最合理的投资构成,产生最佳投资效果,按照投资额构成的不同工作内容,可分为建筑安装工程投资、设备工器具投资和其他基本建设投资三部分。

### (一) 建筑安装工程投资

建筑安装工程投资,简称建安工程投资,包括建筑工程投资和设备安装工程投资,这两部分投资必须兴工动料,通过施工活动才能实现。建筑安装工程投资是基本建设投资额的重要组成部分。

### 1. 建筑工程投资

(1) 各种房屋(如厂房、仓库、办公室、住宅、商店、学校、俱乐部、食堂、车库、招待所等)和构筑物(如烟囱、水塔、水池等),列入建筑工程预算内的暖气、卫生、通风、照明、煤气等土建设备价值及其装设油饰工程,各种管道(如蒸汽、压缩空气、石油、给水及排水等管道),电力,电讯电缆导线的敷设工程投资。

(2) 设备的基础、支柱、工作台、梯子等建筑工程,炼铁炉、炼焦炉、蒸汽炉等各种窑炉的砌筑工程,金属结构工程投资。

(3) 为施工而进行的建筑场地布置,原有建筑物和障碍物的拆除,土地平整,设计中规定为施工而进行的工程地质勘探,以及工程完工后建筑场地的清理和绿化工作等投资。

(4) 矿井开凿,露天矿剥离工程,石油、天然气钻井工程(不包括生产矿山用生产费用进行的矿井、坑道的整理延伸与探矿工程),以及铁路、公路、桥梁工程投资。

(5) 水利工程,如水库、堤坝、灌渠等工程投资。

(6) 防空、地下建筑等特殊工程投资。

2. 设备安装工程投资

(1) 生产、动力、起重、运输、传动和医疗、实验等各种需要安装设备的装配、装置工程,与设备相连的工作台、梯子、栏杆的装设工程,被安装设备的绝缘、防腐、保温、油漆等工程投资。

(2) 为测定安装工程质量,对单体设备、系统设备进行单机试运和系统联动无负荷试运工作的投资(投料试车则应记入待摊投资)。

(二) 设备、工具、器具投资

设备、工具、器具投资,简称设备投资,它是指购置或自制达到固定资产标准的设备、工具、器具的价值,以及新建单位和扩建单位的新建车间,按照设计和计划要求购置或自制的达不到固定资产标准的工具、器具价值(不包括办公生活用家具器具及为可行性研究购置的固定资产)。

设备可分为需要安装设备和不需要安装设备两种。

工具、器具,是指生产和维修用的工具,试验室、化验室用的计量、分析、保温、烘干用的各种仪器,机械厂翻砂用的模型、锻模、热处理箱、工具台等。

(三) 其他基本建设投资

其他基本建设投资,是指不包括建筑安装工程投资和设备、工具、器具投资的其他各项基本建设投资。其中包括:

(1) 应直接计入交付使用资产价值的"其他投资",如房屋、新建单位办公生活用家具器具购置费,为进行可行性研究购置的固定资产、基本畜禽、林木支出、无形资产、递延资产等投资支出。

(2) 应分摊计入交付使用资产价值的"待摊投资",如建设单位管理费、土地征用及迁移补偿费、勘察设计费、研究实验费、可行性研究费、临时设施费、负荷联合试车费、包干节余、坏账损失、借款利息、合同公证费及工程质量监测费、企业债券利息、土地使用税、汇兑损益、国外借款手续费及承诺费、施工机构转移费、报废工程损失、耕地占用税、土地复垦及补偿费、投资方向调节税、固定资产损失、器材处理亏损、设备盘亏及毁损、调整器材调拨价格折价、企业债券发行费等,进口成套设备的建设单位还有设备检验费、延期付款利息、国外设计及技术资料费、出国联络费、外国技术人员费等投资支出。

（3）不计入交付使用资产价值按规定计算投资完成额的应转给其他单位的"转出投资"，如非经营性项目为项目配套而建成，产权不归属本单位的专用设施投资，包括专用铁路线、专用公路、专用通讯设施、送变电站、地下管道、专用码头等。

（4）不计入交付使用资产价值按规定计算投资完成额需要单独报请有关部门核销的"待核销基建支出"，如非经营性项目发生的江河清障、航道清淤、飞播造林、补助群众造林、水土保持、城市绿化、取消项目的可行性研究费以及项目整体报废的净损失。

对基本建设投资额按不同的工作内容分类，首先，可以考查三种投资在整个投资中各自所占的比重。一般来讲，在生产性固定资产的投资构成中，设备、工具、器具投资是核心部分，这是由于它们标志着生产能力的高低，其余两个部分只是建成和发挥生产能力的必要条件，所以应该适当增大设备工器具投资比重。在消费性固定资产中，最主要部分是建筑安装工程投资，应该适当增大这部分投资比重，相应缩减其他两项投资比重。其次，把建筑安装工程投资和设备投资单独列出，确定建筑安装工作量和设备采购工作量，便于组织施工和组织设备材料供应。最后，通过对基本建设投资额的分类，可以反映基本建设部门与国民经济其他部门的联系，便于组织计划平衡。

会计核算上按照基本建设投资额支出的不同性质和工作内容，分别设置"建筑安装工程投资""设备投资""其他投资""待摊投资""待核销基建支出"和"转出投资"6个科目，用来核算和考核基本建设投资完成额和基本建设投资计划的执行情况。

### 三、按不同产业的投资活动分

根据不同产业的投资活动的社会经济效益和市场需求，可以划分为公益性项目投资、基础性项目投资和竞争性项目投资三大类别。

（1）公益性项目投资，包括科学、文化、教育、卫生、体育、环保、广播、电视等事业设施、公安、检察、法院、司法等政权机关的建设项目和政府机关、社会团体办公设施，国防设施建设项目。社会公益性项目投资社会效益最高而经济效益最低，由政府统筹安排，吸收各界资金。除了特别重要的项目和必须由中央政府安排投资项目，由中央政府承担外，绝大部分公益性项目按受益范围由所在地方政府承担投资。

（2）基础性项目投资，包括农、林、牧、渔、水利、气象、能源、交通、邮电通信业、地质普查和勘探业的重大基础设施、重大基础产业和高新技术产业等投资。这些行业的经济效益和社会效益介于公益性项目投资和竞争性项目投资之间，其投资兼有盈利性和公益性双重特征。基础性项目大部分属于政策性投融资范围，主要由政府集中必要的财力物力，通过经济实体进行投资，投资资金来自财政收入与政策性贷款。为此，我国1994年成立的三家政策性银行——国家开发银行、进出口银行和农业开发银行,从某种意义上来说,就是要消除农业、水利、交通、能源等基础产业的"瓶颈"制约,保证采用超前性、长期性、倾斜性和优惠性政策对基础产业的重点投资,使我国在 21 世纪跃居世界经济大国之一。基础性项目投资一般以政府投资为主,发动和吸引各方投资参加,尤其是鼓励以大型骨干企业为主进行投资,有的项目也可以吸引外商直接投资。

(3) 竞争性项目投资,包括工业、建筑业、商业、仓储业、房产公用服务咨询和金融保险等行业的投资。竞争性项目投资以企业为基本投资主体,尤其包括大量的加工工业企业,主要向市场融资,一般通过商业银行进行间接融资,也可以通过发行企业投资债券、股票和联合投资方式进行直接融资,政府将逐步退出该类投资。

对基本建设按不同产业的投资活动分类,可以考查三大类产业投资活动在建设项目实施过程中存在的经济差别,帮助我们对不同的投资决策方式、筹措方式和使用方式作出正确判断和评价,不断发展和完善适合社会主义市场经济的投资方式,保证有限资源的合理配置。

## 四、按经营目标分

根据经营目标不同,可以分为经营性项目、非经营性项目和政策性项目三种。

(1) 经营性项目:这类项目建成后即成为一个企业,可以从事生产经营活动,能够获取盈利。它既包括工业、农业、公共饮食业、仓储业等生产性建设项目,也包括房地产业、信息产业等非生产性建设项目。国家规定,经营性项目筹集的资金必须按照资产、负债体系进行管理和核算,实行项目法人责任制和项目资本金制度;必须聘请中国注册会计师验资且出具验资报告,并按照投资主体不同,分别以国家资本金、法人资本金、个人资本金和外商资本金单独反映,在项目建设期间和生产经营期间,不得以任何方式抽走。经营性项目财务管理上不再实行投资包干责任制,建设项目竣工决算后,经营性项目的结余资金,应相应转入生产经营企业的有关资产。

(2) 非经营性项目:指行政事业单位的公益性建设项目资金来源主要由财政拨款或使用财政资金,如科研项目、文教项目等。只有固定资产投资而没有流动资产投资,所实现的固定资产并不用于经营,没有资金回流,不能组织回收。非经营性项目的特点是社会效益及生态环境效益显著,受市场影响较小,风险较小,财务管理较少涉及负债(偿债能力差)等。国家规定,非经营性项目不实行资本金制度,其非负债资金仍按原拨款制度进行管理和核算,可实行投资包干责任制,其包干节余仍可按投资来源比例分别用于归还贷款和进行分配。建设项目竣工决算后,非经营性项目的结余资金,仍按投资来源比例分别用于归还贷款和视同包干节余比例进行分配。

(3) 政策性项目:在市场经济条件下,为弥补市场经济运行机制的缺陷与不足,由政府承担一些特殊投资项目,以利于市场经济的有效运作。政策性项目具有垄断性、低盈利性或外在经营性、非经营性的特点。

此外,按照基本建设资金来源划分,有财政投资、信贷投资和自筹资金投资三种;按照投资国别划分,有国内投资和国际投资两种;按投资主体划分,有国家投资、法人投资、个人投资和外商投资四种。

# 第三节 基本建设程序

基本建设工作涉及面广,内外协作配合的环节多,建设周期较长,建设过程中各项工作存在着一种内在的固有的先后次序。人们在充分认识客观规律的基础上,制定出基本建设整个过程包括各个环节、各个步骤、各项工作必须遵循的先后顺序,称为基本建设程序。这个程序是不可违反的,否则就会给国家人力、物力、财力造成巨大的浪费,给国民经济带来不可估量的损失。

## 一、基本建设程序的内容

基本建设程序,一般可分为八个循序渐进的步骤进行。各步骤的工作是有机联系的,前一步骤工作为后一步骤工作创造了条件,后一步骤的工作要以前一步骤工作成果为依据,不能跨越前一步骤而去进行后一步骤的工作,且每个步骤都有自己的具体工作内容。

### (一)项目建议书

项目建议书是由各部门、各地区、各企业根据国民经济和社会发展的长远规划、行业规划、地区规划等要求,对确定拟建的项目,经过调查、预测、分析,向国家或上级主管部门提出的项目建议。项目建议书应包括以下主要内容:①说明建设项目提出的必要性和依据;引进技术和进口设备的,还要说明国内外技术差距和概况以及进口的理由。②说明产品方案、拟建规模和建设地点的初步设想。③资源情况、建设条件、协作关系和引进国别、厂商的初步分析。④投资估算和筹措资金的设想;利用外资项目的,还要说明利用外资的可能性,以及偿还贷款能力的大体预算。⑤项目的进度安排。⑥对经济效果和社会效益的初步估计。

项目建议书经审查批准后,即纳入前期工作计划。凡列入长期计划的项目,均应具有批准的项目建议书。

### (二)可行性研究

可行性研究对一项建设工程的成败具有决定性意义,是进行基本建设投资时首先要严格把住的一道关口。它最初始于1902年美国航行事业为了改善航道,评价水域资源工程项目。20世纪30年代美国开发田纳西河流域就运用此方法,后为国际上通用。20世纪80年代引入我国,并取得良好效果。可行性研究的任务是根据国民经济中长期规划和地区规划、行业规划的要求,对拟建的工程项目的基本条件,从技术上和经济上进行全面调查和分析研究,确定技术上是否可行、经济上是否合理、建设上是否可能,并做多方案比较,从中选择最佳的方案作为项目决策的主要依据。为了避免和减少建设项目决策的失误,提高投资决策科学化和民主化,更好地发挥基本建设投资的综合效益,必须保质保量,切实做好建设项目的可行性研究,它是建设项目投资决策、编制设计文件、筹集建设资金、向银行申请贷款、商谈协议合同和对建设项目的投资建设全过程进行事后评价的重要依据。

工业项目的可行性研究,一般应具有以下主要内容:①项目提出的背景,投资的必要性和经济意义。②产品需求预测和拟建规模。③资源、原材料、燃料及公用设施情况。④建厂条件和厂址方案,包括建厂的地理位置、气象、水文、地质、地形条件和社会经济现状、交通、运输及水、电、气的现状和发展趋势。⑤设计方案。⑥环境保护。⑦企业组织的劳动定员和人员培训估计数。⑧实施进度建议。⑨投资估算和资金筹措。⑩社会及投资效果评价。

可行性研究报告的编制可由建设单位自己进行,也可委托投资咨询公司或设计单位进行。国家重点项目和重要的大型项目的可行性研究报告,要经国际投资咨询公司评估,然后才能进行投资决策。国家规定,投资估算和初步设计概算的出入不得大于10%,超过10%的,将对项目重新进行决策。负责可行性研究的单位,要客观地、公正地进行工作。负责可行性研究单位的行政、技术、经济负责人,应在提出的可行性研究报告中签字,并对可行性研究报告的可靠性、准确性承担责任。

联合国工业发展组织(UNIDO)出版的《工业项目评价手册》《项目经济分析》,世界银行出版的《项目估价指南》,都是国际融资的指导性资料,并为世界各国所接受。我国在国际融资项目的申报中,要注意项目可行性报告必须与国际规则接轨,要按照国际规则的要求来编制和表达。据联合国工业发展组织国际投资资源办公室资料显示,我国每年有90%以上的申报项目因可行性报告不可行,与国际融资失之交臂,实在令人痛惜。究其原因:一是政府、企业和城市应对国际融资能力严重欠缺;二是缺乏基础统计数据,没有信息数据库的有力支持;三是对国际规则缺乏理解和表达;四是讲不清楚市场前景和有效的风险评估。这不仅使我国特别是西部地区失去了经济发展的良机,也严重影响国外投资者的耐心和信心。

建设项目的可行性研究报告被批准,并列入预备项目后,就可向规划部门提出建设用地规划许可证的申请,这是征用、调拨土地的首要条件。建设用地申请经审核批准后,建设单位应迅速通过设计招标或委托方式,确定设计单位承担编制初步设计(或扩大初步设计)。

(三)基本建设设计

基本建设设计是建设项目决策后编制的建设蓝图和具体实施方案,也是进行施工准备和组织施工所依据的文件。建设项目的设计一般按初步设计(或扩大初步设计)和施工图设计两个阶段进行。重大和特殊的建设项目,中间还要增加技术设计阶段,即为三阶段设计,在技术设计阶段还需加编修正总概算。

初步设计是在指定地点和规定建设年限内进一步确定建设项目技术上的可靠性和经济上的合理性,并确定主要技术方案、建设总造价和主要技术经济指标。初步设计是可行性研究的继续和具体体现。工业项目初步设计包括：设计指导思想、建设规模、产品方案、总体布置、工艺流程、设备造型、主要设备清单和材料用量、劳动定员、主要技术经济指标、主要建筑物和构筑物、公用辅助设施、综合利用、"三废"治理、生活区建设、占地面积和征地数量、建设工期、总概算等文字说明和图纸。编制初步设计时不能突破批准的可行性研究中三个主要控制指标即总投资、建设规模、建筑面积，如有突破要征得原批准机关的同意。初步设计被批准后，建设单位应通过主管部门申请列入年度固定资产投资计划。

施工图设计是根据批准的初步设计和技术设计，对所设计的工程加以形象化和具体化的施工详细图纸。施工图一般应包括平面图、建筑物和构筑物详图、公用设施图、工艺流程详图、设备详图、施工说明书和设计预算。

（四）基本建设计划

初步设计和总概算经过批准后，建设单位可根据设计概算、建设工期以及上级主管部门下达的年度投资控制指标，编制年度基本建设计划。年度基建计划是由基本建设投资计划、基本建设项目计划和新增固定资产及生产能力计划等表格和文字说明两部分组成，它是国家规定建设单位计划年度应完成的基本建设任务的文件。只有列入批准的年度基本建设计划，工程年度投资、设备、材料、施工力量才有保证。年度基本建设计划批准以后，还要编制基本建设财务计划和物资供应、劳动工资等计划。财务计划是建设单位为完成年度基建计划而制定年度各项财务收支活动的综合性文件，是建设银行贷款的依据，也是加强建设单位财务管理和经济核算的重要依据。年度基建财务计划的财务用款数要根据基本建设计划的投资额加上"新增为以后年度储备"（为以后年度建设而提前储备设备、材料的资金）减去"动员内部资源"（利用上年结余的设备、材料以及清理债权和对外处理多余器材回收资金）的余额来确定。

（五）设备订货和施工准备

初步设计经过批准以后，可以进行设备订货和施工准备。根据初步设计所附设备清单，按照设备成套公司表式及设备目录办理设备分交清册，进一步核实设备类型、数量，明确供应渠道，作为设备订货依据。大型专用设备和特殊材料要预先安排，供需双方签订合同，互相承担经济责任。施工准备包括征地拆迁、编制施工组织设计和施工图预算，做到施工力量、设计图纸、材料、设备、施工机械、工程内容的落实。

建设项目的项目建议书、可行性研究、勘察设计、设备预安排和施工准备等项开工前的工作，都属于基本建设前期工作，是整个建设过程的重要组成部分之一。前期工作质量的高低，对整个项目的成败和发展前途具有决定意义。长期以来，我们在基本建设中往往把主要精力集在施工建设上，对前期工作较为忽略，不少项目前期工作没有做好就仓促上马，造成重大的损失浪费。种种事实告诉我们，前期工作没有搞好，后期工作也不可能搞好，即使施工搞好了，前期工作所犯的失误，到了后期也很难补救。就当前来看，前期工作的主要内容应切实搞好项目建议书、可行性研究和初步设计这三方面的工作，其中首要关键是抓好可行性研究。可行性研究好比是建设过程的"龙头"，抓好了可行性研究，整个建设项目的全部工作都可以带动起来。

（六）施工建设

施工准备一切就绪之后，由建设单位会同施工单位共同提出开工报告，经批准后，就可以进行建筑安装施工活动。施工是设计和计划的具体实现，也是基本建设的中期工作。设计之后，施工就成为决定性环节。在施工中要做到合理施工、均衡施工、文明施工，要严格按照设计要求和施工验收规范进行施工，确保工程质量。在工程后期抓紧收尾，抓紧不合格工程返修。目前我国基本建设工程的施工方式主要有以下四种：

（1）出包方式：指建设单位把建筑安装工程委托给施工企业去进行施工的一种施工方式。采取这种方式，建设单位和施工企业的关系，是通过双方签订施工合同或工程协议书来确定的。施工企业完全按照施工合同规定进行施工生产，直至全部工程完工为止，有关工程价款结算按照施工图预算或合同规定进行。目前大多数建设单位实行出包方式。为了在建筑业内打破垄断，摒弃行业或地方保护主义，加强对建筑市场管理，以公开、公平、合理竞争机制指导当前的建筑市场，真正实行优胜劣汰，促使施工企业在技术上和管理上下功夫，国家规定凡是新上马的出包工程都要推行招标承包制。新颁布的《中华人民共和国招投标法》和《中华人民共和国建筑法》等有关政策、法律、法规，强调勘察、设计、施工、监理及与工程建设有关的重要设备、材料采购实行招标的必要性和重要性，促使和规范建设单位及有关单位严格按招投标规定的程序办理。建设单位公开招揽施工企业称为"招标"，愿意承包的施工企业根据招标要求和建设内容开出承包价格和承包方案，称为"投标"。招标单位届时召集所有投标者当众开标、议标、评标，最后由价格合理、工期较短、技术水平先进、装备条件及信誉较好的投标者获准承包，称为"中标"。实践证明，各项目建设单位只要严格遵守招投标的法律、法规，依法办事，就能大大加快建设进度，降低工程造价和提高投资效率，防止工程建设承发包过程中"暗箱操作"、权钱交易、行贿受贿等经济犯罪案件发生，减少国家和单位资金的损失和浪费。

（2）自营方式：指建设单位自己组织施工力量进行施工建设的一种施工方式。由于这种方式容易造成人力、物力、财力浪费，不利于积累建设经验和工作教训，所以通常在工程量不太大和不便于出包的情况下才被采用。

（3）统建方式：指由统建部门负责统一组织建设的一种施工方式。主要是对住宅、中小学、商业服务网点等工程采取统一规划、统一设计、统一建设。参加统建的各个建设单位，将投资一次拨交统建部门，工程完工后由统建部门统一分配。

（4）共建方式：指一项建设工程由受益的几个建设单位，按照事先商定的比例，共同投资、联合兴建的一种施工方式。采取这种方式的工程多系厂外工程（如铁路专用线等），工程建成投产后，产权一般归参加投资的单位共同所有，但也有的将产权移交当地专业部门去管理。

（七）生产准备

建设单位在进行施工建设的同时,还要按照建设项目或主要单项工程的生产技术特点,有计划地做好生产准备工作,以保证工程一俟竣工便可立即投产。生产准备工作内容包括:①招收和培训生产人员;②落实原材料、协作产品、燃料、动力、运输等协作配合条件;③组织工具、器具、备品、备件的生产和购置;④组建强有力的生产指挥机构。

（八）竣工验收、交付使用

竣工验收是国家全面考核建设工程的成果、检查设计和施工质量的重要环节,必须严格按照竣工验收制度和设计文件及时对竣工工程进行验收,以确保工程质量和固定资产及时使用。竣工决算是竣工验收报告的重要组成部分,它综合反映竣工建设项目的建设成果和财务情况。竣工验收阶段的工作包括工程交工验收,移交生产单位使用,编制竣工决算,处理剩余物资和资金,结束全部基本建设工作。

根据以上八个步骤,基本建设程序大致如图表1-2所示。

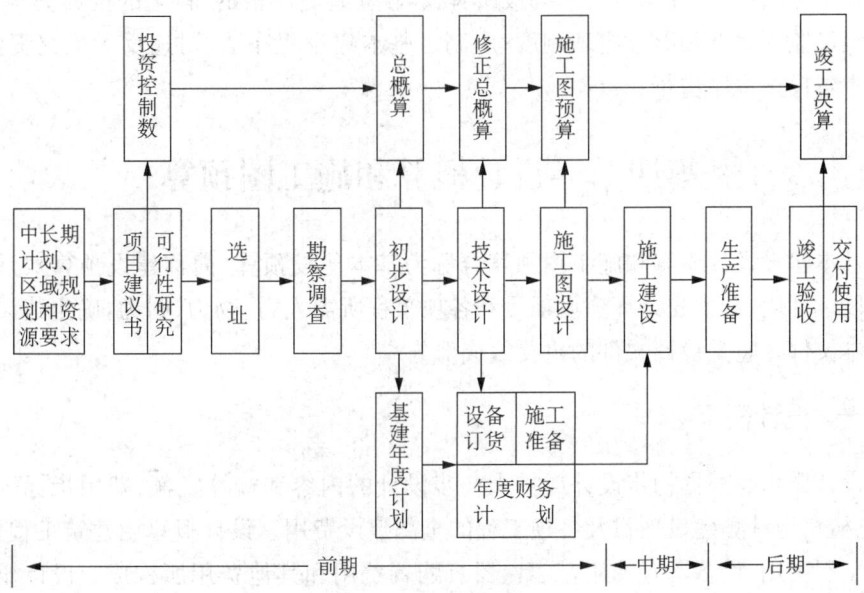

图表 1-2 基本建设程序

## 二、基本建设程序的必要性

基本建设程序是在长期的建设实践中从正反两方面积累出来的经验。基本建设程序又是基本建设客观规律的反映。首先,它反映了基本建设的自然规律。建设项目确定以后,勘察、设计、施工都必须依次步步进行,环环紧扣,当然不排斥中间有些工作可以合理地交错进行。但是,先计划,后建设;先勘察,后设计;先设计,后施工;先验收,后投产这个规律无论如何是不能违背的。其次,它体现了有按计划办事的要求。基本建设各个环节、各个步骤和各项工作都要按计划办事,确定项目和选点时,要以国家中长期计划和地区规划为依据,编制设计文件要以可行性研究为依据,年度计划批准后,才能施工,工程竣工验收后,还要考核是否达到计划规定的目标和效果。最后,基本建设程序反映了自觉利用价值规律,如可行性研究要搞成本和盈利预测,必须要有投资控制数,设计要编制概算,施工要编制预算,竣工要编制决算等,并强调决算不能超预算,预算不能超概算。

随着经济体制改革的不断深化和中国加入 WTO,投融资体制改革日趋深入。一方面,投资决策权已下放,政府角色已从"教练员"转到"裁判员",行政审批制改为事后备案制,基本建设审批环节大大简化,申请人不必重复申请;另一方面在实际工作中不按基本建设程序办事的现象还是十分严重,许多工程和建设项目不遵照基本建设程序自行其是,结果搞成了"半拉子工程""烂尾工程""政绩工程""三无工程""四边工程""腐败工程""败家子工程"……多么触目惊心,多么发人深省,多么令人心碎!为了提高投资效果,减少投资损失和杜绝惨祸的发生,必须加强项目责任制和经营性项目资本金制度,确保国有资产终极所有权,建立起更严格的、科学的投资决策制度,实行建设监理制度和财务监理制度;应制定基本建设程序法,对违反者追究责任,保障基本建设按程序进行。

# 第四节　设计概算和施工图预算

基本建设设计概算和施工图预算合称为基本建设预算(简称建设预算),是根据各阶段设计内容,预先计算建设项目和各项工程所需人力、物力、财力,确定建设费用的基本文件。它是设计文件的重要组成部分。

## 一、设计概算

设计概算是根据初步设计或扩大初步设计的内容和概算定额、费用指标等编制的,它概略地计算建设项目及各项工程的全部建设费用。设计概算由建筑工程费用,安装工程费用,设备购置费用,工具、器具购置费用和其他费用所构成。设计概算文件中包括建设项目总概算、单项工程综合概算、单位工程概算、其他工程和费用概算四个部分。它是在对基本建设工程进行划分的基础上,通过对工程基本构成要素的各项费用单独计算,然后层层综合汇总后编成的。

(一)单位工程概算

单位工程概算是确定一个单项工程内的各建筑工程、设备及其安装工程、工器具及生产用具购置费用的文件。

(1)建筑工程概算:根据单位工程的设计工程量和概算指标(如每平方米或每立方米概算价值)编制,或根据各分部分项工程量和概算定额(即扩大结构定额,如砖基础每立方米直接费)、费用标准编制。

(2)设备及其安装工程概算:设备购置费一般按设备清单逐项计算原价,并按规定费率加计运杂费进行编制;安装工程费一般按概算指标比例(如占设备原价的百分比)进行计算编制。

(3)工器具及生产用具购置概算:根据工器具清单逐项计算,也可以按人员数或设备价值的规定比例指标计算编制。

**(二)其他工程和费用概算**

其他工程和费用概算是概略地计算未包括在单位工程概算内而与整个建设工程有关的一些费用。其内容包括场地平整费、土地征用费、迁移补偿费、建设单位管理费、负荷联合试车费、生产职工培训费等。这部分费用只需根据一定的指标或百分比率进行计算,以独立的项目列入总概算内。

**(三)综合概算**

综合概算是概括地计算每一单项工程的全部建设费用,根据有关的单位工程概算以及其他工程和费用概算(或计入各单项工程部分)进行汇总编制。

**(四)总概算**

总概算是确定一个建设项目从筹建到竣工验收的全部建设费用和主要技术经济指标。它是确定建设项目投资额、衡量设计经济合理性、编制基本建设计划、实行投资包干、控制基本建设拨款和施工图预算、管理和考核建设成本的依据。

总概算一般分为两部分:第一部分是永久性工程费用,包括生产车间、公用设施、生活福利、文化教育及服务性项目;第二部分是其他工程和费用,这部分费用,有的应计入交付使用财产价值,有的则应予核销。总概算的第一、第二部分是根据各个综合概算以及其他工程和费用概算进行汇总编制的。除了以上两部分外,还要加计一定数额的"不可预见的工程和费用"(一般按第一、第二部分费用总额的5%计算)。

例如,某化工厂的总概算表的简化格式,如图表1-3所示。

**图表1-3　总概算表**

建设单位:××化工厂　　　　　　　　　　　　　　　按20××年价格和定额编制

| 序号 | 工程和费用名称 | 概算价值(千元) | | | | | | 技术经济指标 | | | 占投资额 | 备注概算编号 |
|---|---|---|---|---|---|---|---|---|---|---|---|---|
| | | 建筑工程 | 设备 | 安装工程 | 工器具 | 其他费用 | 合计 | 单位 | 数量 | 单位价值 | | |
| | 第一部分:工程费用 | 4 650 | 3 297 | 40 | 120 | | 8 107 | | | | 90% | |
| | 一、主要生产项目 | 3 300 | 2 557 | 34 | 66 | | 5 957 | | | | | |
| | (一)聚乙烯醇车间 | 254 | 1 324 | 21 | 7 | | 1 606 | 吨/年 | 50 000 | | | |
| | (二)丙炳腈车间 | 320 | 783 | 7 | 20 | | 1 130 | | 33 000 | | | |
| | ⋮ | ⋮ | ⋮ | ⋮ | ⋮ | | ⋮ | | | | | |
| | 二、辅助生产项目 | 210 | 310 | 4 | 26 | | 550 | | | | | |
| | (一)机修车间 | 105 | 300 | 3 | 22 | | 430 | | | | | |
| | ⋮ | ⋮ | ⋮ | ⋮ | ⋮ | | ⋮ | | | | | |

| 序号 | 工程和费用名称 | 概算价值（千元） | | | | | | 技术经济指标 | | | 占投资额 | 备注概算编号 |
|---|---|---|---|---|---|---|---|---|---|---|---|---|
| | | 建筑工程 | 设备 | 安装工程 | 工器具 | 其他费用 | 合计 | 单位 | 数量 | 单位价值 | | |
| | 三、公用设施工程项目 | 640 | 430 | 2 | 28 | | 1 100 | | | | | |
| | （一）供电及电讯 | 30 | 160 | 1 | 9 | | 200 | | | | | |
| | ⋮ | ⋮ | ⋮ | ⋮ | ⋮ | ⋮ | | | | | | |
| | 四、生活福利、文化教育及服务性工程项目 | 500 | | | | | 500 | | | | | |
| | （一）职工宿舍 | 320 | | | | | 320 | | | | | |
| | ⋮ | ⋮ | ⋮ | | | | | | | | | |
| | 第二部分：其他工程和费用 | 150 | | | | 343 | 493 | | | | 5% | |
| | （一）土地征用费 | | | | | 90 | 90 | | | | | |
| | ⋮ | ⋮ | | | | | | | | | | |
| | 第一、第二部分合计 | 4 800 | 3 297 | 40 | 120 | 343 | 8 600 | | | | | |
| | 未能预见的工程和费用 | | | | | 430 | 430 | | | | 5% | |
| | 总概算价值 | 4 800 | 3 297 | 40 | 120 | 773 | 9 030 | | | | 100% | |

## 二、施工图预算

施工图预算是根据施工图设计内容和预算定额、预算单价、取费标准而进行编制，用来确定建筑安装工程全部费用的文件。它包括建筑工程预算书、设备安装工程预算书、补充单位估价表、钢筋混凝土构件加工单、钢门窗构件加工单、钢筋翻样表、工料分析表等内容。编制施工图预算的基础资料，主要是预算定额、单位估价表和分部分项工程数量。

单位估价表是为确定每一分部分项工程的预算单价而编制的一种计算表，它根据工程预算定额、地区工资标准、材料预算价格、施工机械台班定额等资料编制。单位估价表所确定的分项工程预算单价，一般包括人工费、材料费、施工机械使用费三项直接费用。预算定额是由各地区统一制定的各个分项工程每一计量单位所需的劳动消耗定额、材料消耗定额、施工机械台班定额。上海市现行的扩大预算定额，已将耗用人工、材料、机械费、其他直接费等费用，在定额内做了规定，所以，它实际上已替代了地区单位估价表的作用。

建筑安装工程预算造价由直接费、间接费、计划利润和税金四个部分组成，它是施工企业同建设单位进行工程价款结算的基础。

（一）直接费

直接费分为人工费、材料费、施工机械使用费和其他直接费四种。这些费用直接耗用于工程的施工过程，所以称作直接费。

1. 人工费

人工费，是指列入概预算定额的直接从事建筑安装工程施工的生产工人的基本工资、工资性津贴及属于生产工人开支范围的各项费用。其内容包括：

（1）生产工人的基本工资、工资性津贴（包括副食品补贴、煤粮差价补贴等）。

（2）生产工人辅助工资：指开会和执行必要的社会义务时间的工资，职工学习、培训期间的工资，调动工作期间的工资和探亲假期的工资，因气候影响停工的工资，女工哺乳时间的工资，由行政直接支付的病（6个月以内）、产、婚、丧假期的工资，徒工服装补助费等。

（3）生产工人工资附加费：指按国家规定计算的支付生产工人的职工福利费和工会经费。

（4）生产工人劳动保护费：指按国家有关部门规定标准发放的劳动保护用品的购置费、修理费和保健费、防暑降温费等。

2. 材料费

材料费，是指列入概预算定额的材料、构配件、零件和半成品用量以及周转材料的摊销量按相应的预算价格计算的费用。

3. 施工机械使用费

施工机械使用费，是指列入概预算定额的施工机械台班量按相应机械台班费定额计算的建筑安装工程施工机械使用费、施工机械安、拆及进出场费和定额所列其他机械费。

4. 其他直接费

其他直接费，是指概预算定额分项定额规定以外发生的费用。其内容包括：

（1）冬雨季施工增加费。

（2）夜间施工增加费。

（3）流动施工津贴。

（4）因场地狭小等特殊情况而发生的材料两次搬运费。

（5）生产工具用具使用费：指施工、生产所需不属于固定资产的生产工具、检验试验用具等的购置、摊销和维修费以及支付给工人自备工具的补贴费。

（6）检验试验费：指对建筑材料、构件和建筑安装物进行一般鉴定、检查所发生的费用，包括自设试验室进行试验所耗用的材料和化学药品费用等，以及技术革新和研究试验费。但不包括新结构、新材料的试验费和建设单位要求对具有出厂合格证明的材料进行检验、对构件破坏性试验及其他特殊要求检验试验的费用。

（7）工程定位复测、工程点交、场地清理费用。

（二）间接费

间接费由施工管理费和其他间接费组成。

1. 施工管理费

（1）工作人员工资：指施工企业的政治、行政、经济、技术、试验、警卫、消防、炊事和勤杂人员以及行政部门汽车司机等的基本工资、辅助工资和工资性津贴（包括副食品补贴、煤粮差价补贴等）。但不包括材料采购保管费、职工福利费、工会经费和营业外开支的人员的工资。

（2）工作人员工资附加费：指按照国家规定计算支付工作人员的职工福利费和工会经费。

（3）工作人员劳动保护费：指按国家有关部门规定标准发放的劳动保护用品的购置费、修理费和保健费、防暑降温费等。

（4）职工教育经费：指按财政部有关规定在工资总额 1.5% 的范围内掌握开支的在职职工教育经费。

（5）办公费：指行政管理办公用的文具、纸张、账表、印刷、邮电、书报、会议、水电、烧水和集体取暖（包括现场临时宿舍取暖）用煤等费用。

（6）差旅交通费：指职工因公出差、调动工作（包括家属）的差旅费，住勤补助费，市内交通费和误餐补助费，职工探亲路费，劳动力招募费，职工离退休、退职一次性路费，工伤人员就医路费，工地转移费以及行政管理部门使用的交通工具的油料、燃料、养路费、车船使用税等。

（7）固定资产使用费：指行政管理和试验部门使用的属于固定资产的房屋、设备、仪器等的折旧、大修、维修、租赁费以及房产税、土地使用税等。

（8）行政工具用具使用费：指行政管理使用的、不属于固定资产的工具、器具、家具、交通工具和检验、试验、测绘、消防用具等的购置、摊销和维修费。

（9）利息：指施工企业在按照规定支付银行的计划内流动资金贷款利息。

（10）其他费用：指上述项目以外的其他必要的费用支出。

施工企业由于主管部门分配任务，远离城市或基地施工时可适当增加施工管理费。

2. 其他间接费

（1）临时设施费：指施工企业为进行建筑安装工程施工所必需的生活或生产用的临时建筑物、构筑物和其他临时设施费用等。其内容包括：临时宿舍、文化福利及公用事业房屋与构筑物、仓库、办公室、加工厂以及规定范围内道路、水电、管线等临时设施。临时设施费按预算成本 2.5% 计算，由施工企业包干使用。

（2）劳动保险基金：指国有施工企业由福利费支出以外的、按劳保条例规定的离退休职工的费用和 6 个月以上的病假工资及按照上述职工工资总额提取的福利费。劳动保险费按预算成本 1.92% 计算包干使用。

间接费的计算，土建工程、炉窑砌筑工程以直接费或定额人工费加机械费为计算基础；独立土石方工程及包定额用工工程以定额人工费为计算基础；安装工程以定额人工费为计算基础。

（三）计划利润

计划利润，是指按照规定的计划利润率计取的利润。

（四）税金

税金，是指按国家规定应计入建筑安装工程造价内的营业税、城市建设维护税以及教育费附加。

编制施工图预算的程序和方法：

一是根据施工图纸计算分部分项的工程量。

二是根据各分部分项工程的工程量、单位估价表的预算单价以及其他直接费取费标准，计算各分部分项工程直接费。

三是将所属各分部分项工程直接费进行汇总，构成单位工程或单项工程直接费。

四是根据规定的计算基础和取费标准，计算施工管理费、其他间接费、计划利润和税金，最后计算直接费、间接费、计划利润和税金之和，用来确定建安工程预算造价。

建筑工程预算的简化格式，如图表 1-4 所示。

**图表 1-4　建筑工程预算表**

工程项目:江桥饭店　　　　　　　　工程结构:砖混
单位工程:建筑　　　　　　　　　　建筑面积:1 723 平方米
根据 401 号图纸　　　　　　　　　　预算价值:893 778 元
　　　　　　　　　　　　　　　　　技术经济指标:518.73 元/m²

| 序号 | 定额编号 | 工程或费用名称 | 单位 | 数量 | 预算单价 | 预算总值 | 其　中 人工 | 其　中 材料 | 其　中 机械 |
|---|---|---|---|---|---|---|---|---|---|
| 1 | 1—10 | 人工挖地槽ⅠⅡ | m³ | 900 | 0.4218 | 380 | 380 | | |
| | 3—10 | 半砖墙 | m³ | 100 | 57.952 | 5 795 | 500 | 5 295 | |
| | | 工、料、机械费 | | | | 690 000 | 310 000 | 325 000 | 55 000 |
| | | 工程水电费(0.1%) | | | | 6 900 | | | |
| | | 冬雨季施工费(2%) | | | | 13 800 | | | |
| | | 工程直接费合计 | | | | 710 700 | | | |
| | | 施工管理费(11%) | | | | 78 177 | | | |
| | | 工程成本合计 | | | | 788 877 | | | |
| | | 临时设施费(2.5%) | | | | 19 722 | | | |
| | | 计划利润(7%) | | | | 56 602 | | | |
| | | 税金(3.38%) | | | | 28 577 | | | |
| | | 总造价 | | | | 893 778 | | | |

施工图预算与设计总概算的区别在于：总概算确定建设项目全部建设费用，施工图预算只确定建安工程预算造价；施工图预算根据施工图设计和预算定额编制，设计

概算根据初步设计和概算指标或概算定额编制。从编制要求来看，预算比概算细致、精确；从编制时间来看，概算在前，预算在后，预算的编制要受概算控制；如无其他特殊原因，预算一般不允许突破概算。

施工图预算是建设单位与施工单位之间进行结算、建设银行拨付基建投资的依据，是施工单位进行内部经济核算和考核施工成本的依据，是推行建筑安装工程包干、加强经济责任制的依据。

# 第五节　基本建设单位会计

## 一、概述

建设单位是全面负责和组织实施基本建设计划的基层单位。建设单位的主要任务就是根据国家批准的基本建设计划和设计概算文件，在国家批准的投资范围内，按期、保质、保量地完成基本建设任务，它要承担从建设项目筹建到建成投产的全部经济责任。建设单位不仅包括经营性建设项目（如工业企业、交通企业等），还包括非经营性项目（如行政事业单位）。1992 年实行的项目业主负责制，由项目业主负责投资的筹集、使用、经营与偿还，投资活动纳入生产企业的经营范畴，从投资建设到生产经营实行统一管理。但由于项目业主负责制只是一种投资管理的责任制，对项目没有核拨资本金，项目业主不具备法人资格，因此这项改革也只能流于形式。1994 年，财政部重新成立了基建财务司，负责建设单位和施工企业财务管理工作。建设银行成为国家商业银行，财政部与建设银行之间的关系，变成一种委托与被委托的关系。同年，成立了国家开发银行，是我国政策性金融机构，撤销了原国家六大专业投资公司，新组建了国家开发投资公司，负责经营性建设基金经营、使用、周转、增值。1996 年开始试行资本金制度，1998 年在《基本建设财务管理若干规定》中明确了区分经营性项目与非经营性项目的总体要求、筹集资金、财务处理方法和原则的不同，为建设单位财务管理新体系的形成奠定了基础。经营性项目由具有法人财产权的企业法人对建设项目的筹划、可行性研究、筹资、建设实施直至生产经营管理、债务偿还以及资本保全实行全过程负责，并以独立法人身份参与经营活动，经营性项目筹集资金必须按照资产负债体系进行管理和核算，实行资本金制度；非经营性项目不实行资本金制度，其非负债资金按照拨款制度来进行管理和核算。新建项目用公开招标选择项目法人或由主管部门指定专人，组成建设项目筹建处。改扩建项目则由原企业、事业单位设立基本建设处（科）或改扩建办公室，负责办理基本建设的具体业务。每一个建设单位，都必须认真贯彻执行党的方针政策，遵循基本建设工作的客观规律，努力提高管理水平，发挥它应有的作用，认真搞好建设单位会计工作。

建设单位会计，是基本建设经济管理的重要组成部分。它以货币为主要计量单位，对基本建设投资全过程进行连续、系统、全面、综合地反映和监督，借以总结经验教训,不断改进管理,提高投资效益。因此,建设单位会计的对象,简单说就是建设单位会计所要反映和监督的内容,即建设单位的资金及其资金运动。

资金来源和资金运用是同一资金的两个方面,资金来源表现为资金的取得或形成,即资金来自何处,怎样形成;资金运用表现为资金的分布使用和资金存在的形态,即资金用在何处,怎样分布。有一定的资金来源,必定有一定的资金运用;有一定的资金运用,也必定有一定的资金来源。

## 二、建设单位的资金来源

建设单位为了按期完成国家批准的基本建设任务,必须从各个方面及供应渠道取得相应数量的资金来源。目前,建设单位主要有以下几个方面的资金来源:

1. 基本建设拨款

这是建设单位使用后不需要归还原拨款单位的资金来源。它又可分为预算内拨款和预算外拨款两种。预算内拨款是指列入国家财政预算支出,由各级财政部门无偿拨给建设单位的基本建设款项。具体来说,它有两种拨款方式:一是用资金划拨方式拨入款项,包括基本建设基金拨款、本年度预算拨款、下年度预算拨款和本年基建维护费拨款;二是用资金转账方式拨入的预算拨款,包括进口设备转账拨款和器材转账拨款。预算外拨款是指不列入国家财政预算内而用于基本建设的拨款,包括自筹资金拨款、煤代油专用基金拨款、其他拨款和财政贴息资金拨款。自筹资金拨款按筹集单位的不同,又可分地方财政自筹资金拨款、主管部门自筹资金拨款和行政事业单位自筹资金拨款三种。

2. 基本建设借款

这是建设单位按照国家规定的条件和程序向银行或其他方面借入,使用后需要还本付息的基本建设有偿性资金来源。它分为中长期的基建投资借款和临时周转性其他借款两种。基建投资借款,主要有拨改贷投资借款、国家开发银行投资借款、国家专业投资公司委托借款、部门统借基建基金借款、部门基建基金借款、特种拨改贷投资借款、建设银行投资借款、煤代油投资借款、国外借款和其他投资借款。其他借款主要有国内储备借款和周转借款两种。

3. 基本建设项目资本

它是指国家专业投资公司以及其他部门、单位以参股、控股等投资形式直接投资建设单位的基本建设资金,投资方可以从合资、联营的资产组合中获得按参股比例的收益或利益。

4. 企业债券资金

它是生产企业拨给建设单位的通过发行企业债券所筹集的基本建设资金来源。主要有重点企业债券资金和其他企业债券资金两种。

5. 结算中形成的资金

这是建设单位由于发生往来结算业务而获得的临时性资金来源。如应付器材款、应付工程款、应付工资、应付有偿调入器材及工程款、其他应付款、应付票据以及各种应交款项。

6. 留成收入

它是指建设单位按规定从实现的基建收入和基建包干节余中提取的留归建设单位使用的各种留成收入。

7. 上级拨入资金

它是指建设单位收到投资单位(主管部门或企业)拨入的以及从其他渠道取得的供组织和管理基建活动的资金。

建设单位的资金来源,如图表1-5所示。

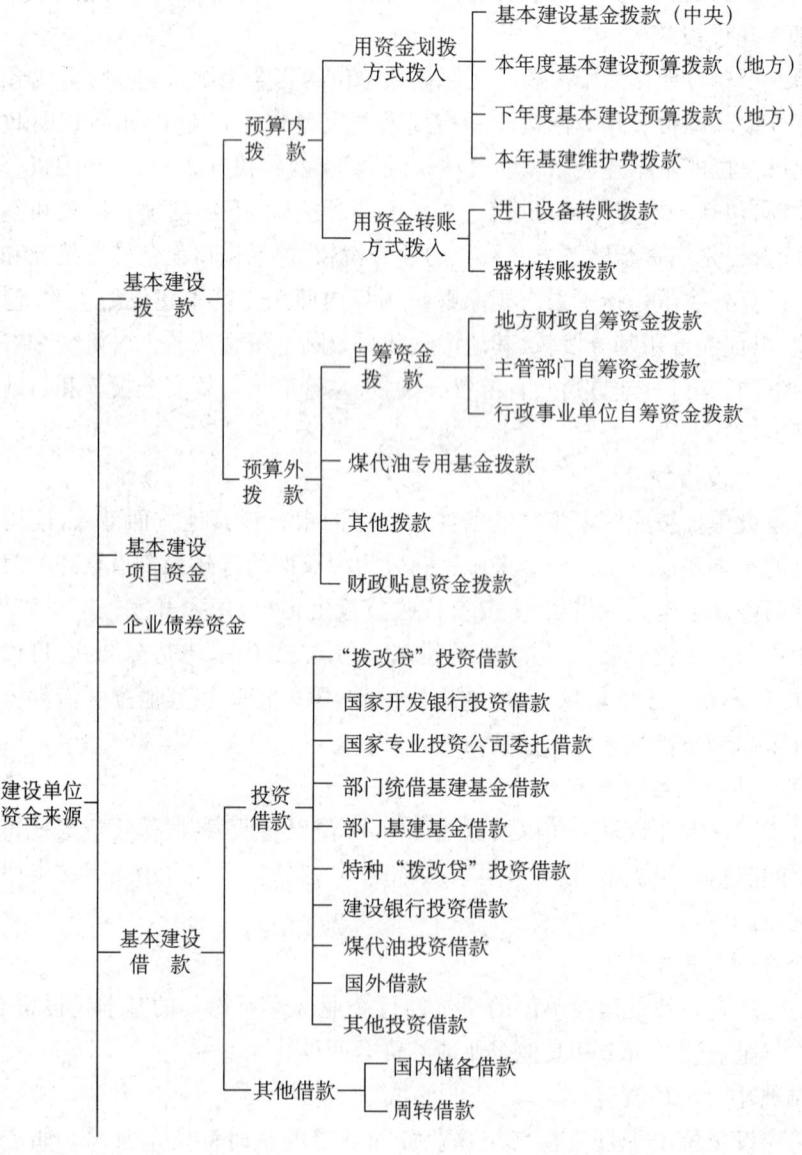

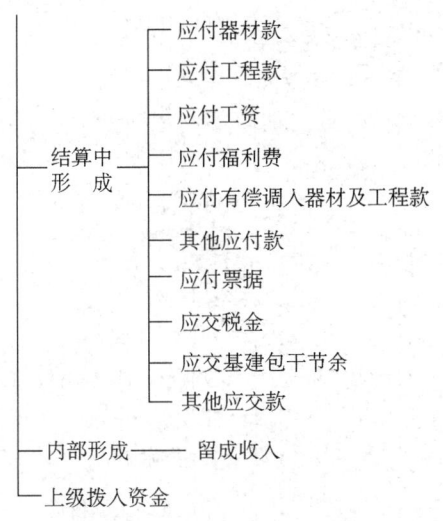

图表 1-5　建设单位的资金来源

### 三、建设单位的资金运用

建设单位取得的资金来源,必然有计划地以各种具体的形态,存在于资金运动的各个阶段中。建设单位的资金运用,主要有以下几种形态:

(1) 货币资金:指表现为货币形态方面的各种资金,如现金、银行存款等。

(2) 储备资金:指表现为物资储备形态的各种资金,如库存设备、库存材料等。

(3) 结算资金:指结算过程中各种应收与预付款,如预付备料款、预付工程款、应收有偿调出器材及工程款、其他应收款等。

(4) 在建资金:指基本建设过程中,已构成投资完成额,但尚未交付使用的在建工程占用资金,如建筑安装工程投资、设备投资、待摊投资、其他投资、待核销基建支出、转出投资。

(5) 建成资金:指已经竣工并办理验收交接手续的各项固定资产和流动资产所占用的资金,如交付使用资产等。

(6) 转销资金:指非经营性建设项目在建设过程中发生的按规定不计入交付使用资产而转出或核销的投资支出。

(7) 应收生产单位资金:指实行基本建设投资借款的建设单位将交付使用资产转给生产单位后应由生产单位偿清借款所占用的资金,如应收生产单位投资借款等。

(8) 固定资金:指建设单位在基建过程中运用在自用固定资产上的资金,固定资金的实物形态是固定资产。

(9) 有价证券:指建设单位在基本建设过程中购入的国库券、企业债券、基金等有价证券的资金。

建设单位的资金运用,如图表 1-6 所示。

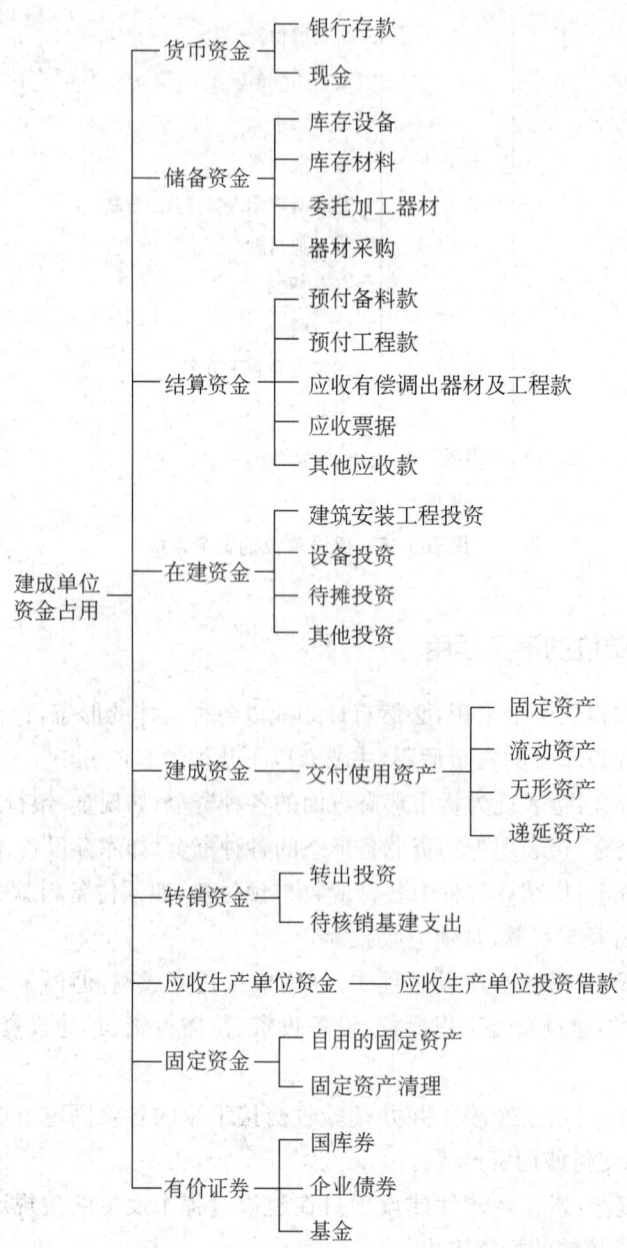

图表 1-6 建设单位的资金运用

## 四、建设单位会计的内容

前已指出,建设单位会计的对象,是建设单位的资金和资金运动。建设单位的资金是建设单位各种财产物资的货币表现,而以货币表现的基本建设过程中发生的经济活动,就是建设单位的资金运动,也就是建设单位所要反映和监督的内容。

首先,建设单位会计是反映、核算和管理基本建设投资过程的一种专业会计。为了加强基本建设管理,正确反映基本建设投资的执行情况,建设单位会计必须严格执行国家对基本建设投资和其他各项费用划分的规定,凡是生产过程中的更新改造基金支出、大修理支出、现行生产费用、水利、农林、交通及援外经费的开支均不能由基本建设投资开支,这些不能属于建设单位会计核算的内容。

其次,基本建设投资过程包括投资取得、投资使用和投资完成及转销三个阶段。基本建设资金顺次通过投资取得、投资使用和投资完成及转销三个阶段而完成全过程及其所引起的资金增减变动,是建设单位会计的主要内容。在投资取得阶段,建设单位从财政拨入、银行借入以及取得项目资本、企业债券资金等基本建设资金后,形成银行存款、现金等货币资金形态,这是基本建设资金运动的起点。在投资使用阶段,建设单位将货币资金作如下处理:①用于采购和储备需要安装设备和材料,这时货币资金转化成为储备资金,当这部分需要安装设备和材料交付建筑安装公司进行安装和使用后,这部分资金又从储备资金形态转化为在建资金形态的建筑安装工程投资和设备投资;②以预付备料款或预付工程款方式支付给承包的施工企业,这部分货币资金转化为结算资金,建设单位同施工企业办理完工工程价款结算后,这部分结算资金又转化为在建资金形态的建筑安装工程投资;③支付不需要安装设备、工资或其他基本建设投资支出,这部分货币资金转化为在建资金。投资使用阶段是基本建设过程的中心环节,也是完成基本建设任务的关键阶段。在投资完成及转销阶段,当工程结束向生产使用单位办理交接手续时,在建资金转化为建成资金的交付使用资产。下年年初建立新账时,拨款来源的建设单位,根据应冲转的交付使用资产同基建拨款冲销转账,从而结束投资全过程,资金随即退出建设单位。如为投资借款资金来源的建设单位,除将交付使用资产冲销后,还必须等到借款全部还清后,资金运动方才结束。上述基本建设资金运动可用图表 1-7 表示。

最后,在基本建设投资过程中所形成的留成收入和上级拨入资金及其使用,也是建设单位会计的内容。

从图表 1-7 可以看出,建设单位资金运动具有自身的显著特点,主要表现在:

第一,建设单位的资金运动具有时间性和暂时性。建设单位资金在按照规定批准冲销或由生产单位偿还投资借款后就退出,相应的组织机构也随之撤销,人员分流,而新的建设项目立项,又有新的人员加入,所以是有始有终,呈直线型进行一次运动即告结束,并不发生周转。而工业企业和施工企业的经营资金是不断周转循环运动的。

第二,基本建设工程具有用途单一和地点固定的特点,只能单件生产。基本建设工作内容相当复杂,有的自己进行,有的委托施工企业进行。我国基本建设是在国家统一计划下进行的,任何一项基建工程的投资额及其投资额构成内容都要受其限额规定,因此,基建资金运动都要受到这些规定的制约。

第三,建设单位资金运动的显著特点是周期较长,一般小型项目需 2～3 年,大中型项目需 4～5 年,有的甚至更长。而在这个较长的时期内不提供任何有效用的产品,因此,如何加快工程进度、缩短建设周期,实为提高投资效益的有效途径。

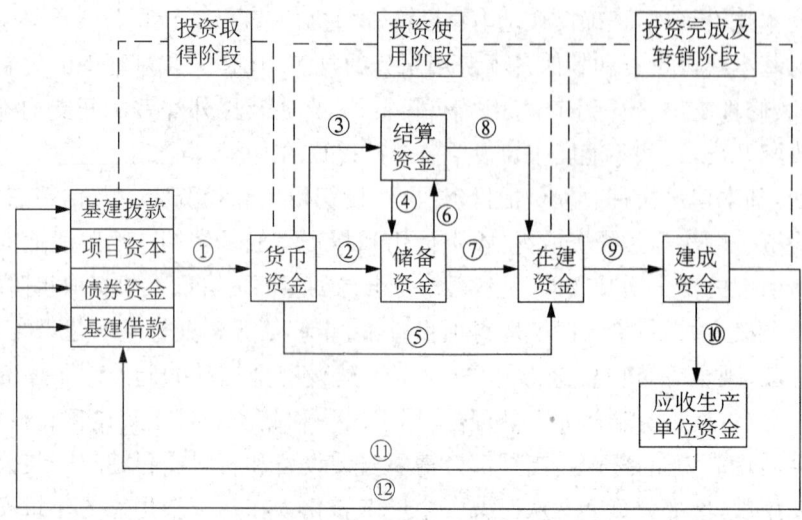

① 建设单位取得基本建设资金来源
② 购买需要安装设备和材料
③ 预付大型设备款
④ 大型设备制造完毕,办理设备价款结算
⑤ 购买不需要安装设备、工资以及支付其他基本建设投资费用
⑥ 将储备材料拨给施工企业抵作预付备料款
⑦ 将需要安装设备和材料交付安装公司进行安装和使用
⑧ 与施工企业办理工程价款结算
⑨ 办理竣工工程交付使用手续
⑩ 基建投资借款单位结转应向生产单位收取的投资借款
⑪ 偿还基建投资借款本息,转销资金来源
⑫ 按规定程序转销,基建资金退出

**图表 1-7　基本建设资金运动**

第四,建设领域内的基建资金只起垫支作用,不起增值作用,在建设过程中开始投入的资金和最后退出的资金数额是相等的。而生产企业的经营资金,最后收回的资金额通常大于开始垫支的资金额,这就是工人在生产过程中创造的,通过销售而实现的盈利。

## 五、建设单位会计的任务

建设单位会计是建设单位经营管理的重要组成部分,它运用建设单位会计所特有的方法,对基本建设资金取得、使用和完成及转销全过程进行全面、正确、及时地反映和考核,从而有效地保证基本建设计划的完成和投资效果的充分发挥。其主要任务简述如下:

第一,认真贯彻党和国家关于基本建设的各项方针和政策,严格遵守基本建设各项规章制度。在核算工作中,同一切违反国家财政制度和财经纪律的行为作斗争,确保建设资金不受损失。诚信为本,操守为重。

第二,按照国家有关财务会计制度规定,认真做好记账、算账、报账、用账工作,全面、正确、及时反映建设资金使用情况。遵守准则,不做假账。

第三，在调查研究基础上，经常开展投资使用效果分析，全面、正确、及时考核基本建设计划、基建财务计划和概预算执行情况，建立合理有效的财务考核指标和考核体系，强化建设资金使用的考核和分析，揭露问题，发现薄弱环节，及时采取有效措施，促进建设单位全面完成国家建设计划。

第四，合理支配使用建设资金，不断降低建设成本，促进建设单位在各环节厉行节约，全面提高基本建设投资效益。

第五，反映和监督基本建设物资管理和使用情况，保证社会主义财产的完整和安全。

## 六、建设单位会计科目设置

为了核算与监督建设单位会计对象，完成建设单位会计任务，需采取科学的会计方法，合理设置会计科目就是会计方法中的一个重要方法。在社会主义制度下，建设单位会计科目的设置，由国家统一规定。这样，就能保证建设单位会计资料的记录和内容的统一。按照各地区、部门统一的会计报表进行汇总，有利于考核各个地区、部门基本建设投资计划的完成情况。

目前，建设单位一般应设置如图表1-8所示的会计科目。

**图表1-8　国有建设单位会计科目表**

| 序号 | 编号 | 资金占用类科目 | 序号 | 编号 | 资金来源类科目 |
|---|---|---|---|---|---|
| 1 | 101 | 建筑安装工程投资 | 18 | 231 | 限额存款 |
| 2 | 102 | 设备投资 | 19 | 232 | 银行存款 |
| 3 | 103 | 待摊投资 | 20 | 233 | 现金 |
| 4 | 104 | 其他投资 | 21 | 237 | 零余额账户用款额度 |
| 5 | 105 | 待核销基建支出 | 22 | 241 | 财政应返还额度 |
| 6 | 106 | 转出投资 | 23 | 241 | 预付备料款 |
| 7 | 111 | 交付使用资产 | 24 | 242 | 预付工程款 |
| 8 | 121 | 应收生产单位投资借款 | 25 | 251 | 应收有偿调出器材及工程款 |
| 9 | 201 | 固定资产 | 26 | 252 | 其他应收款 |
| 10 | 202 | 累计折旧 | 27 | 253 | 应收票据 |
| 11 | 203 | 固定资产清理 | 28 | 261 | 拨付所属投资借款 |
| 12 | 211 | 器材采购 | 29 | 271 | 待处理财产损失 |
| 13 | 212 | 采购保管费 | 30 | 281 | 有价证券 |
| 14 | 213 | 库存设备 | 31 | 301 | 基建拨款 |
| 15 | 214 | 库存材料 | 32 | 302 | 项目资本 |
| 16 | 218 | 材料成本差异 | 33 | 303 | 项目资本公积 |
| 17 | 219 | 委托加工器材 | 34 | 304 | 企业债券资金 |

（续表）

| 序号 | 编号 | 资金占用类科目 | 序号 | 编号 | 资金来源类科目 |
|---|---|---|---|---|---|
| 35 | 305 | 基建投资借款 | 44 | 351 | 应付有偿调入器材及工程款 |
| 36 | 306 | 上级拨入投资借款 | 45 | 352 | 其他应付款 |
| 37 | 307 | 其他借款 | 46 | 353 | 应付票据 |
| 38 | 311 | 待冲基建支出 | 47 | 361 | 应交税金 |
| 39 | 321 | 上级拨入资金 | 48 | 362 | 应交基建包干节余 |
| 40 | 331 | 应付器材款 | 49 | 363 | 应交基建收入 |
| 41 | 332 | 应付工程款 | 50 | 364 | 其他应交款 |
| 42 | 341 | 应付工资 | 51 | 401 | 留成收入 |
| 43 | 342 | 应付福利费 | | | |

附注：

1. 上列会计科目，建设单位没有业务事项的，可以不设。

2. 建设单位可以根据实际需要，增删下列会计科目：（1）个别大型自营建设单位，可以增设"221 工程施工""223 施工管理费""225 待摊费用""215 低值易耗品""216 周转材料""217 临时设施"等有关科目，并将"库存材料"科目按照主要材料、结构件、其他材料等类别设置总账科目进行核算。（2）经批准的停、缓建单位，可在"基建拨款"科目下设置"本年维护费拨款"明细科目，实行停缓建维护费贷款办法的停、缓建单位，可设置"308 停缓建维护费借款"科目。实行生产自立的缓建单位，可以增设"222 自立生产支出""402 自立生产收入"等科目，并在"其他借款"科目下，增设"自立生产借款"明细科目。（3）采用实际成本进行材料日常核算的建设单位，可以不设"218 材料成本差异"科目。（4）建设单位因安置动拆迁而购进的商品房可以增设"220 未使用安置房"，专项核算建设单位因动迁而购入的安置房。

## 七、基本建设财务规则

近年来，我国财政在预算管理、政府收支分类、财政资金绩效管理、政府会计制度等多方面改革中取得了显著成果。因此，为了规范基本建设会计与财务行为，加强基本建设会计与财务管理，提高财政资金使用效益，保障财政资金安全，2016 年 4 月，财政部下发了正式的《基本建设财务规则》〔财政部令第 81 号〕（以下简称《规则》），要求自 2016 年 9 月 1 日起施行。《规则》是财政部推进供给各机构行政改革的积极探索，也是全面规范行政事业单位会计与财务管理制度的重要举措。

（一）《规则》出台的重大意义

**1. 彰显市场经济的契约精神**

2013 年 11 月 9～12 日十八届三中全会举行，会议强调"使市场再资源配置中起决定性作用"。这一表述是对党的十五大指出的"市场在国家宏观调控下对资源配置起基础性作用"的升华。通过改革基本建设会计与财务规则，更好的体现了市场经济的契约精神，注重与市场导向相协调，充分发挥市场在配置资源中的决定性作用，以市场导向的要求来规范政府权力。

**2. 进一步"护航"财政资金安全**

2014 年 10 月，党的十八届四中全会发布了《中共中央关于全面推进依法治国若干重大问题的决定》。《规则》坚持依法治国、公正、公平、公开的原则，是财政部落实这一重大改革的具体实践。《规则》以基本建设项目为对象，从资金来源、预算管理、成本管理、收入管理、工程结算与决算管理，到资产交付管理、绩效评价管理和监督管理，对一个项目完整的资金运动过程都作出了规范。这种项目全生命周期管理有利于保障财政资金的安全和绩效，也体现了《规则》的完整性。

3. 有利于加强资金核算和财务监管

2014 年 8 月，十二届全国人大常委会第十次会议表决通过了《预算法》修改决定，新《预算法》明确了政府依法举债取得资金的合法性。《规则》将依法举债取得的建设资金形成的资产纳入政府管理，保证了政府资产的完整性。此外，明确规范了基本建设项目成本与绩效管理，新增了绩效评价和监督管理内容。明确规定以建设项目为主体进行成本核算与管理，区别单位开支和项目开支，区分经营性项目和非经营性项目，并针对项目结余资金管理等进行了规定。明确项目建设单位应当严格控制建设成本的范围、标准和之责任，规范了不能列入成本的项目。这样对加强资金核算和财务监管具有重要的积极作用。

4. 体现了政府从管理向服务转变的理念

关于工程款结算的管理规定，2002 年的《基本建设财务管理规定》中政府单边要求项目建设单位遵守工程价款结算的规定，如使用了"严格执行""坚持按照""必须按"等类似词汇。要求严格执行工程价款结算的制度规定，坚持按照规范的工程价款结算程序支付资金。建设单位必须按工程价款结算总额的 5% 预留工程质量保证金，待工程竣工验收一年后再清算。而《规则》第 28 和 29 条规定，应当严格按照合同约定和工程价款结算程序支付工程款。可以与施工单位在合同中约定按照不超过工程价款结算总额的 5% 预留工程质量保证金，待工程交付使用缺陷责任期满后清算。资信好的施工单位可以用银行保函替代工程质量保证金。这种更有弹性的规定，体现了政府从管理向服务转变的理念。

5. 促进政府权责发生制会计改革落地

2014 年 12 月，国务院批转财政部《权责发生制政府综合财务报告制度改革方案》（国发〔2014〕63 号），对全面推进权责发生制的政府综合财务报告制度改革作出部署。要求力争在 2020 年前建立具有中国特色的政府会计准则体系和权责发生制的政府综合财务报告制度。《规则》是配合政府会计改革中提出的政府资产和成本核算与管理的要求，并促进政府权责发生制会计改革落地的举措。基本建设项目的有效计量、核算是政府会计的基本落脚点，对于政府成本会计的研究与应用具有开拓性的意义。特别是政府综合财务报告制度要求，相关部门要报告政府运行成本的信息，基本建设项目就称为政府成本核算和管理的突破点。同时，《规则》与政府会计制度是相辅相成的，政府权责发生制财务会计规范了资产、负债、收入、费用等会计要素都与基本建设项目有关。《规则》是政府会计制度体系框架中制度落实最接地气的部分。把行政事业单位的建设项目作为一个试点，为全面建立政府成本会计打下基础和积累实践经验起到重大作用。

为实施好该《规则》,首先,要完善政府会计制度体系建设,包括政府会计准则具体准则和政府管理会计制度的出台;其次,要加强信息技术创新,搭建项目建设平台,做好项目全生命周期管理,第三,要加强队伍素质提升,包括财政部门具体制度跟上,提高项目主管部门和项目项目建设单位的管理能力。行政事业单位以及国有和国有控股企业将积极做好相应的准备工作。

(二)《规则》的具体内容

《规则》共分总则、建设资金筹集与使用管理、预算管理、建设成本管理、基建收入管理、工程价款结算管理、竣工财务决算管理、资产交付管理、结余资金管理、绩效评价、监督管理和附则等12章。

## 复习思考题

1. 试述固定资产再生产、更新改造投资、基本建设投资、固定资产投资的内容及它们之间的相互关系。

2. 什么是基本建设? 它有哪些重要的战略意义?

3. 什么是基本建设投资额? 它由哪些内容构成?

4. 基本建设程序的内容是什么? 为什么必须按基本建设程序办事?

5. 试说明下列名词内容、作用和它们相互之间的关系:

(1) 项目建议书　　　　(5) 年度基本建设计划

(2) 可行性研究　　　　(6) 年度基本建设财务计划

(3) 初步设计　　　　　(7) 施工图

(4) 总概算　　　　　　(8) 施工图预算

6. 建设单位的资金占用和资金来源主要包括哪些内容?

7. 试说明建设单位资金运动的主要内容及其特点。

8. 建设单位会计的主要任务是什么?

# 第二章

## 基本建设资金
## 来源的核算

# 第一节　概　　述

长期以来,我国的会计核算是将建设单位和项目接受单位(生产企业或行政事业单位)分别作为两个会计主体,建设单位负责核算基本建设投资的使用情况,生产企业或行政事业单位负责核算项目竣工投产后的生产或使用运行过程中资金及其运动情况。建设单位接受生产或使用单位的委托进行工程项目的建设,为了全面完成国家批准、下达的基本建设任务,首先要拥有或筹集一定数量的资本金和债务资金。建设单位资本金,是指实行建设项目资本金制度的建设单位所筹集的资本金,即经营性基本建设项目所筹集的资本金。具体分两种情况来对待:一是实行建设项目法人责任制的建设单位,它的法定资本金就是项目法人工商登记的注册资金;二是未实行建设项目法人责任制的建设单位或依据现有企业不独立设立法人的建设单位,它的法定资本金就是建设项目总投资中的非负债资金。经营性项目资本金的来源渠道有国家预算资金、自筹资金、利用外国直接投资(合资经营、合作经营、外商独资企业、BOT方式)和居民个人民间投资。经营性项目债务资金筹资方式与来源渠道有国内信贷资金、利用外债、发行基本建设债券和融资租赁等若干种。非经营性项目不实行资本金制度,资金来源主要是各类基本建设无偿拨款,包括预算内拨款、自筹资金拨款、专项拨款和其他拨款,基本上没有贷款或有少量贷款。基本建设资金来源的核算,就是要正确划清基本建设资金的各种不同经营目标、来源渠道和筹资方式,及时核算和监督基本建设拨款、项目资本、基本建设借款和企业债券资金的增减变动,按计划合理安排节约使用建设资金,为很好地完成基本建设任务服务。

基本建设资金来源,是建设单位资金来源中最主干和最重要部分,主要包括基本建设拨款、项目资本、基本建设借款和企业债券资金四个部分。其中基本建设拨款又可分成预算内拨款和预算外拨款两种;基本建设借款又可分为投资借款和其他借款两种。本章将分为六节分别进行阐述。

# 第二节　预算内基本建设拨款的核算

## 一、预算内拨款的资金来源

预算内拨款,是指列入国家预算支出,由各级财政拨给建设单位资金。它包括本年预算拨款、基建基金拨款、预收下年度预算拨款、进口设备转账拨款、器材转账拨款和本年基建维护费拨款。预算内拨款范围仅限于非经营性项目(行政事业单位)。预算内拨款目前主要有两种不同的拨款管理方式:一种是用资金划拨方式拨入的预算内拨款,包括本年预算拨款、基建基金拨款和预收下年度预算拨款;另一种是用资金转账方式拨入预算内拨款,包括进口设备转账拨款和器材转账拨款。

（一）用资金划拨方式拨入的预算内拨款

（1）本年度预算拨款:指从本年度地方预算中用资金划拨方式拨入的用于完成本年度基本建设计划各项支出的基本建设资金（地方级非经营性项目）。地方各主管部门负责管理的非经营性项目所需要的基本建设资金,由地方级预算拨款解决,纳入地方财政预算的地方机动财力用于基本建设资金也作为本年度预算拨款。地方的机动财力主要有上年财政预算结余、当年财政超收分成和地方预备费,以及地方预算外某些专项资金,如增值税附加、所得税附加、城市公用事业附加、城市房地产税、城市公房租金收入、农业税附加等。至于没有纳入地方财政预算的地方机动财力用于基本建设资金,应作为地方财政自筹资金拨款。1988年的投资体制改革中,中央财政安排的基本建设资金实行基本建设基金制,中央财政安排的预算内拨款改为基建基金拨款,而地方财政大都没有实行基建基金制。因此,目前被称为本年预算拨款的仅限于地方财政安排的预算内拨款。

（2）基建基金拨款:指中央各主管部门负责安排和直接管理的非经营建设项目所需的基本建设资金（中央级非经营性项目）,中央各主管部门负责管理的非经营性项目所需要的基本建设资金,理应由中央级预算拨款解决。但由于1988年我国开始建立基本建设基金制后,中央预算拨款改由非经营性的基本建设基金拨款,从而形成了基建基金拨款。因此,目前被称为本年基建基金拨款的仅限于中央级非经营性的投资项目。

（3）预收下年度预算拨款:指采用资金划拨方式从地方财政预算拨款中在本年度提前预拨给建设单位,用于完成下年度投资中需要在本年内提前安排的各项支出的基本建设资金。一般水利部门、高等院校的基建项目有这种政策优惠情况。它是本年预算拨款的一种转化形式。

（4）本年基建维护费拨款:指经批准的停、缓建建设单位从财政拨入用于停、缓建项目的维护费拨款。

（二）用资金转账方式拨入的预算内拨款

（1）进口设备转账拨款:指国家用财政统借统还的外债,从国外进口设备,拨给建设单位。因为统借统还的外债由国家财政承担债务,建设单位并不承担还贷责任,对建设单位来说等于是一种以实物形态拨入的预算内拨款。

（2）器材转账拨款:指主管部门从本系统其他建设单位中将需要安装设备、材料通过转账方式调拨给建设单位,抵作基本建设拨款的一种拨款,它也是一种以实物形态拨入的预算内拨款。

## 二、基本建设预算拨款资金管理方式的沿革

按照现行制度规定,国家对文教、卫生、科研、党政机关等行政事业单位非经营性的建设项目实行基本建设预算拨款。基本建设预算拨款资金的管理方式先后主要有

四种:限额管理方式、资金转账管理方式、资金划拨管理方式和国库集中支付管理方式。

（一）限额管理方式

1. 拨款的原则和依据

1994 年前国家对本年度预算拨款和下年度预算拨款一直采取限额拨款、限额管理的方式,基本建设资金由各级财政负责管理并实施财政监督,过去预算拨款的限额管理是由建设银行统一负责办理。建设银行在办理拨款和建设单位在支用拨款时,应坚持现行基本建设财务制度规定的按计划拨款（用款）、按预算拨款（用款）、按基本建设程序拨款（用款）、按工程进度拨款（用款）的"四按"原则,这是从多年实践工作中积累出来并已被证明为行之有效的经验。同时,建设单位应向办理拨款业务的建设银行提供以下几种文件,作为建设银行拨款的依据:①可行性研究报告和初步设计的批准文件;②经批准的附有工程项目表的年度基本建设计划;③经批准的年度基本建设财务计划;④经批准的设计概算和施工图预算;⑤与施工单位共同签订的工程经济合同、协议等。并按期报送会计和统计报表。

基本建设拨款限额,是指一定时期内建设单位可以向建设银行支用国家预算拨款的最高额度。建设单位只能在拨款限额范围内,通过建设银行经办行,支用国家预算资金。存入建设银行拨款户内尚未支用的拨款限额并不构成建设单位的实有资金,它仅是建设单位一种潜在的预算拨款资金来源。

随着建设银行成为国有商业银行,从 1994 年 11 月 1 日起,财政部门已收回原委托建设银行代行的财政职能,为了做好预算拨款的财政监督管理工作,财政部重新成立了基建财务司。财政部与建设银行之间的关系,变成一种委托与被委托的关系。凡列入年度投资计划的预算拨款,建设银行应根据核定的用款计划,具体办理建设项目的资金拨付,并配合财政部门对资金使用实施监督。

2. 限额管理的程序

基本建设预算拨款采用限额管理,要以一定的凭证手续作为依据,并有一套相互衔接的程序。其具体做法如下:

首先,主管部门在国家批准的基本建设预算支出范围内,根据所属各建设单位季度用款计划和建设进度实际需要,分次填制"基本建设拨款限额申请书"向同级财政部门申请拨款限额,然后将核定的拨款限额送开户建设银行存入拨款户。

其次,主管部门根据所属各建设单位建设进度和实际需要,分配下达拨款限额,并填制"基本建设拨款限额通知"送开户建设银行委托其下达到各所属建设单位开户经办行。

最后,各建设单位开户经办行接到主管部门分配下达的"基本建设拨款限额通知"后,应及时通知建设单位到经办行办理开立拨款户（在"限额存款"账户核算）手续,建设单位在下达的拨款限额范围内,根据批准的基本建设计划合理使用。

"基本建设拨款限额申请书"和"基本建设拨款限额通知"的格式如图表 2-1 和图表 2-2 所示。

图表 2-1

<table>
<tr><td colspan="4" align="center">__中央__ 级基本建设拨款限额申请书</td></tr>
<tr><td>申请单位:国内贸易部</td><td colspan="2" align="center">20××年×月×日</td><td>内贸基字第×号</td></tr>
<tr><td align="center">拨款种类</td><td align="center">本次申请<br>拨款限额</td><td align="center">财政部门本次<br>核定拨款限额</td><td align="center">财政部门累计<br>核定拨款限额</td></tr>
<tr><td align="center">基本建设</td><td align="center">500 000 000 元</td><td align="center">400 000 000 元</td><td align="center">400 000 000 元</td></tr>
<tr><td align="center">备　注</td><td></td><td></td><td></td></tr>
<tr><td colspan="2">上项拨款限额已转入你单位拨款户</td><td colspan="2">财政部门审核意见</td></tr>
<tr><td colspan="2" align="right">开户建设银行签章<br>年　　月　　日</td><td colspan="2" align="right">财政部门签章<br>主管　　经手　　年　月　日</td></tr>
<tr><td colspan="2">开户建行名称</td><td colspan="2">拨款户账号</td></tr>
</table>

图表 2-2

<table>
<tr><td colspan="5" align="center">__中央__ 级基本建设拨款限额通知</td></tr>
<tr><td colspan="2">主管部门:国内贸易部<br>拨款种类:基本建设</td><td colspan="1" align="center">20××年×月×日</td><td colspan="2" align="right">内贸基字第×号</td></tr>
<tr><td rowspan="2" align="center">拨入<br>单位</td><td align="center">名称</td><td align="center">××自行车厂</td><td rowspan="2" align="center">拨出<br>单位</td><td align="center">国内贸易部</td></tr>
<tr><td align="center">开户银行</td><td align="center">中国建设银行<br>上海市分行</td><td align="center">开户银行</td></tr>
<tr><td colspan="2" align="center">本次下拨限额</td><td align="center">500 000 元</td><td align="center">累计下<br>拨限额</td><td align="center">500 000 元</td></tr>
<tr><td colspan="5">说明事项</td></tr>
<tr><td colspan="2">拨出单位<br>盖　章</td><td colspan="3">收<br>付　　　　　复核　　　　记账</td></tr>
</table>

如果主管部门由于落实计划投资而调剂余缺,根据资金调度需要,可以将已经分配给所属建设单位的拨款限额收回一部分甚至全部。主管部门在收回拨款限额时,应通知建设单位填写"基本建设拨款限额通知",注明"退回限额"字样,送经办行办理退还拨款限额手续。建设单位在本年度内各季、各月结余的拨款限额,可以结转下季或下月继续使用。年终,基本建设拨款限额如有结余额,要根据当年决算办法规定处理。一般来讲,属于本年预算拨款的限额结余,要自行注销,也就是通常所说年终"一刀砍"办法,不能跨年度使用;属于提前拨付的下年度预算拨款的限额结余,则不注销,结转下年度继续使用,并抵作下年度的本年预算拨款。

建设单位如果有建设工程在异地施工,需要用款时,可以转拨限额,由当地建设银行实行限额管理。如果按照限额管理确有困难,经开户建设银行同意,也可以根据实际需要将所需款项分次汇给外地用款单位,注明基建资金户,开立专户存储,专款专用。年度终了时,经办行应督促开户建设单位将多余基建资金退回原拨出单位。

3. 限额管理意义、作用和缺陷

基本建设预算拨款实行限额管理有其积极的意义及作用:

第一,从国家预算资金调度与平衡来看,由于基本建设预算拨款的资金是来源于当年国家的基本建设预算支出,国家的预算支出又来源于预算收入,而预算收入是国民经济各行各业逐日逐月通过税利形式上交的,因此,为了保证财政部门合理调度和平衡,基本建设预算拨款只能根据国家财政收支平衡情况采取分次拨付。

第二,从主管部门可以统筹调剂拨款限额来看,主管部门可以根据各建设单位完成基本建设任务的好坏和资金调度的需要,向建设单位收回或由建设单位主动退回未使用限额,以利于主管部门在本部门范围内统筹安排基本建设投资。

第三,从建设单位基建资金的需要来看,由于建设项目的建设周期较长,所需的资金多,而建设工程又是分期施工的,因此国家对建设资金的拨付,不需要也没有必要在工程开工前一次全部拨清,可以分期按计划按工程进度供应,真正做到以"四按"原则进行拨款。这样既能按时满足建设单位的资金需要,又能避免基建资金的积压浪费,对于基本建设资金的有效使用、节约使用,起着很大作用。

但限额管理也带来以下两个方面的缺陷:

第一,明显带有计划经济色彩,不能正确理顺财政与商业银行之间关系。由于财政下达的拨款限额仅仅是一个指标,日常建设工程所用资金要由商业银行无偿垫付,月末才能得到结算,势必占用商业银行很大一块资金,不利于商业银行资产负债运作。

第二,由于限额拨款余额年终要注销,不能跨年度使用,往往会引发建设单位年终突击花钱,造成资金使用效果低下甚至损失浪费,同时对跨年度工程的连续建设的资金安排带来了不利影响。

(二)资金转账管理方式

资金转账管理方式,是指建设单位上级主管部门以实物形式下拨给建设单位,用以调剂和平衡所属各建设单位预算内拨款的一种方式。它采用实物抵作当年的基建拨款,通过转账的形式实现的预算内拨款,建设单位收到的是器材物资。主要有"本年进口设备转账拨款"和"本年器材转账拨款"。

(三)资金划拨管理方式

从1998年1月1日起,预算内拨款方式由资金划拨替代了原来的限额管理。所谓资金划拨方式,是指建设单位收到的预算拨款是货币资金,而不是拨款限额指标。建设单位收到的基本建设货币资金应存入规定的银行,开设专户,并接受银行对货币资金来源是否合法的审查。但其实质仍是一种国库分散支付方式。

(四)国库集中支付管理方式

国库集中支付方式,是将政府性财政资金全部集中到国库单一账户,并规定所有的财政支出必须由国库直接支付。这里所指的财政性资金包括财政预算内资金、纳入财政预算管理的政府性基金、纳入财政专户管理的预算外资金和其他财政性资金。

2001年起,我国开始实行财政国库管理制度改革,要求试点单位的财政性资金通过国库单一账户体系存储、支付和清算。在这种管理方式下,财政资金的使用由各部门(单位)根据细化的预算自主决定,由财政部门核准后准予支出。财政资金将由国库单一账户直接拨付给商品或劳务供应商,而不必经过支出单位进行转账结算。为便于各部门(单位)小额零散支出的需要,未纳入直接支付的购买支出、零星支出,由建设单位在财政授权支付额度到账通知书所确定的支用额度内,开具《财政授权支付凭证》送交代理银行、通过建设单位零余额账户支付。

国库集中支付方式的优越性有以下三个方面:

第一,预算支出过程真正与财政监督相结合,财政部门可以依赖各支出部门的财务会计资料进行审查监督,及时发现和制止过程中的违纪违法行为。

第二,资金集中支付和存储,大大提高了财政资金的使用效率。

第三,及时反映财政资金运用的信息,全面了解整个财政资金的运转状况。

### 三、预算内拨款的核算

在会计核算中,对于预算内拨款和预算外拨款,虽然它们取得的资金渠道不同,管理方法也不同,但它们都属于无偿性的基本建设资金来源,使用后不需要归还,所以,统一在"基建拨款"(属于资金来源科目)总科目进行核算。但为了核算和监督各种不同的预算内拨款的增减变动和结存情况,在"基建拨款"科目下需要设置"本年预算拨款""预收下年度预算拨款""本年基本建设基金拨款""本年维护费拨款""本年进口设备转账拨款"和"本年器材转账拨款"六个明细科目。现分别说明以上各明细科目和"银行存款"科目。

1."基建拨款——本年预算拨款"科目

它用来核算本年内由地方预算拨入的基本建设拨款(见图表2-3)。其账户登记内容和账务处理方法如下:

图表2-3

| 借　　　　基建拨款——本年预算拨款　　　　贷 | |
|---|---|
| 下年年初建立新账时,将上年度预算拨款结转"基建拨款——以前年度拨款" | 1. 收到地方财政拨入的本年预算拨款数额("银行存款")<br>2. 因计划调整退回拨款数额("银行存款"用红字)<br>3. 下年初,结转上年度"预收下年度预算拨款"数额("基建拨款——预收下年度预算拨款") |
| | 余额:年终为拨入而尚未结转的本年预算拨款 |

【例2-1】　建设单位收到地方财政拨入本年预算拨款200 000元。应做如下会计分录:

借：银行存款——预算拨款户　　　　　　　　　　　　　　　　　200 000
　　贷：基建拨款——本年预算拨款　　　　　　　　　　　　　　　　200 000

**【例2-2】** 建设单位接上级通知,由于计划调整,退回地方财政拨入本年预算拨款 50 000 元。用红字(以 ☐ 表示)做如下会计分录:

借：银行存款——预算拨款户　　　　　　　　　　　　　　　　　50 000
　　贷：基建拨款——本年预算拨款　　　　　　　　　　　　　　　　50 000

**【例2-3】** 建设单位从预算拨款户支付购买设备的价款 26 000 元。应做如下会计分录:

借：器材采购——设备采购　　　　　　　　　　　　　　　　　　26 000
　　贷：银行存款——预算拨款户　　　　　　　　　　　　　　　　　26 000

**【例2-4】** 建设单位从拨款户支付施工企业备料款 11 500 元。应做如下会计分录:

借：预付备料款　　　　　　　　　　　　　　　　　　　　　　　11 500
　　贷：银行存款——预算拨款户　　　　　　　　　　　　　　　　　11 500

**【例2-5】** 签发现金支票1张,从预算拨款户提取现金 2 000 元,备作零星开支。应做如下会计分录:

借：现金　　　　　　　　　　　　　　　　　　　　　　　　　　2 000
　　贷：银行存款——预算拨款户　　　　　　　　　　　　　　　　　2 000

**【例2-6】** 下年初建立新账时,将"基建拨款——本年预算拨款"科目的上年末贷方余额 150 000 元予以结转。应做如下会计分录:

借：基建拨款——本年预算拨款　　　　　　　　　　　　　　　　150 000
　　贷：基建拨款——以前年度拨款——预算拨款　　　　　　　　　　150 000

2."银行存款"科目(属于资金占用科目)

它用来核算和监督建设单位按规定存在银行的各种款项,根据银行存款来源和用途不同,建设单位可设置以下明细科目,并按存款明细账设置"银行存款日记账"进行明细核算。一般可设置:

(1)预算拨款户:用来核算地方财政拨入的预算拨款资金存款。本存款的使用要接受财政部门的监督,并按规定用途使用,资金不得转移到其他存款账户中。

(2)基建基金户:核算主管部门拨入的基本建设基金的存款。

(3)自筹资金户:核算经批准转入使用的自筹基建资金而开立的存款账户。

(4)采购资金户:核算建设单位按规定汇往外地银行备用的采购器材的用款。预算拨款单位的账户管理要求,应与预算拨款户相同。

（5）基建资金户：核算汇存异地零星配套工程建设用的预算拨款。

（6）债券资金户：核算生产企业拨入的企业债券资金而开立的存款账户。

（7）参股资金户：核算国家开发投资公司或其他单位投入的参股资金的存款户。

（8）煤代油专用基金户：核算主管部门拨给建设单位用于完成压油任务专用基金的收付情况。

（9）借入资金户：核算从银行借入资金而开立的存款户。

（10）清理资金户：核算建设项目停建或工程竣工、处理库存物资以及清理往来账户等收入款项。本账户的存款，按规定只能用于清偿投资借款和上交财政或主管部门，不得挪作他用。

（11）其他资金户：核算除以上各种存款之外其他存放在银行的款项。如图表2-4所示。

图表2-4

| 借 | 银 行 存 款 | 贷 |
|---|---|---|
| 1. 从拨款户汇存外地基建资金户、采购资金户<br>2. 销售及处理器材收入存入清理资金户（"库存设备""库存材料"） | 1. 支用各种存款（"器材采购"等）<br>2. 上交基建结余资金（"基建拨款——本年交回结余资金"）<br>3. 年终将基建资金户、采购资金户余额转回拨款户<br>4. 交纳投资方向调节税（"应交税金"）<br>5. 提现（"现金"） | |
| 余额：反映存在银行的存款实有数 | | |

**【例2-7】** 建设单位从建行基建拨款户汇拨异地零星工程用款10 000元，采购器材用款6 000元，在外地银行开立基建资金户和采购资金户。应做如下会计分录：

    借：银行存款——基建资金户                                    10 000
             ——采购资金户                                     6 000
        贷：银行存款——预算拨款户                                16 000

**【例2-8】** 异地工程报销从基建资金户支用的建设单位各项管理费8 500元。应做如下会计分录：

    借：待摊投资——建设单位管理费                                8 500
        贷：银行存款——基建资金户                                 8 500

**【例2-9】** 从外地采购资金户中，支付材料款4 000元。应做如下会计分录：

    借：器材采购——材料采购                                      4 000
        贷：银行存款——采购资金户                                 4 000

**【例2-10】** 工程竣工对外处理多余材料，收入600元，存入清理资金户。该材料计划成本588元，材料成本差异12元。应做如下会计分录：

借：银行存款——清理资金户 600

 贷：库存材料 588

  材料成本差异 12

【例 2-11】 将汇存外地的基建资金户余额 1 500 元,采购资金户余额 2 000 元,退回原来拨款户。应做如下会计分录:

借：银行存款——预算拨款户 3 500

 贷：银行存款——基建资金户 1 500

   ——采购资金户 2 000

3."基建拨款——预收下年度预算拨款"科目

它用来核算和监督从地方财政预算拨入的下年度基本建设预算拨款。如图表 2-5 所示。

图表 2-5

| 借 | 基建拨款——预收下年度预算拨款 | 贷 |
|---|---|---|
| 下年年初建立新账时,将本年度"基建拨款——预收下年度预算拨款"余额结转"基建拨款——本年预算拨款" | 收到财政预拨的下年度拨款("预算存款——预算拨款户") | |
| | 余额:年终为拨入而尚未结转的下年度预算拨款<br>(下年初建新账结转后无余额) | |

【例 2-12】 建设单位收到主管部门拨入下年度预算拨款 50 000 元。应做如下会计分录:

借：银行存款——预算拨款户 50 000

 贷：基建拨款——预收下年度预算拨款 50 000

【例 2-13】 根据委托收款结算凭证,由下年度预算拨款户支付某单位材料款 10 000 元。应做如下会计分录:

借：器材采购——材料采购 10 000

 贷：银行存款——预算拨款户 10 000

【例 2-14】 下年初建立新账时,将"基建拨款——预收下年度预算拨款"科目的上年末贷方余额 50 000 元予以结转。应做如下会计分录:

借：基建拨款——预收下年度预算拨款 50 000

 贷：基建拨款——本年预算拨款 50 000

4."基建拨款——本年基建基金拨款"科目

它用来核算和监督本年中央级非经营性建设单位,由上级主管部门拨入的基本建设基金拨款。如图表 2-6 所示。

图表2-6

| 借 | 基建拨款——本年基建基金拨款 | 贷 |
|---|---|---|
| 下年初建立新账时,将本年度贷方余额,全部结转"基建拨款——以前年度拨款" | 收到主管部门拨入的基本建设基金拨款("银行存款——基建基金户") |
| | 余额:年终为拨入尚未结转的本年基建基金拨款<br>(下年度建新账结转后无余额) |

**【例2-15】** 某中央级非经营性建设单位,收到建设银行通知,上级主管部门拨入的基本建设基金拨款100 000元。应做如下会计分录:

 借:银行存款——基建基金户         100 000

  贷:基建拨款——本年基建基金拨款     100 000

**【例2-16】** 签发转账支票1张,从基金拨款户中支付应付承包单位工程款30 000元。应做如下会计分录:

 借:应付工程款            30 000

  贷:银行存款——基建基金户       30 000

**【例2-17】** 下年初建立新账时,将"基建拨款——本年基建基金拨款"科目的上年末余额予以结转。应做如下会计分录:

 借:基建拨款——本年基建基金拨款     100 000

  贷:基建拨款——以前年度拨款——预算拨款  100 000

5."基建拨款——本年进口设备转账拨款"科目

它用来核算本年内由主管部门以转账方式拨入的进口成套设备(包括列入合同的进口安装材料、备品备件等)的价款和有关七项费用(见图表2-7)。进口设备转账拨款构成内容包括:①器材买价(清算价加进口加成费);②国外运杂费(国外运费、保险费、银行手续费、关税、增值税);③专利费;④技术保密费;⑤设备检验费;⑥延期付款利息;⑦国外设计及技术资料费;⑧出国联络费;⑨外国技术人员费。其中:①、②项构成进口设备的采购成本,记入"器材采购——进口设备"科目;③~⑨项是随同进口设备发生的有关七项费用;③、④项是不计入设备成本,应作为无形资产记入"其

图表2-7

| 借 | 基建拨款——本年进口设备转账拨款 | 贷 |
|---|---|---|
| 下年初建立新账时,将本年度贷方余额结转"基建拨款——以前年度拨款" | 收到主管部门转账拨入进口设备(进口材料、备件)价款和有关费用("器材采购""待摊投资""其他投资") |
| | 余额:年终为拨入而尚未结转的本年进口设备转账拨款<br>(下年初建新账结转后无余额) |

他投资——无形资产"科目;⑤～⑨按规定作为费用记入"待摊投资"科目,最后要分摊计入交付使用资产价值。如果进口设备价款和有关费用是由建设单位直接与中国技术进口总公司办理付款结算,则不在本明细科目核算。

【例2-18】 收到主管部门转来"进口设备转账拨款账单"和有关发票账单,通知办理提货验收和转账手续,本次到货设备买价及国外运杂费共计800 000元,国外设计及技术资料费23 000元,专利费2 000元。应做如下会计分录:

借:器材采购——进口设备 800 000
　待摊投资——其他待摊投资 23 000
　其他投资——无形资产 2 000
　贷:基建拨款——本年进口设备转账拨款 825 000

6."基建拨款——本年器材转账拨款"科目

它用来核算本年内同一系统内的各建设单位之间,通过主管部门无偿调拨需要安装设备和材料(见图表2-8)。转账调入的设备和材料,不属于器材采购业务,不需要通过"器材采购"科目核算,而是直接增加调入单位的"库存设备"和"库存材料",如属器材有偿调拨,则不通过本明细科目核算。

图表2-8

| 借 | 基建拨款——本年器材转账拨款 | 贷 |
|---|---|---|
| 1. 转账拨出需要安装设备、材料实际成本("库存设备""库存材料""材料成本差异")<br>2. 下年初建新账时将本年度贷方余额结转"基建拨款——以前年度拨款" | | 1. 收到上级转账拨入需要安装设备、材料的实际成本("库存设备""库存材料""材料成本差异")<br>2. 下年初将本年度借方余额结转"基建拨款——以前年度拨款"科目借方 |
| 余额:年终为拨出而尚未结转本年器材转账拨款 | | 余额:年终为拨入而尚未结转本年器材转账拨款<br>(下年度建新账结转后无余额) |

【例2-19】 甲建设单位收到上级从乙建设单位转账拨入的需要安装设备5 000元,主要材料2 000元(计划成本1 900元),甲单位根据物资调拨凭证和设备、材料入库凭证。应做如下会计分录:

借:库存设备 5000
　库存材料 1900
　材料成本差异 100
　贷:基建拨款——本年器材转账拨款 7 000

转账拨出需要安装设备和材料,不作为器材销售,不需要通过"待摊投资——器材处理亏损"科目核算,而是借记调出单位的"基建拨款——本年器材转账拨款"科目直接作为冲减处理。

【例2-20】 根据上面资料,乙单位应根据物资调拨凭证和设备材料出库凭证。

应做如下会计分录：

借：基建拨款——本年器材转账拨款　　　　　　　　　　　7 000
　　贷：库存设备　　　　　　　　　　　　　　　　　　　5 000
　　　　库存材料　　　　　　　　　　　　　　　　　　　1 900
　　　　材料成本差异　　　　　　　　　　　　　　　　　　100

不需要安装设备与需要安装设备不同，它在入库时记入"设备投资——不需要安装设备"科目，并已计算过投资完成额，因此在调入时，应作为移入未完工程处理，不得通过"基建拨款——本年器材转账拨款"科目核算，拨入单位借记"设备投资——不需要安装设备"科目，贷记"基建拨款——本年其他拨款"科目。拨出单位反方向作账务处理。

7."基建拨款——本年基建维护费拨款"科目

它用来核算本年内从财政拨入用于停、缓建项目维护费的拨款。如图表 2-9 所示。

图表 2-9

| 借　　　　　　基建拨款——本年基建维护费拨款　　　　　　贷 | |
| --- | --- |
| 下年度建立新账时，将本年度维护费拨款结转"基建拨款——本年维护费拨款" | 收到拨入的本年度停、缓建维护费拨款 |
| | 余额：年终为拨入而尚未结转的本年维护费拨款（下年初建新账结转后无余额） |

【例 2-21】　某停、缓建项目因工程维护的需要，向财政申请本年维护费拨款，经财政部门核算下拨维护费拨款 60 000 元。应做如下会计分录：

借：银行存款——维护费资金户　　　　　　　　　　　　60 000
　　贷：基建拨款——本年基建维护费拨款　　　　　　　　　60 000

# 第三节　预算外基本建设拨款的核算

## 一、预算外拨款的资金来源

预算外拨款，是指预算内拨款之外的自筹资金拨款、专项拨款和其他拨款。为了发挥各地方、各部门、各行政事业单位的积极性，在国家规定的基本建设投资规模控制指标范围及原则内，用地方、部门和事业单位的自筹资金拨款、专项拨款和其他拨款进行基本建设，也是基本建设拨款重要资金来源。用预算外资金作为基本建设投资，国家要进行宏观调控，严格按照基本建设程序报批，纳入基本建设计划，严禁用预算外资金搞计划外工程项目；财政、银行部门要认真审查资金来源是否正当合理；要积极引导预算外资金用于技术改造项目和国家急需的建设项目；经批准纳入基本建设的预算外资金，必须专户存入规定银行，并接受财政部门审查。

（1）自筹资金拨款：指经批准由建设单位自行筹集，从财政部门、主管部门和行政事业单位拨给建设单位的基本建设资金。其资金来源有三个：①来自国家财政。财政分税制改革前，主要指地方财政从地方机动财力中采用资金管理方式拨给建设单位的资金。实行分税制改革后，各级财政安排拨给建设单位但未列入预算内基建支出的基本建设资金，要在自筹资金拨款中单独反映。②主管部门用集中使用的自有资金转作基建拨款的资金。③行政事业单位经批准将预算外资金和自有资金转作基建拨款的资金。

（2）专项拨款：指由主管部门拨入具有指定用途的基本建设资金，如煤代油专用基金拨款、国债专项资金拨款、专项建设基金拨款等。

（3）其他拨款：指除上述拨款以外的其他基本建设拨款。主要包括其他单位无偿移交的未完工程，与其他单位共同兴建工程而由其他单位拨入的基建资金，其他单位、团体或个人无偿捐赠用于基本建设的资金或物资。

## 二、预算外拨款的核算

为了核算各类预算外拨款和基建拨款交回以及冲销，会计核算上还要在"基建拨款"科目下增设"本年自筹资金拨款""本年煤代油专用基金拨款""本年其他拨款""本年交回结余资金"和"以前年度拨款"明细科目。现分别说明这 5 个明细科目的账户结构和核算方法。

（1）"基建拨款——本年自筹资金拨款"科目：用来核算从地方财政部门、主管部门、行政事业单位和本单位专用基金拨入，经批准从待转自筹资金转入本年使用的自筹资金。如图表 2-10 所示。

图表 2-10

| 借　　　　　　　基建拨款——本年自筹资金拨款　　　　　　　贷 | |
| --- | --- |
| 下年初建立新账时，将本年度贷方余额全数结转"基建拨款——以前年度拨款" | 1. 年初经批准转入本年使用的自筹资金（"银行存款"）<br>2. 退回当年拨入自筹资金（"银行存款"，用红字） |
| | 余额：年终为拨入而尚未结转的本年自筹资金拨款<br>（下年初建新账结转后无余额） |

【例 2-22】　建设单位用自筹资金支付建筑公司应付工程款 20 000 元。应做如下会计分录：

借：应付工程款——建筑公司　　　　　　　　　　　　　　　20 000
　　贷：银行存款——自筹资金户　　　　　　　　　　　　　　　20 000

【例 2-23】　用自筹资金建设的职工住房当年已经完成，将多余的自筹资金

30 000元,退回原拨出单位。应做如下会计分录:

借:银行存款——自筹资金户　　　　　　　　　　　30 000

　　贷:基建拨款——本年自筹资金拨款　　　　　　　　　30 000

**【例2-24】** 从自筹资金户支付勘察设计费25 000元。应做如下会计分录:

借:待摊投资——勘察设计费　　　　　　　　　　　25 000

　　贷:银行存款——自筹资金户　　　　　　　　　　　25 000

**【例2-25】** 接到建设银行通知,本期自筹资金存款利息收入计340元,已转入自筹资金户,冲减工程成本。应做如下会计分录:

借:银行存款——自筹资金户　　　　　　　　　　　340

　　贷:待摊投资——借款利息　　　　　　　　　　　340

(2)"基建拨款——本年煤代油专用基金拨款"科目:用来核算本年内主管部门拨给建设单位用于为完成压油任务而进行能源交通建设的一种专项拨款。如图表2-11所示。

图表2-11

| 借　　基建拨款——本年煤代油专用基金拨款　　贷 | |
|---|---|
| 下年初建立新账时,将本年度贷方余额,全部结转"基建拨款——以前年度拨款" | 收到主管部门拨入煤代油专用基金拨款("银行存款——煤代油专用基金户") |
| | 余额:年终为拨入而尚未结转本年煤代油专用基金拨款(下年度建新账时结转后无余额) |

**【例2-26】** 收到建设银行通知,上级主管部门拨来煤代油专用基金拨款300 000元。应做如下会计分录:

借:银行存款——煤代油专用基金户　　　　　　　　300 000

　　贷:基建拨款——本年煤代油专用资金拨款　　　　　　300 000

**【例2-27】** 购入烧煤工业锅炉1台,买价和运杂费共计160 000元。应做如下会计分录:

借:器材采购——设备采购　　　　　　　　　　　160 000

　　贷:银行存款——煤代油专用基金户　　　　　　　　160 000

**【例2-28】** 签发转账支票1张,支付某安装公司安装工业锅炉的工程款78 000元。应做如下会计分录:

借:应付工程款——某设备安装公司　　　　　　　　78 000

　　贷:银行存款——煤代油专用基金户　　　　　　　　78 000

(3)"基建拨款——本年其他拨款"科目:用以核算和监督本年内拨入的从其他单

位无偿移交来的未完工程(包括转账拨入不需要安装设备、工器具),与其他单位共建工程而从其他单位拨入的基建资金,其他单位、团体、个人无偿捐赠用于基本建设资金或物资等。如图表 2-12 所示。

图表 2-12

| 借 | 基建拨款——本年其他拨款 | 贷 |
|---|---|---|
| 下年初建新账时,将本年度贷方余额全部结转"基建拨款——以前年度拨款" | 1. 接受其他单位移交的未完工程("建筑安装工程"等)<br>2. 收到其他单位拨来的共建工程资金("银行存款")<br>3. 收到其他单位、团体、个人无偿捐赠资金或物资("银行存款""库存设备") | |
| | 余额:年终为拨入而尚未结转本年其他拨款(下年初建新账结转后无余额) | |

**【例 2-29】** 收到其他单位无偿移交本单位继续施工的未完建筑工程投资 40 000 元及其应负担的待摊投资 800 元。应做如下会计分录:

借:建筑安装工程投资——建筑工程投资　　　　　　　　　　　40 000
　　待摊投资　　　　　　　　　　　　　　　　　　　　　　　　800
　贷:基建拨款——本年其他拨款　　　　　　　　　　　　　　40 800

**【例 2-30】** 收到上级主管部门从本系统其他建设单位转账拨入的不需要安装设备 1 台,实际成本 10 000 元,生产和维修用工器具 2 台,实际成本共计 300 元。应做如下会计分录:

借:设备投资——不需要安装设备　　　　　　　　　　　　　10 000
　　　　　　——工器具　　　　　　　　　　　　　　　　　　300
　贷:基建拨款——本年其他拨款　　　　　　　　　　　　　　10 300

**【例 2-31】** 收到其他单位为共建办公大楼工程,以本单位为主办单位,收到外单位自筹基本建设资金 20 000 元。应做如下会计分录:

借:银行存款——自筹资金户　　　　　　　　　　　　　　　20 000
　贷:基建拨款——本年其他拨款　　　　　　　　　　　　　　20 000

上例会计分录中,对方拨来的如属基本建设预算拨款资金,则应借记"银行存款——基建资金户"科目。

**【例 2-32】** 筹建召开国际大型运动会需要修建体育馆工程,收到其他单位无偿捐赠基本建设资金 500 000 元,存入开户建行。应做如下会计分录:

借:银行存款——其他资金户　　　　　　　　　　　　　　500 000
　贷:基建拨款——本年其他拨款　　　　　　　　　　　　　500 000

(4)"基建拨款——本年交回结余资金"科目:用来核算非经营性项目的建设单

位本年内对国家投资形成的竣工结余资金进行分配和使用。如图表2-13所示。

图表2-13

| 借 | 基建拨款——本年交回结余资金 | 贷 |
|---|---|---|
| 1. 上交财政基建结余资金<br>2. 上交主管部门基建结余资金<br>3. 转作留成收入基建结余资金 | 下年度建立新账时,将本年度借方余额全部结转"基建拨款——以前年度拨款" | |
| 余额:年终为交回(分配)而尚未结转的本年交回资金<br>　　(下年初建新账结转后无余额) | | |

非经营性项目的结余资金,按投资来源比例分别用于归还贷款和进行分配。其中国家投资形成的结余资金,50%上缴同级财政部门;20%上缴主管部门,用于基本建设投资管理方面的支出;30%作为建设单位的留成收入。

对有财政性资金安排的地方基本建设项目,其竣工结余资金的分配与使用,要待财政部门对项目竣工财务决算审批后再按规定处理。

经营性项目的结余资金,相应转入生产经营企业的有关资产,不在本明细科目核算,按投资来源比例分别予以冲减"基建拨款""项目资本""项目资本公积""企业债券资金"等科目。

**【例2-33】** 某非经营性项目竣工,清理过程中处理积压多余物资收回资金6 000元,其中需要安装设备4 500元,库存材料1 500元,收回应收款项50 000元,存入清理资金户。应做如下会计分录:

借:银行存款——清理资金户　　　　　　　　　　　　　56 000
　贷:库存设备　　　　　　　　　　　　　　　　　　　4 500
　　库存材料　　　　　　　　　　　　　　　　　　　1 500
　　其他应收款　　　　　　　　　　　　　　　　　50 000

**【例2-34】** 工程竣工清理物资和往来账款后,清理所得结余资金,该项目投资来源中,基建投资借款占40%,国家投资占60%。

第一,用于归还基建投资借款22 400元。应做如下会计分录:

借:基建投资借款　　　　　　　　　　　　　　　　　22 400
　贷:银行存款——清理资金户　　　　　　　　　　　22 400

第二,将国家投资形成的基建结余资金33 600元进行分配,其中上缴同级财政部门16 800元(50%),上缴主管部门6 720元(20%),转作建设单位留成收入10 080元(30%)。应做如下会计分录:

借:基建拨款——本年交回结余资金　　　　　　　　　33 600
　贷:其他应交款——财政部门　　　　　　　　　　　16 800
　　　　　　　　——主管部门　　　　　　　　　　　6 720
　　留成收入　　　　　　　　　　　　　　　　　　10 080

（5）"基建拨款——以前年度拨款"：用来核算以前年度拨入

到本年尚未冲销的各种基本建设拨款（见图表2-14）。不包括由于以前年度完成并交付使用的资产以前年度拨入款项。

图表2-14

| 借 | 基建拨款——以前年度拨款 | 贷 |
|---|---|---|
| 下年度建立新账时 | 下年度建立新账时 | |
| 1."本年交回结余资金"转入 | 1."本年预算拨款"转入 | |
| 2."本年器材转账拨款"借方余额转入 | 2."本年基建基金拨款"转入 | |
| 3."本年其他拨款"借方余额转入 | 3."本年进口设备转账拨款"转入 | |
| 4."交付使用资产"转入 | 4."本年煤代油专用基金拨款"转入 | |
| 5.调整财政部门审批财务决算时,批准核销数 | 5."本年器材转账拨款"贷方余额转入 | |
| 同年初账面冲转数差额 | 6."本年自筹资金拨款"转入 | |
| 批准数＞冲转数（蓝字） | 7."本年基建维护费拨款"转入 | |
| 批准数＜冲转数（红字） | 8."本年其他拨款"贷方余额转入 | |
| | 9."本年国债专项资金拨款"转入 | |
| | 10."本年专项建设基金拨款"转入 | |
| | 余额：以前年度拨入而尚未核销基建拨款数 | |

它的核算方法,是在下年度建立新账时,将"基建拨款"科目所属的本年预算拨款、本年基建基金拨款、本年进口设备转账拨款、本年煤代油专用基金拨款、本年器材转账拨款、本年自筹资金拨款、本年基建维护费拨款、本年其他拨款、本年国债专项资金拨款和本年专项建设基金拨款明细科目的上年贷方余额,全部转入本明细科目贷方;同时将本年交回结余资金、本年器材转账拨款、本年其他拨款明细科目的借方余额及交付使用资产借方余额全部转入本明细科目借方。本明细科目具体核算和使用举例说明,将在第六章第二节拨款单位基建资金冲转时再详细阐述。

# 第四节　项目资本和上级拨入资金的核算

## 一、项目资本的核算

### （一）多元投资主体新格局的形成和意义

建国50多年来,在传统的计划经济条件下,投资主体较为单一,基本建设投资主体主要是国有资本。随着经济体制改革的深入发展,特别是投融资体制改革取得了阶段性成果,基本建设也打破了单一国家投资的格局,逐步形成了国家、企业（法人）、个人、外国投资者等多元投资主体共同投资的新格局。1998年我国全社会固定资产投资资金来源构成中,预算内仅占4.2%,国内贷款占19.3%,利用外资占9.1%,自筹及其他占67.2%。2001年,我国GDP构成中,国有经济、混合经济和民营经济也已呈三分天下的格局。这有力地显示出,在未来我国经济结构和投资主体上,混合经济和民间资本将会日渐"挑大梁"。多种资金共同投资于一个建设项目,采用合资或合营方式,按投资比例分享投资经济效果及承担投资风险,有以下几点好处:一是有利于提高投资方的经济效益和抗风险能力;二是有利于推动基本建设的蓬勃发展;三是有利于国有股减持,解决工业领域内国有资本战线过长,运营效率不高而需要逐步退出的问题;四是有利于项目投产后的经营管理,真正建立起公司法人治理结构的现代企业制度。

（二）项目资本的内容

项目资本,是指投资单位采用参股等投资形式直接投资给建设单位的基本建设资金。项目资本按参股单位的不同可分为两种:

(1) 国家开发投资公司投入资本:指国家开发投资公司(包括原6个国家专业投资公司)采用参股等投资方式,从经营性基本建设基金中直接投资给建设单位的基本建设资金。即国家开发投资公司可以用经营性的基本建设基金,向地方、企业用自有资金新建、改建、扩建的工程参股,并按照参股比例分享项目的经营成果,实行经营性基本建设基金的增值和保值。国家开发投资公司采用经营性管理,遵循社会主义市场经济规律,建立投资约束和风险责任制,来提高经营性基本建设基金的投资效果。

(2) 其他单位投入资本:指除国家开发投资公司以外的其他单位,因与建设单位合资、合营建设项目而投入建设单位的参股资金。

（三）项目资本的有关规定

经营性项目,应当按照国家关于项目资本金制度的规定,在项目总投资(已经批准的动态概算计算)中筹集一定比例的非负债资金作为资本金。资本金制度根据不同行业和项目的经济效益等因素,具体规定了资本金占总投资的比重:交通运输、煤炭项目为35％以上,钢铁、邮电、化肥、轻工、纺织、商贸及其他行业的项目为20％以上。

经营性项目收到投资者投入项目的资本金,要按照投资主体的不同,分别以国家资本金、法人资本金、个人资本金和外商资本金单独反映。国家资本金,是指有权代表国家投资的政府部门或机构以国有资产投入建设单位的资本金。从来源看,主要有各级财政的预算内资金、政府设立的各项专项建设基金(水利建设基金、电力建设基金、交通建设基金)和其他财政性资金。法人资本金是指其他法人单位以依法可以支配的资产投入建设单位形成的资本金。对于一些独立核算,自负盈亏,按照企业化管理的政策性投资机构、政府投资机构、政府设立的投资主体按照法定的形式对建设项目投入的资金,也应当视作法人资本金来管理。个人资本金,是指社会个人或者建设单位个人,以及内部职工,以个人合法的财产投入建设单位形成的资本金。外商资本金,是指外国投资者以及我国香港、澳门和台湾地区投资者投入建设单位形成的资本金。对资本金未按规定进度和数额到位的投资项目,投资管理部门不发给投资许可证,金融部门不予贷款。项目建成交付使用并办理竣工决算后,相应转为生产经营企业的国家资本金、法人资本金、个人资本金和外商资本金。

经营性项目对投资者实际缴付的出资额超出其资本金的差额(包括发行股票的溢价净收入)、资产评估确认价值或者合同、协议约定价值与原账面净值的差额、接受捐赠的财产、资本汇率折算差额等,在项目建设期间,作为项目资本公积金。项目建成交付使用并办理竣工决算后,相应转为生产经营企业的资本公积金。

基本建设投入资本是一种合资性的基本建设资金,按照谁投资谁得益的原则进行分配。但任何单位、部门都不得以搞联营投资为名,化大公为小公,化国有为集体,化预算内收入为预算外收入,损害国家根本利益。国家规定,下列各项不得用作联营投资:①应当上交国家的财政收入,包括应上交的税收、利润、能源交通建设基金等;②国家拨给有指定用途的专款;③农田不得作为直接投资,但依法征用的,可以用征用土地补偿费入股;④其他按国家规定不得投资于联营的资金。

为了保证联营协议符合国家财税法律制度的规定,联营协议中涉及国家财产的转移、估价和利益分配等条款,需经联营各方的同级财政部门参与审查。

项目建成投产后,参股单位要按参股投资占项目总投资的比例分得股利或根据联营协议规定来确定投资各方应分享的利润。投资方按协议规定分享产品或产品使用权的,原则上只分享联营企业投产后所生产的产品,联营企业应视同购销关系计价收款,计入产品销售收入,获得利润也应全部纳入企业利润总额。中央投资可按参股投资比例分得产品,交国家分配。

（四）项目资本的核算方法

建设单位为了核算和监督项目资本的投入、使用和冲销情况,应设置"项目资本"和"项目资本公积"科目。

（1）"项目资本"科目:属于资金来源科目,用来核算和监督经营性项目收到的投资者投入的项目资本。如图表2-15所示。

图表 2-15

| 借 | 项 目 资 本 | 贷 |
|---|---|---|
| 1. 工程全部竣工后,移交生产单位的由参股基建资金所形成的结余资金("银行存款""库存材料")<br>2. 下年初建立新账时,冲转上年用项目投资完成的交付使用资产 | 收到投资单位投入的参股基建资金款("银行存款——参股资金户") | |
| | 余额:投入而尚未冲销的项目资本 | |

（2）"项目资本公积"科目:属于资金来源科目,用来核算经营性项目收到的项目资本金。如图表2-16所示。

图表 2-16

| 借 | 项目资本公积 | 贷 |
|---|---|---|
| 下年初建立新账时结转移交生产单位交付使用资产 | 1.项目资本溢价<br>2.接受捐赠财产的价值<br>3.资本汇率折算差额 | |
| | 余额:尚未冲销的项目资本公积 | |

现将项目资本会计核算的账务处理举例说明如下：

**【例 2-35】**　某建设单位收到国家开发投资公司投入的参股资金款 1 000 000 元，已存入建设银行分行，合同规定出资款为 800 000 元。应做如下会计分录：

借：银行存款——参股资金户　　　　　　　　　　　　　　　　　1 000 000

贷：项目资本——国家开发投资公司　　　　　　　　　　　　　　800 000

项目资本公积——资本溢价　　　　　　　　　　　　　　　　200 000

**【例 2-36】**　用参股资金存款购入设备，买价、增值税及代垫运杂费 210 000 元。设备尚在途中。应做如下会计分录：

借：器材采购——设备采购　　　　　　　　　　　　　　　　　　210 000

贷：银行存款——参股资金户　　　　　　　　　　　　　　　　　210 000

**【例 2-37】**　收到上海钢铁厂以固定资产抵作出资款 150 000 元，投资各方确认价值为 180 000 元。另外，上海钢铁厂无偿捐赠钢材一批，价值 30 000 元，该钢材计划成本 28 000 元。应做如下会计分录：

借：固定资产　　　　　　　　　　　　　　　　　　　　　　　　180 000

库存材料　　　　　　　　　　　　　　　　　　　　　　　　28 000

材料成本差异　　　　　　　　　　　　　　　　　　　　　　2 000

贷：项目资本——上海钢铁厂　　　　　　　　　　　　　　　　　150 000

项目资本公积——资本溢价　　　　　　　　　　　　　　　　30 000

——接受捐赠　　　　　　　　　　　　　　　　30 000

**【例 2-38】**　用参股资金存款预付上海第六建筑工程公司工程款 500 000 元。应做如下会计分录：

借：预付工程款——上海第六建筑工程公司　　　　　　　　　　　500 000

贷：银行存款——参股资金户　　　　　　　　　　　　　　　　　500 000

**【例 2-39】**　用参股资金存款支付属于其他投资性质费用 90 000 元，待摊投资性质费用 100 000 元。应做如下会计分录：

借：其他投资　　　　　　　　　　　　　　　　　　　　　　　　90 000

待摊投资　　　　　　　　　　　　　　　　　　　　　　　　100 000

贷：银行存款　　　　　　　　　　　　　　　　　　　　　　　　190 000

**【例 2-40】**　接到上海第六建筑工程公司工程价款结算账单，已完工程价款 750 000 元，扣回预付工程款 500 000 元，还需支付工程款净额 250 000 元，签发转账支票，从参股资金存款中支付。应做如下会计分录：

借：应付工程款——上海第六建筑工程公司　　　　　　　　　　　750 000

贷：预付备料款——上海第六建筑工程公司　　　　　　　　　　　500 000

银行存款——参股资金户　　　　　　　　　　　　　　　　250 000

【例 2-41】 参股资金工程竣工交付使用,其实际成本为 1 150 000 元,其中,建筑安装工程投资为 750 000 元,设备投资为 210 000 元,其他投资为 90 000 元,待摊投资为 100 000 元。已办妥交付使用手续。应做如下会计分录:

| | |
|---|---|
| 借:交付使用资产 | 1 150 000 |
| 　贷:建筑安装工程投资 | 750 000 |
| 　　设备投资 | 210 000 |
| 　　其他投资 | 90 000 |
| 　　待摊投资 | 100 000 |

【例 2-42】 将参股资金形成的基建结余资金 60 000 元(其中银行存款 48 000 元,库存材料计划成本 11 760 元,材料成本差异 240 元),移交生产企业。应做如下会计分录:

| | |
|---|---|
| 借:项目资本 | 60 000 |
| 　贷:银行存款——参股资金户 | 48 000 |
| 　　库存材料 | 11 760 |
| 　　材料成本差异 | 240 |

【例 2-43】 下年初建立新账时,将上年度用项目资本完成的交付使用资产 1 150 000 元予以冲转。应做如下会计分录:

| | |
|---|---|
| 借:项目资本 | 890 000 |
| 　项目资本公积 | 260 000 |
| 　贷:交付使用资产 | 1 150 000 |

## 二、上级拨入资金的核算

上级拨入资金,是指投资单位(包括主管部门和生产企业)无偿拨入的供非生产性项目的建设单位组织和管理基本建设活动所使用的资金,包括主管部门和生产企业拨入的固定资产和流动资产。上级拨入资金,就其资金的性质来说,具有资本金性质,但目前国家在基本建设管理中把建设项目划分为经营性项目和非经营性项目两大类。经营性项目实行资本金制度,会计上相配套设置"项目资本"和"项目资本公积"两个科目进行核算;非经营性项目不实行资本金制度,其非负债资金仍按照原来拨款进行管理和核算,所以不能把这部分资金确认为"项目资本"和"资本公积",只好另设本科目进行核算。

"上级拨入资金":属于资金来源科目,用来核算非经营性项目的建设单位收到投资单位(主管部门或企业)拨入的供建设单位组织和管理基建活动使用的资金。如图表 2-17 所示。

图表 2-17

| 借 | 上级拨入资金 | 贷 |
|---|---|---|
| 将上级拨入资金退回 | 1. 收到上级拨入的固定资产净值("固定资产")<br>2. 收到上级拨入的流动资产("库存材料"等) | |
| | 余额:收到尚未退回的上级拨入资金 | |

现将上级拨入资金会计核算的账务处理举例说明如下:

【例 2-44】　某非经营性项目收到上级主管部门拨入的笔记本电脑 2 台,其实际成本为 42 000 元,激光打印机 1 台,其实际成本为 9 000 元,供建设单位组织和管理基本建设活动使用。应做如下会计分录:

借:固定资产——电脑　　　　　　　　　　　　　　　　　　　42 000

　　　　　　——打印机　　　　　　　　　　　　　　　　　　9 000

　贷:上级拨入资金　　　　　　　　　　　　　　　　　　　　51 000

【例 2-45】　收到上级主管部门从本系统其他单位无偿调入金杯牌面包车 1 辆,调出单位账面原价为 108 000 元,累计已提折旧为 43 200 元,供建设单位组织和管理基本建设活动使用,车辆现已交付使用。应做如下会计分录:

借:固定资产——面包车　　　　　　　　　　　　　　　　　108 000

　贷:累计折旧　　　　　　　　　　　　　　　　　　　　　　43 200

　　　上级拨入资金　　　　　　　　　　　　　　　　　　　　64 800

【例 2-46】　收到生产企业无偿拨入的装修材料一批,供建设单位装修办公室使用,其计划成本 49 400 元,材料成本差异率为 2%,材料已验收入库。应做如下会计分录:

借:库存材料　　　　　　　　　　　　　　　　　　　　　　49 400

　　材料成本差异　　　　　　　　　　　　　　　　　　　　　988

　贷:上级拨入资金　　　　　　　　　　　　　　　　　　　　50 388

【例 2-47】　接到上级主管部门的通知,将原上级拨入的 1 台舒乐牌复印机,无偿调拨给本系统其他建设单位使用,其账面原价为 65 450 元,累计已提折旧额为 34 850 元。应做如下会计分录:

借:上级拨入资金　　　　　　　　　　　　　　　　　　　　30 600

　　累计折旧　　　　　　　　　　　　　　　　　　　　　　34 850

　贷:固定资产——复印机　　　　　　　　　　　　　　　　　65 450

【例 2-48】　建设单位装修办公室完工,将多余材料计划成本 2 470 元退回给生产企业。应做如下会计分录:

借:上级拨入资金　　　　　　　　　　　　　　　　　　　2 519.40

　贷:库存材料　　　　　　　　　　　　　　　　　　　　　2 470

　　　材料成本差异　　　　　　　　　　　　　　　　　　　49.40

## 第五节　基本建设投资借款的核算

### 一、投资借款的资金来源

基本建设投资借款是建设单位按照规定,主要向建设银行、国家开发银行、其他银行或金融机构借入投资性的中长期借款,是有偿性的基本建设投资。20世纪80年代以后,基建投资借款的范围和种类有了很大发展。按照投资借款的资金来源,主要可以分为十类:

(1)"拨改贷"投资借款:指国家(包括中央和地方)财政安排的基本建设预算。这是国家从预算内基本建设投资中,拨出一定的数额,通过建设银行以贷款形式进行分配的投资借款。

我国基本建设投资过去长期实行财政无偿拨款的体制,由于建设资金无偿使用,建设单位既无外部压力又无内在动力,助长了资金使用上的积压浪费。为了改变这种情况,充分调动建设单位的主动性和积极性,加强投资使用的经济责任制,提高基本建设投资效益,从1979年起,试行了财政拨款改为银行贷款的办法。在几年试点的基础上,又在1985年全面实行了国家预算安排的基本建设投资由财政拨款改为银行贷款(拨改贷)。对于非生产经营项目以及由于价格不合理等因素投资后盈利低还款有困难的项目,经过审批机构的批准,可以部分或全部豁免本金和利息。经过一年的实践,发现这个"拨改贷"的做法,在某些方面尚欠成熟,条件也欠具备,还带来了许多问题。鉴于"拨"和"贷"是两种不同的经济过程,各有其特定的含义和要求,有其存在的必要性和可能性。拨就应该是拨,贷就应该是贷,两者不应混同。所以自1986年起,对由国家预算安排的科学研究、学校行政单位等没有还款能力的建设项目,仍恢复拨款办法,即将"拨改贷"一分为二:一部分(非经营性项目的投资)实行拨款;另一部分(生产经营性项目的投资)实行贷款。国家规定实行拨款范围的基本建设项目限于:①国防科研项目;②各级各类学校项目、医院、救护中心、卫生检疫站、没有直接收益的科研建设项目;③由国家行政经费开支、列入国家行政编制的机关办公楼和机关所属职工宿舍、食堂、幼儿园、托儿所、培训中心的建设;④由国家财政拨事业经费且没有经济收入的事业单位的建设;⑤国家储备部门的仓库建设;⑥防洪、排涝工程、市政工程、国防边防公路和边境县以下邮电通信工程;⑦不实行收费办法的公路和独立公路大桥建设;⑧其他非经济部门所属非经营性的、无还款能力的项目。各部门、各地区无权自行扩大财政拨款建设的项目范围,凡不属于以上拨款范围内的建设项目,一律实行银行贷款。

基本建设投资之所以要由财政拨款改为银行贷款,一是要求建设单位在搞建设时树立资金周转观念、利息观念和投入产出观念,促使建设单位从经济角度来管理和使用国家投资;二是可以把过去财政部门与建设单位的领拨款关系改为建设单位与建设银行的借贷关系,这样能够加强建设单位使用投资的责任感,按照规定的用途和数额使用资金,加强经济核算制;三是可以发挥建设银行监督、融通、调剂建设资金的作用,有利于考核投资效果,把建设银行办成一个真正的投资银行。

1995 年,国家计委、财政部颁发了《关于将部分企业"拨改贷"资金本息余额转为国家资本金的实施办法》。按规定,试行转为国家资本金的"拨改贷"资金,是指经国务院批准,从 1979～1988 年由中央财政安排的国家预算内基本建设投资扣除已经偿还、豁免的本息余额,从使用贷款之日起至 1995 年 7 月 31 日止的本息余额,但不包括特种拨改贷资金、煤代油基金和基本建设预算内经营基金。

(2)国家开发银行投资借款:指建设单位从国家开发银行借入的投资借款,包括国家开发银行用软贷款安排的投资借款和用硬贷款安排的投资借款。"软贷款",是指国家开发银行用国家预算划拨的基金安排的投资借款;而"硬贷款",是指国家开发银行通过发行金融债券而筹措的资金用于基建项目的投资借款。

(3)国家专业投资公司委托借款:指从国家专业投资公司(能源、交通、原材料、机电、轻纺、农业、林业等)借入的经营性基本建设基金和发行建设债券安排的基本建设投资,委托建设银行发放的基本建设投资借款,包括基建基金委托借款和其他委托借款。

(4)部门统借基建基金借款:指建设单位向主管部门借入的由主管部门从财政统借的基建基金借款。

(5)部门基建基金借款:指建设单位借入的由主管部门(邮电、交通、民航、林业)管理和安排的中央级经营性基本建设基金投资借款。

(6)特种拨改贷投资借款:指建设单位为完成基本建设计划按规定从建设银行借入利用国家重点建设债券取得资金发放的投资借款。

(7)建设银行投资借款:指从建设银行借入的基本建设投资借款,其实质是由银行存款转化的投资,借款回收资金归银行所有。

(8)建设银行发放的委托借款和以信托资金发放的信托借款、委托借款:指中央和地方的财政、主管部门、人民银行和企业以专项资金委托建设银行按照指定用途或指定项目发放的基本建设投资借款。煤代油专用基金借款、信托借款也包括在内。委托借款要有足够的资金来源,不准用银行信贷资金垫付。

(9)外资借款和中国银行外汇借款:指包括向外国银行、外国政府或国际金融机构(世界银行、亚洲开发银行等)以及中国银行借入的投资借款。

(10)其他投资借款:指除上述投资借款以外的其他投资借款。

## 二、基本建设投资借款的程序和做法

### (一)基本建设投资借款的原则和条件

基本建设投资借款,实行有借有还、谁借谁还的原则。根据现行贷款办法规定,贷款对象必须是具有还款能力和承担经济责任的企业和事业单位。新建企业应由新厂筹建机构作为贷款对象,它应是投产以后负责生产的机构。改、扩建企业的贷款对象应是改、扩建企业。实行统一核算的专业公司、主管部门、管理局,可以实行统一借款、统一还款。国内合资企业的国家预算投资,由出资方负责借款和还款。国家计划的前期工作项目,由主管部门(或指定单位)负责借款和还款。

所有申请贷款的项目必须纳入国家五年和年度基本建设计划,具有批准的年度基本建设计划、项目建议书、可行性研究和初步设计文件。并且具备:①工艺已过关,产品有销路;②生产所需资源、原材料、燃料、动力、水源、运输等已经落实;③投资回收期计算准确可靠,能够按期还本付息;④建设用地和设备、材料、施工力量已有安排。如果不具备上述各项条件,即使已经列入年度基本建设计划的建设项目,也不能得到贷款。

(二)基本建设贷款的六个阶段

基本建设贷款各阶段工作之间有着内在的先后顺序,相互组成完整的基本建设贷款程序。多年来的实践证明,严格按照基本建设贷款程序办事,就能够有效调动建设单位和建设银行的主动性和积极性,推广经济合同制,健全经济责任制,从而有效地控制基本建设信贷规模。基本建设贷款程序大体上可分为6个阶段:

(1)可行性研究:经过对拟贷项目深入细致的可行性研究,如确认项目可行,新建企业可以在主管部门担保下,根据批准的可行性研究报告与贷款银行签订贷款协议书,进行基本建设的前期工作(如勘察设计工作)。

(2)提出贷款申请书:待初步设计批准后,借款单位可向贷款银行经办行提出贷款申请书。贷款申请书主要内容包括:建设项目名称、可行性研究报告、批准的总投资、概算总值、计划开工和投产日期、要求贷款期限、投产后预计每年能增加的固定资产折旧基金、新增加利润等。凡是单纯购置设备(如机车、轮船等)的建设单位,可以根据批准的年度计划,向经办行提出贷款申请书,办理贷款申请手续,签订贷款合同。

申请借款的大中型项目,在向国家计委报送可行性研究报告的同时,应将副本及已批复的项目建议书和借款申请书,送贷款银行总行和有关省、市、自治区、计划单列市分行,由贷款银行总行组织项目评估,国家计委在审批大中型贷款项目可行性研究报告时会签贷款银行总行。经项目评估确认后的大中型项目贷款,由总行出具贷款意向书,作为国家计委安排投资计划的依据。

(3)签订贷款合同与担保:借款单位收到批准的贷款申请书,即可与经办行签订贷款合同。贷款合同是规定贷款单位和贷款银行双方的权利、义务和经济责任的文件。一经签订,具有法律效力,任何一方违反合同,都应负担经济责任和法律责任。贷款合同的内容有:贷款总额、用途、期限、利率及分年用款和还款计划、保证条款与违约责任等。

借款应有担保,借款单位可以由具有债务承担能力的第三方保证人提供代为偿还的担保,也可将产权属于自己的财产作为抵押,必要时可办理公证。

(4)核定年度贷款指标:借款单位在已签订贷款合同总金额范围内,根据建设进度的需要,编制基本建设贷款年度用款计划。建设单位根据建设银行签发的"年度贷款指标核定通知",可在建设银行开立贷款户。借款单位支用贷款,实行指标管理,贷款指标如当年没有用完,其结余部分可以结转下年继续使用,其结转投资应纳入下年度基建计划,结转的贷款指标应相应抵项下年度贷款指标。借款单位有异地工程用款,可以转拨或汇拨。

（5）贷款使用:借款单位根据需要可在贷款户内支用贷款,贷款银行对贷款的使用进行全面检查和监督。

（6）贷款还本付息:借款单位必须在合同规定的期限内还本付息。贷款期限应按照建设期和还款期合并计算。建设期是根据可行性研究和初步设计的规定并参照当地施工实际情况确定。还款期则根据建成投产后每年可用于还本付息的各项资金测算。重工业项目贷款期限不超过15年,一般项目不超过10年,小型零星项目不超过5年,贷款期限应在合同中订明。

为了促进生产建设发展,保证建设重点,进一步体现国家对投资项目进行鼓励和限制的政策,根据行业和产品市场需求的不同情况,"拨改贷"项目应实行差别利率。在实行差别利率的基础上,将实行浮动利率和调节利率。浮动利率是以现行利率为基础,根据各个不同时期国家投资方向、产品供需情况,规定一定的浮动幅度,贷款利率可以在规定幅度内上下浮动。调节利率是对行业内部不同产品的建设项目实行差别利率,有提高也有降低,相互之间进行适当调节。财政部门及企业委托贷款,指定贷款项目的,利率可由委托单位和借款单位双方协商,未指定项目的,执行固定资产贷款利率。信托贷款执行固定资产贷款利率,可在20%幅度内浮动。

借款单位在还款期内未还清的贷款,作为逾期贷款,逾期部分加收20%利息。贷款被挪用,贷款银行有权从借款单位存款中扣回全部或部分已发放的贷款,并对挪用部分加收50%利息。

（三）还本付息的资金来源

季度或年度终了前,经办行计算当季或当年利息,通知借款单位支付。"拨改贷"项目的利息,由经办行按年计算。在计划规定建设期内的利息,待项目投产后连同本金逐年归还;超过计划规定建设期的利息,用借款单位或上级主管部门的自有资金支付。建成投产后的利息支出,在规定还款期内由贷款项目新增利润支付;超过计划规定还款期内的利息支出,由企业用自有资金支付。借款单位偿还贷款本金和利息的资金,应用企业的自有资金以及按国家规定用交纳所得税后的利润偿还。借款单位还本付息的资金来源有:①项目投产后,新增的基本折旧基金;建成投产后3年内,国内项目可用80%归还借款,国外引进项目可用90%归还借款;项目投产3年后,均可用50%归还借款。②基本建设收入。国内项目用于归还借款比例不低于60%;引进项目用于归还借款比例不低于90%。③投资包干节余。用于归还投资借款的比例不低于50%。④新增税后利润。⑤其他自有资金。

"拨改贷"项目在借款合同规定期限内提前建成投产,或者投产后因提高经济效益或用自有资金提前还清本息的,借款合同规定期内的利息节余,全部留给借款单位,并从还款资金中提出,用于发展生产和奖励职工。贷款在合同规定期限内尚未还清的,贷款银行有权限期追回,逾期部分加计利息。如果借款单位不按合同规定的用途用款,挪用部分罚息,而且必须由企业自有资金偿还。

投资借款项目竣工时,建设单位应将建设期的借款利息,计入固定资产价值;建成投产后的借款利息,既不计入固定资产价值,也不计入投产后的产品成本。

建设单位使用银行利用信贷资金发放的基本建设借款和委托借款,也要按照借款合同规定还款来源和期限,按期归还借款。

### 三、基建投资借款的核算

为了及时核算和监督基本建设投资借款的支用、归还以及结转用基建投资借款完成的各项基本建设支出的情况,建设单位应设置"基建投资借款""应收生产单位投资借款""待冲基建支出""拨付所属投资借款"和"上级拨入投资借款"等投资借款建设单位专用的会计科目。

(一)"拨改贷"投资借款核算

(1)"基建投资借款——拨改贷投资借款"科目:属于资金来源类科目,用来核算建设单位借入的由地方财政安排的"拨改贷"投资借款(见图表2-20)。1988年以前借入的,尚未归还的中央预算安排的"拨改贷"投资借款也在本科目核算。

图表 2-18

| 借　　　　基建投资借款——拨改贷投资借款　　　　　　贷 | |
|---|---|
| 1. 建设期间用应交基建收入归还数("应收生产单位投资借款")<br>2. 根据生产单位还款通知结转偿还数("应收生产单位投资借款")<br>3. 用实现包干节余归还借款数("应收生产单位投资借款")<br>4. 工程竣工,用处理结余物资收入归还借款数("银行存款——清理资金户") | 1. 支付各项基建支出("器材采购"等)<br>2. 根据银行通知支付借款利息("待摊投资——借款利息") |
| | 余额:借入而尚未归还的投资借款数 |

(2)"应收生产单位投资借款"科目:属资金占用科目,用来核算建设单位应向生产单位收回的各项交付使用资产价值。如图表2-19所示。

图表 2-19

| 借　　　　　　　应收生产单位投资借款　　　　　　　贷 | |
|---|---|
| 投资借款购建完成的交付使用资产按时通知生产单位入账("待冲基建支出") | 1. 收到生产单位归还的投资借款数("基建投资借款")<br>2. 建设单位用基建收入归还借款数("基建投资借款")<br>3. 用基建包干节余归还借款数("基建投资借款") |
| 余额:应向生产单位收取的基建投资借款数 | |

（3）"待冲基建支出"科目：属资金来源科目，用来核算待冲销的已转知生产单位的交付使用资产价值。如图表2-20所示。

图表2-20

| 借 | 待冲基建支出 | 贷 |
|---|---|---|
| 下年初建立新账时，冲转交付使用资产 | 已转知生产单位的交付使用资产（"应收生产单位投资借款"） | |
| | 余额：年终为账面待冲数（下年初建新账冲转后无余额） | |

现举例说明"拨改贷"投资借款会计核算的账务处理如下：

【例2-49】 建设单位收到建设银行核定的"拨改贷"基建投资借款指标2 500 000元。通过设置"基建投资借款指标备查簿"进行登记，不必编制会计分录及正式入账。其格式如图表2-23所示。

图表2-21 基建投资借款指标备查簿

借款银行：中国建设银行上海市分行　　　　　　　　　　　　　　借款种类："拨改贷"

| 19××年 月 | 日 | 凭证号数 | 摘　要 | 核定数 | 支用数 | 结余数 |
|---|---|---|---|---|---|---|
| 1 | 4 | | 建行核定投资借款指标 | 2 500 000 | | 2 500 000 |

"拨改贷"投资借款、国家专业投资公司委托借款和煤代油专用基金借款都采用指标管理方式，实行随支随贷，按照实际支用贷款按年计收利息，只有在借款指标额度内实际支用投资借款时，才在"基建投资借款"科目贷方登记。

【例2-50】 用"拨改贷"投资借款购买不需要安装设备款500 000元，预付施工企业备料款200 000元，预付工程款100 000元。应做如下会计分录：

借：器材采购——设备　　　　　　　　　　　　　　　　　　500 000
　　预付备料款　　　　　　　　　　　　　　　　　　　　　200 000
　　预付工程款　　　　　　　　　　　　　　　　　　　　　100 000
　　贷：基建投资借款——"拨改贷"投资借款　　　　　　　　800 000

【例2-51】 上述不需要安装设备验收入库，应将不需要安装设备采购成本500 000元，从"器材采购——设备"科目转入"设备投资"科目借方。应做如下会计分录：

借：设备投资——库存不需要安装设备　　　　　　　　　　　500 000
　　贷：器材采购——设备　　　　　　　　　　　　　　　　500 000

【例2-52】 将不需要安装设备出库交付生产单位使用，除应将"设备投资"转入"交付使用资产"科目借方外，还要及时通知生产单位转账，同时借记"应收生产单位投资借款",贷记"待冲基建支出"科目。应做如下会计分录：

> 借：交付使用资产 500 000
> 　贷：设备投资——库存不需要安装设备 500 000
> 借：应收生产单位投资借款——国内借款 500 000
> 　贷：待冲基建支出 500 000

**【例 2-53】** 在建设期间，建设单位用应交财政的基建收入偿还投资借款 7 800 元，并通知生产单位转账。应做如下会计分录：

> 借：应交基建收入 7 800
> 　贷：银行存款 7 800
> 借：基建投资借款——"拨改贷"投资借款 7 800
> 　贷：应收生产单位投资借款——国内借款 7 800

**【例 2-54】** 按照规定用实现基建包干节余归还基建投资借款 4 000 元，并通知生产单位转账。应做如下会计分录：

> 借：应交基建包干节余 4 000
> 　贷：银行存款 4 000
> 借：基建投资借款——"拨改贷"投资借款 4 000
> 　贷：应收生产单位投资借款——国内借款 4 000

**【例 2-55】** 工程项目竣工后，将处理剩余物资收回的资金 500 元归还借款。应做如下会计分录：

> 借：基建投资借款——"拨改贷"投资借款 500
> 　贷：银行存款——清理资金户 500

**【例 2-56】** 建设单位接到生产单位还款通知，已归还投资借款 1 000 000 元。应做如下会计分录：

> 借：基建投资借款——"拨改贷"投资借款 1 000 000
> 　贷：应收生产单位投资借款——国内借款 1 000 000

**【例 2-57】** 下年初建立新账时，冲转用基建投资借款完成的交付使用资产 500 000 元。应做如下会计分录：

> 借：待冲基建支出 500 000
> 　贷：交付使用资产 500 000

**【例 2-58】** 建设单位在计划规定建设期内发生的基建投资借款利息，按规定全部摊计交付使用资产价值，应借记"待摊投资"科目和贷记"基建投资借款"科目，可在借款户内扣收。如属于超过计划规定建设期的利息，按规定由借款单位（或上级主管部门）的自有资金归还，不得在"待摊投资"科目核算。

如收到建设银行计算利息清单,属于计划规定建设期内的拨改贷投资借款利息5 000元,已在借款户内垫付;超过计划规定建设期的拨改贷投资借款应付利息2 000元。已由建设单位用留存的基建收入支付时,应分别做如下会计分录:

借:待摊投资——借款利息　　　　　　　　　　　　　　　　5 000
　　贷:基建投资借款——"拨改贷"投资借款　　　　　　　　　　　5 000
借:留成收入　　　　　　　　　　　　　　　　　　　　　　2 000
　　贷:基建投资借款——"拨改贷"投资借款　　　　　　　　　　　2 000
借:基建投资借款——"拨改贷"投资借款　　　　　　　　　　2 000
　　贷:行存款　　　　　　　　　　　　　　　　　　　　　　　2 000

【例2-59】　在合同规定建设期内提前建成投产,实现的建设期内的利息节余,按规定全部留给建设单位。假定某建设单位提前半年投产,实现建设期内利息节余3 000元。应做如下会计分录:

借:待摊投资——借款利息　　　　　　　　　　　　　　　　3 000
　　贷:留成收入　　　　　　　　　　　　　　　　　　　　　　3 000
借:银行存款　　　　　　　　　　　　　　　　　　　　　　3 000
　　贷:基建投资借款——"拨改贷"投资借款　　　　　　　　　　　3 000

【例2-60】　建设项目投产后在还款期内发生的利息,可直接借记"应收生产单位投资借款"科目,贷记"基建投资借款"科目;接到生产单位偿还借款通知时,再借记"基建投资借款"科目,贷记"应收生产单位投资借款"科目。在还款期内由于提前还清借款而实现的利息节余,按规定应留给负责还款的生产单位,在建设单位账上不予反映。

如接建设银行计息清单,将建成投产后的"拨改贷"投资借款利息4 000元登记入账。应做如下会计分录:

借:应收生产单位投资借款——国内借款　　　　　　　　　　4 000
　　贷:基建投资借款——"拨改贷"投资借款　　　　　　　　　　　4 000

(二)国家开发银行投资借款的核算

(1)"基建投资借款——国家开发银行投资借款"科目:用来核算建设单位从国家开发银行借入的基本建设投资借款。它属于资金来源类科目。国家开发银行是我国政策性金融机构,着重扶持国家支柱产业,支持国家进行宏观经济管理,不以盈利为目的,发放政策性贷款。国家开发银行投资借款还要按软贷款和硬贷款分别设置明细账,进行明细分类核算。

(2)"应收生产单位投资借款"科目。

(3)"待冲基建支出"科目。

现举例说明国家开发银行投资借款会计核算的账务处理如下:

【例2-61】　根据年度基本建设计划和借款合同,向国家开发银行借入基建投

借款 1 600 000 元,转入存款户。应做如下会计分录:

    借:银行存款——开行借入资金户                        1 600 000

       贷:基建投资借款——国家开发银行投资借款               1 600 000

**【例 2-62】** 用开行借入资金户支付需要安装设备 250 000 元,设备尚未到达。应做如下会计分录:

    借:器材采购——设备采购                             250 000

       贷:银行存款——开行借入资金户                     250 000

**【例 2-63】** 开出转账支票,支付给某培训中心委托培训特殊工种管理人员和生产工人的培训费 12 000 元。应做如下会计分录:

    借:其他投资——递延资产                             12 000

       贷:银行存款——开行借入资金户                     12 000

**【例 2-64】** 以开行借入资金支付投资咨询公司编制可行性研究报告费用 8 000 元。应做如下会计分录:

    借:待摊投资——可行性研究费                        8 000

       贷:银行存款——开行借入资金户                     8 000

**【例 2-65】** 以开行借入资金户支付土地征用及安置补偿费 400 000 元,勘察设计费 40 000 元。应做如下会计分录:

    借:待摊投资——土地征用及迁移补偿费                  400 000

               ——勘察设计费                   40 000

       贷:银行存款——开行借入资金户                   440 000

**【例 2-66】** 签发转账支票 1 张,从开行借入资金户支付某建筑公司的本期已完工程价款 300 000 元。应做如下会计分录:

    借:应付工程款——某建筑公司                       300 000

       贷:银行存款——开行借入资金户                   300 000

**【例 2-67】** 收到开发银行付息通知,从借入资金户扣收计划规定建设期的投资借款利息 32 000 元。应做如下会计分录:

    借:待摊投资——借款利息                          32 000

       贷:银行存款——开行借入资金户                   32 000

**【例 2-68】** 用应交财政的基建收入偿还开发银行投资借款 50 000 元。应做如下会计分录:

    借:应交基建收入                               50 000

       贷:银行存款——开行借入资金户                   50 000

同时,通知生产单位转账。应做如下会计分录:

借:基建投资借款——国家开发银行投资借款　　　　　　　　　　　　50 000
　　贷:应收生产单位投资借款　　　　　　　　　　　　　　　　　　　　50 000

【例2-69】　收到开发银行计息通知,本期借入资金余额存款利息收入为5 500元,已代为收账。应做如下会计分录:

借:银行存款——开行借入资金户　　　　　　　　　　　　　　　　　5 500
　　贷:待摊投资——借款利息　　　　　　　　　　　　　　　　　　　　5 500

【例2-70】　工程竣工后,用结余资金32 000元归还国家开发银行投资借款。应做如下会计分录:

借:基建投资借款——国家开发银行投资借款　　　　　　　　　　　　32 000
　　贷:银行存款——开行借入资金户　　　　　　　　　　　　　　　　32 000

(三)统借统还投资借款核算

"统借统还"基建投资借款,是指由主管部门(或专业公司、管理局)统一向银行借入后分配给所属建设单位使用,最后由主管部门负责统一偿还的基建投资借款。为了核算和监督统借统还基建投资借款的借入、分配、使用和偿还情况,主管部门和建设单位还应分别设置下列会计科目:

(1)"拨付所属投资借款"科目:属资金占用科目,核算实行"统借统还"基建投资借款的主管部门(专业公司、管理局)拨付给所属建设单位的基建投资借款和分配的基建投资借款利息。如图表2-22所示。

图表2-22

| 借 | 拨付所属投资借款 | 贷 |
|---|---|---|
| 1. 拨付给所属建设单位投资借款("银行存款")<br>2. 分配给所属建设单位投资借款利息("待摊投资") | 1. 收到所属交来归还借款的基建收入和包干节余("银行存款")<br>2. 收到所属交来归还借款的存款利息("银行存款") | |
| 余额:拨付所属尚未归还的基建投资借款 | | |

(2)"上级拨入投资借款"科目:属资金来源科目,核算建设单位收到上级主管部门(专业公司、管理局)拨入"统借统还"的基建投资借款和分配的基建投资借款利息。如图表2-23所示。

图表2-23

| 借 | 上级拨入投资借款 | 贷 |
|---|---|---|
| 1. 用基建收入和包干节余归还投资借款<br>2. 用投资借款的存款利息上交上级("银行存款") | 1. 收到上级拨入投资借款("银行存款")<br>2. 收到上级分配来投资借款利息("待摊投资") | |
| | 余额:拨入而尚未归还的投资借款 | |

现分别就主管部门和所属建设单位,举例说明"统借统还"基建投资借款会计核算的账务处理如下:

**【例2-71】** "统一借款、统一还款"的主管部门电管局,在核定的贷款指标额度内,按照规定借入建设银行基建投资借款100 000元,拨付给所属甲单位30 000元。

主管部门应做如下会计分录:

```
借:银行存款——"统借统还"资金户                              100 000
    贷:基建投资借款——建设银行投资借款                          100 000
借:拨付所属投资借款——甲单位                                 30 000
    贷:银行存款——"统借统还"资金户                            30 000
```

如主管部门在统借时不是先存后拨,而是采取直接下拨方式,则不通过"银行存款"科目核算,可直接借记"拨付所属投资借款"科目,贷记"基建投资借款"科目。

所属甲单位收到上级拨入投资借款30 000元时,应做如下会计分录:

```
借:银行存款——"统借统还"资金户                              30 000
    贷:上级拨入投资借款——电管局                               30 000
```

**【例2-72】** 年末接到建设银行转来计划规定建设期应付利息1 000元,转拨所属甲单位分配利息300元。

主管部门应做如下会计分录:

```
借:待摊投资——借款利息                                      1 000
    贷:基建投资借款——建设银行投资借款                          1 000
借:拨付所属投资借款——甲单位                                  300
    贷:待摊投资——借款利息                                    300
```

甲单位收到上级分配来基建投资借款利息300元时,应做如下会计分录:

```
借:待摊投资——借款利息                                       300
    贷:上级拨入投资借款——电管局                                300
```

**【例2-73】** 电管局收到甲单位交来归还借款的基建收入5 000元和包干节余3 000元。

主管部门应做如下会计分录:

```
借:银行存款——"统借统还"资金户                               8 000
    贷:拨付所属投资借款——甲单位                                8 000
借:基建投资借款——建设银行投资借款                             8 000
    贷:银行存款——"统借统还"资金户                             8 000
```

甲单位应做如下会计分录:

借：应交基建收入 5 000

  应交基建包干节余 3 000

  贷：银行存款——"统借统还"资金户 8 000

借：上级拨入投资借款——电管局 8 000

  贷：应收生产单位投资借款 8 000

**【例 2-74】** 电管局收到甲单位将上级拨入的投资借款存入建行而获得的存款利息收入 150 元，上交主管部门归还借款。

  主管部门应做如下会计分录：

借：银行存款——"统借统还"资金户 150

  贷：拨付所属投资借款——甲单位 150

借：基建投资借款——建设银行投资借款 150

  贷：银行存款——"统借统还"资金户 150

  甲单位应做如下会计分录：

借：银行存款——"统借统还"资金户 150

  贷：待摊投资——借款利息 150

借：上级拨入投资借款 150

  贷：银行存款——"统借统还"资金户 150

# 第六节　基本建设其他借款的核算

  建设单位在进行基本建设时，除了基建投资借款以外，可为下一年度工程储备设备或材料的需要，向建设银行申请借入国内储备借款；实行投资包干制的建设单位，由于建设进度提前，可向建设银行申请借入临时性周转借款，这些国内储备借款和周转借款，都在"其他借款"科目进行核算。其他借款和基建投资借款虽然同属基本建设借款，但它们是两种不同性质的借款。首先，基建投资借款是长期性借款，而其他借款是一种临时周转用的短期借款；其次，基建投资借款是由借款项目建成投产后以税后利润等来还本付息，而其他借款因为是属于已有资金来源并安排在计划内的建成项目，则由以后年度预算拨款或基建投资借款来还本付息；最后，基建投资借款是属于投资性质的借款，其他借款不能增加建设单位的投资总额。

## 一、国内储备借款的核算

1. 国内储备借款的有关规定

  国内储备借款，是指建设单位为以后年度储备需要安装设备或材料，而向建设银行借入的一种临时性专用借款。

  申请国内储备借款的建设项目，一般应具备以下条件：①属于列入计划的建设项目;②具有批准的设计文件所附的设备清单;③已签订订货合同,当年到货,但不能安装的设备(包括大型专用设备制造的进度款);④建设单位和主管部门在当年基建预算中无法平衡的。

国内储备借款实行指标管理,并按实际支用数计算利息,利率视资金来源不同而不同。同一建设项目的基建投资借款、国内储备借款和临时周转借款,按实际贷款数计算,不重复计算。地方项目要求最迟到下年度6月底前偿还本息,中央级项目最迟不超过两年。建设单位支用的国内储备借款未按合同规定的用途使用,挤占挪用部分的罚息支出以及不按期归还借款而加付的利息,按规定应用建设单位的留成收入支付。

2. 国内储备借款的核算方法

为了核算和监督国内储备借款的借入、使用和偿还等情况,建设单位应设置"其他借款——国内储备借款"科目。

"其他借款——国内储备借款"科目:属于资金来源科目,用来核算建设单位向建设银行借入的国内储备借款。如图表2-24所示。

图表2-24

| 借    其他借款——国内储备借款    贷 |
| --- |

| 偿还的国内储备借款本息("银行存款") | 1. 为下年度储备需要安装设备的借款("器材采购——设备采购")<br>2. 为下年度储备主要材料而借入款项("器材采购——材料采购")<br>3. 应付国内储备借款的利息("采购保管费") |
| | 余额:借入而尚未归还的国内储备借款本息 |

现举例说明国内储备借款会计核算的账务处理如下:

【例2-75】 建设单位购入为下年度储备的需要安装设备50 000元,用国内储备借款支付。应做如下会计分录:

借:器材采购——设备          50 000
  贷:其他借款——国内储备借款          50 000

【例2-76】 接到建设银行计算利息清单,应支付国内储备借款利息200元,应先计入"采购保管费"科目的借方,然后直接计入有关设备材料采购成本。应做如下会计分录:

借:采购保管费——设备          200
  贷:其他借款——国内储备借款          200

【例2-77】 下年度用基建投资借款(或预算拨款)归还国内储备借款,本息共计50 200元。应做如下会计分录:

借:其他借款——国内储备借款          50 200
  贷:基建投资借款(或银行存款)          50 200

## 二、周转借款的核算

1. 周转借款的有关规定

周转借款,是指实行基本建设投资包干责任制的建设单位,由于建设进度提前,年度基本建设借款或指标不足,而向建设银行借入的一种周转性专项借款。

申请临时周转借款的建设项目,应该具备以下条件:①主管部门已与建设单位签订投资包干合同(协议);②建设进度加快,超额完成年度计划,确有物资保证的投资包干责任制的建设单位。

借款单位同经办行签订贷款合同(包括以贷款申请书代替合同的),在核定贷款指标额度内,开立周转借款户使用借款。

周转借款的期限一般为半年,最长不得超过 1 年。建设单位从支用贷款之日起,按照规定的贷款利率计付利息,其贷款本息用下年度的基本建设投资归还。

2. 周转借款的核算方法

为了核算和监督周转借款的借入、使用和偿还等情况,建设单位应设置"其他借款——周转借款"科目。

"其他借款——周转借款"科目:属于资金来源科目,核算实行基本建设投资包干责任制的建设单位向建设银行借入的周转借款。如图表 2-25 所示。

**图表 2-25**

| 借 | 其他借款——周转借款 | 贷 |
|---|---|---|
| 偿还的周转借款的本息("基建投资借款") | 1. 借入的周转借款("待摊投资"等科目)<br>2. 应付周转借款利息("待摊投资——借款利息") | |
| | 余额:借入而尚未归还的周转借款本息 | |

现举例说明周转借款会计核算的账务处理如下:

【例 2-78】 某实行投资包干责任制的建设单位,由于建设进度加快,年度投资不足,经建行审查同意,借入临时周转借款,支付筹建管理费用 45 000 元,支付主要材料的买价和运杂费 195 000 元。应做如下会计分录:

借:待摊投资——建设单位管理费      45 000
   器材采购——材料采购      195 000
  贷:其他借款——周转借款      240 000

【例 2-79】 经建设银行审查同意,用周转借款偿还应付施工单位工程款 450 000元。应做如下会计分录:

借:应付工程款      450 000
  贷:其他借款——周转借款      450 000

**【例 2-80】** 接到建设银行计算的利息清单,应付计划规定建设期周转借款利息7 650 元,在周转借款户中扣收。应做如下会计分录:

> 借:待摊投资——借款利息　　　　　　　　　　　　　　　7 650
> 　贷:其他借款——周转借款　　　　　　　　　　　　　　　　7 650

**【例 2-81】** 下年度建设单位用国家开发银行投资借款归还周转借款本金和利息。应做如下会计分录:

> 借:其他借款——周转借款　　　　　　　　　　　　　　697 650
> 　贷:基建投资借款——国家开发银行投资借款　　　　　　　697 650

在企业债券发行过程中,建设单位资金发生临时周转困难,按规定可向银行申请借入临时周转借款。

**【例 2-82】** 建设单位向银行申请借入 500 000 元转入存款。应做如下会计分录:

> 借:银行存款——借入资金户　　　　　　　　　　　　500 000
> 　贷:其他借款——周转借款　　　　　　　　　　　　　　500 000

**【例 2-83】** 用借入资金存款支付购买器材款 280 000 元。应做如下会计分录:

> 借:器材采购　　　　　　　　　　　　　　　　　　　280 000
> 　贷:银行存款——借入资金户　　　　　　　　　　　　　280 000

**【例 2-84】** 用企业债券资金归还临时借款 500 000 元。应做如下会计分录:

> 借:其他借款——周转借款　　　　　　　　　　　　　500 000
> 　贷:银行存款——债券资金户　　　　　　　　　　　　　500 000

# 第七节　企业债券资金的核算

随着我国经济体制改革的深入发展,以股票、债券方式向社会筹资的经济活动得到迅猛发展。尤其是债券,它本身风险小,发行又不涉及所有制变更,较发行股票更简捷,筹资成本低,为筹资者和投资者双方乐意接受。这对活跃资金市场、开辟多种投资渠道、解决建设资金不足和促进企业间横向经济联系起到积极作用。企业债券资金是指具有法人资格的国有企业或公司,为了筹集基本建设资金按照法定程序面向社会发行,承担在指定时间内支付一定利息和偿还本金的基本建设资金。

## 一、企业债券资金的内容

当前按国家宏观调控重要程度划分,企业债券资金主要有两种:

(1) 重点企业债券资金:指由建设银行代理电力、冶金、有色金属和石油化工等部门所属国有企业(公司),向其他企事业单位发行,用于国家计划内重点建设的企业债券。它的审批和发行,皆优先于一般建设项目发行的企业债券。如上海地区发行的氯碱债券、石化债券、上钢三厂债券、申能债券等。

(2)一般企业债券资金:指上述重点企业以外的国有企业,经中国人民银行批准自行发行或委托金融机构代理发行,用于计划内固定资产投资的企业债券资金或建设债券资金。

企业债券主要品种有普通债券、贴现债券、保值债券,以及公司债券等等。

### 二、发行企业债券的条件和审批手续

企业债券和公司债券,就两者发行的条件、程序及还本付息的内容来看,并无实质性差异。硬要严加区分的话,企业债券适用于未改建成公司形式的具有法人资格的企业,执行企业债券管理条例的有关规定;而公司债券适用于公司法规定有权发行公司债券的公司,包括股份有限公司、国有独资公司和有限责任公司,执行《公司法》的有关规定。但都必须符合下列条件:①股份有限公司的净资产不低于人民币3 000万元,有限责任公司的净资产不低于人民币6 000万元。②累计债券总额不超过公司净资产的40%。③最近3年平均可分配利润足以支付公司债券1年的利息。④筹集资金的投向符合国家产业政策。⑤债券的利率不得高于银行相同期限居民储蓄存款利率的40%。⑥国务院规定的其他条件。

发行企业债券应办理如下手续:①向计委和建委申请把拟建项目列入国家基本建设计划,计划外项目不准建设,更不能发行债券筹资。②填写"发行债券审批书"一式五份,由企业加盖公章后送上级主管部门签署意见后转送开户或归口银行签署初审意见,再送专业银行签署审查意见,最后由人民银行金融行政管理处审批核定。

审批书的主要内容如下:①企业名称、地址、负责人姓名;②企业性质、职工人数、工商登记证号、上级主管部门的名称;③注册资金总额、实有资金总额、实有资金来源;④拟发行企业债券总额、票面种类和金额、发行方向、发行期限、债券利率;⑤企业经营业务范围;⑥申请发行企业债券理由。此外,还应附送企业章程,拟建项目可行性报告,发行企业债券的章程办法,近期会计报表等有关文件。

### 三、企业债券资金有关规定

企业债券资金是一种有偿性的基本建设投资,此类债券的资金使用权、偿还到期本息等经济权益和责任皆由发行人承担。如有担保人担保,发行人一旦丧失还款能力、担保人应承担发行人承担的经济责任。重点企业债券到期由发行企业用债券筹集资金建设项目投产后的新增利润和债券筹集资金的存款利息归还本息,如上述资金不足以偿还本息时,应由企业或主管部门用税后留存利润或其他自有资金归还(用建设项目新增利润归还债券本息时,应经财政部门审查批准);一般企业债券到期,应由发行企业用其有权自行支配的自有资金归还本息。发行债券所筹集的资金,必须

用于审批机关批准的用途,不得用于弥补亏损和非生产性支出。

债券投资项目的单项工程竣工时建设单位可根据生产企业通知,将其建设期的债券利息支出减去债券资金的存款利息收入后的净额,计入"待摊投资"项目,再根据规定分摊计入固定资产价值。

企业除了支付债券票面利息之外,一般还要支付下列费用:发行费用、债券印刷工本费和手续费。发行债券可以由企业自己发售,也可以委托银行或者其他金融机构代理发售债券,代理发售企业债券的机构对委托企业经营状况不承担责任。如果委托银行或其他金融机构代理发售债券,一般视发行总面额数额的大小和发行工作内容繁简程度的不同,支付 $1‰\sim3‰$ 的手续费。

据此,一般企业发行债券的筹资总成本为:票面利息总额+发行费用+债券印刷工本费+广告宣传费。其筹资成本率为:筹资总成本/发行债券金额。筹资的总成本,应从发行债券的收入中支付,并列入债券投资项目的建设成本。

### 四、企业债券资金核算方法

建设单位为了搞好企业债券资金的拨入、使用及冲销核算工作,应设置"企业债券资金"(属于资金来源科目)科目,用来核算和监督建设单位收到生产企业拨入用于基本建设的企业债券资金以及应付的债券利息(见图表2-26)。本科目应分别设置"债券本金"和"债券利息"两个明细科目。

图表2-26

| 借 | 企业债券资金 | 贷 |
|---|---|---|
| 1. 工程全部竣工后,交回生产企业的企业债券资金形成的结余资金("银行存款"等)<br>2. 下年初建立新账时,冲转上年完成的交付使用资产 | 1. 生产企业拨入的企业债券资金("银行存款")<br>2. 计划规定建设期的企业债券利息("待摊投资——企业债券利息") | |
| | 余额:生产企业拨入而尚未冲转的企业债券资金 | |

兹将企业债券资金会计核算的账务处理举例说明如下:

【例2-85】 建设单位收到生产企业拨入的企业债券资金900 000元,其中代理发行手续费20 000元,已由银行从发行债券资金中直接扣收。应做如下会计分录:

借:银行存款——债券资金户　　　　　　　　　　　　　　880 000
　　待摊投资——企业债券发行费　　　　　　　　　　　　 20 000
　　贷:企业债券资金——债券本金　　　　　　　　　　　　　900 000

如果上述代理发行手续费是由建设单位用收到的企业债券资金直接支付的,则应做如下会计分录:

借：银行存款——债券资金户　　　　　　　　　　　　　　　　　900 000
　　贷：企业债券资金——债券本金　　　　　　　　　　　　　　　　900 000
借：待摊投资——企业债券发行费　　　　　　　　　　　　　　　　20 000
　　贷：银行存款——债券资金户　　　　　　　　　　　　　　　　　20 000

**【例 2-86】**　建设单位用债券资金购买器材 250 000 元,器材尚在途中。应做如下会计分录:

借：器材采购　　　　　　　　　　　　　　　　　　　　　　　　250 000
　　贷：银行存款——债券资金户　　　　　　　　　　　　　　　　250 000

**【例 2-87】**　建设单位用债券资金支付应由债券项目承担的商业网点和供电站费等配套费 52 000 元。应做如下会计分录:

借：待摊投资——其他待摊投资　　　　　　　　　　　　　　　　52 000
　　贷：银行存款——债券资金户　　　　　　　　　　　　　　　　52 000

**【例 2-88】**　建设单位用企业债券资金支付债券的设计、印刷、广告宣传费 10 000 元。应做如下会计分录:

借：待摊投资——企业债券发行费　　　　　　　　　　　　　　　10 000
　　贷：银行存款——债券资金户　　　　　　　　　　　　　　　　10 000

**【例 2-89】**　用债券资金预付施工企业工程款 450 000 元。应做如下会计分录:

借：预付工程款　　　　　　　　　　　　　　　　　　　　　　　450 000
　　贷：银行存款——债券资金户　　　　　　　　　　　　　　　　450 000

**【例 2-90】**　用债券资金投资兴建的工程竣工后,根据有关投资项目计算出交付使用资产的实际成本为 809 000 元。应做如下会计分录:

借：交付使用资产　　　　　　　　　　　　　　　　　　　　　　809 000
　　贷：建筑安装工程投资等　　　　　　　　　　　　　　　　　　809 000

**【例 2-91】**　用债券资金投资兴建的工程竣工后,根据生产企业转来通知,应计入债券工程成本的债券利息为 20 500 元。应做如下会计分录:

借：待摊投资——企业债券利息　　　　　　　　　　　　　　　　20 500
　　贷:企业债券资金——债券利息　　　　　　　　　　　　　　　20 500

**【例 2-92】**　收到建行计息的通知,本期债券资金的存款利息收入为 10 700 元。应做如下会计分录:

借：银行存款——债券资金户　　　　　　　　　　　　　　　　　10 700
　　贷：待摊投资——企业债券利息　　　　　　　　　　　　　　　10 700

**【例 2-93】**　企业债券资金形成的结余资金为 111 500 元,其中债券资金存款

10 700元、库存材料100 800元,交回生产企业。应做如下会计分录:

| | | |
|---|---|---|
| 借:企业债券资金——债券利息 | | 10 700 |
| 贷:银行存款——债券资金户 | | 10 700 |
| 借:企业债券资金——债券本金 | | 100 800 |
| 贷:库存材料 | | 100 800 |

**【例2-94】** 下年初建立新账时,将上年度用企业债券资金完成的交付使用资产809 000元冲转企业债券资金。应做如下会计分录:

| | | |
|---|---|---|
| 借:企业债券资金——债券利息 | | 9 800 |
| ——债券本金 | | 799 200 |
| 贷:交付使用资产 | | 809 000 |

## 复习思考题

1. 什么是基本建设拨款?"基建拨款"科目应当设置哪些明细科目?怎样进行核算?

2. 什么是预算内拨款和预算外拨款?各包括哪几种拨款?

3. 拨款资金管理方式有哪几种?各有什么区别?

4. 办理基本建设拨款的原则和依据是什么?

5. 经营性项目与非经营性项目筹集和管理非负债资金有什么区别?

6. 银行存款的明细科目有哪些?为什么要进行这样的设置?

7. 按照现行制度规定,基建投资借款利息应怎样计算?建设单位怎样进行账务处理?

8. 试说明基建贷款的程序和做法。

9. 建设单位需具备哪些条件,才能向建设银行申请国内储备借款和其他借款?

10. 基本建设投资借款和其他借款主要区别在哪里?

11. 企业债券资金的性质和内容是什么?建设单位怎样进行核算?

12. 项目资本有哪些财务规定?如何进行核算?

13. 上级拨入资金如何进行核算?

## 练 习 题

**习题一**

**【目的】** 练习基本建设拨款核算。

**【要求】** 编制必要的会计分录。

**【资料】** 某建设单位在20××年度发生了下列有关经济业务:

1. 1月2日 收到地方财政拨入的本年预算拨款500 000元,已专户存入银行。

2. 1月5日 由预算拨款户汇往外地采购用款2 000元,异地工程用款13 000元。

3. 2月10日 从预算拨款户提取现金22 000元,以备发工资。

4. 2月20日 从预算拨款户支付设备款7 000元。

5. 2 月 28 日 收到地方财政拨入的供下半年基建使用的自筹资金 70 000 元,预存在建设银行。

6. 3 月 5 日 将地方财政拨入的自筹资金退回 15 000 元,已通过待转自筹资金户支付。

7. 3 月 28 日 收到上级拨入的煤代油专用基金 600 000 元。

8. 5 月 5 日 收到上级主管部门转来进口设备转账通知和有关发票账单:进口成套设备买价 800 000 元,国外运费 31 000 元,国外设计及技术资料费 50 000 元,出国联络费 80 000 元。

9. 5 月 30 日 收到上级主管部门从本系统转账拨入的需要安装设备价款 40 000 元。

10. 6 月 2 日 收到上级转账拨入不需要安装设备 1 台,实际价格 18 000 元,转账拨入钢材实际成本 41 000 元,计划价格 40 000 元,均已验收入库。

11. 6 月 18 日 接通知,转账拨给本系统其他单位钢材实际成本 5 000 元,计划价格 5 200 元。

12. 7 月 15 日 收到主管部门拨入的本年基建基金拨款 250 000 元,已存入银行。

13. 8 月 29 日 转账拨出需要安装设备 1 台,实际成本 20 000 元,转账拨出不需要安装设备 2 台,头际成本 35 000 元。

14. 9 月 20 日 由于主办协作配合工程,收到其他单位拨入自筹资金 80 000 元,用于本年度计划的基建工程。

15. 10 月 10 日 收到其他单位移交本年度继续建设未完工程 180 000 元,其中建筑安装工程投资 90 000 元,设备投资 44 500 元,待摊投资 45 500 元。

16. 11 月 31 日 某工程竣工,结余一批材料对外销售,已存入银行 58 000 元。该批材料计划成本 60 000 元,实际成本 59 000 元。

17. 12 月 1 日 将上项材料销售款进行分配,其中上缴财政 50%,上缴主管部门 20%,转作建设单位留成 30%。

18. 下年初建立新账时,将上年基建拨款中的各本年拨款明细科目余额,全数结转"基建拨款——以前年度拨款"科目。

## 习题二

【目的】 练习基建投资借款核算。

【要求】 为下列各项经济业务编制会计分录。

【资料】 某建设单位在 20×× 年度和下年初,共发生下列有关基建投资借款及其支用的经济业务:

1. 从国家开发银行借入基建投资借款 180 000 元,转入存款户。

2. 以借入资金户支付不需要安装设备 50 000 元,支付材料款 25 000 元,支付第五建筑公司已完工程款 34 000 元。

3. 上述不需要安装设备验收入库。

4. 将不需要安装设备移交生产单位使用,并通知生产单位及时转账。

5. 根据开发银行通知,应支付计划规定建设期的基建投资借款利息 9 000 元,其中因建设项目提前建成投产而实现的建设期内利息结余 2 000 元,按规定全部留给建设单位。

6. 根据规定用应交财政的基建收入 36 000 元偿还投资借款。

7. 工程竣工,将处理结余物资收回的资金 21 000 元偿还投资借款。

8. 接到开发银行通知,已扣收计划规定还款期的基建投资借款利息 10 000 元。

9. 上述全部贷款期利息共计 19 000 元,已由生产单位偿还。

10. 下年初建立新账时,将借款完成的交付使用资产予以冲销。

**习题三**

【目的】 练习项目资本核算。

【要求】 编制必要的会计分录。

【资料】 某建设单位 20××年度发生了下列有关经济业务:

1. 收到国家开发投资公司投入的参股基建资金款 6 500 000 元,已存入开户建设银行。

2. 签发转账支票 1 张,以参股基建资金存款支付勘察设计费 234 000 元。

3. 以参股基建资金存款购入需要安装设备 1 台,买价和运杂费共计 1 989 000 元。设备尚未到货。

4. 收到某单位参股基建资金 1 950 000 元,已存入银行,其中 650 000 元为该单位多付出资款,另外,无偿捐赠材料一批,价值 39 000 元。该材料计划成本 38 000 元。

5. 签发转账支票 1 张,用参股基建资金存款支付承包本单位工程的南方建筑公司已完工程价款 2 275 000 元。

6. 以参股基建资金存款支付购入建筑材料一批,价款和运杂费 1 560 000 元。

7. 用投资兴建的工程已竣工,并交付使用,其实际成本为 8 333 000 元,其中建筑安装工程投资为 6 058 000 元,设备投资为 1 989 000 元,待摊投资为 195 000 元,其他投资为 91 000 元。

8. 工程竣工后,将参股基建资金拨款形成的结余资金 156 000 元移交给生产单位,其中银行存款 81 900 元,库存材料 74 100 元。

9. 下年度建立新账时,将上年度用项目资本完成的交付使用资产 8 333 000 元予以结转。

**习题四**

【目的】 练习企业债券资金核算。

【要求】 编制必要会计分录。

【资料】 某建设单位在 20××年度和下年初发生了下列有关企业债券资金及其支用的业务:

1. 收到生产企业拨入的企业债券资金 352 000 元,存入建设银行分行。

2. 用债券资金购买需要安装设备,价款 100 000 元。器材尚在途中。

3. 用收到债券资金支付银行代理发行手续费 10 000 元,债券设计印刷费 5 000 元。

4. 以债券资金支付属于其他投资性质费用 20 800 元,待摊投资性质费用 180 000 元。

5. 用债券资金进行工程竣工后,根据建筑安装工程投资等投资科目计算出交付使用资产实际成本为 311 320 元。

6. 债券工程竣工,根据生产企业转来通知,应计入债券工程成本的债券利息为 8 200 元。

7. 收到建行计息通知,本期债券资金的存款利息收入为 4 280 元。

8. 将企业债券形成的结余资金 44 600 元(其中银行存款 26 760 元,库存材料 17 840 元)交给生产企业。

9. 下年初建立新账时,将上年度用企业债券资金完成的交付使用资产予以冲转。

# 第三章

## 设备和材料的核算

# 第一节　财政性资金基建项目政府采购概述

前面第二章我们阐述了建设单位基本建设资金来源的核算。建设单位取得建设资金仅仅是资金运动的开端,随之所要开展的基本建设工作是用货币资金去购买设备和材料,将货币资金占用形态转化为储备资金和在建资金占用形态。在基本建设中,不论是采用出包或自营施工方式,组织设备采购供应和核算业务,都是由建设单位负责进行的。在自营工程或包工不包料、包工半包料的出包工程,材料的采购和核算,也要由建设单位负责完成。但近几年以来,凡有政府参与投资的基本建设项目中,越来越加大加快了引入政府采购的改革措施,这有望成为基本建设采购行为和基本建设财务管理改革的重头戏。所谓政府采购,是指各级政府及其所属机构为开展日常政务活动或为公众提供公共服务,在财政部门的监督下,以法定的方式、方法和程序取得货物、工程或服务的行为。也就是使用国家财政性资金的基建项目,要以公开招标为主要方式选择供应商、工程承包商、项目设计商,从国内外市场上为政府部门或行政事业单位购买设备、工程及劳务的市场经济行为。其实质是原来政府资金直接到位,流入的形式是货币资金,而现在政府资金会转移到位,流入的形式可能会是实物(设备、材料、设施、工程)。在政府投资项目中引入政府采购的益处和作用,实践已证明是非常明显的:

(1) 通过招标竞争,为基建项目提供一个公平、公开、公正的市场竞争机制,符合国际惯例的做法。

(2) 增加了公共项目、政府大额采购的透明度,能有效制止基建采购过程中暗箱操作、权钱交易、权权交易、权物交易、物物交易等腐败贿赂行为的发生。

(3) 政府能少花钱、多办事,可大大节约政府的财政开支。

(4) 政府通过庞大的支出项目,来广泛招商引商,可以是国内,也可以是国外,可以是国有的,也可以是私人的,引导了产业方向,达到了利用财政政策调整产业结构的目的。

与此同时,上海跨国采购中心 2002 年 8 月 16 日在上海的成立,标志着上海已成为跨国采购机构聚集发展的宝地,这是上海市政府"十五"规划建立的一个集跨国采购政策服务、促进服务、信息服务、会展服务为一体的全方位跨国采购促进服务机构,使买卖双方在低成本、高效率的交易环境中获得"双赢",为上海跨国采购搭建了一个新平台。

实现政府采购制度,不会影响建设单位对设备、材料等的采购和核算,建设单位仍是器材采购的主体。财政部门只是制定统一的规划、标准和程序,加强对财政资金由价值形态向实物形态转变过程的监督和管理。建设单位的会计核算部门,一要反映和监督器材采购计划的执行情况,正确计算和降低节约器材的采购成本;二要正确、及时地核算与监督器材的收入、发出和结存情况,保护器材的完整无缺。

# 第二节　设备的含义和分类

## 一、设备的含义

建设单位的设备,是指根据基本建设投资计划,由建设单位购入的设备、工具和器具。凡购入一台设备大多要依次通过采购、入库、出库、安装、试车、验收和交付使用等活动,最后才能成为生产使用单位的固定资产及一小部分流动资产。由此可见,这里所指建设单位设备与工业企业的生产设备(或施工企业机械设备)有着很大区别:首先它们在经济性质上不同,前者应属于基本建设生产的劳动对象,后者则属于生产过程中的劳动资料;其次它们的资金来源及占用形式不同,前者构成基本建设资金中的设备储备资金(需要安装设备)和在建工程占用资金(不需要安装设备、工器具),后者则是占用在固定资产上的固定资金;再次它们的使用权归属对象不同,前者在完成购建过程后,随同其他交付使用资产一并移交给生产单位使用,后者则为自己生产需要使用而购置的;最后,它们在管理和核算上也不相同,前者是视同为材料来组织核算管理,只核算计入基建成本的设备采购成本,不得计提折旧,后者则作为固定资产来核算和管理,按规定要计提折旧,核算时不仅包括设备的采购成本,还应包括设备的建筑成本、安装成本以及应分摊的待摊投资等。

设备是基本建设的重要物资,设备投资在基本建设投资总额中所占的比重较大,随着科学发展及技术进步,整个国家设备装备水平不断地提高,设备比重还会继续上升。因此,加强和搞好设备核算与管理工作,对于顺利完成国家下达的建设任务,节约和合理使用建设资金,防止物资的积压和浪费,尽快发挥投资效果,形成更多的生产能力和经济效益都具有十分重要的意义。

## 二、设备核算的内容

建设单位设备核算,主要应包括以下各个方面:

第一,核算和监督设备供应计划的执行情况。建设单位申请设备是由设备部门根据基建计划和设计文件,编制设备供应申请计划,根据当年工程需要设备加上为下年度储备设备减去现有库存设备,得出实际需要购置的设备。建设单位必须严格依据供应计划规定的内容,来组织设备采购和供应工作。

第二,正确计算设备采购实际成本,及时按计划、按合同与供货单位结算设备价款,节约和降低设备采购成本。

第三,核算和监督设备收入、发出和结存情况,建立健全必要的收发凭证手续及规章制度。

第四，定期组织设备清查盘点，确保库存设备的完整无损，并及时处理积压多余设备，动员内部资源，保证设备储备资金的合理使用。

## 三、设备的分类

为了加强建设单位的设备管理和核算，有必要对设备进行合理分类。基本建设设备一般可以按照以下几种方法分类：

**（一）按照设备在基本建设中的工作内容分类**

按工作内容可以分为需要安装设备、不需要安装设备和工器具三类。

（1）需要安装设备：指必须将其整体或几个部位装配起来，安装在基础上或建筑物支架上才能使用的设备，如轧钢机、发电机、蒸汽锅炉、变压器、各种机泵、机床等。有的设备虽然不需要设备基础，但是需要进行大量组装工作才能使用，如生产用电铲、塔式吊、门式吊、皮带运输机等，也应作为需要安装设备进行管理和核算。

（2）不需要安装设备：指不必固定安装也不需要组装就可以使用的各种设备，如电焊机、汽车、飞机、船舶及生产上流动使用的空压机泵等。

（3）工器具：指按设计规定为生产和维修用的各种工具，如试验、化验用的计量、分析、保温、烘干等各种仪器，机械厂翻砂用的模型、锻模、热处理箱和工具台等。这些工器具与不需要安装设备相类似，一经购入不需要进行安装就具备交付使用条件，可以直接计算设备投资完成额。但若超过设计规定范围或投产后购入工器具，则均由生产流动资金开支。

现行会计制度规定，对于出库交付安装的需要安装设备、库存不需要安装设备及工器具均在"设备投资"科目下分设"在安装设备""不需要安装设备"和"工器具"三个明细科目进行核算。

**（二）按照设备使用年限和单位价值分类**

按使用年限和单位价值可以分为达到固定资产标准的设备、工器具和不够固定资产标准的设备、工器具两类。

通过基本建设全过程，办理了交付使用资产交接手续后，达到固定资产标准的设备及工器具，是作为固定资产移交给生产单位的，生产单位据以登记固定资产卡片，最终构成生产或使用单位的固定资产。达不到固定资产标准的设备、工器具，是作为流动资产移交给生产单位的，生产单位据以登记低值易耗品等卡片，最终构成生产或使用单位的流动资产。

**（三）按照设备的供货来源分类**

按供货来源可以分为国内采购设备、国外进口设备、委托加工设备和调拨来的设备四类。

除上述分类外，建设单位还可以按照设备用途分类，分为专用设备和通用设备两类;按照设备是否定型分类,分为标准设备和非标准设备两类;按照设备技术性能分类,分为机械设备和电气设备两类。

# 第三节 设备的业务核算

建设单位收入的设备,有国内购置的设备和国外进口的设备,还有委托外单位加工的设备和由其他单位调拨来的设备。

## 一、设备收入的手续和凭证

建设单位的设备主要是从外部采购的。为了保证建设工程需要并节约国家建设资金,建设单位要根据批准的年度基本建设计划和初步设计所附的设备清单,以及为以后年度储备的计划,结合现有设备库存情况来制定年度设备供应计划,它规定为满足当年施工需要应采购的设备品种、规格和数量。建设单位的设备供应部门及其所属设备仓库,财会部门应通力协作、密切配合,共同负责搞好设备的核算。具体来说,设备供应部门要根据编制的年度设备供应计划,按照国家规定的供应体制和供应渠道,与供应单位签订设备订货合同,合理组织设备采购、运输、验收、存放工作,检查合同履行情况。设备仓库负责设备收发保管工作。财会部门要加强设备采购资金支出管理和及时正确计算设备采购成本,认真进行设备价款结算,正确核算设备收、发、存的增减变动情况。

建设单位设备的发票、运单、托收单等凭证到达后,若经检查发现与原订货合同有不符之处,应办理拒付(或部分拒付)手续;若与合同相符,一方面支付货款,一方面准备验收。建设单位无论通过何种渠道收入设备,都要按照规定程序办理初步验收和技术验收。初步验收是等设备到站后检查箱件是否破损短缺,以便向运输机构提出赔偿。技术验收是根据供应单位发票及所附发货清单和有关资料等,对货物的品名、数量、应附有备件工具、质量、性能进行全面开箱检查验收。在对进口的成套设备进行验收时,还要组织有关专家及交货国专家到场,填制验收记录,发现问题可在规定期限内向外商提出索赔。目前国内设备验收,一般只进行初步验收,技术验收由制造厂出厂证明代替,但进口成套设备一定要进行初步验收和技术验收。经验收后的设备,仓库管理人员应及时办理入库手续,填制设备验收入库单。入库单格式如图表3-1所示。

设备验收入库单一式五联,其中一联交设备供应部门;一联交设备仓库留存,作为登记库存设备明细账的依据;一联交财会部门,作为设备收入核算的原始凭证;在另外两联上还要增设出库单号数、发出数量金额、结存数量金额等栏次,可用来代替仓库部门和财会部门的设备卡片,简化核算手续。对随同设备一起来的附属备件、修理用工具等也要填制登记卡,以便将来一起移交给生产单位。

图表 3-1　　设备验收入库单

| 国内 | 国内储备 | 不需要安装 |
|------|----------|------------|
| 进口 | 需要安装 | 工具、器具 |

年　　月　　日　　　　　编号

| 供货单位 | | 合同号数 | | 工程编号及名称 | |
|----------|---|----------|---|----------------|---|
| 发票号 | | 装箱单号 | | 备件登记卡号 | |
| 运单号 | | 验收记录号 | | 计量单位 | |

| 设备 | | 数量 | | 概(预)算 | | 实际成本 | | | | 出库单号数 | 发出 | | 结存 | |
|------|------|------|------|------|------|------|------|------|------|------------|------|------|------|------|
| 编号 | 名称型号规格 | 应收 | 实收 | 单价 | 金额 | 买价 | 运杂费 | 采购保管费 | 合计 | | 数量 | 金额 | 数量 | 金额 |
| | | | | | | | | | | | | | | |

（后五栏仅在代替设备卡片的两联印有）

设备部门　　　　　　　　　　　财会部门　　　　　　　　　　设备保管员

## 二、设备发出的手续和凭证

建设单位发出设备,主要有将需要安装设备发出交给设备安装公司进行安装,将不需要安装设备和工器具出库交付生产单位使用,为可行性研究购置设备仪器出库自用,还有将设备委托外单位加工出库,本系统建设单位调拨出库及将多余积压设备对外处理销售出库。

建设单位在设备发出时,不管什么情形,都必须按照规定程序认真办理出库手续。需要安装设备和工器具的出库,由领用单位填制"设备出库单",经设备部门审查签字后交设备仓库发出设备,并填写实发数量,领发双方在仓库内当场逐台逐件一次验交清楚,出库后,不再进行第二次验交。不需要安装设备及工器具交付使用单位时,除要填制"设备出库单"外,通常还需编制交付使用财产清册,据以办理财产交接手续。设备发出委托加工和设备外调处理,则需要分别填制另外专设的"委托加工设备出库单""设备调拨单"和"设备销售单"等凭证,作为办理设备出库手续。

"设备出库单''一般格式如图表 3-2 所示。

设备出库单一式四联,其中一联留仓库据以登记设备卡片;一联交财会部门作为发出设备核算凭证;此外,设备供应部门和领用单位各执一联。

发出设备实际成本的计算方法,通常有"先进先出法""加权平均法""移动加权平均法"等几种方法。由于建设单位设备收发次数较少,大多采用"先进先出法"计算,以简化核算工作。

图表 3-2　　设 备 出 库 单

| 国内 | 需要安装 | 工器具 | | | | | |
|---|---|---|---|---|---|---|---|
| 进口 | 不需要安装 | | 年　　月　　日　　　　出字第　　　号 | | | | |

| 工程编号及名称 | | | 领用单位 | | 仓库名称 | | |
|---|---|---|---|---|---|---|---|
| 设备类别 | | | 安装编号 | | 备件登记卡号 | | |

| 设备编号 | 设备名称 | 型号及规格 | 单位 | 数　　量 | | 金　　额 | |
|---|---|---|---|---|---|---|---|
| | | | | 请领 | 实发 | 单价 | 总价 |
| | | | | | | | |
| | | | | | | | |

设备供应部门　　　　　　　　　　仓库保管员　　　　　　　　　　领用单位

# 第四节　设备的总分类核算

## 一、国内采购设备的总分类核算

为了提高设备核算的准确性,简化设备核算工作,及时反映设备投资的实际完成和构成情况,建设单位的设备,一般均按实际成本计价,并以每项设备作为计算对象。这是因为建设单位的设备价值较大,多数为分组、成套的专用设备;设备收发次数不多,进出不如材料那样频繁;设备品种、规格型号各异;技术精密程度、体积、重量等价格相差悬殊;不易制订统一的计划价格来反映和考核采购工作成果。所以,通常设备按实际成本计价。这样,一方面可以提高设备核算工作的准确性;另一方面也不会增加核算工作量。

(一)国内采购设备实际成本的构成

国内采购设备的实际成本,由以下内容构成:

(1)买价:包括原价、供销部门的手续费及增值税,直接计入各项设备的实际成本。

(2)运杂费:包括运到工地仓库前所发生的包装、运输、装卸及合理的运输损耗等费用。包装品的保证金或押金应在此费用中予以扣除,回收包装品收入冲减此项费用。设备运杂费,若能分清承担对象,可直接计入有关设备的实际成本;若不能分清负担对象的,应按设备重量或买价比例,分配计入各有关设备的实际成本。

(3)采购保管费:包括设备供应部门及设备仓库为采购、验收、保管和收发各种设备而发生的各项费用,如设备供应部门和设备仓库人员的工资及工资附加费、办公费、差旅费、按月计提的折旧费、劳动保护费、自行组织设备检验试验费、设备储备借款利息、经批准保管过程中的合理损耗、仓库管理费等。

目前设备采购保管费发生时,先按费用归集,再采用年初确定的预定分配率,以设备的买价和运杂费之和为分摊标准进行计算,在每项设备验收入库时即分配采购保管费,以此加总计算设备的实际成本。其计算公式如下:

$$\text{预定分配率} = \frac{\text{预计年度内全部采购保管费}}{\text{预计年度内全部采购设备买价和运杂费}} \times 100\%$$

$$\text{某项设备入库时应分配采购保管费} = \text{该项设备的买价和运杂费之和} \times \text{预定分配率}$$

例如,某建设单位预计 20×× 年度全年采购设备买价为 350 000 元,运杂费为 50 000 元,预计年度内发生采购保管费为 16 000 元,则预定分配率计算如下:

$$\frac{16\ 000}{350\ 000 + 50\ 000} \times 100\% = 4\%$$

本月购入国内设备 1 台,原价 9 350 元,运杂费 650 元,则该台设备应负担的采购保管费为:

$$(9\ 350 + 650) \times 4\% = 400(\text{元})$$

$$\text{该项设备实际采购成本} = 9\ 350 + 650 + 400 = 10\ 400(\text{元})$$

### (二) 国内采购设备的核算

为了反映和监督国内设备的采购成本及收发结存情况,划清设备储备资金与投资支出的界限,应设置以下会计科目进行核算:

(1)"器材采购":本科目属于资金占用成本计算类科目,是用来核算建设单位购入各种设备和材料的采购成本。如图表 3-3 所示。

在"器材采购"科目下应设置"设备""材料""进口设备""进口材料"等明细科目来分别核算国内设备、国内材料、进口设备、进口材料的实际采购成本。

图表 3-3

| 借　　　　　　　　器 材 采 购　　　　　　　　贷 | |
| --- | --- |
| 1. 支付发票账单所列器材买价和运杂费("银行存款"等) | 1. 向供货单位、运输机构收取材料短缺或其他赔款("其他应收款""应付器材款") |
| 2. 入库时分配采购保管费 | 2. 尚待查明处理的途中器材损耗数("待处理财产损失") |
| 3. 月终,结转材料实际成本<计划成本的差额("材料成本差异") | 3. 由于意外事故造成的采购器材非常损失数("其他投资""待摊投资") |
| | 4. 验收入库的设备实际成本("库存设备""设备投资") |
| | 5. 验收入库的材料计划成本("库存材料") |
| | 6. 月终,结转材料实际成本>计划成本的差额("材料成本差异") |
| 余额:货款已付器材尚未到达或尚未验收入库的在途器材实际成本 | |

（2）"采购保管费"：本科目属于资金占用费用归集分配类科目，用来核算建设单位供应部门和仓库为采购、验收、保管和收发各种设备、材料而发生的各项费用。如图表3-4所示。

图表3-4

| 借 | 采购保管费 | 贷 |
|---|---|---|
| 1. 实际发生各项采购保管费（"应付工资""库存材料""累计折旧"等）<br>2. 经批准转销采购器材途中无法收回超定额损耗（"待处理财产损失"） | 1. 回收设备和材料的包装用品作价入账（"库存材料"）<br>2. 入库时分配采购保管费（"器材采购"）<br>3. 年终或工程竣工调整差额（"建筑安装工程投资""设备投资"）（实际数小于预定分配数的差额用红字） | |
| 余额：采购保管费实际数与预定分配的差额 | | |

在"采购保管费"科目下应设置"设备""材料"和"进口器材"明细科目来分别核算国内设备、国内材料、进口器材所发生的采购保管费。

（3）"库存设备"：本科目属于资金占用盘存类科目，用来核算建设单位库存的需要安装设备实际成本。如图表3-5所示。

图表3-5

| 借 | 库存设备 | 贷 |
|---|---|---|
| 1. 验收入库需要安装设备的价值（"器材采购"）<br>2. 转账拨入及委托加工完成设备入库<br>3. 盘盈设备估价入账（"待处理财产损失"） | 1. 设备出库、交付安装（"设备投资——在安装设备"）<br>2. 交付外单位委托加工设备及转账拨出设备<br>3. 年终，对已出库而不符合正式安装条件的设备办理假退库（红字）<br>4. 对外销售和处理多余积压设备<br>5. 盘亏及毁损设备价值（"待处理财产损失"） | |
| 余额：库存需要安装设备实际成本 | | |

（4）"应付器材款"：本科目属于资金来源结算类科目，用来核算建设单位因购入器材所发生的应付供应单位的款项。如图表3-6所示。

图表3-6

| 借 | 应付器材款 | 贷 |
|---|---|---|
| 1. 偿付供应单位的应付未付款项<br>2. 按规定预付给供应单位的大型设备款<br>3. 补付大型设备款应付与预付款之间差额 | 1. 月底已入库而发票未到器材暂估价值（"器材采购"）<br>2. 下月初用红字冲回暂估价值<br>3. 应付大型设备款和劳务款 | |
| | 余额：应付未付供应单位器材款及劳务款 | |

（5）"设备投资"：本科目属于资金占用成本计算类科目，用来核算构成投资完成

额的交付安装设备、验收入库不需要安装设备、工器具的实际成本。本科目应设置"在安装设备""不需要安装设备"和"工器具"三个明细科目进行核算,我们将在第五章第三节内再作详细介绍。

（6）"应收有偿调出器材及工程款":本科目属于资金占用结算类科目,用来核算建设单位按规定或经批准有偿调出器材及有偿转出未完工程发生的应收款项(见图表3-7)。本科目应设置"调出设备""调出材料"和"转出未完工程"三个明细科目进行核算。

图表 3-7

| 借 | 应收有偿调出器材及工程款 | 贷 |
|---|---|---|
| 按规定或经批准有偿调出器材及有偿转出未完工程发生的应收款项("库存设备""库存材料""建筑安装工程投资"等) | 收到调入单位归还的器材及工程款("银行存款") | |
| 余额:尚未收回的有偿调出器材及工程款 | | |

（7）"应付有偿调入器材及工程款":本科目属于资金来源结算类科目,用来核算建设单位收到有偿调入设备、材料及有偿转入的未完工程而发生的应付款项(见图表3-8)。本科目应设置"调入设备""调入材料"和"转入未完工程"三个明细科目进行核算。

图表 3-8

| 借 | 应付有偿调入器材及工程款 | 贷 |
|---|---|---|
| 归还的有偿调入器材及工程款("银行存款") | 有偿调入设备、材料和有偿转入的未完工程而发生的应付账款("库存设备""库存材料""建筑安装工程投资"等) | |
| | 余额:尚未归还的有偿调入器材及工程款 | |

现举例说明国内采购设备的总分类核算如下:

**【例3-1】** 购入需要安装设备磨床一台,买价13 500元,供应单位代垫运费500元,设备买价和运杂费经设备供应部门审核后已从存款户支付。应做如下会计分录:

　　借:器材采购——设备　　　　　　　　　　　　　　　　　　14 000
　　　　贷:银行存款　　　　　　　　　　　　　　　　　　　　　　14 000

设备入库时,先按预定分配率2.5%计算分配应负担的采购保管费350元。应做如下会计分录:

　　借:器材采购——设备　　　　　　　　　　　　　　　　　　　350
　　　　贷:采购保管费——设备　　　　　　　　　　　　　　　　　350

并根据"设备入库单",按该需要安装设备实际成本14 350元(13 500＋500＋350)。应做如下会计分录:

借：库存设备——磨床　　　　　　　　　　　　　　　　　　14 350

　　贷：器材采购——设备　　　　　　　　　　　　　　　　　　　14 350

【例3-2】　采购不需要安装设备汽车3辆,买价计33 000元,供应单位代垫运杂费1 000元,货款已从存款户支付,但设备尚未运到,或虽已到达而尚未验收入库。应做如下会计分录:

借：器材采购——设备　　　　　　　　　　　　　　　　　　34 000

　　贷：银行存款　　　　　　　　　　　　　　　　　　　　　　34 000

当在途设备到达验收入库时,按预定分配率2.5%计算其应分摊采购保管费850元。应做如下会计分录:

借：器材采购——设备　　　　　　　　　　　　　　　　　　　　850

　　贷：采购保管费——设备　　　　　　　　　　　　　　　　　　　850

并根据设备入库单,按不需要安装设备汽车的实际成本34 850元。应做如下会计分录:

借：设备投资——不需要安装设备　　　　　　　　　　　　　34 850

　　贷：器材采购——设备　　　　　　　　　　　　　　　　　　34 850

【例3-3】　假设［例3-1］中磨床1台,已经运到并验收入库,但发票账单未到,应先按合同价格(或预算价格)和预计运杂费共计12 000元暂估入账。应做如下会计分录:

借：器材采购——设备　　　　　　　　　　　　　　　　　　12 000

　　贷：应付器材款　　　　　　　　　　　　　　　　　　　　　12 000

入库时按暂估设备款及运杂费12 000元,以预定分配率2.5%分配采购保管费300元。应做如下会计分录:

借：器材采购——设备　　　　　　　　　　　　　　　　　　　　300

　　贷：采购保管费——设备　　　　　　　　　　　　　　　　　　　300

将暂估设备款及运杂费和分配的采购保管费登记"设备入库单"。根据设备入库单,应做如下会计分录:

借：库存设备——磨床　　　　　　　　　　　　　　　　　　12 300

　　贷：器材采购——设备　　　　　　　　　　　　　　　　　　12 300

当设备发票账单到达后付款时,先用红字作上述同样分录,冲销暂估设备款。应做如下会计分录:

借：器材采购——设备　　　　　　　　　　　　　　　　　　12 000

　　贷：应付器材款　　　　　　　　　　　　　　　　　　　　　12 000

借：器材采购——设备 300
　贷：采购保管费——设备 300
借：库存设备——磨床 12 300
　贷：器材采购——设备 12 300

再按该项设备账单从存款户支付 14 000 元,并分配采购保管费 350 元,同样按正常程序做如[例 3-1]的分录。

【例 3-4】 将上述分录需要安装设备磨床 1 台,交付市设备安装公司进行安装,实际成本 14 350 元。根据设备出库单,应做如下会计分录:

借：设备投资——在安装设备 14 350
　贷：库存设备——磨床 14 350

【例 3-5】 将库存不需要安装设备 3 台,作价 34 500 元有偿拨给甲单位,实际成本为 34 850 元,代垫运杂费 250 元从银行存款账户支付,根据设备出库单和调拨单,应做如下会计分录:

借：应收有偿调出器材及工程款——甲单位 34 500
　待摊投资——器材处理亏损 350
　贷：设备投资——库存不需要安装设备 34 850

根据运杂费结算凭证,应做如下会计分录:

借：应收有偿调出器材及工程款——甲单位 250
　贷：银行存款 250

根据银行收账通知,收到调出设备价款和代垫运杂费时,应做如下会计分录:

借：银行存款 34 750
　贷：应收有偿调出器材及工程款——甲单位 34 750

【例 3-6】 设备采购保管费实际发生情况:设备供应部门及仓库人员工资 600 元,领用材料 260 元,支付采购保管费用 150 元,从存款户付讫,计提固定资产折旧 180 元,工会经费 12 元。应做如下会计分录:

借：采购保管费——设备 1 202
　贷：应付工资 600
　　库存材料 260
　　银行存款 150
　　累计折旧 180
　　其他应付款——工会经费 12

【例 3-7】 经批准转销采购器材在途中无法收回超定额损失,其中设备 4 680

元、材料 2 400 元。应做如下会计分录：

借：采购保管费——设备　　　　　　　　　　　　　　　　　4 680
　　　　　　　　——材料　　　　　　　　　　　　　　　　2 400
　贷：待处理财产损失——设备　　　　　　　　　　　　　　4 680
　　　　　　　　　　——材料　　　　　　　　　　　　　　2 400

**【例 3-8】**　年终或工程竣工时，应将设备采购保管费实际发生数与预定分配数之间的差额，按照领用对象用蓝字追加或用红字追减"设备投资"科目（材料则追加或追减"建筑安装工程投资"科目）。

假定本年度建设单位采购保管费实际发生 1 320 元，按预定分配率已分配设备采购保管费 1 200 元（其中需要安装设备分配 350 元，不需要安装设备分配 700 元，工器具分配 150 元），少分配了 120 元，则应按 10% 的比例$\left(\dfrac{120}{1\,200}\times100\%\right)$追加。应编制如下调整会计分录：

借：设备投资——在安装设备　　　　　　　　　　　　　　　35
　　　　　　　——不需要安装设备　　　　　　　　　　　　70
　　　　　　　——工器具　　　　　　　　　　　　　　　　15
　贷：采购保管费——设备　　　　　　　　　　　　　　　120

**【例 3-9】**　建设单位定购制造期超过 6 个月以上的大型成套设备，按照规定可按制造进度分次预付大型设备款。建设单位对预付的大型成套设备款，应在"应付器材款"科目进行核算。假定订购 1 台大型专用设备价款 300 000 元，按合同规定在签订合同时预付 30% 进度款，从贷款户支付。应做如下会计分录：

借：应付器材款　　　　　　　　　　　　　　　　　　　90 000
　贷：基建投资借款　　　　　　　　　　　　　　　　　90 000

投料生产后 6 个月按合同规定预付 20% 进度款。应做如下会计分录：

借：应付器材款　　　　　　　　　　　　　　　　　　　60 000
　贷：基建投资借款　　　　　　　　　　　　　　　　　60 000

设备验收入库后，根据发票账单应付大型设备款 300 000 元和供应单位代垫运杂费 1 200 元。应做如下会计分录：

借：器材采购——设备　　　　　　　　　　　　　　　　301 200
　贷：应付器材款　　　　　　　　　　　　　　　　　301 200

应补付偿清供应单位设备款 150 000 元（300 000－90 000－60 000）和代垫运费 1 200 元，共计 151 200 元，从贷款户支付。应做如下会计分录：

借：应付器材款　　　　　　　　　　　　　　　　　　151 200
　贷：基建投资借款　　　　　　　　　　　　　　　　151 200

按预定分配率 2.5% 分配采购保管费 7 530 元（301 200×2.5%）。应做如下会计分录：

借：器材采购——设备　　　　　　　　　　　　　　　　　　　　7 530
　贷：采购保管费——设备　　　　　　　　　　　　　　　　　　　　　7 530

根据设备入库单，将大型成套设备实际成本 308 730 元（301 200＋7 530）入账。应做如下会计分录：

借：库存设备——大型成套设备　　　　　　　　　　　　　　　　308 730
　贷：器材采购——设备　　　　　　　　　　　　　　　　　　　　　308730

## 二、国外进口设备总分类核算

在改革开放的形势下，积极采用世界先进技术装备，有计划、合理地从国外引进一些技术先进的设备，有利于我们争取时间，少走弯路，使我国的生产能力能在较短时间内尽快地发展起来，这对于加快现代化建设进程，不断增强我国的经济实力，填补国内先进技术设备的空白，具有重要意义。

有进口成套设备项目的建设单位，所需要的进口成套器材，一般是由主管部门通过中国技术进口总公司统一向国外厂商订购，然后主管部门同中国技术进口总公司进行结算，再由主管部门与建设单位办理转账结算。由于进口器材占引进项目投资的比重大、业务技术性强，且又涉及与外商联系，同时它的实际成本组成内容与国内器材不尽相同，因此进口器材要与国内器材分开进行单独核算，要设置必要机构或专人负责进口器材管理和核算工作。

进口成套器材物资内容，包括设备、备品备件和进口安装材料三类。其中设备又分为需要安装设备与不需要安装设备；备品备件又分为安装及试车用（不另计价）和生产用（单独计价）；随同进口设备一起来的进口安装材料，如钢材、电气材料、管道、管件等，应单独计价，作为进口材料购进。如这些材料发票账单包括在进口设备价款中应从中扣回单列。进口成套设备分批到货时，主管部门应将到货部分开列设备清单，通知建设单位准备接货和转账，建设单位对到货进口器材应认真按照订货计划和到货清单进行核对，对于验收检验中发现的器材短缺、损坏、残次或质量不合格等情况，都要做好完整记录，并取得外商代表签字，提出处理意见，避免国家遭受经济上不应有的损失。

进口器材的实际采购成本由以下内容组成：

（1）买价：包括清算价和进口加成费用。清算价即以人民币来表示同国外签订合同时的外币金额（即用外币金额乘以银行牌价），进口加成费用按清算价乘以国家规定加成比例求得。

例如，某建设单位进口设备的清算价为 100 000 美元，外汇牌价 100 美元＝850元人民币，加成比例为 60%，则：

$$进口设备买价 = 清算价 + 进口加成费 = 100\,000 \times 8.5 + 100\,000 \times 8.5 \times 60\%$$
$$= 850\,000 + 510\,000 = 1\,360\,000(元)$$

(2) 国外运杂费:包括国外运费、保险费、关税、增值税和银行手续费。

① 国外运费 = 进口器材总重(毛重)× 运费单价

假如设备总重 150 吨,每吨海运费 260 元,则:

$$国外运费 = 260 \times 150 = 39\,000(元)$$

② 保险费 = 买价 × 运保费定额 × 保险费率

$$= 清算价 \times (1 + 加成比例) \times 运保费定额 \times 保险费率$$

假如运保费定额为 106.2%,保险费率为 0.2%,则:

$$保险费 = 850\,000 \times (1 + 60\%) \times 106.2\% \times 0.2\% = 2\,888.64(元)$$

③ 关税 = 清算价 × 运保费定额 × 关税率

假如关税率为 15%,则:

$$关税 = 850\,000 \times 106.2\% \times 15\% = 135\,405(元)$$

④ 增值税 = 清算价 × 运保费定额 × 增值税率

假如增值税率为 17%,则:

$$增值税 = 850\,000 \times 106.2\% \times 17\% = 153\,459(元)$$

⑤ 银行手续费 = 清算价 × 银行手续费率

假如银行手续费率为 2.5%,则:

$$银行手续费 = 850\,000 \times 2.5\% = 21\,250(元)$$

综合以上计算:

国外运杂费 = 39 000 + 2 888.64 + 135 405 + 153 459 + 21 250 = 352 002.64(元),该进口设备买价和国外运杂费合计为 1 712 002.64 元(1 360 000 + 352 002.64)。

通过以上计算,我们发现进口设备费用较多,计算繁琐,但同时我们也发现,其中进口加成费、保险费、关税、增值税和银行手续费这五项费用,都是以同一个清算价作为基数来进行计算的,因此就可将这五项费用合并计算,即将各自计算率综合为一个总计算率 96.82384%{[60% + (1 + 60%) × 106.2% × 0.2% + 106.2% × 15% + 106.2% × 17% + 2.5%]}。这样既可大大简化计算,又能保持计算准确性。上述进口设备买价和国外运杂费 = 清算价 × (1 + 综合计算率) + 国外运费 = 100 000 × 8.5 × (1 + 96.82384%) + 260 × 150 = 1 712 002.64(元)。

在实际工作中,进口设备原价加国外运杂费的计算方法,常因买卖双方采用的不同价格而异:①到岸价格,即包括国外运费和国外保险费在内的进口设备运抵我国口岸的价格;②离岸价格,即以进口设备装上船舶作为交货条件的价格;③离岸加运费价格,即以进口设备装上船舶并支付国外运费作为交货条件的价格。

此外主管部门转来进口设备价款所列账单,还包括不计入设备采购成本的国外设计及技术资料费、出国联络费、设备检验费、外国技术人员费、专利费、技术保密费和延期付款利息。这些费用应借记"其他投资""待摊投资"科目,贷记"基建拨款——本年进口设备转账拨款"科目,及时办理转账手续。

(3)国内运杂费及采购保管费:包括设备到货港口运达建设工地仓库所发生的国内运输、包装、保险、仓储、装卸、搬运和仓库保管费。进口设备(包括随同来的备品备件、安装材料)的国内运杂费和采购保管费,应先在同一科目"采购保管费——进口器材"归集实际发生数,再视同国内设备在入库时按照预定分配率进行分配,在年度终了或工程竣工时,应将实际发生数与预定分配数之间差额追加或追减"设备投资"科目。

进口器材国内运杂费和采购保管费计算公式:

$$预定分配率 = \frac{全年计划全部进口设备、材料国内运杂费和采购保管费}{全年计划全部进口设备、材料买价和国外运杂费} \times 100\%$$

$$\begin{array}{l}某项进口设备(材料)应分配\\的国内运杂费和采购保管费\end{array} = \begin{array}{l}该进口设备(材料)的\\买价和国外运杂费\end{array} \times \begin{array}{l}预\quad定\\分配率\end{array}$$

例如,某建设单位全年计划全部进口设备、材料国内运杂费和采购保管费40 000元,全年计划进口设备、材料买价和国外运杂费1 000 000元。则:

$$预定分配率 = \frac{40\ 000}{1\ 000\ 000} \times 100\% = 4\%$$

$$\begin{array}{l}该进口设备应分配国内\\运杂费和采购保管费\end{array} = 1\ 712\ 002.64 \times 4\% = 68\ 480.11(元)$$

$$\begin{array}{l}上述进口设备\\全部采购成本\end{array} = 1\ 712\ 002.64 + 68\ 480.11 = 1\ 780.482.75(元)$$

在实际工作中,可编制进口设备(或材料)成本计算单来计算实际采购成本。其格式如图表3-9所示。

**图表3-9　　进口设备(材料)成本计算单**

编号:

| 20××年 | | 进口设备、材料名称 | 清算价 | 加成、保险、关税、增值税、手续费综合率 96.82384% | 国外运费 260元/吨 | 国内运杂费及采购保管费4% | 合　计 |
|---|---|---|---|---|---|---|---|
| 月 | 日 | | ① | ②=①×综合率 | ③ | ④=[①+②+③]×分配率 | ⑤=①+②+③+④ |
| 5 | 10 | 空气压缩机 | 850 000 | 823 002.64 | 39 000 / 150T | 68 480.11 | 1 780 482.75 |

为了核算国外进口设备、材料的采购成本,反映和考核进口器材采购、验收、收发和结存情况,需要单独设置"器材采购——进口设备""器材采购——进口材料""采购保管费——进口器材""库存进口设备""库存进口材料""应付器材款""设备投资"等科目进行核算。其具体核算方法举例说明如下:

**【例3-10】** 进口成套器材分批到货,建设银行转来主管部门开列的进口器材转账拨款账单,通知本次到货的1#进口需要安装设备清算价 95 000 元,加成等费用 37 000 元,国外运费 18000 元;2#进口不需要安装设备清算价 41 000 元,加成等费用 6 900 元,国外运费 2 100 元;进口安装材料清算价 18 000 元,加成等费用 5 000 元,国外运费 2 000 元;另发生进口成套设备国外设计费 7 000 元。根据进口设备转账拨款账单。应做如下会计分录:

| | |
|---|---:|
| 借:器材采购——进口设备——1#设备 | 150 000 |
| ——2#设备 | 50 000 |
| 器材采购——进口材料 | 25 000 |
| 待摊投资——其他待摊投资 | 7 000 |
| 贷:基建拨款——本年进口设备转账拨款 | 232 000 |

**【例3-11】** 进口设备、材料验收入库时,按预定分配率 4% 计算,进口需要安装 1#设备应分配 6 000 元(150 000×4%),进口不需要安装 2#设备应分配 2 000 元(50 000×4%),进口安装材料应分配 1 000 元(25 000×4%)。应做如下会计分录:

| | |
|---|---:|
| 借:器材采购——进口设备——1#设备 | 6 000 |
| ——2*设备 | 2 000 |
| ——进口材料 | 1 000 |
| 贷:采购保管费——进口器材 | 9 000 |

同时,对于验收入库的进口设备、材料应根据进口设备和进口材料入库单按其实际成本入账。应做如下会计分录:

| | |
|---|---:|
| 借:库存进口设备 | 156 000 |
| 设备投资——不需要安装设备 | 52 000 |
| 库存进口材料 | 26 000 |
| 贷:器材采购——进口设备——1#设备 | 156000 |
| ——2#设备 | 52 000 |
| ——进口材料 | 26 000 |

上述会计分录中,库存进口材料计价相同于库存进口设备,是按实际成本计价,这与库存材料采用计划成本计价是不同的。因为进口材料价格受国际市场影响,价格变动起伏大,难以用计划价格掌握,故大多采用实际成本计价,不必再用"材料成本差异"账户进行调整。

【例3-12】 将验收入库的需要安装1#设备和进口安装材料交给设备安装公司进行安装。应做如下会计分录：

借：设备投资——在安装设备 156 000
  贷：库存进口设备 156 000
借：建筑安装工程投资——安装工程投资 26 000
  贷：库存进口材料 26 000

"设备投资——在安装设备"科目仅核算交付安装设备采购成本，在进行安装设备时必须发生的人工、材料等安装费用，均在"建筑安装工程投资——安装工程投资"科目核算。

### 三、委托加工设备的核算

建设单位有时需要外单位加工或改制设备，以适应基本建设工作的需要，这些设备称作为委托加工设备。

委托加工设备一般通过"委托加工器材——设备"科目进行核算。发出委托加工设备加工前的成本以及支付加工费和往返运杂费，应借记本科目；加工完毕验收入库的设备实际成本和退回加工后剩余材料，应贷记本科目；本科目借方余额表示尚未加工完毕的设备成本和费用。

【例3-13】 发出需要加工设备1台，实际成本4 500元，钢材计划成本650元，材料成本差异13元。应做如下会计分录：

借：委托加工器材——设备 5 163
  贷：库存设备 4 500
    库存材料——钢材 650
    材料成本差异 13

【例3-14】 从贷款户支付设备加工费1 200元，往返运杂费300元。应做如下会计分录：

借：委托加工器材——设备 1 500
  贷：基建投资借款 1 500

【例3-15】 设备加工完毕，退回剩余钢材，计划成本300元，材料价差6元。应做如下会计分录：

借：库存材料——钢材 300
  材料成本差异 6
  贷：委托加工器材——设备 306

【例3-16】 设备验收入库时，根据设备入库单，应做如下会计分录：

借：库存设备 6 357
  贷：委托加工器材——设备 6 357

# 第五节 设备的明细核算和清查盘点

建设单位设备的明细核算是由设备仓库和财会部门具体分工共同配合进行的。为了正确计算采购设备的实际成本,验收入库时应及时结转各种设备采购成本。为了反映和考核各种设备收、发、存动态情况,设备的明细核算要分为设备仓库的库存设备明细核算和财会部门器材采购、采购保管费、库存设备、设备投资明细核算两部分内容。

## 一、设备仓库的明细核算

设备仓库是基本建设所需大量设备及工器具储备的存放场所,是设备储备资金存在的条件。设备仓库人员必须认真负责设备的验收入库、保管、保养、维护和出库工作,搞好设备仓库明细核算。存放在仓库中的设备,分为需要安装设备、不需要安装设备和工器具若干种,它们在入库、出库时资金运动进程快慢不同,会计核算处理也不同。需要安装设备入库时在"库存设备"科目进行核算和反映,仅具有储备资金性质,不得计算投资完成额,当其出库交付安装时,必须符合有关规定才能真正计算设备投资完成额;不需要安装设备及工器具入库时就在"设备投资"科目进行核算和反映,直接具有投资完成额性质,出库交付使用时则在"交付使用财产"科目核算,可直接计入交付使用财产价值。但两者存放在设备仓库时,其实物形态都是保管中的设备,在这方面是相同的,因此,设备仓库的库存设备明细核算,可以用相同方式进行。

设备仓库应按每一项设备名称、型号、规格设置数量金额式"设备明细账"进行核算。设备明细账上的数量,由仓库保管员在设备入库和出库后,根据"设备入库单"和"设备出库单"逐笔登记,并结出结存量。财会人员定期到设备仓库进行稽核,负责计价,登记明细账上的金额,并在月底时进行核算,做到账证相符、账账相符、账实相符。"库存设备明细账"的格式如图表 3-10 所示。

**图表 3-10 库存设备明细账**

总账科目　　　　　　　　　　　　　　　　　　　　　　　　计量单位
明细科目　　　　　　　　　名称　　型号　　规格　　　　　　存放仓库

| 年 | | 凭证编号 | 摘要 | 单价 | 收入 | | 发出 | | 结存 | |
|---|---|---|---|---|---|---|---|---|---|---|
| 月 | 日 | | | | 数量 | 金额 | 数量 | 金额 | 数量 | 金额 |
| | | | | | | | | | | |
| | | | | | | | | | | |
| | | | | | | | | | | |
| | | | | | | | | | | |

月末,财会人员要同仓库保管人员共同核对账目,设备仓库的全部国内需要安装设备明细账的结存金额之和,应与财会部门"库存设备"科目余额核对相符;设备仓库的全部进口需要安装设备明细账的结存金额之和,应与财会部门"库存进口设备"科目余额核对相符;设备仓库的全部不需要安装设备明细账的结存金额之和,应与财会部门"设备投资——库存不需要安装设备"科目余额核对相符;设备仓库全部工器具明细账结余金额之和,应与财会部门"设备投资——工器具"科目余额核对相符。

为了简化记账工作,减少重复劳动,设备仓库的库存设备明细核算可用设有名称、型号、规格的设备卡片来代替,而设备卡片可由设有出库、结存栏的"设备入库单"代替,即以单代卡,以卡代账。在期末将整理后的设备卡片(或入库单)按类汇总,分设国内需要安装、国外需要安装、不需要安装和工器具等类,将其分别放入库存卡片箱和出库卡片箱,再将各类设备卡片与有关会计科目核对相符。各类设备卡片与有关会计科目之间关系如下:

| 库存箱 | 库存需要安装国内设备卡片 ⟷ "库存设备"明细账 |
| | 库存需要安装进口设备卡片 ⟷ "库存进口设备"明细账 |
| | 库存不需要安装设备卡片 ⟷ "设备投资——不需要安装设备"明细账 |
| | 库存工器具卡片 ⟷ "设备投资——工器具"明细账 |
| 出库箱 | 出库需要安装设备 ⟷ "设备投资——在安装设备"明细账 |
| | 出库不需要安装设备及工器具 ⟷ "交付使用资产"明细账 |

## 二、财会部门的设备明细分类核算

财会部门需设置"器材采购""采购保管费""库存设备"和"设备投资"明细账。器材采购明细账可按设备、进口设备分别设置。其格式如图表 3-11 所示。

在采购保管费科目下设置"设备""材料"和"进口器材"三个明细科目,能够分清费用负担对象的,直接计入这三个明细科目,分不清负担对象的,按当月购入国内设备、材料和进口设备总额比例,分摊计入这三个明细科目。采购保管费明细分类账的格式如图表 3-12 所示。

库存设备明细核算前已阐述,不再重复。设备投资明细核算将在第五章再详细阐述。

## 三、设备盘盈盘亏的核算

建设单位在设备收发和保管过程中,由于管理不善、自然灾害及人为因素可能造成设备的短缺、毁损及盘盈。为了如实反映各项财产物资的增减变动和结存情况,发现和查明账实不符的原因,保证社会主义财产安全完整,除了加强对仓库设备日常管理工作外,还要组织有关人员成立设备清查盘点小组,于年终进行全面清查,并将清查结果的仓库实有数同账面结存数相核对,核实设备盘盈盘亏数量,查明其原因,对

**图表 3-11　器材采购明细分类账**

二级科目：

| 年 | | 供应单位名称 | 器材名称型号规格 | 采购记录 | | | 付款记录 | | | | 借方 | | | | 贷方 | | | | 备注 |
| --- | --- | --- | --- | --- | --- | --- | --- | --- | --- | --- | --- | --- | --- | --- | --- | --- | --- | --- | --- |
| 月 | 日 | | | 发票账单号数 | 计量单位 | 发票数量 | 日期 | 凭证 | 支付金额 | 拒付金额 | 买价 | 运杂费 | 分配采购保管费 | 合计 | 日期 | 入库单号数 | 实收数量 | 金额 | |
| | | | | | | | | | | | | | | | | | | | |

**图表 3-12　采购保管费明细分类账**

二级科目

| 年 | | 凭证编号 | 摘要 | 借方 | | | | | | | 贷方 | 余额 |
| --- | --- | --- | --- | --- | --- | --- | --- | --- | --- | --- | --- | --- |
| 月 | 日 | | | 合计 | 工资 | 附加 | 差旅 | 办公费 | 折旧 | 其他 | | |
| | | | | | | | | | | | | |

毁损设备,要确定残值估价入账,然后填制"设备清查盘点表"(见图表 3-13),按照规定手续和程序,报请上级机关批准后,再转销计入有关账户。

为了反映和监督在清查盘点中查明的设备盘亏、毁损及盘盈情况,应设置"待处理财产损失——设备"科目。盘亏及毁损库存设备,在批准前,先调整账面数,按实际成本借记本科目,报请批准后转销时,记入本科目贷方;盘盈设备按估计价格,作相反方向登记。本科目借方余额表示待处理设备盘亏及毁损数大于盘盈数的差额,贷方余额表示待处理设备盘亏及毁损数小于盘盈数的差额。

图表 3-13　　库存设备清查盘点表

20××年 12 月 31 日

| 设备编号 | 设备名称 | 规格型号 | 计量单位 | 账面数量 | 实存数量 | 单价 | 盘盈 | | 盘亏及毁损 | | 原因 |
|---|---|---|---|---|---|---|---|---|---|---|---|
| | | | | | | | 数量 | 金额 | 数量 | 金额 | |
| 1 | ××需要安装设备 | | 台 | 5 | 2 | 20 000 | | | 3 | 60 000 | 一台管理不善、一台自然灾害、一台过失人造成 |
| 2 | ××不需要安装设备 | | 台 | 2 | 1 | | | | 1 | 13 000 | 管理不善,残值估价 2 000 元入账 |
| 3 | ××工器具 | | 件 | 9 | 8 | | | | 1 | 400 | 管理不善 |
| 4 | ××需要安装设备 | | 台 | 1 | 2 | | | 1 | 4 500 | | 管理不善,少计一台 |

现举例说明盘亏、毁损、盘盈的总分类核算。

【例 3-17】　某经营性项目建设单位通过盘点发现需要安装设备盘亏 3 台,实际成本共计 60 000 元,不需要安装设备毁损 1 台,实际成本 15 000 元,工器具盘亏 1 件,实际成本 400 元,需要安装设备盘盈 1 台,估计价值为 4 500 元。在未经上级批准前,先调整库存账面数。应做如下会计分录:

　　借:待处理财产损失——设备　　　　　　　　　　　　　　　75 400
　　　　贷:库存设备　　　　　　　　　　　　　　　　　　　　　60 000
　　　　　　设备投资——不需要安装设备　　　　　　　　　　　15 000
　　　　　　　　　　——工器具　　　　　　　　　　　　　　　　400
　　借:库存设备　　　　　　　　　　　　　　　　　　　　　　 4 500
　　　　贷:待处理财产损失——设备　　　　　　　　　　　　　　4 500

【例 3-18】　上述盘亏、毁损及盘盈设备,按规定程序报请批准后,应根据造成盈亏的不同原因,分别进行账务处理。

需要安装设备盘亏 3 台。经批准,其中 1 台由于管理不善,可转入"待摊投资"科目;1 台由于人力无法抗拒的自然灾害造成,可转入"其他投资"(或"待摊投资")科

目;1台由于过失人造成,应责成其赔偿,记入"其他应收款"科目。应做如下会计分录:

借:待摊投资——设备盘亏及毁损　　　　　　　　　　　　　　　　20 000

　　其他投资——递延资产　　　　　　　　　　　　　　　　　　　20 000

　　其他应收款——××过失人　　　　　　　　　　　　　　　　　20 000

　贷:待处理财产损失——设备　　　　　　　　　　　　　　　　　　　60 000

　　需要说明的是,上述批准后进行转销的非常损失,要视建设单位不同分别进行账务处理:如为非行政事业单位建设项目发生非常损失,应作为递延资产单独移交生产使用单位;如果行政事业单位建设项目发生非常损失,在"待摊投资——其他待摊投资"科目核算。

　　不需要安装设备、工器具毁损,由于管理不善,其残值估价 2 000 元,作为材料回收入库。批准后应做如下会计分录:

借:库存材料　　　　　　　　　　　　　　　　　　　　　　　　　2 000

　贷:待处理财产损失——设备　　　　　　　　　　　　　　　　　　　2 000

借:待摊投资——其他待摊投资　　　　　　　　　　　　　　　　　13 400

　贷:待处理财产损失——设备　　　　　　　　　　　　　　　　　　　13 400

　　盘盈需要安装设备 1 台,系管理不善少计 1 台。应做如下会计分录:

借:待处理财产损失——设备　　　　　　　　　　　　　　　　　　4 500

　贷:待摊投资——设备盘亏及毁损　　　　　　　　　　　　　　　　　4 500

　　建设单位在年终除清查库存设备外,还要同时清查材料和固定资产。材料和固定资产的清查盘点,将在本章第五节和第四章第二节分别阐述。

# 第六节　材料的核算

　　材料是建设单位在基本建设生产过程中进行建筑安装工程施工的劳动对象,是施工生产中最重要的物质要素,一般约占建筑安装工程成本的70%。因此,建设单位加强材料的管理和核算,对于切实保证施工生产按期完成、节约使用基本建设投资、提倡使用环保材料和优质轻型材料、降低工程成本、提高基本建设投资效益,都具有非常重要意义。

## 一、材料的分类和计价

　　在基建施工过程中,材料作为劳动对象,在其参与的施工活动中,一次全部消耗完毕,它们或者构成工程的实体,或者有助于工程的形成和为施工生产服务,其价值转移也是一次全部转到工程中去,构成工程成本的一部分。为了维持施工生产的连续进行,需要储备一定量的材料以补充消耗,这部分材料所占用的资金,属于储备资金。同时,在施工生产中使用的低值易耗品(如工具用具、劳保用品)和周转材料(如脚手架、模板、档板等),按其经济性质看,则属于劳动资料,它们能在保持原有物质形态下多次参与施工生产活动,其价值转移也是分次、逐步地进入工程中,构成工程成本的一部分。但由于它们的品种复杂,单位价值较低,补充更换频繁,为简化起见可把它们视同材料进行核算管理,它们在储备和使用过程中所占用的资金,也作为储备资金的组成部分。

(一)材料的分类

基本建设需用的材料,品种规格繁多,为了便于管理和核算,必须进行科学的分类。材料按其在施工过程中的用途不同,一般可以分为以下六类:

(1)主要材料:指用于建筑安装工程并构成工程实体的各种材料。如木材、水泥、钢材、砖、瓦、白灰、黄沙、石子、玻璃等。

(2)结构件:指经过吊装、拼砌和安装就能构成房屋和建筑物实体的各种金属的、钢筋混凝土的、混凝土的和木质的结构物、构件和砌块。如钢屋架、木门窗、钢筋混凝土预制梁等。

(3)机械配件:指供施工机械、运输设备等替换、维修需用的零配件。如轴承、齿轮、阀门等。

(4)其他材料:指虽不构成工程实体,但有助于工程形成或便于施工进行的各种材料。如燃料、油料、饲料、爆炸材料、防腐料、擦布、绳索等。

(5)周转材料:指在施工过程中能够多次周转反复使用的而其价值逐渐转移到工程成本中去的工具性材料、材料型工具。如模板、挡板、脚手架木、安全网等。

(6)低值易耗品:指使用期限不满1年或单位价值不满规定限额,不能作为固定资产的各种工具、用具和劳保用品。如铁锹、手推车、油印机、工作服、手套等。

各类材料按其物理性能、技术特征、规格型号等不同,还可以作进一步的分类。例如对主要材料可分为黑色金属、有色金属、木分配方法,通过"器材采购"分配计入各种材料的采购成本。

自制材料的成本,应包括自制过程中发生的材料费、人工费和其他费用。

委托加工材料的成本,应包括加工所需的材料费、加工费和往返运费。

## 二、材料采购的核算——按计划成本计价

对于材料收发业务较频繁、材料品种较多的建设单位,制度规定应采用计划价格来核算。材料计划价格,一般可以根据地区材料预算价格确定。如果某一种材料没有预算价格,则可以参照同类材料的预算价格或者用该种材料第一次购进的实际成本作为计划价格。

建设单位的材料,主要是从外单位采购的。外购材料如采用委托收款结算方式办理货款结算,财会部门应于收到银行转来的委托收款结算凭证和发票等单证后,送经供应部门审核并同意支付后,据以办理货款的结算。在审核有关凭证或验收货物

时,如果发现货物品种、数量和货款计算不符合合同规定的条款或发生其他差错,应按规定办理全部拒付或部分拒付手续;如果发现应由供应单位或运输单位负责的材料短缺和毁损,则应填制赔偿请求单,提交对方要求赔偿。

外购材料到达时,材料供应部门应填制"收料单",组织有关人员认真办理验收入库手续。"收料单"格式如图表3-14所示。

**图表3-14 收 料 单**

编号:

年 月 日

库号:

| 料具编号 | 名称 | 规格 | 单位 | 应收数 | 实收数 | 货款 | 运杂费 | 总价 | 实际单价 | 计划价格 | |
|---|---|---|---|---|---|---|---|---|---|---|---|
| | | | | | | | | | | 单价 | 金额 |
| | | | | | | | | | | | |

材料部门主管: 记账 验收入:

材料仓库保管员应根据"收料单"所列数量,通过过磅、量方、检尺等方法进行验收,发现问题及时查明原因,通知有关部门处理。

"收料单"通常为一式三联,一联交材料供应部门存查,一联留材料仓库登记材料明细账,一联交财会部门作为材料核算的依据。

财会部门在材料采购的账务处理上,应设置"器材采购"科目、"库存材料"科目、"采购保管费"科目和"材料成本差异"等四个科目。这四个科目都属资金占用类科目。其中"器材采购"和"采购保管费"科目核算内容已在第三章作了介绍。下面主要介绍"库存材料"和"材料成本差异"科目核算的内容:

"库存材料"科目应按材料的存放地方、类别、名称、规格设置有数量有金额的明细账进行核算(见图表3-15)。国外进口材料应单独设置明细账进行核算。

**图表3-15**

| 借 库 存 材 料 贷 | 贷 |
|---|---|
| 1. 购入并经验收入库的材料,按计划价格成本登记("器材采购——材料") | 1. 发出领用材料时,按计划价格成本登记("建筑安装工程投资") |
| 2. 转账拨入已验收入库的材料,按计划价格成本登记("基建拨款——本年器材转账拨款") | 2. 以材料抵作备料款支出时,按计划价格成本登记("预付备料款") |
| 3. 委托加工或自制材料收入后,按计划价格成本登记("委托加工器材——材料") | 3. 转账拨出材料时,按计划价格成本登记("基建拨款——本年器材转账拨款") |
| 4. 清查盘盈材料,按计划价格登记("待处理财产损失——待处理材料损失") | 4. 销售和处理积压剩余材料,按计划价格成本登记("应收有偿调出器材及工程款") |
| | 5. 盘亏和毁损材料时,按计划价格成本登记("待处理财产损失") |
| 余额:表示库存实有材料的计划价格成本 | |

"材料成本差异"科目主要核算建设单位各种库存材料的实际成本与计划成本的差异。如图表 3-16 所示。

图表 3-16

| 借 | 材料成本差异 | 贷 |
|---|---|---|
| 1. 外购材料实际成本大于计划价格成本的差额转入数("器材采购——材料")<br>2. 委托加工材料实际成本大于计划价格成本的差额转入数("委托加工器材——材料")<br>3. 调整材料计划成本时,调整减少部分的转入数("库存材料")<br>4. 国家调整材料调拨价格的溢价部分的转入数("待摊投资") | | 1. 外购材料实际成本小于计划价格成本的差额转入数("器材采购——材料")<br>2. 委托加工材料实际成本小于计划价格成本的差额转入数("委托加工器材——材料")<br>3. 调整材料计划成本时,调整增加部分的转入数("库存材料")<br>4. 国家调整材料调拨价格的折价部分的转入数("待摊投资")<br>5. 计算各种发出材料应负担的成本差异,超支额用蓝字登记,节约额用红字登记("待摊投资"等) |
| 余额:表示库存材料实际成本大于计划价格成本的差额(超支) | | 余额:表示库存材料实际成本小于计划价格成本的差额(节约) |

发出材料应负担的成本差异,可以按当月发出材料的计划成本和材料成本差异率计算。材料成本差异率计算公式如下:

$$\frac{\text{本月材料}}{\text{成本差异率}}=\frac{\text{月初结存材料的成本差异}+\text{本月收入材料的成本差异}}{\text{月初结存材料的计划成本}+\text{本月收入材料的计划成本}}\times 100\%$$

"采购保管费"科目,除了要按"采购保管费——设备""采购保管费——进口器材"及"采购保管费——材料"三个明细科目进行明细核算外,还要按照各费用项目进行明细核算。一般可设置如下费用项目:工资;工资附加费;办公费;差旅费;固定资产折旧和大修理费;低值易耗品使用费;劳动保护费;自行组织的检验试验费;材料盘亏及毁损(盘盈数应冲减);其他,如支付的滞纳金(收入数应冲减)等。

对于当月发生的各项采购保管费,除了能分清由购入的某项材料负担而直接计入该项材料的器材采购成本外,其余都要按一定的分配方法进行分配。分配方法可以采用如前所述的预定分配率或采用概算中所确定的采购保管费率计算分配。

采用计划成本核算的材料,发生的采购保管费,应在月份终了时,全部一次分配计入"器材采购——材料"科目;采用实际成本核算的材料,在材料入库时,则按预定分配率分配计入"器材采购——材料"科目。年末或工程竣工时,实际发生的材料采购保管费和预定分配数的差额,一般全部转入"建筑安装工程投资"科目,实际发生数大,用蓝字登账,实际发生数小,用红字登账。

现以采用计划成本核算材料的建设单位,举例说明材料采购的总分类核算。

【例 3-19】 建行转来委托收款结算凭证,通知支付向某水泥厂购入水泥 500 吨的货款,计买价 23 500 元,代垫运杂费 4 500 元,水泥纸袋押金 2 000 元,共计 30 000

元,材料尚未到达。经审核同意由银行存款户承付。应做如下会计分录:

```
借:器材采购——材料                                    28 000
    其他应收款——水泥纸袋押金                           2 000
  贷:银行存款                                         30 000
```

**【例 3-20】**　该批水泥到货,已办完验收入库手续,该批水泥计划价格为 29 000 元。应做如下会计分录:

```
借:库存材料                                           29 000
  贷:器材采购——材料                                    29 000
```

**【例 3-21】**　向某钢厂订购的螺纹钢 200 吨,货已到达并已验收入库,但发票、账单等结算凭证尚未到达,货款尚未支付。对这种经济业务,月份内可暂不记账,待发票账单到达时,再按发票账单金额记账,如已到月终,应按合同价格或预算价格暂估入账。本例螺纹钢合同价款为 41 000 元。应做如下会计分录:

```
借:库存材料                                           41 000
  贷:应付器材款——某钢厂                                41 000
```

**【例 3-22】**　下月初,该批钢材的发票账单到达,计买价 40 000 元,代垫运杂费 2 000 元,已通过建行用银行存款付讫。该批钢材计划价格为 41 000 元。应做如下会计分录:

```
借:库存材料                                           41 000
  贷:应付器材款                                        41 000
借:器材采购——材料                                    42 000
  贷:银行存款                                         42 000
```

该批钢材验收入库时,应做如下会计分录:

```
借:库存材料                                           41 000
  贷:器材采购——材料                                    41 000
```

**【例 3-23】**　月终时,计本月共已发生了材料采购保管费 2 000 元,据此编制转账凭证结转到材料采购成本中。应做如下会计分录:

```
借:器材采购——材料                                     2 000
  贷:采购保管费——材料                                   2 000
```

**【例 3-24】**　月终,经计算本月购入材料的实际成本大于计划价格成本 1 000 元 (28 000＋2 000-29 000),结转过入"材料成本差异"科目。应做如下会计分录:

```
借:材料成本差异                                        1 000
  贷:器材采购——材料                                    1 000
```

如果材料实际成本小于计划价格成本则要借记"器材采购——材料"科目,贷记"材料成本差异"科目。

对于材料价款已经支付但尚未到达验收入库的在途材料,由于在付款时已经记入"器材采购——材料"科目,所以在月末计算材料成本差异时,应从"器材采购——材料"科目借方扣除在途材料价款计算。这样,月末"器材采购——材料"科目借方余额,若是在途材料,在月终编制会计报表时,应将它并入"器材"项目反映。

因材料短缺、损坏、质量不符合规定等原因向供应单位、运输机构请求赔偿的金额,应根据赔偿请求单等借记"应付器材款""其他应收款"科目和贷记"器材采购——材料"科目。

对于"器材采购——材料"和"材料成本差异"科目的明细分类核算,可将全部材料合并在一起进行,也可按材料类别进行。"器材采购——材料"明细账格式参见第三章图表 3-11;"材料成本差异"明细账的格式如图表 3-17 所示。

图表 3-17　　材料成本差异明细分类账

| 年 | | 摘要 | 本月收入 | | | 本月发出耗用 | | | 本月结存 | | | 成本差异分摊率(%) |
| 月 | 日 | | 计划价格成本 | 成本差异 | | 计划价格成本 | 成本差异 | | 计划价格成本 | 成本差异 | | |
| | | | | 借方 | 贷方 | | 借方 | 贷方 | | 借方 | 贷方 | |
| | | | | | | | | | | | | |

### 三、材料发出的核算——按计划成本计价

材料按计划成本进行核算时,各种收料凭证和领料凭证都要按计划成本计价。常用的领料凭证有"领料单"和"定额领料单"以及"大堆材料耗用计算表"。

(1)领料单。它是一种一次有效凭证,即每领一次材料就需填制一张凭证。"领料单"格式如图表 3-18 所示。

图表 3-18　　领　料　单

领料单位:　　　　　　　　　　　　　　　　　　　　　　发料仓库:

用　　途:　　　　　　　年　　月　　日　　　　　　　材料类别:

| 材料类别 | 规格 | 单位 | 数　　量 | | 计划价格 | | 备　注 |
| | | | 请领 | 实发 | 单价 | 总价 | |
| | | | | | | | |

领料部门负责人:　　　　　　　　领料人:　　　　　　　　保管员:

"领料单"一般为一式二联,领料后一联留仓库记材料保管账,另一联交财会部门作为核算材料发出业务的依据。

为正确反映工程成本,期末或工程竣工时,都应通过盘点,办理剩余材料的退库手续。竣工后的剩余材料应用红字填制"领料单",把材料退回材料仓库。期末对下期不需用的剩余材料,可以同样手续办理退库。对下期仍需继续使用的剩余材料,应该办理假退料手续。

(2) 定额领料单(也称限额领料单)。它是一种多次使用的累计领料凭证。它适用于有消耗定额或限额的材料。其格式如图表 3-19 所示。

**图表 3-19　定 额 领 料 单**

工程名称:

任务单编号:

工 程 量:　　　　　　　　　　　　　年　月　日　　　　　　　　　施工班组:

| 材料名称 | 规格 | 单位 | 定额用量 | 分期用量 | | | | 实发数量 | 计划单价 | 计划总价 |
|---|---|---|---|---|---|---|---|---|---|---|
| | | | | | | | | | | |

工地负责人:　　　定额员:　　　发料仓库:　　　发料人:　　　领料人:

"定额领料单"通常一式二联,一联交领料部门作为领料凭证,另一联交仓库备料作为发料依据。期末,仓库应将使用部门持有的一联收回,并和仓库保存的一联核对相符,其中一联留仓库记材料保管账,另一联交财会部门作为核算材料发出业务的依据。

(3) 大堆材料耗用计算表。堆放露天的砖、瓦、砂、石等大堆材料,在实际领用时通常无法准确地点数计量,而且同一大堆材料又往往用于几项工程。因此,一般需要按月(或季)通过实地盘点按实存量和进场量来倒轧计算其实际用量,并根据各项工程材料定额用量的比例分配实际用量,编制"大堆材料耗用计算表",作为领料凭证。"大堆材料耗用计算表"的格式如图表 3-20 所示。

在图表 3-20 中,材料实际用量在各成本核算对象之间的分配计算公式如下:

$$分配率 = \frac{材料实际用量总和}{各项工程材料定额用量总和} \times 100\%$$

$$= \frac{28.5}{18+12} \times 100\% = 95\%$$

某工程材料实际用量 = 该工程材料定额用量 × 分配率

图表 3-20　　大堆材料耗用计算表

20××年5月份

| 材料名称及规格 | 碎　石 |
|---|---|
| 计划单价/单位 | 11 元/立方米 |
| 期初盘存量 | 14 |
| 加:本期进场量 | 26 |
| 减:本期调出量 | |
| 期末盘存量 | 11.5 |
| 本期实际用量 | 28.5 |

| 成本核算对象 | 分部分项工程 | 完成工作量 | 消耗定额 | 定额用量 | 分配% | 实际用量 | 用料金额 |
|---|---|---|---|---|---|---|---|
| 教学楼 | 钢筋混凝土柱 | 20 m³ | 0.9 | 18 | 95 | 17.1 | 188.10 |
| 图书馆 | 毛石混凝土基础 | 20 m³ | 0.6 | 12 | 95 | 11.4 | 125.40 |
| 合　计 | | | | 30 | 95 | 28.5 | 313.50 |

施工员:　　　　　　　　材料员:　　　　　　　　班组长:

　　出包建设单位如发生周转材料和低值易耗品的收发业务,一般合并在"库存材料"科目进行核算。当发出周转材料用于工程建设时,可按其计划价格成本一次计入工程成本中,工程完工或年终时,按盘存数的磨损程度折价冲减工程成本。对于低值易耗品,可按领用的对象,一次将其计划价格成本,转入各有关科目。属建设单位筹建机构使用的,记入"待摊投资——建设单位管理费"科目;属抵作备料款移交施工单位使用的,记入"预付备料款"科目。对自用的低值易耗品要建立退还、报销、以旧换新等制度。收回的低值易耗品残料,要作价入库,相应地冲减有关科目。

　　现举例说明采用计划价格核算的材料出库领用的总分类核算。

　　**【例 3-25】**　以库存钢材一批抵作备料款支付给施工企业,钢材计划价格成本为 29 000 元,结算价格为 30 000 元。应做如下会计分录:

　　借:预付备料款　　　　　　　　　　　　　　　　　　　　　　　　30 000

　　　贷:库存材料　　　　　　　　　　　　　　　　　　　　　　　　　29 000

　　　　建筑安装工程投资　　　　　　　　　　　　　　　　　　　　　　1 000

　　**【例 3-26】**　材料仓库部门领用劳保用品一批,计划价格成本为 1 000 元。应做如下会计分录:

　　借:采购保管费——材料　　　　　　　　　　　　　　　　　　　　1 000

　　　贷:库存材料　　　　　　　　　　　　　　　　　　　　　　　　　1 000

**【例 3-27】**  管理部门领用工具、用具一批,计划价格成本为 500 元。应做如下会计分录:

借:待摊投资——建设单位管理费　　　　　　　　　　　　　　　　500
　贷:库存材料　　　　　　　　　　　　　　　　　　　　　　　　　500

**【例 3-28】**  月终时,财务部门要根据"器材采购"和"材料成本差异"等账户结算本月材料的计划价格和实际成本的差异额和差异率,将发出耗用的材料计划价格成本调整为实际成本。经计算,本月发出耗用的材料应分配 2% 的差异。应做如下会计分录:

借:建筑安装工程投资　　　　　　　　　　　　　　　　　　　　580
　采购保管费——材料　　　　　　　　　　　　　　　　　　　　20
　待摊投资——建设单位管理费　　　　　　　　　　　　　　　　10
　贷:材料成本差异　　　　　　　　　　　　　　　　　　　　　610

## 四、材料收发——按实际成本计价

对于一些材料品种较简单、收发业务不频繁的出包建设单位或小型自营施工建设单位,其材料的收发核算,可以采用按实际成本计价的方法。在材料按实际成本核算时,各种收料凭证和领料凭证都应该按照实际成本计价。"库存材料"科目也用实际成本记账。

材料的实际成本是由材料的买价、运杂费和采购保管费三部分组成。在材料的收入核算上需设置"在途材料""库存材料"两个总账科目和"采购保管费——材料"一个明细科目。"在途材料"科目,核算货款已经支付,而材料尚未到达(或虽已到达但尚未办理验收入库手续)的各种材料的实际成本。发生在途材料时记入本科目的借方,在途材料到达并验收入库时,记入本科目的贷方。余额表示尚未验收入库的在途材料的实际成本。"库存材料"科目,核算已经验收入库材料的实际成本。验收入库或其他原因增加库存材料时,记入本科目的借方;领用出库或其他原因减少库存材料时,记入本科目的贷方;余额表示结存库存材料的实际成本。对于实际发生的采购保管费则按照预定分配率在购入每一项材料的当时就要进行分配。

下面举例说明采用实际成本计价的材料收入经济业务的核算:

**【例 3-29】**  向某单位订购的一批木材到货,经验收合格已入库。木材价款及运杂费共 27 000 元,已通过建行从存款户支付。采购保管费预定分配率为 3%。应做如下会计分录:

借:库存材料　　　　　　　　　　　　　　　　　　　　　　　27 810
　贷:银行存款　　　　　　　　　　　　　　　　　　　　　　27 000
　　采购保管费——材料　　　　　　　　　　　　　　　　　　810

**【例 3-30】** 向某单位订购一批钢材,已从存款户支付价款 40 000 元,货未到达。应做如下会计分录:

借:在途材料 40 000
　　贷:银行存款 40 000

**【例 3-31】** 该批钢材到达,已验收入库。共计支付货款及运杂费 41 000 元,采购保管费预定分配率为 3%。运杂费从存款户付讫。应做如下会计分录:

借:库存材料 42 230
　　贷:在途材料 40 000
　　　　银行存款 1 000
　　　　采购保管费——材料 1 230

由于每种材料各次购入的实际成本往往不同,因而发出材料的实际成本就要通过一定的计算方法,先确定每种发出材料的实际成本,然后才能登账。常用的计算方法有两种:先进先出法和加权平均法。

(1)先进先出法。这种方法是先买进来的材料,先发出去使用,可以在领用时随时计算,随时登账。因此发出材料时应先按第一批收入的材料单价计算。用完第一批后,再按第二批的单价计算,依此类推。这种方法手续较繁琐,工作量较大,但可及时计算每种材料的发出和结存金额,便于及时掌握材料储备资金的动态,加快月末结账的速度。

(2)加权平均法。这种方法对发出材料的实际成本平时不计算,不登账,到月终求出加权平均单价后,一次计算登账。其计算公式如下:

$$\frac{\text{材料加权}}{\text{平均单价}} = \frac{\text{月初结存材料实际成本} + \text{本月收入材料实际成本}}{\text{月初结存材料数量} + \text{本月收入材料数量}}$$

加权平均法计算简便,也较合理,但月末工作量较大,会影响核算的及时性。因此,如果各月份材料的实际单价相差不大,可以用上月末库存材料平均单价,作为本月发出材料的平均单价。

## 五、委托加工材料的核算

建设单位有时为了满足基建工作的需要,将库存材料委托外单位加工成另一种材料,这种业务称为委托加工材料业务。委托加工的材料,其所有权仍属本单位,仍占用着本单位一部分的储备资金。但与库存材料又有所不同,它已经脱离本单位仓库。在加工中,既要耗费被加工的材料,还要支付加工费和往返运杂费。加工后的材料,不仅实物形态发生了变化,而且价值也有所增加。因此,对委托加工材料要另行管理,专门核算。

发生委托加工材料业务时,要签订合同,把材料发给加工单位和加工完毕收回材料时,都应该分别填制发料凭证和收料凭证,办理必要的手续。加工后材料的实际成本,一般应包括加工前材料的实际成本、支付的加工费和往返运杂费等。

为了核算委托加工材料的经济业务,并归集和计算委托加工材料的实际成本,需设置"委托加工器材——材料"科目。其核算内容如图表3-21所示。

图表3-21

| 借 | 委托加工器材——材料 | 贷 |
|---|---|---|
| 1.外发加工材料的计划成本和应负担的材料成本差异 | 1. 加工完毕验收入库的材料计划成本和应负担的材料成本差异("库存材料""材料成本差异") | |
| 2.发生的加工费和往返运杂费("限额存款"等) | 2. 退回剩余材料的计划成本和应负担的材料成本差异("库存材料""材料成本差异") | |
| 余额:表示加工中材料的实际成本和发生的加工费及运杂费 | | |

现举例说明其账务处理如下:

【例3-32】 发出钢材一批,加工机械配件,钢材计划价格为3 000元,应负担的材料价差为贷差3%。应做如下会计分录:

借:委托加工器材——材料     2 910
  贷:库存材料     3 000
    材料成本差异     90

【例3-33】 从存款户支付加工费700元,往返运杂费200元。应做如下会计分录:

借:委托加工器材——材料     900
  贷:银行存款     900

【例3-34】 加工的机械配件完工运回并验收入库,机械配件计划价格3 125元,剩余钢材计划价格800元,材料价差为贷差24元。应做如下会计分录:

借:库存材料     800
  贷:委托加工器材——材料     776
    材料成本差异     24
借:库存材料     3 125
  贷:委托加工器材——材料     3 034
    材料成本差异     91

## 六、材料的清查盘点和价格调整的核算

### (一)材料清查盘点的核算

在材料收发和保管过程中,由于计量和计算上差错或发生自然损耗,以及贪污、失窃、破坏等原因,可能造成材料的短缺、毁损和账实不符。另外,由于采购和设计施

工方面的种种原因,又可能造成材料的积压。为了如实准确地反映和监督库存材料的实有数额,查明账实不符的原因和材料积压的情况,必须定期和不定期地进行材料清查盘点,以保证账实相符。

经过清查盘点,发现账物不符的,要核实盈亏数量,查明原因,分清责任,同时编制"材料盈亏报告表",按规定报经批准,正确加以处理。对于霉烂、变质和毁损的材料,也要分析原因,明确责任,采取措施,及时处理。

对于材料清查盘点的盈亏,应以"材料盈亏报告表"(格式可参考图表3-13"库存设备清查盘点表")为依据,先计入"待处理财产损失——材料"科目,以便及时调整材料账簿的结存额,使账实相符;在报经有关部门批准后,再作转账处理。

在进行材料盘盈盘亏的账务处理时,应设置"待处理财产损失——材料"科目,盘亏和毁损的材料,按其计划价格和应负担的价差借记本科目;报经批准后,贷记本科目。盘盈的材料,按相反的方向记入本科目。本账户的借方余额,表示待处理的材料盘亏和毁损数大于盘盈数的差额;贷方余额则反之。

现举例说明材料盘点盈亏的总分类核算:

**【例3-35】** 根据"材料盈亏报告表"所列,库存一批水泥受潮变质,水泥计划价格4 000元,应分配材料价差为2%。做如下会计分录(盘盈材料会计分录相反):

借:待处理财产损失——材料　　　　　　　　　　　　　　　　4 080
　贷:库存材料　　　　　　　　　　　　　　　　　　　　　　4 000
　　材料成本差异　　　　　　　　　　　　　　　　　　　　　　80

**【例3-36】** 根据"材料盈亏报告表"所列,大堆材料一批遗失,计划价格500元,价差2%。做如下会计分录:

借:待处理财产损失——材料　　　　　　　　　　　　　　　　510
　贷:库存材料　　　　　　　　　　　　　　　　　　　　　　500
　　材料成本差异　　　　　　　　　　　　　　　　　　　　　　10

**【例3-37】** 上述盘亏材料报经批准可以转销,其中水泥为自然原因损失,大堆材料中400元为管理不善原因造成,100元为职工张明私用,应要其赔偿损失。做如下会计分录:

借:其他投资——递延资产　　　　　　　　　　　　　　　　4 080
　采购保管费——材料　　　　　　　　　　　　　　　　　　408
　其他应收款——张明　　　　　　　　　　　　　　　　　　102
　贷:待处理财产损失——材料　　　　　　　　　　　　　　　4 590

(二)材料价格调整的核算

在我国,物资的调拨价格是由国家统一制定的。随着建材工业的发展和基建项目的增多,有些材料生产成本会降低,有些材料因供不应求价格会上涨,因此材料的调拨价格经常要作些调整。建筑材料的调拨价格是材料实际成本的主要组成部分,当调拨价格调整时,库存材料实际成本、材料储备资金也将随之发生增减变动。

调拨价格调高(溢价),库存材料增值。应做如下会计分录:

借:材料成本差异

　贷:待摊投资——调整器材调拨价格折价

调拨价格调低(折价),库存材料贬值。应做如下会计分录:

借:待摊投资——调整器材调拨价格折价

　贷:材料成本差异

由于物价调整变动的因素,材料生产厂家各项支出也会发生变动,其材料的生产成本也随之变动。市场材料价格的变动,必然会引起地区材料预算价格的修订和调整。建设单位制定的材料计划价格是以地区材料预算价格为依据的。因此,当地区材料预算价格变动时,对计划价格也要作相应调整。

材料计划价格修订后,现有材料按新价计价和按旧价计价所形成的差额,只是一种价差,与现有材料的实际成本无关,因此,应当调整价差。

假设由于地区材料预算价格调整,某种钢材计划价格单价从本年起每吨1 200元修订为1 000元。上年末库存该种钢材20吨,经计算应调减2 000元。应做如下会计分录:

借:材料成本差异　　　　　　　　　　　　　　　　　　　　2 000

　贷:库存材料　　　　　　　　　　　　　　　　　　　　　　2 000

如果计划价格调高,则作相反会计分录。

在实际工作中,以上材料价格调整(包括调拨价格调整和计划价格修订)都应编制调整计算表,详细列明各种材料调拨价格或计划价格的增减数,作为核算的依据。

# 复 习 思 考 题

1. 试阐明建设单位的设备概念及它与施工企业机械设备概念的区别。

2. 试述设备核算的任务和要求。

3. 设备日常核算为什么不采用计划成本计价?

4. 建设单位设备应怎样进行分类?为什么?

5. 需要安装设备与不需要安装设备在会计核算上有什么异同?

6. 什么是在途设备?通过什么科目反映月末在途设备的实际成本?

7. 国内设备的采购成本包括哪些内容?其采购保管费如何核算?

8. 进口成套设备的采购成本由哪些内容构成?怎样进行核算?

9. 怎样进行库存设备明细核算?

10. 建设单位设备清查结果的账务怎样进行处理?为什么?

11. 为什么要对材料进行分类?怎样对材料进行分类?

12. 怎样计算大堆材料的实际耗用量?

13. 在材料按计划价格计价的条件下,怎样进行材料采购与收发的总分类核算?

14. 委托加工材料与库存材料有什么异同?怎样进行核算?

15. 材料盘点盈亏怎样进行处理?怎样进行核算?

16. 材料价格调整怎样进行核算?

## 练 习 题

### 习题一

【目的】 练习国内设备采购和收发业务核算。

【要求】 计算设备采购保管费预定分配率,并为各项经济业务编制必要的会计分录。

【资料】 某建设单位预计20××年度全年设备采购保管费为5 000元,全年采购设备的买价和运杂费为125 000元。该年度共计发生下列有关业务:

1. 1月6日 订购车床1台,买价9 000元,由出售厂代垫运杂费500元,发票账单已到,货款尚未支付,设备尚未验收入库。

2. 3月15日 购入运输汽车1辆,买价及运杂费10 800元,货款已用基建投资借款支付,但汽车尚未验收入库。

3. 3月28日 购入的运输汽车已验收入库。

4. 4月5日 上述运输汽车按照入库时实际成本有偿调拨给协作单位,收入设备价款已用于归还投资借款。

5. 6月5日 购入车床1台验收入库,用基建投资借款支付应付供货单位设备款9 500元。

6. 上述车床交付设备安装公司进行安装。

7. 7月28日 验收入库需要安装设备1批,发票账单尚未收到,先按合同价格68 000元暂估入账。

8. 8月2日7月28日 验收入库设备的账单到,共计货价72 000元,用基建投资借款支付。

9. 12月5日 本年度实际发生国内设备采购保管费4 061元,其中用投资借款支付办公费200元、仓库领用维修材料2 160元、分配仓库人员工资460元、计提职工福利费30元、计提工会经费11元、计提固定资产折旧1 200元。

10. 12月31日 调整本年采购保管费实际发生数与预定分配数的差额。

### 习题二

【目的】 练习进口器材采购和收发的核算。

【要求】 为各项经济业务编制必要的会计分录。

【资料】

1. 收到上级转账拨入抵作基建拨款的进口器材转账通知,进口器材买价和国外运杂费共计480 000元,其中需要安装进口设备为300 000元、不需要安装进口设备为120 000元、进口安装材料为60 000元,这批进口器材尚在途中。

2. 收到上级转来进口器材发生有关费用的发票账单,计有进口设备技术资料费6 300元,设备检验费3 000元,延期付款利息500元。

3. 进口器材运到,按预定分配率4%分配进口器材采购保管费,并已验收入库。

4. 将验收入库需要安装进口设备和进口安装材料交付安装公司安装。

5. 用基建投资借款支付进口器材国内运杂费 16 000 元,分配仓库保管人员工资 2 000 元,计提仓库固定资产折旧 900 元,应付工会经费 108 元。

6. 年底调整本年进口器材采购保管费的实际发生数与预定分配数的差额。

**习题三**

【目的】  练习在计划价格计价方式下材料采购与收发的核算。

【要求】  编制会计分录。

【资料】  某建设单位各项材料在 20×× 年度的计划单价和 2 月初的结存数量如下:

| | 计量单位 | 单价(元) | 2 月初结存数量 |
|---|---|---|---|
| 钢筋 | 吨 | 800 | 200 |
| 木材 | 立方米 | 300 | 80 |
| 水泥 | 吨 | 90 | 700 |

2 月初各项材料的实际成本为 246 000 元。

在 2 月份内共发生了下列材料采购收、发业务:

1. 2 月 5 日   购入水泥 50 吨,每吨合同价 95 元,已从银行存款户支付。又用银行存款户支付运杂费 500 元。

2. 2 月 7 日   购入钢筋 20 吨,买价每吨 850 元,运杂费计 200 元,已从银行存款户支付。

3. 2 月 9 日   拨给施工单位钢筋 40 吨,木材 20 立方米,水泥 100 吨,抵作备料款。结算价同计划价格。

4. 2 月 11 日   材料供应部门支用现金 50 元购买办公用品。

5. 2 月 13 日   筹建机构管理部门领用水泥 1 吨进行房屋维修。

6. 2 月 14 日   转账拨给本系统其他单位钢筋 200 吨。

7. 2 月 16 日   购入木材 30 立方米,买价和运杂费共计 10 000 元,由银行存款户支付。

8. 2 月 17 日   采购员洪钢报销采购差旅费 120 元,同时交回备用金 30 元。

9. 2 月 20 日   向星光水泥厂订购 50 吨水泥,每吨价款 100 元,款项已由银行存款支付,但水泥尚未到货。

10. 2 月 28 日   从木材公司购入木材 10 立方米,木材已入库,但账单未到,按暂估价 2 800 元入账。

11. 2 月 28 日   材料供应部门工作人员本月分配工资 1 558.50 元,计提职工福利费 218.19 元,工会经费 31.17 元。

12. 材料供应部门本月份计提固定资产折旧 300 元。

13. 汇集本月发生的采购保管费并结转到材料采购成本中。

14. 结转本月收入材料实际成本和计划价格成本的差异,并求出材料的成本差异率。

15. 分配本月发出各项材料的价差。

# 第四章

## 工资和固定
## 资产的核算

# 第一节 工资的核算

建设单位的工资是按照职工的工作数量和质量,以货币形式支付给职工的劳动报酬。它也是国家借助于货币形式进行个人消费品分配的一种基本形式。建设单位工资发放的对象主要是筹建机构的管理人员、供应部门、生产培训等部门服务人员以及一部分临时聘用人员。建设单位如有附属的、不实行独立经济核算的施工部门,其工资也统一由建设单位核算。发放工资应根据考勤记录、工资标准、工资等级等进行正确计算,并根据银行的有关结算规定发放。建设单位必须加强工资的管理和核算,这对于贯彻国家的工资制度和工资政策,保证职工的物质利益,提高劳动生产率,降低工程建设成本,都具有十分重要意义。

## 一、工资总额的组成内容

建设单位的工资总额,是指在一定时期(通常指 1 年)内实际支付给全部职工的劳动报酬总额。在我国,国家统计局对工资总额的组成内容作了统一规定,明确地划分了工资性质的支出和非工资性质支出的界限。建设单位必须严格按照国家的规定进行工资的核算。工资总额主要包括下列内容:

(1)计时工资:指按计时工资标准(包括地区生活费补助)和工作时间支付给个人的劳动报酬。包括:①对已做工作按计时工资标准支付的工资;②实行结构工资制的单位,支付给职工的基础工资和职务(岗位)工资;③新参加工作职工的见习工资(学徒的生活费)。

(2)计件工资:指根据规定的计件单价,按照已完成的工作量计算支付给职工的劳动报酬。包括:实行超额累进计件、直接无限计件、限额计件、超定额计件等工资制,按劳动部门或主管部门批准的定额和计件单价支付给个人的工资;按工作任务包干办法支付给个人的工资;按营业额提成或利润提成办法支付给个人的工资。

(3)奖金:指支付给职工的超额劳动报酬和增收节支的劳动报酬,包括:生产奖、节约奖、劳动竞赛奖等。

(4)津贴和补贴:指为了补偿职工特殊或额外的劳动消耗和因其他特殊原因支付给职工的津贴、保健性津贴、技术性津贴、年功津贴和其他津贴,以及为了保证职工工资水平不受物价上涨或变动影响支付的各种补贴。

(5)加班加点工资。

(6)特殊情况下支付的工资:包括:①根据国家规定,因病、工伤、产假、计划生育假、婚丧假、事假、探亲假、定期休假、停工学习、执行国家或社会义务等原因,按计时工资标准或计件工资标准的一定比例支付的工资;②附加工资、保留工资。

工资总额中,不包括以下支出:①根据国务院有关规定颁发的创造发明奖、自然科学奖、科学技术进步奖和支付的合理化建议和技术改造奖等;②有关劳动保险和职工福利方面的各项费用,如职工死亡丧葬费及抚恤费、医疗卫生费或公费医疗费、职工生活困难补助费、集体福利事业补贴、工会文教费、集体福利费、探亲路费、冬季取暖补贴、上下班交通补贴和洗理费等;③有关离休、退休、退职人员待遇的各项支出;④劳动保护各项支出,包括工作服、手套等劳保用品以及由劳动保护费开支的保健食品待遇;⑤稿费、讲课费及其他专门工作报酬;⑥出差伙食补助费、误餐补助、调动工作的旅费和安家费;⑦对自带工具、牲畜来工作的职工所支付工具、牲畜等的补偿费用;⑧实行租赁经营单位的承租人的风险性补偿收入;⑨对购买本企业股票和债券的职工所支付的股利(包括股金分红)和利息;⑩劳动合同制职工解除劳动合同时由企业支付的医疗补助费、生活补助费等;⑪因录用临时工而在工资以外向提供劳动力单位支付的手续费或管理费;⑫支付给家庭工人的加班费和按加工订货办法支付给承包单位的承包费用;⑬支付给参加企业劳动的在校学生的补贴;⑭计划生育独生子女补贴。

建设单位必须严格遵守有关工资基金管理的规定,接受开户银行的监督,不得虚报、瞒报实际发生的工资总额。发放工资必须从银行提取现金,不能从本单位收入的现金中直接支付。对于在发放工资时未领的待领工资,应当在发放工资后的 3 天内存入建行,不能挪作他用。

## 二、工资的计算和支付

建设单位及所属部门一般实行以计时为主、计件为辅,计时加奖励的工资制度,并对劳动强度大、劳动条件差的工种实行岗位津贴。

工资计算的原始记录主要包括考勤表、工程任务单、工资卡、工时汇总表、停工单及各种扣款通知单等。这些凭证应由劳动工资部门提供。

计时工资制是根据工资标准、工资等级和每人实际工作时间计算应付职工工资的一种劳动报酬形式。计时工资有月薪制和日薪制两种不同的形式。月薪制一般适用固定职工,计算工资时,只要该职工在本月份出满勤,就应支付固定的月标准工资。如果月份中有缺勤,则应从月标准工资中减去缺勤天数的工资。其计算公式如下:

$$应付计时工资 = 月标准工资 - \left(缺勤天数 \times \frac{月标准工资}{30\ 天}\right)$$

日薪制一般适用于临时职工,计算工资时,根据职工本月份出勤天数乘以日标准工资,再加上应付病假工资,即为应支付的月计时工资。其计算公式如下:

$$应付计时工资 = 本月实际出勤天数 \times 日标准工资 + 应付病假工资$$

上式中日标准工资可按照每月固定天数 30 天计算,也可按照每月法定工作天数 21 天计算,即按全年 365 天减去 104 个星期天和 10 个法定节假日,再除以 12 个月计算求得。按这种方法计算应付计时工资,星期天和法定节假日不付工资,因而缺勤期间的星期天和法定节假日也不扣工资。不管采用哪种计算方法,一经确定,就不能任意更改。

计时加奖励制是已广泛实行的工资制度,它是在计时工资之外,按规定条件加发奖金,可弥补计时工资的不足。目前,国家为了提高建筑业的劳动生产率,缩短施工周期,对建筑业奖金发放办法采用"下不保底上不封顶"的政策,对全优工程可提取全优综合超额奖和全优工程降低成本提成奖,对提前竣工的工程还可按提前的天数和投资总额的一定比例提取提前完工奖。

计件工资制是根据规定的计件单价,按照完成的合格产品(工程)数量或作业数量,计算应付职工工资的一种劳动报酬形式。计件单价是指完成单位产品(工程)或作业所应支付的工资额,它根据产品(工程)或作业的劳动时间定额和工资标准来计算确定。计件工资的分配对象,分为个人计件和集体计件两种形式。

对于职工病、伤假工资的计算,按劳保条例规定,职工因公负伤治疗期间的工资应按全额支付,因病或非因工负伤连续治疗时间不超过 6 个月的,应按规定条件支付 60%～100% 的病、伤假工资。

对于职工开会或参加必要的社会义务劳动的工资,调动工作期间的工资,探亲假期的工资和女工哺乳期间的工资等,这部分工资按照规定都应全额支付。至于各种工资性质的津贴和非工资性质津贴(独生子女费、上下班交通费等),则应按照有关部门规定的办法计算和支付。

在实际工作中,为了方便职工,对于职工应交的职工宿舍房租、水电费、互助储金、交通费等款项,通常由财会部门根据有关部门送来的扣款通知单从应付工资中代扣。因此,每月用现金发给职工个人的工资数,就应按下式计算:

$$实发金额 = 应付工资 - 代扣款项 + 非工资性质津贴$$

### 三、工资结算的核算

为了同职工办理工资结算手续,可按各基层单位编制"工资结算表"(或按每一职工设立工资卡片),计算每一职工的应付工资、代扣款项和实发金额。"工资结算表"通常一式三份:一份由劳动工资部门存查;一份按每一职工裁成单条,连同工资一并发给职工,以便核对;一份由职工签章后作为财会部门工资结算和支付的凭证,也作为工资结算的明细核算记录:"工资结算表"的格式如图表 4-1 所示。

根据各基层单位的工资结算表,即可汇总编制"工资结算汇总表"。"工资结算汇总表"格式如图表 4-2 所示。

图表 4-1　工资结算表

部门　　　　　　　　　　　　20××年 5 月份

| 序号 | 姓名 | 月工资标准 | 日工资标准 | 缺勤天数 | 基本工资 | | | | 辅助工资 | | | | | 劳保工资 | 应付工资 | 代扣款项 | | | | 实发金额 | 收款人签章 |
|---|---|---|---|---|---|---|---|---|---|---|---|---|---|---|---|---|---|---|---|---|---|
| | | | | | 标准工资 | 附加工资 | 加班工资 | 合计 | 副食品补贴 | 病伤产假 | 探公婚丧假 | 其他 | 合计 | | | 养老金 | 公积金 | 职工房租 | 合计 | | |
| 1 | 张伟 | 1 365 | 65 | 3 | 1 170 | 100 | | 1 270 | 130 | | | | 130 | | 1 400 | 126 | 98 | 20 | 244 | 1 156 | |
| 2 | 赵明 | 1 155 | 55 | 2 | 1 045 | 80 | | 1 125 | 130 | | | | 130 | | 1 255 | 113 | 88 | 20 | 221 | 1 034 | |
| 3 | 李红 | 945 | 45 | | 945 | 60 | | 1 005 | 130 | | | | 130 | | 1 135 | 102 | 79 | | 181 | 954 | |

图表 4-2　工资结算汇总表

20××年 5 月份　　　　　　　　　　　　单位:元

| 单位、部门和人员类别 | 基本工资 | 辅助工资 | 劳保工资 | 应付工资 | 代扣款 | 实发金额 |
|---|---|---|---|---|---|---|
| 建设单位筹建机构 | | | | | | |
| 管理人员 | 38 000 | 15 000 | | 53 000 | 2 000 | 51 000 |
| 材料仓库人员 | 2 000 | 700 | | 2 700 | 500 | 2 200 |
| 设备仓库人员 | 2 500 | 750 | | 3 250 | 500 | 2 750 |
| 医务福利人员 | 1 700 | 500 | | 2 200 | 400 | 1 800 |
| 生产职工培训人员 | 20 000 | 4 000 | | 24 000 | 1 500 | 22 500 |
| 长病假人员 | | | 1 200 | 1 200 | 50 | 1 150 |
| 编外人员 | 3 000 | | | 3 000 | 200 | 2 800 |
| 合　计 | 64 200 | 23 950 | 1 200 | 89 350 | 5 150 | 84 200 |
| 所属不实行独立核算的施工部门 | | | | | | |
| 建筑安装工人 | 30 000 | 12 000 | | 42 000 | 1 700 | 40 300 |
| 机械施工人员 | 7 500 | 3 200 | | 10 700 | 800 | 9 900 |
| 管理服务人员 | 10 000 | 3 000 | | 13 000 | 900 | 12 100 |
| 医务、保育人员 | 2 100 | 600 | | 2 700 | 450 | 2 250 |
| 合　计 | 49 600 | 18 800 | | 68 400 | 3 850 | 64 550 |
| 总　计 | 113 800 | 42 750 | 1 200 | 157 750 | 9 000 | 148 750 |

在"工资结算汇总表"中,应付工资总额反映工资基金支出数,实发金额则反映以现金支付的数额。

财会部门在进行工资的账务处理时,需设置"应付工资"科目,这是一个资金来源科目,核算建设单位及所属部门应付给职工的工资总额。同时,应按职工类别和工资的组成内容进行明细核算。

| 借 | 应 付 工 资 | 贷 |
|---|---|---|
| 1. 用现金支付给职工的各种工资<br>2. 从职工工资中扣还的各种款项("其他应付款"等) | 月终时,将应付工资按支出用途分配计入各有关科目("待摊投资"等) | |
| 余额:实发工资大于应付工资的差额 | 余额:应付工资大于实发工资的差额 | |

现举例说明工资结算业务的账务处理方法:

假设某基建投资借款单位根据"工资结算单"编制本月"工资结算汇总表"(如图表 4-2 所示),并据以发放当月工资。其账务处理方法如下:

【例 4-1】 签发现金支票,从贷款户(投资借款)提取现金 148 750 元,准备发放工资。应做如下会计分录:

借:现金 148 750
　　贷:基建投资借款 148 750

【例 4-2】 发放工资,实际发出工资 148 750 元。应做如下会计分录:

借:应付工资 148 750
　　贷:现金 148 750

【例 4-3】 根据"工资结算汇总表"及扣款通知单,扣回职工的各种代扣款。应做如下会计分录:

借:应付工资 9 000
　　贷:其他应付款——代扣款 9 000

【例 4-4】 开出转账支票,从贷款户归还各项代扣款。应做如下会计分录:

借:其他应付款——代扣款 9 000
　　贷:基建投资借款 9 000

### 四、工资分配的核算

建设单位及所属部门每月应付职工的工资总额,不论当月是否已经支付,都应全部计入建设成本、工程成本或有关支出。各类人员的工资,一般按其服务对象进行分配。建设单位管理机构的工作人员工资,应计入"待摊投资——建设单位管理费"明细科目;设备或材料的采购、保管人员的工资,应计入"采购保管费——设备(或材料)"明细科目;医务福利人员的工资,应计入"应付福利费"科目;生产职工培训人员的工资,应计入"其他投资——递延资产"明细科目;长病假人员的工资,应计入"待摊投资——建设单位管理费"明细科目;编外人员的工资,应计入"待摊投资——其他待摊投资"明细科目,建设单位如有所属不独立核算的施工部门,那么建筑安装工人的工资,应计入"工程施工——××工程——人工费"明细科目;机械施工人员工资,应计入"工程施工——机械使用费"明细科目;管理服务人员的工资,应计入"工程施工——施工管理费"明细科目;医务保育人员的工资,应计入"应付福利费"科目。工资分配的账务处理,一般是根据"工资分配汇总表"进行的。工资分配汇总表的格式,如图表 4-3 所示。

**【例 4-5】** 月末,根据"工资分配汇总表",应做如下工资分配的会计分录:

| | | |
|---|---|---|
| 借:待摊投资——建设单位管理费 | | 54 200 |
| 　　　　　——其他待摊投资 | | 3 000 |
| 　采购保管费——材料 | | 2 700 |
| 　　　　　——设备 | | 3 250 |
| 　应付福利费 | | 4 900 |
| 　其他投资——递延资产 | | 24 000 |
| 　工程施工——××工程——人工费 | | 42 000 |
| 　　　　——机械使用费 | | 10 700 |
| 　　　　——施工管理费 | | 13 000 |
| 　贷:应付工资 | | 157 750 |

此外,建设单位如发生一些不属于以上范围内的工资支出,则也要按其支出的具体内容相应分配计入有关科目。如水产或畜牧业建设单位,对购入鱼苗或役畜进行培育和饲养,其培育、饲养人员的工资,应计入"其他投资——鱼苗支出"或"其他投资——役畜"明细科目;如园林建设单位基建绿化人员的工资,应计入"其他投资——林木支出"明细科目;如非园林建设单位的基建绿化人员工资,应计入"建筑安装工程投资"科目。

### 五、工资附加费的核算

建设单位的职工,除了按照劳动的数量和质量得到工资外,还可以根据需要,享受各种集体福利待遇和得到各种补助金,如公费医疗、生活困难补助金等。这些集体福利事业和补助金的资金来源,是由建设单位根据国家规定,按照工资总额的一定比例(现行制度规定为 14%)提取形成的应付福利费。由于它们是建设单位支付工资的一笔附加支出,所以叫作工资附加费。

此外,在已成立工会组织的建设单位,根据规定每月应由行政按照上月工资总额的 2%向工会拨交工会经费。因此,行政拨交的工会经费,也属于工资附加费。

职工福利费的计提及其分配,通过"应付福利费"科目进行核算。按月提取的职工福利费和发生各项福利事业收入时,记入本科目的贷方;按规定用途支用的福利费,记入本科目的借方;余额表示实际结存的福利费。每月提取的工会经费,可在"其

图表4-3　工资分配汇总表

20××年5月份

单位:元

| 会计科目 | 建设单位筹建机构 | | | | | | | 所属不实行独立核算的施工部门 | | | | 合　计 |
|---|---|---|---|---|---|---|---|---|---|---|---|---|
| | 管理人员 | 材料仓库人员 | 设备仓库人员 | 医务福利人员 | 生产职工培训人员 | 长病假人员 | 编外人员 | 建筑安装工人 | 机械施工人员 | 管理服务人员 | 医务保育人员 | |
| 待摊投资 | | | | | | | | | | | | |
| ——建设单位管理费 | 53 000 | | | | | 1 200 | | | | | | 54 200 |
| ——其他待摊投资 | | | | | | | 3 000 | | | | | 3 000 |
| 采购保管费 | | | | | | | | | | | | |
| ——材料 | | 2 700 | | | | | | | | | | 2 700 |
| ——设备 | | | 3 250 | | | | | | | | | 3 250 |
| 应付福利费 | | | | 2 200 | | | | | | | 2 700 | 4 900 |
| 其他投资 | | | | | | | | | | | | |
| ——递延资产 | | | | | 24 000 | | | | | | | 24 000 |
| 工程施工 | | | | | | | | | | | | |
| ——××工程——人工费 | | | | | | | | 42 000 | | | | 42 000 |
| ——机械使用费 | | | | | | | | | 10 700 | | | 10 700 |
| ——施工管理费 | | | | | | | | | | 13 000 | | 13 000 |
| 合　　计 | 53 000 | 2 700 | 3 250 | 2 200 | 24 000 | 1 200 | 3 000 | 42 000 | 10 700 | 13 000 | 2 700 | 157 750 |

他应付款"科目进行核算。按月提取工会经费时,贷记"其他应付款——应付工会经费"科目;将所提取工会经费转交工会使用时,借记"其他应付款——应付工会经费"科目。

一般讲,建设单位筹建机构管理人员构成的工资总额中,其计提的工资附加费,除了医务、福利部门人员提取的工资附加费按规定应计入"待摊投资——建设单位管理费"外,其余都可参照工资分配时应记入的科目,即工资分配记入哪个科目,工资附加费分配也记入哪个科目。所属不进行独立核算的施工部门,一般按其构成工资总额部分以与建设单位相同的比例提取应付福利费。提取工会经费一般不分类别,都记入"施工管理费"科目。如该施工部门又有所属的材料或设备仓库,则按这部分仓库人员工资总额提取的应付福利费,要记入"采购保管费"科目。

在核算工资附加费时,一般应根据"工资结算汇总表"等有关资料,按照规定的提取比例,编制"福利费和工会经费计算及分配表",进行计提和核算。以下通过编制"福利费和工会经费计算及分配表"(见图表4-4)举例说明工资附加费的核算。

**图表 4-4 福利费和工会经费计算及分配表**

部门: 　　　　　　　　　　20××年5月份 　　　　　　　　　　　单位:元

| 应借科目 | 人员类别 | 工资总额 | 福利费 | | 工会经费 | |
|---|---|---|---|---|---|---|
| | | | % | | % | |
| | 建设单位筹建机构 | | | | | |
| 待摊投资——建设单位管理费 | 管理人员 | 53 000 | 14 | 7 420 | 2 | 1 060 |
| | 医务福利人员 | 2 200 | 14 | 308 | 2 | 44 |
| | 长期病假人员 | 1 200 | 14 | 168 | 2 | 24 |
| 采购保管费 | 材料仓库人员 | 2 700 | 14 | 378 | 2 | 54 |
| | 设备仓库人员 | 3 250 | 14 | 455 | 2 | 65 |
| 其他投资——递延资产 | 生产职工培训人员 | 24 000 | 14 | 3 360 | 2 | 480 |
| 待摊投资——其他待摊投资 | 编外人员 | 3 000 | 14 | 420 | 2 | 60 |
| | 合　计 | 89 350 | 14 | 12 509 | 2 | 1 787 |
| | 所属不独立核算施工部门 | | | | | |
| 工程施工——人工费 | 建筑安装工人 | 42 000 | 14 | 5 880 | 2 | 840 |
| 工程施工——机械施工使用费 | 机械施工人员 | 10 700 | 14 | 1 498 | 2 | 214 |
| 工程施工——施工管理费 | 管理服务人员 | 13 000 | 14 | 1 820 | 2 | 260 |
| | 医务保育人员 | 2 700 | 14 | 378 | 2 | 54 |
| | 合　计 | 68 400 | 14 | 9 576 | 2 | 1 368 |
| | 总　计 | 157 750 | 14 | 22 085 | 2 | 3 155 |

根据福利费和工会经费计算及分配表,可作如下账务处理:

【例4-6】 计提分配本月职工福利费22 085元。应做如下会计分录:

借:待摊投资——建设单位管理费      7 896

    采购保管费——材料      378

          ——设备      455

    其他投资——递延资产      3 360

    待摊投资——其他待摊投资      420

    工程施工——人工费      5 880

          ——机械使用费      1 498

          ——施工管理费      2 198

  贷:应付福利费      22 085

【例4-7】 计提分配本月工会经费3 155元。应做如下会计分录:

借:待摊投资——建设单位管理费      1 128

    采购保管费——材料      54

          ——设备      65

    其他投资——递延资产      480

    待摊投资——其他待摊投资      60

    工程施工——施工管理费      1 368

  贷:其他应付款——应付工会经费      3 155

【例4-8】 签发转账支票,将提取的工会经费3 155元,从银行存款户划拨给工会使用。应做如下会计分录:

借:其他应付款——应付工会经费      3 155

  贷:银行存款      3 155

# 第二节　固定资产的核算

## 一、固定资产的概念和标准

固定资产,是指使用年限在1年以上,单位价值在规定标准以上,并在使用过程中保持原有物质形态的资产,包括房屋及建筑物、机器设备、运输设备、工具器具等。自营建设单位需要拥有一定数量的固定资产,作为自营施工的物质技术基础,固定资产是这些单位的主要劳动资料。出包建设单位,虽然不需要拥有施工生产用的固定资产,但经营性项目会收到投资单位转入作为项目资本的固定资产,非经营项目会收到作为上级拨入资金的固定资产。除此之外,建设单位还会用零星购置费购入以及从其他各种渠道取得的供组织和管理基建活动的自用固定资产。根据现行制度规定,固定资产一般应同时具备以下两个条件:①使用年限在 1 年以上;②单位价值在 2 000元以上。不同时具备这两个条件的,应属于材料中的低值易耗品和周转材料。有些物品,虽不属于生产经营主要设备,如果单位价值在 2 000 元以上,并且使用年限超过 2 年的,也应当作为固定资产;反之,有些资产即使单位价值达到标准,但更换频繁、容易损坏,也可不列作固定资产,而列作低值易耗品。建设单位怎样具体划分固定资产,应根据主管部门规定和本单位固定资产目录来进行办理。

## 二、固定资产的分类和计价

（一）固定资产的分类

1. 按照固定资产的经济用途和使用情况分类

按照固定资产的经济用途和使用情况,可划分为以下 8 类:

(1) 房屋及建筑物:指行政管理部门、供应部门、辅助生产部门等使用的生产和非生产用的固定房屋、活动房屋、建筑物等。

(2) 施工机械:指为进行建筑安装工程所使用的各种施工机械。如挖土机、起重机、混凝土搅拌机等。

(3) 运输设备:指用以载人和运货的各种运输工具。如机车、汽车、电动搬运车等。

(4) 动力及生产设备:指用以生产电力、热力、风力或其他动力的各种机器设备,以及用以变更材料属性或形态功能的各种工作机器和设备。如锅炉、电动机、空气压缩机、输电线路、电焊机、车床等。

(5) 生产及管理用具:指具有独立用途的生产和经营管理方面使用的各种用具。如切削、压延用的各种用具,实验及测量用的仪器、地磅、打字机、油印机等。

(6) 其他固定资产:指除以上各类以外的用于其他方面的固定资产。如交通车船、文体宣教器具、坎事机具、医疗设备、消防设备、农副机具及其他设备等。

(7) 未使用固定资产:指新增尚未使用的固定资产,调入尚未安装的固定资产和封存停用的固定资产。

(8) 不需用固定资产:指本单位不需要,报请上级等待调出的固定资产。

2. 综合分类

结合固定资产所有权、渠道、使用情况多个标志综合分类,可划分成以下 8 类:

(1) 投资者投入固定资产;

(2) 接受捐赠固定资产;

(3) 购建中固定资产;

(4) 自用固定资产;

(5) 未使用固定资产;

(6) 不需用固定资产;

(7) 融资租入固定资产;

（8）土地。

建设单位应当根据固定资产定义，结合本单位的实际情况，确定适合本单位固定资产分类方法、每类或每项固定资产的折旧年限、折旧方法，作为进行固定资产核算的依据。

（二）固定资产的计价

固定资产核算，既需要实物计量，更需要货币计价，以便进行价值核算。固定资产的计价方法要与它的价值转移形式相适应。固定资产的价值转移方式与材料不同，它的实物形态虽然能全部参加建设经营过程，但其价值却要按照磨损的程度，以折旧的形式逐步分次转入"采购保管费"或"待摊投资——建设单位管理费"等科目中去。经过一定时间后，固定资产全部价值才能够转移完毕。为适应这个特点，固定资产必须按其原值、净值和重置完全价值来进行计价。

1. 按原始价值计价

原始价值简称"原值"或"原价"，是指购置或建造该项固定资产达到可使用状态前所发生的一切合理、必要的支出。它反映取得该项固定资产时的全部价值。由于建设单位取得固定资产的来源渠道不同，其原始价值的构成内容和确定方法也不同。用零星购置费购入的自用固定资产，应以买价加上支付的运杂费、保险费、包装费和缴纳的增值税等计价；用基本建设投资购建的自用固定资产，应以实际购建成本计价；有偿调入的自用固定资产，应以调拨价或双方协议价加上包装费、运杂费和安装费计价；无偿调入的自用固定资产，应以调出单位的原价减去原来的安装成本，加上调入单位安装成本计价；建设单位为建造固定资产或者对固定资产进行技术改造、大修理而发生的专项工程支出，按照实际成本计价。专项工程在达到可使用状态前因试运转而发生的支出应计入工程成本，发生的营业性收入冲减工程成本。按原始价值计价是固定资产的基本计价方法，但当经济环境和社会物价水平发生大幅度变动时，它不能反映固定资产的真实价值。

2. 按净值计价

净值也称折余价值，是指固定资产的原始价值减去其累计折旧后的余额，也就是价值净数。它反映该项固定资产尚未磨损部分的价值。将当期平均固定资产净值同平均固定资产原值相比，就可以计算求出固定资产成新率。利用这个指标，可以了解固定资产的新旧程度，体现了建设单位固定资产更新快慢和持续利用发展的能力。

3. 按重置完全价值计价

重置完全价值也称重置价值或现时重置成本，是指原有固定资产在目前情况下重新购建所需要的全部支出。当建设单位无法取得固定资产的原值时，如发现盘盈的固定资产或接受捐赠的固定资产，以及根据国家规定对固定资产进行重新估价时，可以按重置完全价值计价。

建设单位为了保证固定资产价值的真实性和计价的统一性，对已入账的固定资产价值，除非发生下列情况外，不得随意变动：根据国家规定对固定资产价值重新估价;增加补充设备或改良装置;将固定资产的一部分拆除;根据实际价值调整原来的暂估价值;发现原记固定资产价值有错误。

## 三、固定资产增加的核算

（一）固定资产增加的来源

建设单位固定资产增加的来源主要有以下几项：

（1）用零星购置费购入的自用固定资产；

（2）用基建投资购建的自用固定资产；

（3）用留成收入购置或建造的自用固定资产；

（4）上级单位无偿拨入的固定资产；

（5）有偿作价调入的固定资产；

（6）投资者作为项目资本投入的固定资产；

（7）接受捐赠的固定资产；

（8）清查盘点时盘盈的固定资产。

（二）固定资产增加的核算方法

1. 需设置的会计科目

建设单位为了核算和监督固定资产的增减和实有情况，需要设置下列会计科目：

（1）"固定资产"科目：属于资金占用类科目，用来核算建设单位所有的固定资产的原始价值。如图表4-5所示。

图表4-5

| 借 | 固 定 资 产 | 贷 |
|---|---|---|
| 1. 用零星购置费购入的自用固定资产（"银行存款"） | | 1. 无偿调出多余的或不需用的固定资产（"上级拨入资金"） |
| 2. 用基建投资购建的自用固定资产（"银行存款""库存材料""应付工资"） | | 2. 有偿转让或出售自用的固定资产（"固定资产清理""累计折旧"） |
| 3. 用留成收入购建的自用固定资产 | | 3. 自有固定资产毁损和报废（"固定资产清理""累计折旧"） |
| 4. 上级主管部门无偿调入的固定资产（"上级拨入资金"） | | 4. 自用固定资产盘亏（"待处理财产损失""累计折旧"） |
| 5. 有偿调入的固定资产（"银行存款""累计折旧"等） | | |
| 6. 投资者投入的固定资产（"项目资本"） | | |
| 7. 接受捐赠的固定资产（"项目资本公积"） | | |
| 8. 盘盈的固定资产（"待处理财产损失""累计折旧"等） | | |
| 余额：建设单位现有固定资产的原值 | | |

（2）"累计折旧"科目：属于资金占用类科目，用来核算建设单位在建设期间现有固定资产的累计折旧。如图表4-6所示。

图表 4-6

| 借 | 累 计 折 旧 | 贷 |
|---|---|---|
| 1. 清理报废固定资产的已提折旧("固定资产") | 1. 按月计提的自用固定资产折旧("待摊投资""采购保管费") | |
| 2. 调出固定资产的已提折旧("固定资产") | 2. 调入固定资产的已折折旧("固定资产") | |
| 3. 盘亏固定资产的已提折旧("固定资产") | 3. 盘盈固定资产的估计折旧("固定资产") | |
| 4. 移交自用固定资产的已提折旧("固定资产") | | |
| | 余额:现有固定资产的累计已提折旧 | |

（3）"上级拨入资金"科目:属于资金来源科目,用来核算建设单位收到投资单位（主管部门或企业）拨入的供建设单位组织和管理基建活动使用的资金,包括拨入的固定资产和流动资产（详见第二章第四节"二、上级拨入资金的核算"）。

2. 举例说明固定资产增加的会计核算方法

（1）用零星购置费购入的自用固定资产:用零星购置费购入的资产如果达到固定资产标准,应作为固定资产入账管理,同时一次提足折旧计入基建成本。

**【例 4-9】** 某建设单位用零星购置费购入永久牌电动助动车 1 辆交付使用,其实际成本为 2 200 元;办公用品一批,实际成本 1 500 元。计划成本为 1 400 元。应做如下会计分录:

```
借:固定资产——自用固定资产                           2 200
   库存材料——办公用品                                 1 400
   材料成本差异                                          100
   贷:银行存款                                                3 700
```

同时,一次提足折旧应做如下会计分录:

```
借:待摊投资——建设单位管理费                         2 200
   贷:累计折旧                                               2 200
```

需要指出的是,建设单位应加强零星资产购置的管理,对零星购置费购置的资产,单项价值不得超过 2 万元。建设单位零星购置的资产,凡达到单位固定资产划分标准的,应按固定资产入账管理,不得作为账外资产处理;属于流动资产性质的,也应加强实物管理。除零星购置自用固定资产,建设单位可一次计入建设单位管理费外,其他资金来源购建的自用固定资产,应在使用中通过折旧方式,逐步计入"待摊投资——建设单位管理费"科目。

（2）用基建投资购建的自用固定资产:

① 用基建投资直接购入不通过建造形成的自用固定资产:建设单位用基建投资购建的自用固定资产,要在使用中通过折旧形式,逐步计入基建成本。这一点要防止在实际工作中,把用基建投资购建的自用固定资产除一次全部计入基建成本外,在使

用中再通过折旧形式计入"待摊投资"科目的错误处理方法,造成重复列支、虚增项目成本的问题。

**【例4-10】**　某建设单位用基本建设投资直接购入的自用汽车1辆150 000元,自用时应做如下会计分录:

借:固定资产——自用固定资产　　　　　　　　　　　　　　　　　　　150 000
　贷:银行存款　　　　　　　　　　　　　　　　　　　　　　　　　　　　　150 000

自用期间按规定每月提取折旧费1 250元,逐步计入基建成本。应做如下会计分录:

借:待摊投资——建设单位管理费　　　　　　　　　　　　　　　　　　　1 250
　贷:累计折旧　　　　　　　　　　　　　　　　　　　　　　　　　　　　　1 250

②通过建造形成的自用固定资产:建设单位所需的自用固定资产,除了采用直接购入方式取得外,还经常根据组织和管理基建活动的特殊需要,利用现有的人力、物力条件自行建造固定资产,称之为自建、自制固定资产,包括固定资产新建工程、改扩建工程和大修理工程。自建工程按其实施的方式不同可分为自营工程和出包工程两种。自建固定资产应按建造过程中发生的全部支出(包括所消耗的材料、人工、其他费用和交纳的有关税金等)确定其价值。自建固定资产的在建工程应按下列方法计价:

工程用材料:比照有关外购材料的计价方法计价,其增值税进项税额应计入所购工程物资的成本;

待安装设备:比照固定资产的计价方法计价;

预付工程款:按照实际预付的工程款计价;

工程管理费用:按照实际发生的各项管理费用计价;

自营工程:按照直接材料、直接工资、直接机械施工费以及所分摊的工程管理费等计价;

出包工程:按照应当支付的工程价款计价;

设备安装工程:按照所安装设备的原价、工程安装费用、工程试运转支出以及所分摊的工程管理费等计价。

**【例4-11】**　某建设单位以包工包料方式将停用的职工浴室改建、扩建工程发包给长征乡建筑队。该浴室账面原值200 000元,扩建过程中拆除旧料变卖收入1 800元,扩建工程预算造价180 000元。扩建工程业已竣工,浴室投入使用。

浴室改、扩建开始时,应做如下会计分录:

借:固定资产——购建中固定资产　　　　　　　　　　　　　　　　　　200 000
　贷:固定资产——未使用固定资产　　　　　　　　　　　　　　　　　　200 000

收到拆除旧料的变价收入时,应做如下会计分录:

借：银行存款              1 800

  贷：固定资产——购建中固定资产      1 800

  支付出包工程款时，应做如下会计分录：

借：固定资产——购建中固定资产      180 000

  贷：银行存款           180 000

  浴室改、扩建工程竣工交付使用时，应做如下会计分录：

借：固定资产——自用固定资产       378 200

  贷：固定资产——购建中固定资产     378 200

  自用期间按规定每月计提折旧费 3 150 元时，应做如下会计分录：

借：待摊投资——建设单位管理费      3 150

  贷：累计折旧           3 150

（3）用留成收入购建的自用固定资产：

**【例 4-12】** 建设单位用留成收入购建自用固定资产 100 000 元，以银行存款付讫。应做如下会计分录：

借：固定资产            100 000

  贷：银行存款           100 000

（4）用上级拨入资金购建的自用固定资产：

**【例 4-13】** 建设单位收到主管部门无偿拨入供组织和管理基建活动已使用过的计算机 2 台，调出单位账面原值 30 000 元；已提折旧 1 200 元。应做如下会计分录：

借：固定资产            30 000

  贷：累计折旧           1 200

    上级拨入资金         28 800

（5）有偿调入的固定资产：

**【例 4-14】** 建设单位有偿调入固定资产 1 台，固定资产原值 5 000 元，现行调拨价 4 000 元，加实际支付包装费、运杂费和调入后新发生安装费 2 000 元，共计以银行存款支付 6 000 元。应做如下会计分录：

借：固定资产            7 000

  贷：银行存款           6 000

    累计折旧           1 000

（6）投资者投入的固定资产：建设单位对投资转入的机器设备等固定资产，一方面反映建设单位固定资产的增加；另一方面要反映投资者投资额的增加。

**【例 4-15】** 某建设单位收到甲投资企业投入的固定资产 1 台。甲投资企业记录的该项固定资产的账面原价为 10 000 元,已提折旧 1 000 元;某建设单位接受投资时,聘请资产评估师对该项固定资产进行评估,评估结果为:资产原价为 12 000 元,净值为 11 000 元。投资各方同意以评估净值确认投资额。应做如下会计分录:

借:固定资产——资产者投入固定资产　　　　　　　　　　　　　　　12 000
　　贷:项目资本——甲企业　　　　　　　　　　　　　　　　　　　　11 000
　　　　累计折旧　　　　　　　　　　　　　　　　　　　　　　　　　　1 000

（7）接受捐赠的固定资产:

**【例 4-16】** 某建设单位接受国外合作伙伴单位捐赠的货车 1 辆,根据有关资料确定该货车价值为 156 000 元。应做如下会计分录:

借:固定资产——接受捐赠固定资产　　　　　　　　　　　　　　　156 000
　　贷:项目资本公积——接受捐赠　　　　　　　　　　　　　　　　156 000

（8）盘盈的固定资产:

**【例 4-17】** 固定资产清查中发现账外固定资产 1 台,重置完全价值 8 000 元,估计折旧 1 600 元。应做如下会计分录:

借:固定资产　　　　　　　　　　　　　　　　　　　　　　　　　　8 000
　　贷:累计折旧　　　　　　　　　　　　　　　　　　　　　　　　　1 600
　　　　待处理财产损失——固定资产　　　　　　　　　　　　　　　　6 400

盘盈固定资产批准转账时,应做如下会计分录:

借:待处理财产损失——固定资产　　　　　　　　　　　　　　　　　6 400
　　贷:待摊投资——固定资产损失　　　　　　　　　　　　　　　　　6 400

## 四、固定资产减少的核算

（一）固定资产减少的原因

由于各种原因,建设单位的固定资产会发生减少。引起建设单位固定资产减少的原因,主要有以下几个方面:

（1）零星购置的自用固定资产的移交、自留或对外出售;

（2）用基建投资购建自用固定资产移交、自留或出售;

（3）无偿调出自用固定资产;

（4）报废、毁损、清理自用固定资产;

（5）盘亏自用固定资产。

（二）固定资产减少的核算方法

为了核算和监督固定资产的减少情况,建设单位应设置"固定资产清理"科目。

"固定资产清理"科目:属于资金占用类科目,用来核算建设单位因报废、毁损、出售等原因转入清理的固定资产的净值及其在清理过程中所发生的清理费用和清理收入（见图表4-7）。建设单位因盘亏等原因而引起固定资产的减少，不通过本科目核算。

图表4-7

| 借 | 固定资产清理 | 贷 |
|---|---|---|
| 1. 转入清理的固定资产的净值（"固定资产"）<br>2. 支付清理费用（"银行存款"）<br>3. 应交出售固定资产价款营业税 | 1. 收到调出固定资产价款<br>2. 残料价值或变价收入<br>3. 保险公司或过失人赔款（"其他应收款"） | |
| 余额：固定资产清理后净损失 | 余额：固定资产清理后净收益 | |

（结转后应无余额）

建设单位因有偿或无偿调出、报废和毁损原因而转入清理的固定资产的会计处理，主要包括以下步骤：①转销调出自用固定资产的原价和已提累计折旧；②核算出售自用固定资产的价款收入、残料价值或变价收入；③清理费用的处理；④保险及过失人赔偿款的处理；⑤结转清理后自用固定资产的净损失或净收益。

现举例说明固定资产减少的会计核算方法如下：

1. 零星购置自用固定资产移交、自留或出售

由于零星购置的固定资产通过提足折旧形式已计入"待摊投资"，因此对该固定资产无论建设单位自留或移交给接受单位时，应直接办理实物移交，不再通过"交付使用资产"科目，并在以后的使用中也不再计提折旧。

【例4-18】 建设单位将用零星购置的自用施工机械1台12 000元，按规定移交给接受单位或自留。应做如下会计分录：

借：累计折旧 12 000
 贷：固定资产——自用固定资产 12 000

【例4-19】 承[例4-18]，如果该建设单位将该台施工机械对外出售，经协商作价13 000元，发生清理费用500元，用银行存款支付。应做如下会计分录：

（1）结转固定资产账面价值：

借：累计折旧 12 000
 贷：固定资产——自用固定资产 12 000

（2）取得固定资产变价收入：

借：银行存款 13 000
 贷：固定资产清理——出售 13 000

（3）应交5%营业税：

借：固定资产清理——出售 650
 贷：应交税金——应交营业税 650

（4）支付固定资产清理费用：

借：固定资产清理——出售　　　　　　　　　　　　　　　　　500

　　贷：银行存款　　　　　　　　　　　　　　　　　　　　　　　500

（5）用清理净收入冲减基建成本：

借：固定资产清理——出售　　　　　　　　　　　　　　　　11 850

　　贷：待摊投资——固定资产损失　　　　　　　　　　　　　　11 850

2. 用基建投资购建自用固定资产移交、自留或出售

**【例 4-20】**　某拨款建设单位按规定将自用的 1 台推土机移交给接受单位，已办妥验收交接手续。该项固定资产原值 600 000 元，已提累计折旧 400 000 元。应做如下会计分录：

借：交付使用资产——固定资产　　　　　　　　　　　　　200 000

　　累计折旧　　　　　　　　　　　　　　　　　　　　　400 000

　　贷：固定资产——自用固定资产　　　　　　　　　　　　　600 000

下年度建立新账时，按已交付使用资产金额进行冲转。应做如下会计分录：

借：基建拨款——以前年度拨款　　　　　　　　　　　　　200 000

　　贷：交付使用资产——固定资产　　　　　　　　　　　　　200 000

**【例 4-21】**　承［例 4-20］，如将该台推土机无偿留归建设单位，应做如下会计分录：

借：基建拨款——以前年度拨款　　　　　　　　　　　　　200 000

　　贷：留成收入　　　　　　　　　　　　　　　　　　　　200 000

**【例 4-22】**　承［例 4-20］，如将该台推土机有偿转让（出售）给乙施工企业，取得变价收入 210 000 元，应交营业税 10 500 元，用银行存款支付清理费用 5 000 元。应做如下会计分录：

（1）结转固定资产账面净值时：

借：固定资产清理——出售　　　　　　　　　　　　　　　200 000

　　累计折旧　　　　　　　　　　　　　　　　　　　　　400 000

　　贷：固定资产——自用固定资产　　　　　　　　　　　　　600 000

（2）取得固定资产变价收入：

借：银行存款　　　　　　　　　　　　　　　　　　　　　210 000

　　贷：固定资产清理——出售　　　　　　　　　　　　　　　210 000

（3）应交营业税：

借：固定资产清理——出售　　　　　　　　　　　　　　　 10 500

　　贷：应交税金——应交营业税　　　　　　　　　　　　　　 10 500

（4）发生固定资产清理费用：

借：固定资产清理——出售                                          5 000
　　贷：银行存款                                                5 000

（5）结转固定资产清理的净损失：

借：待摊投资——固定资产损失                                      5 500
　　贷：固定资产清理——出售                                      5 500

3. 无偿调出自用固定资产

**【例4-23】**　接上级主管部门批准,某建设单位将原上级拨入的不需用的起重机1台无偿调给本系统其他单位使用。该起重机原值101 400元,已提累计折旧40 300元,调出过程中以银行存款支付清理费用1 560元。应做如下会计分录：

（1）结转固定资产账面净值：

借：固定资产清理——调出                                        61 100
　　累计折旧                                                  40 300
　　贷：固定资产——不需用固定资产                              101 400

（2）支付清理费用：

借：固定资产清理——调出                                         1 560
　　贷：银行存款                                                1 560

（3）清理完毕转销固定资产清理：

借：上级拨入资金                                               62 660
　　贷：固定资产清理——调出                                     62 660

4. 报废、毁损、清理的固定资产

**【例4-24】**　某建设单位报废危房1栋,其账面原值为250 000元,已提折旧为140 000元,已按规定程序报经批准进行清理,清理时用银行存款支付清理费用10 000元,取得残料交仓库验收,作价2 000元。该项报废的危房应由过失人赔偿损失2 000元,保险公司赔偿32 000元。款项尚未收到,清理工作现已结束。应做如下会计分录：

（1）转入清理：

借：固定资产清理——报废                                       110 000
　　累计折旧                                                 140 000
　　贷：固定资产——未使用固定资产                             250 000

（2）支付清理费用：

借：固定资产清理——报废                                        10 000
　　贷：银行存款                                               10 000

（3）取得残料验收交库：

借：库存材料    2 000

    贷：固定资产清理——报废    2 000

（4）应由过失人和保险公司赔偿的款项：

借：其他应收款——过失人    2 000

    ——保险公司    32 000

    贷：固定资产清理——报废    34 000

（5）结转清理净损失：

借：待摊投资——固定资产损失    84 000

    贷：固定资产清理——报废    84 000

5. 盘亏的固定资产

其核算方法详见本节"七、固定资产清查盘点的核算"。

## 五、固定资产折旧和修理的核算

（一）固定资产折旧的核算

1. 固定资产折旧的含义

固定资产折旧，是指固定资产在使用过程中，逐渐损耗而消失的那部分价值。固定资产损耗的这部分价值，应当在固定资产的有效使用年限内进行分摊，形成折旧费用，计入各期成本。

从本质上讲，折旧也是一种费用，只不过这一费用没有在计提期间付出实实在在的货币资金，但这种费用是已经发生的长期支出，而这种支出的收益或效益在资产投入使用后的有效使用期内体现，无论是从权责发生制的原则，还是从收入与费用配比的原则讲，计提折旧都是必需的。

2. 固定资产折旧的计提范围

根据财务制度规定，建设单位的下列固定资产应计提折旧：

（1）所有的房屋、建筑物；

（2）在用的机器设备、仪器仪表、运输工具；

（3）季节性停用和大修理停用的固定资产；

（4）以经营租赁方式租出的固定资产；

（5）以融资租赁方式租入的固定资产。

建设单位的下列固定资产不计提折旧：

（1）除房屋、建筑物以外的未使用固定资产；

（2）不需用的固定资产；

（3）以经营租赁方式租入的固定资产；

（4）以融资租赁方式租出的固定资产；

（5）已提足折旧仍继续使用的固定资产；

（6）提前报废的固定资产；

（7）土地。

建设单位应根据财务、会计制度的有关规定,按月计提固定资产折旧。月份内投入使用的固定资产,当月不计提折旧;月份内减少的固定资产,当月照提折旧。

3. 固定资产折旧方法

固定资产折旧的计算方法主要有平均年限法、工作量法。对某些技术进步快或使用寿命受工作环境影响较大的施工机械和运输设备等,经财政部门批准,也可以采用双倍余额递减法或年数总和法。

（1）平均年限法：

$$年折旧额 = \frac{固定资产原值 - 预计残值 + 预计清理费用}{预计使用年限}$$

$$月折旧额 = \frac{年折旧额}{12}$$

$$月折旧率 = \frac{月折旧额}{固定资产原值} \times 100\%$$

（2）工作量法：

对于施工机械和运输车辆,可按使用台班或行车公里来计算。

其计算公式如下：

$$\frac{台班或行车}{公里折旧额} = \frac{固定资产原值 - 预计残值 + 预计清理费用}{预计使用台班或预计行车公里}$$

（3）双倍余额递减法：

$$年折旧率 = \frac{2}{折旧年限} \times 100\%$$

$$年折旧额 = 固定资产期初账面净额 \times 年折旧率$$

（4）年数总和法：

$$年折旧率 = \frac{折旧年限 - 已使用年限}{折旧年限 \times (折旧年限 + 1) \div 2} \times 100\%$$

$$年折旧额 = (固定资产原值 - 预计净残值) \times 年折旧率$$

4. 固定资产折旧的核算方法

现举例说明固定资产折旧的总分类核算如下：

【例 4-25】 本月应计提固定资产的折旧:设备采购部门 2 000 元,材料仓库部门 2 000 元,管理部门 6 000 元。应做如下会计分录：

```
借：采购保管费——设备                              2 000
        ——材料                              2 000
    待摊投资——建设单位管理费                      6 000
    贷：累计折旧                                        10 000
```

（二）固定资产修理的核算

固定资产修理可以分为经常修理和大修理两类。

经常修理包括中、小修理，其特点是每次修理的范围小，支出的费用少，修理的间隔时间短，在整个使用期间发生的次数多。因此，每月发生的经常修理费可以全部记入当月使用该项固定资产部门的费用中去。如材料仓库部门专用的运输汽车进行经常修理，领用材料计划价格为 350 元，实际成本为 360 元，应分摊的修理工资为 20元。应做如下会计分录：

```
借：采购保管费——材料                                    380
    贷：库存材料                                        350
        材料成本差异                                     10
        应付工资                                        20
```

固定资产大修理的特点是每次修理的范围大，支出的费用多，修理的间隔时间长，在整个使用期间发生修理的次数少，不是每月都会发生的。为了正确计算工程成本，某一项固定资产的大修理费用，不能全部计入发生费用的当月成本，而要平均地计入使用固定资产的各月成本。因此，应按月提存大修理费用，以保证固定资产大修理的资金来源。

现举例说明固定资产大修理的总分类核算如下：

【例 4-26】　本月应计提的大修理费用：设备供应部门 1 000 元，材料仓库部门1 000元，管理部门 3 000 元。应做如下会计分录：

```
借：采购保管费——设备                                  1 000
              ——材料                                 1 000
    待摊投资——建设单位管理费                          3 000
    贷：其他应付款——应付大修理费用                     5 000
```

【例 4-27】　汽车吊一台，委托汽车修理厂进行大修，支付修理费 3 000 元。款项用银行存款付讫。应做如下会计分录：

```
借：其他应付款——应付大修理费用                        3 000
    贷：银行存款                                       3 000
```

## 六、固定资产租赁的核算

建设单位租入的固定资产，按其租赁方式不同，分为业务租赁和融资租赁两种。

（一）业务租赁固定资产的核算

业务租赁，也叫经营租赁或一般租赁，它是最古老和最普遍的租赁方式。业务租赁是出租人将财产使用权转让给承租人，向承租人收取租金，作为放弃财产使用权的报酬的一种租赁方式。业务租赁，多属于临时租赁，租赁期短、财产所有权不转移、与租赁资产相关的风险和报酬仍然归属于出租人。

用业务租赁方式租入的固定资产核算比较简单。其要点如下：

（1）租入的固定资产，由于产权仍归出租单位，因此，租入的固定资产不属于租入单位的固定资产，不需要也不应该作为本单位的资产计价入账。对租入的固定资产可设立"租入固定资产登记簿"，详细登记租入固定资产的名称、数量、租赁期限等资料，加强财产管理。

（2）租入单位无需计提折旧，而出租单位仍要对临时租出固定资产按月计提折旧。

（3）租入单位支付的租赁费，或租赁合同规定由租入单位负责固定资产修理而发生的修理费，可直接计入费用发生当期的有关成本、费用科目中；金额较大时，也可采用分期摊销办法。

（4）在租入固定资产上进行技术改造等发生的改良支出，可记入"长期待摊费用"科目，在租赁期内，将其分年平均摊销，计入有关成本、费用中。

现举例说明临时租入固定资产的核算方法如下：

**【例 4-28】** 某建设单位由于进口大型设备集中到货，以业务租赁方式，租入设备仓库 1 栋，租期 3 年，每年租金 48 000 元。按租赁合同规定，第一年租金应于起租日一次付清，第二年、第三年租金于每年 12 月末一次付清。根据上述资料，应做如下会计分录：

（1）于起租日预付第一年全年租金：

借：待摊费用——仓库租赁费 48 000
　贷：银行存款 48 000

同时，摊销当月租金 4 000 元：

借：采购保管费——设备 4 000
　贷：待摊费用——仓库租赁费 4 000

2～12 月份，各月摊销会计分录同上，略。

（2）第二年起，1～11 月份各月应预提仓库租赁费 4 000 元：

借：采购保管费——设备 4 000
　贷：预提费用——预提仓库租赁费 4 000

（3）12 月末，年底按合同规定，支付全年租赁费：

借：预提费用——预提仓库租赁费 44 000
　　采购保管费——设备 4 000
　贷：银行存款 48 000

**（二）融资租入固定资产的核算**

融资租赁，又称金融租赁，它是将融资和融物相结合的一种现代租赁方式。即出租单位（融资租赁公司）根据与承租单位签订的租赁合同或契约，首先购买承租单位选定的设备,将其出租给承租单位,向承租单位定期收取租金、利息和手续费,在承租单位付清最后一笔租金、利息和手续费(或附有一笔转让费)后,设备所有权即归承租单位。这种租赁方式,租赁期较长,一般达到租赁资产使用年限的75%以上。在租赁期内,双方无权取消合同,支付的租金包括了设备价款、租赁费和借款利息等。租入单位应把融资租入固定资产视作自用固定资产管理,并负责按期计提固定资产折旧。

为了更好核算融资租入固定资产,建设单位要区分两种情况来进行核算:

(1) 如果租赁资产占资产总额比例大于30%,那么,融资租入的固定资产,按租赁开始租赁资产的账面价值与最低租赁付款的现值两者中较低者作为入账价值。

【例4-29】 某建设单位融资租入1台设备,租期为8年,租赁合同规定的租金共计208 000元,每年年底分别支付26 000元,租赁合同规定的利率为6%。应做如下会计分录:

① 租入时,该设备发票价值为208 000元,设备最低租赁付款额的现值为26 000×(P/A,6%,8)＝26 000×6.21＝161 460(元)(注:6.21为一元年金现值系数)。这时:

借:固定资产——融资租入固定资产 161 460
　　未确认融资费用 46 540
　　贷:长期应付款——应付融资租入固定资产租赁款 208 000

② 每年支付租金时:

借:长期应付款——应付融资租入固定资产租赁款 26 000
　　贷:银行存款 26 000

③ 对未确认融资费用,应在租赁期内进行分摊。每月分摊时:

借:待摊投资——建设单位管理费 484.79
　　贷:未确认融资费用 484.79

④ 每月计提折旧时(直线法计提不考虑净残值):

借:待摊投资——建设单位管理费 1 681.88
　　贷:累计折旧 1 681.88

⑤ 租赁期满,资产产权转入本单位时:

借:固定资产——自用固定资产 161 460
　　贷:固定资产——融资租入固定资产 16 1460

(2) 如果租赁资产占资产总额比例等于或低于30%,在租赁开始日,建设单位也可按最低租赁付款额作为固定资产的入账价值。

【例4-30】 承[例4-29],如果租赁设备价值占资产总额比例等于或低于30%,

则做如下会计分录：

① 租入时：

借：固定资产——融资租入固定资产 208 000

　　贷：长期应付款——应付融资租入固定资产租赁费 208 000

② 每年支付租赁费时：

借：长期应付款——应付融资租入固定资产租赁费 26 000

　　贷：银行存款 26 000

③ 每月计提折旧（直线法计提不考虑净残值）时：

借：待摊投资——建设单位管理费 2 166.67

　　贷：累计折旧 2 166.67

④ 租赁期满，资产产权转入建设单位时：

借：固定资产——自用固定资产 208 000

　　贷：固定资产——融资租入固定资产 208 000

## 七、固定资产清查盘点的核算

建设单位除了日常对固定资产的增加和减少以及固定资产折旧、修理、租赁进行核算外，还要定期与不定期对固定资产进行实地盘点，以便及时发现固定资产在核算和管理上的问题，采取措施，调整账面记录，以保证做到固定资产账实相符。

建设单位对固定资产至少每年要实地全面盘点一次，对于部分贵重的设备、仪器以及经常移动使用的固定资产还要不定期进行局部轮流盘点。

固定资产的清查盘点是通过盘点实物、核实账面记录的方法进行的。在清查过程中，要将清查盘点结果在"固定资产盘点盈亏报告表"中作详细记录，并按规定程序报请有关部门审批处理，以作为调整固定资产账面记录的依据。"固定资产盘点盈亏报告表"一般格式，如图表4-8所示。

**图表4-8　固定资产盘点盈亏报告表**

2002 年 12 月 31 日

| 固定资产名称及规格型号 | 计量单位 | 盘　盈 | | | 盘　亏 | | | 原因及责任 |
|---|---|---|---|---|---|---|---|---|
| | | 数量 | 重置完全价值 | 估计已提折旧 | 数量 | 账面原价 | 已提折旧 | |
| 打夯机 | 台 | 1 | 5 200 | 1 040 | | | | 记账差错 |
| 电动机 | 台 | | | | 1 | 4 200 | 720 | 管理制度不健全 |
| 合计 | | | 5 200 | 1 040 | | 4 200 | 720 | |

盘点小组负责人　　　　　　　　　　记录人

现举例说明固定资产清查盘点的核算方法如下：

【例4-31】　某建设单位在财产清查过程中，发现盘盈打夯机1台，重置完全价值5 200元，根据其新旧程度估计折旧1 040元，经查明系漏账所致，已按规定程序报经有关部门审核批准。应做如下会计分录：

上报待批前：

借：固定资产——打夯机　　　　　　　　　　　　　　　　5 200
　　贷：累计折旧　　　　　　　　　　　　　　　　　　　　　1 040
　　　　待处理财产损失——待处理固定资产损失　　　　　　　4 160

报经批准后：

借：待处理财产损失——待处理固定资产损失　　　　　　　4 160
　　贷：待摊投资——固定资产损失　　　　　　　　　　　　　4 160

【例4-32】　某建设单位在财产清理过程中，发现盘亏电动机1台，其账面原价为4 200元，累计已提折旧为720元，经查明盘亏原因属于管理制度不健全，属于应由过失人赔偿金额为1 400元，其余已经批准转销。应做如下会计分录：

上报待批前：

借：待处理财产损失——待处理固定资产损失　　　　　　　3 480
　　累计折旧　　　　　　　　　　　　　　　　　　　　　　720
　　贷：固定资产——电动机　　　　　　　　　　　　　　　　4 200

报经批准后：

借：其他应收款——××　　　　　　　　　　　　　　　　1 400
　　待摊投资——固定资产损失　　　　　　　　　　　　　　2 080
　　贷：待处理财产损失——待处理固定资产损失　　　　　　　3 480

# 复习思考题

1. 建设单位的工资总额是如何组成的？
2. 建设单位各类人员的工资如何进行分配？
3. 建设单位职工福利费如何计提？怎样进行核算？
4. 建设单位工会经费如何计提？怎样进行核算？
5. 怎样对建设单位的固定资产进行分类？
6. 固定资产计价有哪几种？它们各有什么优缺点和适用范围？
7. 自用固定资产增加有哪几种？它们分别是如何核算的？
8. 自用固定资产减少有哪几种？它们分别是如何进行核算的？
9. 什么是固定资产折旧？提取折旧又有哪些财务规定？
10. 固定资产修理有哪几类？其各有什么特点？又是如何核算的？

11. 固定资产租赁分为哪几种？其各有什么特点？又是如何核算的？

12. 融资租赁固定资产分为哪几种情况进行核算？各有哪些财务规定？

13. 固定资产盘亏盘盈如何核算？

# 练 习 题

**习题一**

【目的】 练习工资及工资附加费的核算。

【要求】 编制会计分录。

【资料】 某建设单位20××年2月份"工资结算汇总表"和发生的有关经济业务如下：

## 工资结算汇总表
### 20××年2月

| 部门、人员类别 | 基本工资 | | | 辅助工资 | 劳保工资 | 应付工资 | 代扣款（互助金） | 实发工资 |
|---|---|---|---|---|---|---|---|---|
| | 奖金 | 副食品价格补贴 | 合计 | | | | | |
| 筹建机构管理人员 | 850 | 400 | 8 500 | 600 | | 9 100 | 85 | 9 015 |
| 材料仓库人员 | 300 | 120 | 2 600 | 180 | | 2 780 | 310 | 2 470 |
| 设备仓库人员 | 400 | 200 | 3 500 | 190 | | 3 690 | 400 | 3 290 |
| 医务、福利人员 | 80 | 39 | 370 | 70 | | 440 | 40 | 400 |
| 长期病假人员 | | | | | 200 | 200 | 20 | 180 |
| 编外人员 | | | | 300 | | 300 | 30 | 270 |
| 所属施工单位建筑工人 | 3 000 | 1 100 | 24 000 | 2 400 | | 26 400 | 290 | 26 110 |
| 合　计 | 4 630 | 1 859 | 38 970 | 3 740 | 200 | 42 910 | 1 175 | 41 735 |

1. 根据"工资结算汇总表"从投资贷款户提现备发工资。

2. 发放工资，实际发出41 600元。

3. 结转职工未领工资135元。

4. 工会委托扣回互助金。

5. 从贷款户转账付讫代扣互助金。

6. 分配本月份职工工资。

7. 计提本月职工福利费(14%)和工会经费(2%)。

8. 将所提工会经费从贷款户划拨给工会。

**习题二**

【目的】 练习固定资产的核算。

【要求】 编制会计分录。

【资料】 某建设单位发生下列固定资产增减业务：

1. 按基建计划用基建投资购置复印机1台，由建设单位自用，已办理验收交接手续，价值20 000元。

2. 建设单位收到主管部门拨入供组织管理基建活动使用汽车 1 台, 调出单位账面原价 180 000 元, 已提折旧 50 000 元。

3. 固定资产清查中盘亏消防设备 1 台, 账面原值 48 000 元, 已提折旧 3 000 元, 并批准转账。

4. 经批准, 食堂报废锅炉 1 座, 账面原价 120 000 元, 已提折旧 110 000 元, 委托外单位清理, 用银行存款支付清理费 1 000 元, 废炉变卖, 收到价款 1 500 元, 并批准转账。

5. 用本单位留成收入购入的不需用的起重机 1 台无偿调给本系统其他单位使用, 该起重机原值 93 600 元, 已提折旧 37 200 元, 调出过程中用银行存款支付清理费用 1 440 元, 清理完毕进行转销。

6. 固定资产清查过程中, 发现没有入账的设备 1 台, 其完全重置价值为 20 000 元, 估计折旧为 6 000 元, 经批准予以转销。

7. 采用融资租赁方式租入设备 1 台, 占资产总额未及 30%, 按租赁协议确定的租赁价款 180 000 元, 另应付运费、保险费 20 000 元(包括租期结束购买该设备应付的价款), 租赁价款分 5 年于每年年末支付, 租赁期满, 资产产权转入本单位。

# 第五章

## 基本建设
## 投资的核算

# 第一节 基本建设投资核算的内容和任务

## 一、基本建设投资核算的内容

建设单位作为全面负责一个建设项目的基层单位,在建设前必须编制基本建设概算,以确定建成这个项目从开始建设至工程竣工的全部基本建设投资支出。建设单位还要编制年度基本建设计划,确定计划年度内的基本建设计划投资额。基本建设投资额是以货币形式表现的基本建设工作量,它是反映基建规模、建设进度、比例关系、使用方向和增长速度的重要经济指标。建设单位会计核算上采用的是实际投资额,即建设单位在基本建设过程中所发生的构成基本建设投资额的全部实际支出。这些支出的内容必须与基本建设投资计划和基本建设概(预)算中所规定的各项基本建设投资相一致。这样,用实际投资额与计划投资额、设计概算进行对比,就可以考核年度计划投资额和整个项目的基本建设概算的完成程度和执行情况。

基本建设投资额按其构成的不同工作内容,可分为建筑安装工程投资、设备工器具投资和其他基本建设投资三部分。现行制度规定配套设置六个会计科目,核算基本建设投资支出的全部内容。它们是:反映建筑安装工程投资实际支出的"建设安装工程投资"科目;反映设备、工具、器具实际购置支出的"设备投资"科目;反映其他基本建设投资实际支出的"其他投资""待摊投资""待核销基建支出"和"转出投资"科目。对于这六个会计科目的实际发生情况分别组织核算和监督,是建设单位会计的中心环节和重要内容。

## 二、基本建设投资核算的任务

基本建设投资额的完成过程,就是国家基本建设投资计划的执行过程,也是国家基本建设的实现过程。建设单位在基本建设过程中所耗费的投资支出的多少,不仅关系到基本建设投资的经济效益,也关系着建设项目建成投产后生产企业产品成本的高低。因此,基本建设投资核算可以为建设单位、主管部门和国家提供用来进行基本建设管理、调控和决策的重要资料。基本建设投资核算的主要任务有以下几个方面:

一是加强基本建设投资支出的核算和管理,真实、准确、及时地编制基建投资表,检查和反映本年基本建设投资计划的执行结果。

二是按照计划严格控制各项费用支出,努力节约建设费用。建设单位在反映基本建设投资支出的同时,要严格监督有无进行计划外的基本建设,是否超过批准的基本建设规模,建设标准是否与批准的基本建设投资计划一致,各项基本建设投资支出是否严格执行规定的定额和开支标准及其本身的合法性、合理性和合规性。

三是对于出仓的建筑安装工程,按照规定与施工企业办理工程款结算,正确及时核算这部分投资支出。

四是正确分析和考核基本建设计划和基本建设概算的完成情况,总结经验、揭露矛盾、发现基本建设核算和管理工作中存在的问题和漏洞,采取措施和对策,改进管理工作,深入挖掘内部潜力,寻找提高投资效益的正确创新途径。

# 第二节　建筑安装工程投资的核算

## 一、建筑安装工程投资额的构成

建设单位实际支出的建筑安装工程投资在"建筑安装工程投资"科目进行核算。建筑安装工程投资额包括建筑工程投资额和安装工程投资额两部分。建筑工程投资额是指在一定时期内建筑业所生产的建筑产品的价值总量。建筑产品的特点是个体大、造型复杂、生产周期长,因此,它不能像工业产品那样,等全部完工后再计算产值,而是随着工程进度,按照已完工分部分项工程实物量计算投资额,以便正确地反映基本建设进度,并为建设单位与施工单位结算工程价款提供依据。安装工程投资额是指对需要安装设备加以装配并固定装置在一定的基座上或构筑物的支架上,所支付的安装加工价值总和,不包括安装设备的本身价值。至于建筑安装工程投资和设备安装工程投资的具体组成内容,详见第一章第二节"二、按投资额构成分"所述。

## 二、出包方式建筑安装工程投资额的核算

建设单位进行建筑安装工程,采取出包和自营两种基本的施工方式,出包方式既符合大生产专业化分工的要求,又利于加强双方权、责、利的统一,所以除了一些特殊工程和小型工程外,一般采用出包方式。出包建设单位计算建筑安装工程投资额的价格是以预算造价为依据进行结算的。建设单位每月按照施工单位提交的当月工程价款结算单,按其实际完成的工作量和有关预算定额,以及地区预算单价等计算当月应付的工程款,并计算建筑安装工程投资完成额。一般讲,当月应付的工程价款数就是当月建筑安装工程投资完成额数(除不和工程价款一起结算的独立费用外)。

实行建设工程竣工结算办法的建设单位,在与施工企业进行工程价款结算时,施工企业对工程建设所需的材料储备资金和未完工所占用的资金,应向开户银行申请贷款解决,不再由建设单位预付。同时建设单位不再预付工程款。对不实行工程竣工结算办法的建设单位,在开户银行不予贷款的情况下,则仍应按照合同规定,向承包工程的施工企业预付备料款和预付工程款。建设单位如将材料抵作备料款转拨给施工单位时,可作为抵扣应付工程款入账。

（一）工程价款的结算办法

目前各个地区采用的工程价款结算办法，归纳起来，主要有以下几种：

（1）半月（或分句）预支，按月结算：就是按照每月实际完成的分部分项工程进行结算。根据经过验收合格的各个月份已完工分部分项工程的工程数量和建筑安装工程预算定额及地区预算单价，计划利润率和税率计算出工程造价，就是建设单位在各该月份应该结算和支付的工程款。当招标出包工程的工程标价与工程造价不同时，应按工程标价占工程预算造价的百分比进行调整计算。具体做法是：上半月或上、中旬分别按当月施工计划工作量价值的一半或三分之一由建设单位预付工程款，月末结算时，再在"应付工程款"中扣减已预付的部分。跨年度施工的工程，在年终进行工程盘点，办理年度结算。

（2）分阶段预支，竣工后一次结算：就是将一个单位工程按形象进度划分成几个阶段（部位），按照完成段落分次预支工程价款。如可规定在开工前、结构完工、竣工后这三个阶段，按施工图预算造价，分别预支 50％、30％、15％，其余 5％尾工款留在工程竣工结算时再予以结清。

在建筑安装工程普遍采用招标办法时，也可采用上述分阶段预支、竣工后一次结算的办法。即根据合同规定，按工程标价和工程完成的形象进度，分阶段（基础、结构、装饰、竣工等）预支工程款，予完工后按工程标价一次结算。

（3）竣工后一次结算：建设项目或单项工程的全部建筑安装工程建设期在 12 个月以内，或者工程承包合同价值在 100 万元以下的，可以实行工程价款每月月中预支，竣工后一次结算。即在工程开工后，每月按当月施工计划所列工作量预付工程款，于工程竣工验收后按工程承包合同价值扣除预付工程款后进行结算。

（4）结算双方约定并经开户银行同意的其他结算方式。

建设单位如有所属内部不实行独立核算的施工单位，建设单位在计算这部分建筑安装工程投资时，是按该建筑产品的实际施工成本来结算的。即所属施工单位当月"工程施工"科目实际发生数，就是当月建筑安装工程投资完成数。如所属施工单位实行独立核算，则建设单位计算这部分建筑安装工程投资额时可比照出包单位来处理。

（二）预付备料款的拨付及其扣回

1. 预付备料款的计算

建设单位拨付给施工单位的备料款，主要用于主要材料、结构件和未完施工的储备需要。备料款的需要量取决于许多因素。以主要材料储备资金来讲，由于工程结构类型和施工期长短等的不同，各项工程的储备资金需要量也有差别。例如，土方工程所需的主要材料很少，储备资金的需要量相应就少，钢筋混凝土工程所需主要材料很多，储备资金需要量相应就多。外地采购材料、国家拨给的材料储备期一般较长，储备资金需要量相应就多；反之，则少。另外，施工期的长短对储备资金的需要量也会有一定影响。

为了正确、简便地计算储备主要材料和结构件等的资金需要量,通常按建筑安装工作量的百分比分类规定统一的额度,其额度一般不得超过当年建筑安装工作量的25%。对于大量采用预制构件或工期较短的工程,额度可以适当增加。如果工程所需的主要材料由建设单位负责供应的,则额度适当减少。

预付备料款的数额可用下面公式来计算:

$$预付备料款=年度出包工程总值×预付备料款额度$$

预付备料款的额度按规定的额度执行,如该类工程项目未规定备料款额度,则可按下列公式进行计算:

$$预付备料款额度=\frac{材料费占工程造价的比重×材料储备天数}{全年施工天数}$$

预付的备料款,应随着工程逐步完工其所需主要材料、结构件储备逐步减少,预付备料款也应以抵充工程价款的方式陆续扣还,在工程竣工前全部扣清。

2. 预付备料款扣回的计算

预付备料款开始扣回的时间,原则上应该是尚未施工工程的材料费刚好等于预付备料款的时候,就可开始扣回。计算方法如下:

$$\begin{matrix}未完工程材\\料费需要量\end{matrix}=\begin{matrix}尚未施工\\工程价值\end{matrix}×\begin{matrix}材料费\\比\quad重\end{matrix}=\begin{matrix}预付备\\料\quad款\end{matrix}$$

$$尚未施工工程价值=\frac{预付备料款}{材料费比重}$$

将工程总值减去尚未施工价值,可得出起扣备料款时已完工程价值的计算公式:

$$\begin{matrix}预付备料款起扣\\时已完工程价值\end{matrix}=\begin{matrix}年度出包\\工程总值\end{matrix}-\frac{预付备料款}{材料费比重}$$

如某建设项目当年出包工程总值为 100 万元,材料费比重为 60%,预付备料款额度为 24%。

则：　　　$$预付备料款=1\,000\,000×24\%=240\,000(元)$$

$$\begin{matrix}预付备料款起扣\\时已完工程价值\end{matrix}=1\,000\,000-\frac{240\,000}{60\%}=600\,000(元)$$

即当尚未施工的价值为 400 000 元(1 000 000-600 000)时,或已完工程价值达到 600 000 元时,即可开始陆续扣回备料款了。

$$\begin{matrix}第一次应扣\\预付备料款\end{matrix}=\left(\begin{matrix}累计已完\\工程价值\end{matrix}-\begin{matrix}开始扣回预付备料款\\时的已完工程价值\end{matrix}\right)×材料费比重$$

$$以后各次应扣预付备料款=每次已完工程价值×材料费比重$$

在上例中,假如到当年 7 月份止累计已完工程价值已达 601 000 元,8 月份完成工程价值 30 000 元。

则：　7月份应扣回的备料款＝(601 000－600 000)×60％

　　　　　　　　　　　　　　　＝600(元)

　　8月份应扣回的备料款＝30 000×60％＝18 000(元)

在实际工作中,为了简化计算手续,预付备料款的拨付和扣回一般不进行上述复杂的计算,而是在合同中具体规定预付备料款的数额、扣回时间、次数以及每次扣回数所占比重等。如果工程下年度继续施工,预付备料款可以不扣或少扣,待下年度按其出包工作量进行多退少补的调整,直到竣工年度再全部扣清。不过随着生产资料的开放和连续多年的通货紧缩,施工所需的建筑材料、结构件,一般均可从当地市场随时采购,且价格在下跌,今后也就没有必要再预付备料款了。

(三)预付备料款和出包工程款的核算

建设单位向施工企业预付备料款时,借记"预付备料款"科目,贷记"限额存款"等科目。以材料抵作预付备料款,按照结算价格,借记"预付备料款"科目,按照计划成本,贷记"库存材料"科目,结算价格与计划成本之间的差额,借记或贷记"建筑安装工程投资"科目。月终分配其应负担的材料成本差异,借记"建筑安装工程投资"科目,贷记"材料成本差异"科目(实际成本小于计划成本的差异用红字)。

月终或工程竣工与施工企业结算工程价款时,根据合同规定,从应付工程款中扣回的预付备料款,借记"应付工程款"科目,贷记"预付备料款"科目。

建设单位根据合同规定,按工程进度,每旬或月中向施工企业预付工程款时,借记"预付工程款"科目,贷记"限额存款"等科目。月终或工程竣工与施工企业结算已完工程价款时,从应付工程款中扣回的预付工程款,借记"应付工程款"科目,贷记"预付工程款"科目。

建设单位在按照工程价款结算办法和工程合同的规定与工程承包单位办理工程价款结算,应付给承包单位工程款时,需视下列各种不同情况,作不同的会计核算处理：

(1)实行单项工程或全部工程竣工后一次结算办法的建设项目,建设单位应在工程单项或全部竣工时,根据经审查的承包单位提出的"工程价款结算账单"结算应付的工程款,应借记"建筑安装工程投资"科目,贷记"应付工程款"科目。

(2)实行按工程形象进度分段结算办法的建设项目,建设单位在分段结算工程款时,借记"建筑安装工程投资"科目,贷记"应付工程款"科目。分段结算工程款总额按规定不应超过该单项工程合同预算价的90％,其余部分待单项工程竣工后结算。

(3)实行分次结算的建设项目结算工程款时,以及发生和工程款一并结算的各项支出(如临时设施费、冬雨季施工增加费)时,应借记"建筑安装工程投资""待摊投资"科目,贷记"应付工程款"等科目。

(4)实行竣工结算办法的建设单位以拨付给承包单位的工程用材料抵减的应付工程款,应按合同规定的结算价格,借记"应付工程款"科目,按材料计划成本,贷记

"库存材料"科目；结算价格与计划成本之间的差额，借记或贷记"建筑安装工程投资"科目。月终时，将其应负担的材料成本差异，记入"建筑安装工程投资"科目（实际成本小于计划成本的差异用红字）。

建设单位在进行工程价款的会计核算时，可设置"建筑安装工程投资""预付备料款""预付工程款""应付工程款"四个总账科目。

（1）"建筑安装工程投资"科目：属于资金占用类科目，用来核算建设单位发生的构成基本建设投资完成额的建造工程和安装工程的实际支出，以及为项目配套而建造专用设施所发生的投资支出（见图表5-1）。本科目应设置"建筑工程投资"和"安装工程投资"两个明细科目。

图表5-1

| 借　　　　　　　建筑安装工程投资　　　　　　　贷 | |
| --- | --- |
| 1. 出包工程根据工程价款结算账单承付的工程价款（"应付工程款"）<br>2. 自营工程根据"工程施工"科目结转工程实际成本（"工程施工"）<br>3. 为项目配套而建造专用设施所发生的投资支出<br>4. 有偿转入的未完工程（"应付有偿调入器材及工程款"）<br>5. 支付劳保支出等费用时（"应付工程款"）<br>6. 其他 | 1. 结转"交付使用资产"科目时（"交付使用资产"）<br>2. 非经营性项目产权不归己的专用设施交付使用时（"转出投资"）<br>3. 经批准报废的建筑安装工程（"待摊投资"或"待核销基建支出"）<br>4. 有偿移交其他单位继续施工的建筑安装工程（"应收有偿调出器材及工程款"） |
| 余额：未完工或已完工尚未交付使用的建筑安装工程投资（在建工程成本的组成部分之一） | |

（2）"预付备料款"科目：属于资金占用类科目，用来核算尚未实行工程竣工结算办法的建设单位按照规定向承包工程施工企业预付的备料款，以及拨给施工企业抵作预付备料款的各种材料（见图表5-2）。本科目按收取备料款的施工企业的户名进行明细核算。

图表5-2

| 借　　　　　　　　预付备料款　　　　　　　　贷 | |
| --- | --- |
| 1. 预付施工单位的备料款<br>2. 按结算价格，以材料抵作预付备料款（"库存材料"） | 扣回预付备料款（"应付工程款"） |
| 余额：付出尚未扣回的备料款数 | |

（3）"预付工程款"科目：属于资金占用类科目，用来核算建设单位按照合同规定向承包工程的施工企业预付的工程进度款（见图表5-3）。本科目按施工单位的户名进行明细核算。

图表 5-3

| 借 | 预 付 工 程 款 | 贷 |
|---|---|---|
| 预付施工单位工程款时 | 办理工程价款结算从应付工程款中扣回预付工程款时 | |
| 余额:预付尚未扣回的工程款 | | |

（4）"应付工程款"科目：属于资金来源类科目，用来核算建设单位按照基本建设工程价款结算办法和工程合同的有关规定，与施工企业办理工程价款结算时，应付给施工企业的工程款（见图表 5-4）。本科目按施工单位的户名进行明细核算。

图表 5-4

| 借 | 应 付 工 程 款 | 贷 |
|---|---|---|
| 1. 扣回的预付备料款<br>2. 扣回的预付工程款<br>3. 支付应付工程款和随同工程价款一并结算的各项支出 | 1. 根据工程价款结算账单结算的应付工程价款（"建筑安装工程投资"）<br>2. 随同工程价款一并支付的临时设施费、施工机构转移费（"待摊投资"） | |
| | 余额:应付未付的工程款 | |

现举例说明预付备料款和出包工程款的总分类核算：

**【例 5-1】** 某建设单位将库存水泥一批拨给施工单位抵作备料款，水泥计划成本 210 元，实际成本 200 元，结算价格 220 元。

当发生材料实际成本和结算价格不等时，其差额由出包工程投资负担，账务上通过"建筑安装工程投资"科目来处理。应做如下会计分录：

借：预付备料款　　　　　　　　　　　　　　　　　　220
　　贷：库存材料　　　　　　　　　　　　　　　　　210
　　　　建筑安装工程投资　　　　　　　　　　　　　 10

借：建筑安装工程投资　　　　　　　　　　　　　　　10
　　贷：材料成本差异　　　　　　　　　　　　　　　 10

由于基本建设投资是建设单位进行基本建设工作所实际投入的资金，上例中材料结算价格大于实际成本 20 元，在计算投资完成额时，应将这 20 元减去。因为在抵作应付工程款扣回备料款时，是按 220 元数字扣回的，而建设单位的实际支出却是 200 元（实际成本），20 元差额是由价格结算上的因素造成的，并非建设单位实际的投资支出；反之，当结算价格小于实际成本时，实际支出数增加，投资完成额也就增加，在计算投资完成额时，对材料结算价格小于实际成本的差额不能扣减。

**【例 5-2】** 某建设单位月初预付施工单位工程款 20 000 元，月末接到工程价款结算账单，上列本月已完工程款 50 000 元，经计算，除扣回预付工程款外，还应扣回预付备料款 5 000 元。预付工程款和应付的工程款均用投资借款付讫。

当预付工程款时,应做如下会计分录:

借:预付工程款　　　　　　　　　　　　　　　　　　　20 000
　贷:基建投资借款　　　　　　　　　　　　　　　　　　　20 000

根据工程价款结算账单计算应付工程款时,应做如下会计分录:

借:建筑安装工程投资　　　　　　　　　　　　　　　　　50 000
　贷:应付工程款　　　　　　　　　　　　　　　　　　　50 000

预付备料款和预付工程款抵扣应付工程款,净额 25 000 元用投资借款支付时,应做如下会计分录:

借:应付工程款　　　　　　　　　　　　　　　　　　　50 000
　贷:预付工程款　　　　　　　　　　　　　　　　　　　20 000
　　预付备料款　　　　　　　　　　　　　　　　　　　 5 000
　　基建投资借款　　　　　　　　　　　　　　　　　　25 000

**(四)单独计算的其他工程费用的核算**

建筑安装工程独立费用,是指为进行建筑安装工程施工需要而发生的,不包括在工程直接费和施工管理费范围之内,应该根据实际发生情况,单独计算一些和工程建设直接或间接有关的费用支出。从这些支出的性质看,其中大部分是直接为工程建设服务的,应该列入建设工程的投资支出。以上海为例,这些支出的内容有以下几项:

1. 临时设施费用

(1)因施工需要搭设的生活和生产用临时性、半永久性的设施以及场内临时性的道路、便桥、水塔、水池;

(2)为了安全、市容等特殊要求而搭设的建筑物围护用的篱笆、各种围墙;

(3)施工现场的水管、电线及其他动力管线等设施的维修、摊销费用;

(4)取费标准按预算成本的 2.5% 收取,由施工单位包干使用。

2. 冬雨季施工增加费

按常规发生的冬雨季施工增加费已包括在施工管理费内。但因工程特殊要求而需采用蒸汽养护、掺加氯化钙、提高混凝土及砂浆标号等,以及必须搭建筑炉、防雨棚等所发生的费用,应由双方签证后另行计算,列入工程预算成本。

3. 流动施工津贴

(1)施工企业在离开市区或基地到郊区施工的职工,可实行流动施工津贴。

(2)郊区施工企业离开本县到市区或邻县施工的职工,也可享受流动施工津贴。

(3)取费标准:

本市⇌郊区,按(直接费+施工管理费)×0.9%计取;

外省市⇌本市,按(直接费+施工管理费)×1.4%计取。

### 4. 远征工程增加费

施工企业在承担远郊的大中型工程项目或离开本市到邻近省、市承担工程任务时所需增加的职工差旅交通费,主副食运费补贴,施工机械、工具、用具、周转性材料的运杂费等费用由双方协商签证后另行计算,计入工程预算成本(进入本市施工暂不考虑)。

### 5. 特殊条件下施工增加费

建设单位对工程进度有加快要求而必须采取夜间连续施工所发生的夜班津贴以及有关照明设施等增加费用和其他加快施工进度措施在预算定额规定范围以外(如有毒有害场所)所发生的一些特殊增加费用。由建设单位提出申请,经市建委批准后,按直接费加施工管理费的 2.4% 计算。

### 6. 技术装备费

为提高施工企业施工机具的装备水平,提高机械化程度而需要的专项费用,地方国营施工企业按预算成本加大型临时设施费、劳保支出后的基数的 3% 计取,20 世纪 60 年代全民转集体的施工企业按 1% 计取。

### 7. 劳保支出费

它是指施工企业由福利基金支出外的劳保条例规定的支出,全民按预算成本的 1.92%,20 世纪 60 年代全民转集体的施工企业按预算成本的 1.2% 计取。

### 8. 施工机构转移费

它是指施工单位根据建设任务的需要,经有关部门决定,施工单位机构由原驻地调往另一地区、另一个省份承担工程任务而发生的一次性搬迁费用,包括职工调动期间工资,职工及随同迁移家属的旅费,施工机械、设备、活动房屋、工具、用具和周转材料的运输等。采用支援会战办法、跨省市承担工程任务、不改变隶属关系和建制、完成任务后返回原驻地的施工企业,不包括职工家属的旅费。

此外,还有流动资金贷款利息、材料价差等费用结算。

建设单位在支付上列各项费用时,按规定临时设施包干费和施工机构转移费不属于工程价款的组成部分,分别计入"待摊投资——临时设施费""待摊投资——施工机构转移费"科目,其余费用均应作为出包工程价款的组成部分,计入"建筑安装工程投资"科目。

现举例说明上述费用的总分类核算如下:

【例 5-3】 某建设单位某月应付施工企业工程价款 51 500 元,包括冬雨季施工、夜间施工、远征施工增加费和劳保支出,临时设施费 750 元,施工机构转移费 1 000 元。

在会计核算上应分别不同结算情况,作如下处理:

如果上述各项费用,施工企业列入"工程价款结算账单"随同工程价款一并向建设单位收取,应做如下会计分录:

借：建筑安装工程投资　　　　　　　　　　　　　　　　　　51 500

　　待摊投资——临时设施费　　　　　　　　　　　　　　　　750

　　　　　　——施工机构转移费　　　　　　　　　　　　　1 000

　贷：应付工程款　　　　　　　　　　　　　　　　　　　　53 250

如果上述各项费用，施工企业单独开列账单，则应做如下会计分录：

根据"工程价款结算账单"登记应付工程款，应做如下会计分录：

借：建筑安装工程投资　　　　　　　　　　　　　　　　　　51 500

　贷：应付工程款　　　　　　　　　　　　　　　　　　　　51 500

根据"费用结算账单"以投资借款支付各项费用，应做如下会计分录：

借：待摊投资——临时设施费　　　　　　　　　　　　　　　750

　　　　　　——施工机构转移费　　　　　　　　　　　　　1 000

　贷：基建投资借款　　　　　　　　　　　　　　　　　　　1 750

借：应付工程款　　　　　　　　　　　　　　　　　　　　51 500

　贷：基建投资借款　　　　　　　　　　　　　　　　　　　51 500

（五）基建绿化的核算

在近几年上海每年大面积添绿 800 万平方米的基础上，上海正启动新一轮基建绿化建设。首期目标为 2003 年底创造国家园林城市，到 2002 年底实现人均公共绿地 7 平方米。中期目标实现市民出门 500 米，可见 3 000 平方米大型绿地；出门 3 公里有一座 300 亩以上区级公园；5 公里范围有一座 1 000 亩以上市级大公园。随着城市不断大规模投资进行植树造绿，国家对基建绿化率指标考核也在细化、深化，建设项目的基建绿化投资势必会逐年增加。这样，建设单位就有必要加强和做好基建绿化的核算，设置"建筑安装工程投资——建筑工程投资——绿化支出"明细科目进行专项核算。其具体核算方法如下所述：

（1）经营性项目或能形成资产且有交付对象的非经营性项目发生的林木购置、种植、幼林抚育和其他绿化费用，计入"建筑安装工程投资"。项目竣工交付使用后，分别从"建筑安装工程投资"转入"交付使用资产"。其中对能独立形成固定资产的林木应当单独核算反映；对不能形成固定资产的绿化费用，应计入与绿化费用相关的固定资产成本内。

【例 5-4】　某建设单位发生林木支出 117 120 元，绿化费用为 160 000 元，其中以银行存款付讫 240 000 元，分配种植、抚育人员工资 32 000 元，职工福利费 4 480 元，工会经费 640 元。其建造完成价值 7 200 000 元的建筑物，其中厂房价值 3 600 000 元，食堂价值 1 800 000 元，职工宿舍价值 1 800 000 元。这些建筑物交付使用时，将绿化费用按 2∶1∶1 比例进行分配，厂房、食堂和职工宿舍各分配 80 000 元、40 000 元和 40 000 元。应做如下会计分录：

① 发生的绿化造林支出：

借：建筑安装工程投资——建筑工程投资——绿化支出　　　　277 120
　　贷：银行存款　　　　　　　　　　　　　　　　　　　　240 000
　　　　应付工资　　　　　　　　　　　　　　　　　　　　 32 000
　　　　应付福利费　　　　　　　　　　　　　　　　　　　  4 480
　　　　其他应付款——工会经费　　　　　　　　　　　　　    640

　　② 建成并已交付使用时：

借：交付使用资产——固定资产——林木　　　　　　　　　117 120
　　　　　　　　　　　　　　　——厂房　　　　　　　　　 80 000
　　　　　　　　　　　　　　　——食堂　　　　　　　　　 40 000
　　　　　　　　　　　　　　　——职工宿舍　　　　　　　 40 000
　　贷：建筑安装工程投资——建筑工程投资——绿化支出　　277 120

（2）非经营性项目发生的绿化支出，如城市公共绿地、临时绿地等，凡不能形成资产或虽能形成资产但无交付对象的，作核销投资处理。发生绿化支出时计入"建筑安装工程投资"，结转成本时计入"待核销基建支出"，在项目竣工后报经同级财政部门审批，再冲销相应的资金来源。

【例 5-5】　非经营性项目当年发生城市公共绿地支出 15 600 元，以银行存款付讫，项目竣工后报经批准予以冲销。应做如下会计分录：

　　① 发生的绿化造林支出：

借：建筑安装工程投资——建筑工程投资——绿化支出　　　 15 600
　　贷：银行存款　　　　　　　　　　　　　　　　　　　  15 600

　　② 不能形成资产或虽然形成资产但无交付对象的投资：

借：待核销基建支出　　　　　　　　　　　　　　　　　　 15 600
　　贷：建筑安装工程投资——建筑工程——绿化支出　　　　 15 600

　　③ 在项目完工后报同级财政部门审批，冲销相应的资金来源：

借：基建拨款——以前年度拨款　　　　　　　　　　　　　 15 600
　　贷：待核销基建支出　　　　　　　　　　　　　　　　　 15 600

（3）经营性的园林建设（或林业建设）项目所发生的林木购置、种植、幼林抚育和其他绿化费用，计入"其他投资"。完工后交付有关单位经营管理时，再从"其他投资"转入"交付使用资产"，按园林单位（或林业单位）固定资产划分标准，分别在"交付使用资产"中的"固定资产"和"流动资产"内反映。

【例 5-6】　某林场建设单位以基建投资借款支付各种经济林木的造林费用102 700 元，交付接受单位使用，已办妥验收交接手续，其中够固定资产标准林木为64 700 元，按规定应负担待摊投资 5 135 元。应做如下会计分录：

① 发生的绿化造林支出：

借：其他投资——林木支出　　　　　　　　　　　　　102 700

　　贷：基建投资借款　　　　　　　　　　　　　　　　　102 700

② 建成并已交付使用时：

借：交付使用资产——固定资产　　　　　　　　　　　64 700

　　　　　　　　——流动资产　　　　　　　　　　　43 135

　　贷：其他投资——林木支出　　　　　　　　　　　　102 700

　　　　待摊投资　　　　　　　　　　　　　　　　　　　5 135

同时，及时通知接受单位转账时：

借：应收生产单位投资借款　　　　　　　　　　　　107 835

　　贷：待冲基建支出　　　　　　　　　　　　　　　　107 835

③ 下年度建立新账时：

借：待冲基建支出　　　　　　　　　　　　　　　　107 835

　　贷：交付使用资产　　　　　　　　　　　　　　　　107 835

（六）建筑安装工程投资的明细核算

"建筑安装工程投资"科目的明细核算，应分别设置"建筑工程投资"和"安装工程投资"两个明细科目。这两个明细科目应按单项工程和单位工程设置明细账，进行明细核算。用预收下年度预算拨款进行的建筑安装工程投资，还要单独设置明细账，进行明细核算。下年度开始时，再按明细账的余额转入用当年拨款进行的建筑安装工程投资明细账。一般可采用以下两种方法设置账页：

一是建立"建筑工程投资"和"安装工程投资"两套明细账，按各单位工程分设三栏式账页，将各账页按单项工程进行分组，每组账页前应设置三栏式的单项工程汇总账页。发生各项建筑、安装工程投资支出时，只在单位工程账页上登记，月终将各单位工程账页上的记录，按组汇总，记入单项工程汇总账页。在单项工程汇总账页的上端应注明不同的资金来源。

二是为了减少核算层次，便于在同一账页上既能反映单项工程又能反映它所属的各单位工程的情况，可按单项工程设置账页，按单位工程设置专栏，进行登记。这种账页，在单位工程竣工交付使用时，应用红字在各有关专栏内登记。其格式如图表5-5所示。

建设单位如有用预收下年度预算拨款完成的建筑安装工程投资，应单独进行明细分类核算，以便分别计算用本年预算拨款和用下年度预算拨款完成的投资额。因为在当年投资计划中是不包括用预收下年度预算拨款完成的投资的。在考核当年投资计划的执行情况时，也应在本年完成建筑安装工程投资额中，扣除这部分投资后，与用本年预算拨款完成的建筑安装工程投资额进行比较。

图表 5-5　建筑(安装)工程投资明细账

单项工程名称：　　　　　　　资金来源：　　　　　　　　　　第　页

| 年 | | 凭证号数 | 摘要 | 借方 | 贷方 | 余额 | 单位工程名称 | | |
|---|---|---|---|---|---|---|---|---|---|
| 年 | 日 | | | | | | 厂房建筑 | 设备基础 | |
| | | | | | | | | | |
| | | | | | | | | | |
| | | | | | | | | | |

# 第三节　设备投资的核算

## 一、设备投资核算的内容

设备投资，是指建设单位按照项目概算内容发生的构成投资完成额的各种设备的实际成本，包括在安装设备、不需要安装设备和为生产准备的不够固定资产标准的工具、器具的实际成本。在安装设备，是指已具备正式开始安装条件的需要安装设备；不需要安装设备，是指不必固定在一定位置或支架上就可以使用的设备；工具及器具，是指新建单位或扩建单位的新建车间为生产准备的第一套不够固定资产标准的工具、卡具、模具等。

要准确理解设备投资的概念，必须注意把握好以下三个层次：

第一，基本建设单位会计制度是以资金的用途分类，来核算基建成本的。"设备投资"就是专项核算用于设备及工器具采购方面支出的成本科目。一般来说，除列入房屋工程预算内的暖气、卫生、通风、照明、煤气、消防等设备的价值，应记入"建筑安装工程投资"科目，为进行可行性研究而购置的固定资产，以及购入办公和生活用的家具、器具的价值，应记入"其他投资"科目，用零星购置费、基建投资或留成收入购置自用固定资产，应记入"固定资产"科目外，其他设备的购置，不管是否验收入库，也不管是否交付安装，最后都要通过"设备投资"科目来进行核算。

第二，这里所讲的"各种设备"是指在安装的需要安装设备、不需要安装设备和为生产准备的低于固定资产标准的工具及器具；所讲的"各种设备的实际成本"仅指上述设备的采购成本，而不包括设备的建筑成本和安装成本。需要安装设备的基础、支架等工程支出应作为建筑工程投资，所发生的安装费应作为安装工程投资，这两部分支出应在"建筑安装工程投资"科目核算。

第三，"设备投资"与交付使用资产中的"设备"含义截然不同，要注意两者在核算上的区别：前者是成本科目，只核算应计入基建成本的设备采购成本；后者是反映交付使用资产中的固定资产价值，核算时不仅要包括设备的采购成本，还应包括设备的建筑成本、安装成本以及应分摊的待摊投资等。

## 二、需要安装设备投资完成额的计算

需要安装设备应当在设备正式开始安装后才能计算其投资额。正式开始安装应同时具备以下三个条件：一是设备的基座和支架已经完成；二是安装设备所必须的图纸资料已经具备；三是设备已经运到安装现场，开箱检验完毕，吊装就位并继续安装。

在设备交付安装时，往往不能确定是否符合正式开始安装的三个条件，为了保证账实相符又能简化核算，现行制度规定，需要安装设备出库安装时，先根据出库单从"库存设备"科目的贷方转入"设备投资——在安装设备"科目的借方。到年终时，再对在安装设备进行盘点，如发现有不符合正式开始安装三个条件的，要办理假退库手续，用红字编制相同会计分录冲回，当年不得计算设备投资完成额。下年度初，再重新作交付安装的分录。

## 三、不需要安装设备及生产维修用工、器具投资完成额的计算

不需要安装设备、生产用工具、器具，一律从设备、工具、器具运到建设单位仓库或建设单位指定地点，并经验收入库后，即可计算设备投资完成额。至于订购的不需要安装设备或工、器具，即使已付款，或已在途中，均不能计算其投资完成额。

对于购入时不能区分是需要安装设备还是不需要安装设备，一般可先作为需要安装设备入账，待确定为不需要安装设备时，再转入"设备投资——不需要安装设备"科目，计算投资完成额。

## 四、设备投资的核算

为了反映和监督设备及工具、器具投资额的实际支出，需要设置"设备投资"科目。如图表5-6所示。

图表5-6

| 借　　　　　　　　　　　设　备　投　资　　　　　　　　　贷 | |
|---|---|
| 1. 需安设备出库交付安装 | 1. 办理了交付验收手续，将在安装设备、不需要安装设备和工、器具移交生产单位使用 |
| 2. 年终对不符合"正式开始安装"三个条件办理假退库手续(红字) | 2. 构成设备投资的设备、工器具移交其他单位继续建设 |
| 3. 不需要安装设备和工、器具验收入库 | 3. 对外处理和销售积压的构成设备投资的设备和工、器具 |
| 4. 其他单位转入的需继续建设的设备投资 | 4. 在安装设备报废，和不需要安装设备、工器具盘亏、毁损 |
| 5. 盘盈不需要安装设备和工、器具 | |
| 余额：已构成投资完成额但尚未交付使用的设备实际价值。<br>（在建工程成本组成部分之一） | |

"设备投资"科目应设置"在安装设备""不需要安装设备"和"工具及器具"三个明细科目,分别核算交付安装的在安装设备、购置入库的不需要安装设备和生产用工具、器具。

现举例说明设备投资的总分类核算如下:

**【例5-7】** 将库存一批需要安装设备交付安装公司进行安装,设备实际成本200 000元。根据出库单应做如下会计分录:

借:设备投资——在安装设备            200 000
 贷:库存设备               200 000

**【例5-8】** 年终时,对上项在安装设备进行盘点清查,发现其中价值50 000元的设备不符合正式开始安装的三个条件,应办理假退库手续。这时,应做如下会计分录:

借:设备投资——在安装设备            50 000
 贷:库存设备               50 000

新年度开始时,再做如下会计分录重新入账:

借:设备投资——在安装设备            50 000
 贷:库存设备               50 000

**【例5-9】** 收到主管部门从本系统其他单位无偿调入汽车1辆,实际成本为124 000元,已验收入库。应做如下会计分录:

借:设备投资——不需要安装设备          124 000
 贷:基建拨款——本年其他拨款          124 000

**【例5-10】** 接受单位填制"设备出库单",领用汽车1辆,已办妥验收交接手续。根据"设备出库单"和"交付使用资产明细表",应做如下会计分录:

借:交付使用资产——固定资产           124 000
 贷:设备投资——不需要安装设备          124 000

**【例5-11】** 某非经营性建设单位在设备清查盘点时,发现需要安装设备盘亏2台,实际成本共计60 000元。库存生产用工具、器具盘亏一批,价值1 200元。另有1台不需要安装设备因自然灾害原因报废,实际成本2 000元。按规定程序报经批准后,予以转账。根据设备清查盘点计算表应做如下会计分录:

(1)批准前:

借:待处理财产损失——设备           63 200
 贷:库存设备               60 000
  设备投资——不需要安装设备         2 000
    ——工器具           1 200

（2）经批准可以转销时：

借：待摊投资——设备盘亏及毁损          61 200

    ——其他待摊投资          2 000

 贷：待处理财产损失——设备          63 200

如经营性项目因自然灾害原因造成器材非常损失，则应单独列入"其他投资——递延资产"交付生产单位。

为了具体反映各种不需要安装设备和工具、器具的收发结存情况，必须设置设备明细账，按照设备和工具、器具的类别、名称和规格进行明细核算。不需要安装设备一般可按品名分户核算，并按工程项目进行归类；工具、器具可按品名分户，还可按类别或工程项目别（专用工具、器具部分）分户核算，以减少明细账页数。设备明细账的格式（如第三章的图表 3-10），不需要安装设备及工具、器具收发的明细核算方法，与库存需要安装设备基本相同。为了具体反映和监督各种在安装设备，一般应按单位工程设置在安装设备明细账，并按在安装设备的品种和规格进行明细核算。其格式如图表 5-7 所示。

**图表 5-7  在安装设备明细账**

单项工程：         资金来源：         单位工程：

| 年 | | 凭证号数 | 摘要 | 设备名称规格型号 | 单位 | 数量 | 单价 | 总价 |
|---|---|---|---|---|---|---|---|---|
| 月 | 日 | | | | | | | |
| | | | | | | | | |
| | | | | | | | | |
| | | | | | | | | |

建设单位用预收下年度预算拨款完成的设备投资，应单独进行明细核算。

在计算设备投资完成额时，也要分别不同的资金来源，分别进行计算。

# 第四节  其他投资的核算

## 一、其他投资的核算内容

其他投资，是指构成投资完成额并单独形成交付使用资产的各种其他投资支出，它主要通过基建工作中的购置、饲养、培育等活动实现的。新建农牧业、林业、水产养殖业建设单位的基本畜禽、林木和鱼苗，在交付使用时，应按规定分摊待摊投资。

根据现行会计制度规定，其他投资一般包括以下内容：

（1）房屋购置：指建设单位购置的在建设期间使用的办公用房和为生产使用部

门购置的各种现成房屋。

（2）基本畜禽支出：指新建的农牧业建设单位外购大牲畜（如种畜、役畜等，不包括食用牲畜）、各种禽类（即非食用类禽类，如鸡群、鸭群等）的购置费用和交付使用前所发生的各种饲养费用。牲畜、禽类饲养期间的收入（如幼畜、禽蛋的销售收入等），应冲减基本畜禽支出中的饲养费用；如有纯收入（即饲养收入大于饲养费用的差额），应转作基建收入。原有农牧业企业自繁自养或外购补充基本畜禽支出，不包括在本项目内，应按国有农牧业企业的会计制度进行核算。

（3）林木支出：指林业建设单位和经营性的园林建设单位的造林支出和基建绿化支出，包括各种经济林等的林木购置、种植、幼林抚育和其他绿化费用，不包括成林的抚育费用和非林业、园林建设单位的绿化造林支出。成林抚育费用，应按照国有林业会计制度的规定核算，幼林抚育费用和成林抚育费用如何划分，按财务制度的规定执行。非林业、园林建设单位的绿化造林支出，应计入"建筑安装工程投资"科目。

（4）办公生活用家具、器具购置：指新建建设单位购置办公生活用的家具、器具的实际支出。

（5）可行性研究固定资产购置：建设单位为进行可行性研究而购置的固定资产的实际支出。

（6）无形资产：指建设单位取得的各种无形资产，包括土地使用权（非行政事业单位）、专利权和专有技术等。

（7）递延资产：指建设单位在建设期间发生的不计入固定资产、流动资产价值的各种递延费用，包括生产职工培训费、样品样机购置费、农业开荒费和非常损失等。行政事业单位建设项目发生的非常损失，应列入"待摊投资——其他待摊投资"，不包括在本项目内。

新建水产养殖业建设单位，在投资计划中如果列有鱼苗饲养等支出的，在实际发生时，可增设"鱼苗支出"明细科目进行核算。

## 二、其他投资的核算

为核算和监督各项其他投资的支出和交付使用情况，应设置"其他投资"科目。如图表5-8所示。

图表5-8

| 借 | 其 他 投 资 | 贷 |
|---|---|---|
| 1. 实际发生各项其他投资支出（"基建投资借款"） | 1. 结转已建成交付使用单位的各项其他投资（"交付使用资产"） | |
| 2. 其他单位转入其他投资（"应付有偿调入器材及工程款"） | 2. 转出其他投资（"应收有偿调出器材及工程款"） | |
| 余额：已发生尚未交付使用的各项其他投资支出数 | | |

"其他投资"科目应按各项其他投资支出范围设置明细科目进行明细核算。现行制度规定设置以下七个明细科目:"房屋购置""基本畜禽支出""林木支出""办公生活用家具、器具购置""可行性研究固定资产购置""无形资产""递延资产"。如确有必要,在得到上级批准后,可增设"鱼苗支出"明细科目。

现举例说明"其他投资"的总分类核算如下:

【例5-12】 用银行存款购置房屋1栋,价值200 000元,购买可行性研究用的计算机3台,价值150 000元。应做如下会计分录:

| | |
|---|---|
| 借:其他投资——房屋购置 | 200 000 |
| ——可行性研究固定资产购置 | 150 000 |
| 贷:银行存款 | 350 000 |

【例5-13】 购入自用的计算机3台,价值150 000元,交付本单位进行建设项目可行性研究。应做如下会计分录:

| | |
|---|---|
| 借:交付使用资产 | 150 000 |
| 贷:其他投资——可行性研究固定资产购置 | 150 000 |
| 借:固定资产 | 150 000 |
| 贷:交付使用资产 | 150 000 |

【例5-14】 某新建农牧业建设单位购入种畜、役畜一批,货款110 500元,以基建投资借款支付。应做如下会计分录:

| | |
|---|---|
| 借:其他投资——基本畜禽支出 | 110 500 |
| 贷:基建投资借款 | 110 500 |

【例5-15】 承[例5-14]。将购入的牲畜交付生产单位使用,已办妥验收交接手续。按规定应负担待摊费用2%为2 210元。应做如下会计分录:

| | |
|---|---|
| 借:交付使用资产 | 112 710 |
| 贷:其他投资——基本畜禽支出 | 110 500 |
| 待摊投资 | 2 210 |

同时,通知生产单位及时转账。应做如下会计分录:

| | |
|---|---|
| 借:应收生产单位投资借款 | 112 710 |
| 贷:待冲基建支出 | 112 710 |

【例5-16】 经营性园林建设项目,发生的绿化造林支出86 000元,以银行存款支付。应做如下会计分录:

| | |
|---|---|
| 借:其他投资——林木支出 | 86 000 |
| 贷:银行存款 | 86 000 |

【例5-17】 非行政事业单位建设项目通过出让方式取得有限期的土地使用权,以基建投资借款支付出让金2 400 000元。应做如下会计分录:

| 借：其他投资——无形资产 | 2 400 000 | |
| 贷：基建投资借款 | | 2 400 000 |

将无形资产移交生产企业时,应做如下会计分录:

| 借：交付使用资产 | 2 400 000 | |
| 贷：其他投资——无形资产 | | 2 400 000 |
| 借：应收生产单位投资借款 | 2 400 000 | |
| 贷：待冲基建支出 | | 2 400 000 |

**【例 5-18】** 应付生产培训人员工资 9 600 元,计提生产培训人员的职工福利费 1 344 元,工会经费 192 元,从银行存款户支付培训人员差旅费 1 152 元。应做如下会计分录:

| 借：其他投资——递延资产 | 12 288 | |
| 贷：应付工资 | | 9 600 |
| 应付福利费 | | 1 344 |
| 其他应付款——工会经费 | | 192 |
| 银行存款 | | 1 152 |

**【例 5-19】** 非行政事业单位自筹资金建设项目由于遭受台风袭击而损失水泥一批,计划成本为 2 000 元,应分配材料成本差异 60 元,从银行存款支付采取善后措施发生费用 500 元。

批准前,应做如下会计分录:

| 借：待处理财产损失——材料 | 2 560 | |
| 贷：库存材料 | | 2 000 |
| 材料成本差异 | | 60 |
| 银行存款 | | 500 |

批准转账后,应做如下会计分录:

| 借：其他投资——递延资产 | 2 560 | |
| 贷：待处理财产损失——材料 | | 2 560 |

**【例 5-20】** 为生产单位购置样品样机 4 000 元,以基建投资借款支付。应做如下会计分录:

| 借：其他投资——递延资产 | 4 000 | |
| 贷：基建投资借款 | | 4 000 |

其他投资科目应按规定的明细科目和费用项目、财产类别分设明细账(费用项目可设多栏式账页)进行明细核算。

如有用预收下年度预算拨款完成的其他投资,应单独进行明细核算。如用多种资金共同完成其他投资时,应分别计算它们的投资完成额。

# 第五节　待摊投资的核算

## 一、待摊投资核算的内容

待摊投资,是指建设单位按项目概算内容发生的,构成基本建设投资完成额的,应当分摊计入交付使用资产价值的各项费用支出。这些费用性质的支出,虽然本身不直接构成交付使用资产,但有助于交付使用资产的形成,是与基本建设有着密切相关的支出,因而理应分摊计入交付使用资产价值。根据现行制度规定,待摊投资一般包括以下各项内容(其中"投资方向调节税"现已暂停缴纳):

(1)建设单位管理费:指经批准单独设置管理机构的新建建设单位为进行筹建、建设和竣工验收前的生产准备工作所发生的管理费用。一般包括工作人员工资、工资附加费、劳动保险费、待业保险费、办公费、差旅交通费、劳动保护费、工具用具使用费、固定资产使用费、零星购置费、招募生产工人费、技术图书资料费、印花税和其他管理性质开支。由生产企业(或行政事业单位)兼办基本建设的管理费,应由企业(或行政事业单位)的生产经费(或行政事业经费)开支,不得挤入建设成本。

未经批准单独设置管理机构的其他建设单位,如确需发生管理费用,报经同级财政部门批准后方可开支。

(2)土地征用及迁移补偿费:指通过划拨方式取得无限期的土地使用权而支付的土地补偿费、附着物和青苗补偿费、安置补偿费、迁移费及土地征收管理费以及行政事业单位建设项目通过出让方式取得土地使用权而支付的出让金。非行政事业单位建设项目通过出让方式取得有限期土地使用权而支付的出让金,在"其他投资——无形资产"科目核算,作为无形资产单独交付生产使用单位。对征用土地还要向地方政府交纳土地开发费的建设单位,还应包括土地开发费。对在征用土地上进行土地平整、原有障碍物的拆除和在建筑场地的布置所发生的费用,不属于本项目支出范围,应在"建筑安装工程投资"科目中核算。

(3)勘察设计费:指建设单位自行或委托勘察设计单位进行工程水文地质勘察、设计所发生的费用,以及购置标准图纸的费用。勘察设计费按概算投资额的一定费率计算,可分次支付,如签订合同后支付30%,勘察开工后支付30%,勘察完成后全部付清。

(4)研究试验费:指为建设项目提供或验证设计数据、资料进行必要的研究试验,按照设计规定在施工中必须进行试验所发生的费用,以及支付科技成果和先进技术的一次性技术转让费。不包括应由科技三项费用开支的费用和应由间接费开支的施工企业对建筑材料、构件和建筑物进行一般鉴定、检查所发生的费用及技术革新的研究试验费,以及应由勘察设计费、勘察设计单位的事业费或基本建设投资中开支的项目(费用)。

（5）可行性研究费：指建设单位在建设前期所发生的按规定应计入交付使用资产成本的可行性研究费用。为进行可行性研究而购置的固定资产，不属于本项目支出范围，应在"其他投资——可行性研究固定资产购置"科目中核算。经过可行性研究，决定取消的项目所发生的费用，应按规定从本项目转入"待摊投资——其他待摊投资"科目核算。

（6）临时设施费：指建设单位按照规定支付给施工企业的临时设施包干费，以及建设单位自行施工所发生的临时设施的实际支出。临时设施费的内容包括：临时设施的搭设、维修、拆除费或摊销费，以及施工期间专用公路养护费、维修费。临时设施清理拆除所得残料收入应作价冲减本项目支出。

（7）设备检验费：指建设单位按照规定支付给商品检验部门的进口成套设备的检验费。建设单位对进口成套设备自行组织检验所发生的费用，不属于本项目支出范围，应列入"采购保管费——进口器材"科目核算。

（8）延期付款利息：指建设单位按照合同规定对进口成套设备采取分期付款的办法所支付的利息。

（9）负荷联合试车费：指单项工程（车间）在交工验收以前按照设计规定的工程质量标准，进行整个车间的负荷联合试车运转所发生的试车亏损，即全部试车费减去试车产品销售收入和其他收入后的差额。单机试运或系统联动无负荷试运所发生的费用，不属于本项目列支范围，应在"建筑安装工程投资——安装工程投资"科目核算。竣工验收后的试车费和试产费，则应由生产企业负担。负荷联合试车费用包括试车所消耗的原料、燃料、油料和动力的费用，机械使用费，工具及用具使用费，以及参加联合试车人员的工资等。

（10）包干节余：指非经营性项目实行基本建设包干责任制的建设单位实现的按规定应计入交付使用资产价值的包干节余，包括按规定留用的包干节余和按规定应上交或抵作偿还基建投资借款的包干节余。

（11）坏账损失：指建设单位按规定程序报经批准确实无法收回的预付及应收款项。因某种原因而无法偿还的预收款及应付款项，报经批准转销时，应冲减本项目支出。

（12）借款利息：指建设单位向国内外银行借入基本建设投资借款和周转借款所支付的基建计划规定建设期内的借款利息支出。使用部门统借统还基建基金借款发生的资金占用费也在本项目支出。超过计划规定建设期的利息，未按合同规定用途使用，挤占挪用借款部分罚息支出和不按期归还借款而加付的利息，按规定应由建设单位或上级主管单位留成收入中支付。投产后的利息，按规定由生产企业的有关资金中支付，不属于本项目支出范围。建设项目在建设期间的存款利息收入和经营性项目在建设期间的财政贴息资金收入，应冲减本项目。

（13）合同公证费及工程质量监测费：指建设单位按规定支付给司法部门的合同公证费和支付给工程质量监测部门的工程质量监测费。

（14）企业债券利息：指建设单位按规定应计入交付使用资产成本的企业债券资金建设期的债券利息。建设单位使用企业债券资金发生的在建设期的利息，应在单项工程竣工时分摊计入工程成本。具体分摊办法，可由主管部门根据本部门的建设特点和债券还本付息的要求自行规定。建设单位将企业债券资金存入银行所取得的利息收入，按规定应冲减本项目支出。

（15）土地使用税：指建设单位按照规定交纳的土地使用税。土地使用税以纳税人实际占用土地面积为计税依据。土地使用税每平方米的年税额为：大城市 5 角至 10 元；中等城市 4 角至 8 元；小城市 3 角至 6 元；县城、建制镇和工矿区 2 角至 4 元。

（16）汇兑损益：指建设单位国外借款等外币账户发生的汇兑损益。

（17）国外借款手续费及承诺费：指建设单位按规定应计入交付使用资产价值的国外借款手续费及承诺费。包括支付手续费、代理费、杂费、担保费和承诺费等。

（18）施工机构转移费：指建设单位按规定支付给施工机构因成建制由其他省、市原驻地调来承担施工任务而发生的一次性搬迁费用。包括职工随同迁移家属的旅费，调迁期间的工资、施工机械、设备工具、用具和周转料具等的运输费。

（19）报废工程损失：指经营性项目由于管理不善、设计方案变更、重大灾害事故等原因造成工程报废所发生的扣除残值后的净损失（即报废工程实际成本加上清理费用减去回收设备材料残值的净损失）。报废工程要经过有关部门鉴定，报经同级财政部门审查批准后，才能报废清理，冲销相应的资金来源。非经营性项目报废不能形成资产部分的投资，应作待核销基建支出处理，不包括在本项目内。

（20）耕地占用税：指建设单位按规定交纳的耕地占用税。耕地占用税实行定额税率，每平方米 1～10 元，按实际占用耕地面积一次性交纳。

（21）土地复垦及补偿费：指建设单位在基建过程中破坏土地而发生的土地复垦费用和土地损失补偿费用。土地复垦基金每亩 5 000 元，按实际占用土地面积交纳。

（22）投资方向调节税：指建设单位（三资企业除外）按规定交纳的投资方向调节税。

（23）固定资产损失：指建设单位清理固定资产的净损益以及经批准转账的固定资产的盘亏和盘盈。

（24）器材处理亏损：指销售积压器材所发生的亏损，以及自用积压物资发生的修理改制费用。如果处理积压器材发生销售盈余时，应冲减本项目支出。

（25）设备盘亏及毁损：指建设单位发生经主管部门批准转账的设备盘亏和毁损的净损失。如果设备发生盘盈经批准转账后应冲减本项目支出。

（26）调整器材调拨价格折价：指建设单位按规定调整器材调拨价格发生的折价。如调整器材调拨价格的溢价则贷记本科目。

（27）企业债券发行费用：指建设单位筹措债券资金而发生的发行费用，包括支付给银行的代理发行费和债券的设计、印刷、广告、宣传等费用。

（28）概（预）算审查费：指建设单位按规定支付给有概预算审价资质机构的费用。

（29）项目评估费：指建设单位为取得贷款等按规定需要支付的项目评估费用。

（30）社会中介机构审计费：指建设单位按规定支付给会计师事务所等社会中介机构的审计费用。

（31）车船使用税：指建设单位按规定交纳的车船使用税。车船使用税实现定额税率，如乘人汽车每年每辆税额为 60 元至 320 元，载重汽车按净吨位计算，每年每吨为 16 元至 60 元。

（32）其他待摊投资：指建设单位发生的除上述各种待摊投资以外的其他应计入交付使用资产价值的待摊投资。如国外设计及技术资料费、出国联络费、外国技术人员费、经营性项目的取消项目可行性研究费，编外人员生活费、停缓建维护费、商业网点费、供电站费和行政事业单位建设项目发生的非常损失等。

## 二、待摊投资的核算

为了归集和核算以上各项待摊投资的支出，建设单位需要设置"待摊投资"科目。

"待摊投资"科目：属于资金占用类科目，用来核算和监督建设单位各项待摊投资的发生、分摊和结存情况。如图表 5-9 所示。

图表 5-9

| 借 | 待 摊 投 资 | 贷 |
|---|---|---|
| 1. 发生各项待摊投资支出时（"基建投资借款"） | 1. 按规定比例分配计入交付使用资产成本（"交付使用资产"） |  |
| 2. 其他单位转入待摊投资时（"应付有偿调入器材及工程款"） | 2. 随同转出未完工程分配待摊投资（"应收有偿调出器材及工程款"） |  |
| 余额：实际发生的尚未结转分配的待摊投资支出数<br>（在建工程成本组成部分之一） |  |  |

本科目按以上费用支出的项目名称开设 32 个明细科目进行明细核算。

现举例依次说明待摊投资的总分类核算如下：

【例 5-21】 建设单位筹建机构以基建投资借款购买办公用品 450 元，支付本月发生水电费 250 元，分配筹建机构人员工资 8 000 元，计提应付福利费 1 120 元及工会经费 160 元。应做如下会计分录：

借：待摊投资——建设单位管理费 9 980
　　贷：基建投资借款 700
　　　　应付工资 8 000
　　　　应付福利费 1 120
　　　　其他应付款——应付工会经费 160

【例 5-22】 以基建投资借款支付本单位职工的劳保支出 2 600 元，单独向施工企业支付未列入工程价款结算账单劳保支出 5 000 元。应做如下会计分录：

借：待摊投资——建设单位管理费     7 600

    贷：基建投资借款     7 600

如上述支付施工企业劳保支出列入工程价款结算账单，随同工程款一并结算。则做如下会计分录：

借：建筑安装工程投资     5 000

    贷：应付工程款     5 000

**【例 5-23】** 从自筹资金户支付轻工业设计院的勘察设计费 22 100 元。应做如下会计分录：

借：待摊投资——勘察设计费     22 100

    贷：银行存款——自筹资金户     22 100

**【例 5-24】** 为进行可行性研究，用基建投资借款购置 1 台不需要安装设备价值 2 200 元，并支付各项可行性研究费 3 000 元。应做如下会计分录：

借：待摊投资——可行性研究费     3 000

   其他投资——可行性研究固定资产购置     2 200

    贷：基建投资借款     5 200

如上述建设项目经过可行性研究后，确定其产品无销路，成本偏高，投资效益差，批准决定为取消项目，其前已发生各项可行性研究费 3 000 元，按规定应结转取消项目可行性研究费。应做如下会计分录：

借：待摊投资——其他待摊投资     3 000

    贷：待摊投资——可行性研究费     2 000

**【例 5-25】** 本月出包工程办理结算，一并承付施工企业临时设施包干费 3 840 元，列入工程价款结算账单。应做如下会计分录：

借：待摊投资——临时设施费     3 840

    贷：应付工程款     3 840

**【例 5-26】** 进口成套设备的建设单位，将随同进口成套设备一并发生的延期付款利息 43 200 元，国外设计及技术资料费 72 000 元，出国联络费 60 800 元，设备检验费 25 600 元，外国技术人员费 5 200 元，根据主管部门通知办理转账。应做如下会计分录：

借：待摊投资——延期付款利息     43 200

    ——设备检验费     25 600

    ——其他待摊投资     138 000

    贷：基建拨款——本年进口设备转账拨款     206 800

**【例 5-27】** 非经营性项目实行基建包干责任制的建设单位按规定计提实现包

干节余 120 000 元。应做如下会计分录：

借：待摊投资——包干节余   120 000

 贷：应交基建包干节余   120 000

**【例 5-28】** 经批准核销无法收回的应收有偿调出器材及工程款 50 400 元。应做如下会计分录：

借：待摊投资——坏账损失   50 400

 贷：应收有偿调出器材及工程款   50 400

**【例 5-29】** 在计划规定建设期内，收到建设银行转来计算利息清单，其中投资借款利息 5 000 元，周转借款利息 3 800 元。应做如下会计分录：

借：待摊投资——借款利息   8 800

 贷：基建投资借款   5 000

  其他借款——临时周转借款   3 800

**【例 5-30】** 按规定以基建投资借款支付建筑安装工程招标公证费 2 000 元，工程质量监测费 1 000 元。应做如下会计分录：

借：待摊投资——合同公证费和工程质量监测费   3 000

 贷：基建投资借款   3 000

**【例 5-31】** 按规定交纳土地使用税 350 元、耕地占用税 250 元。应做如下会计分录：

借：待摊投资——土地使用税   350

    ——耕地占用税   250

 贷：应交税金   600

**【例 5-32】** 某建设单位 6 月末"基建投资借款——国外借款"的余额为 8 000 美元，月末市场汇率 $100＝¥840，折成人民币为 67 200 元，原账面记账本位币人民币金额为 66 420 元，两者的差额，即汇兑损失为 780 元（67 200－66 420）。应做如下会计分录：

借：待摊投资——汇兑损失   780

 贷：基建投资借款——国外借款   780

**【例 5-33】** 支付国外借款手续费及承诺费 6 200 元，如果随同国外借款一起发生。应做如下会计分录：

借：待摊投资——国外借款手续费及承诺费   6 200

 贷：基建投资借款——国外借款   6 200

如果属于建设单位直接支付。则做如下会计分录：

借：待摊投资——国外借款手续费及承诺费   6 200

 贷：银行存款   6 200

**【例 5-34】** 按规定以基建投资借款,支付单独结算给施工机构成建制地调来承担工程任务而发生的一次性搬迁费用 52 000 元。根据银行结算凭证和有关凭证。应做如下会计分录:

借:待摊投资——施工机构转移费　　　　　　　　　　　　　　52 000
　贷:基建投资借款　　　　　　　　　　　　　　　　　　　　　52 000

**【例 5-35】** 经营性项目由于设计方案变更,经有关部门确定需要报废,按规定程序报经批准,予以报废清理。该项未完工程已发生建筑工程投资 50 000 元,委托外单位清理,从银行存款户支付清理费用 1 600 元。应做如下会计分录:

借:待摊投资——报废工程损失　　　　　　　　　　　　　　　51 600
　贷:建筑安装工程投资——建筑工程投资　　　　　　　　　　50 000
　　银行存款——自筹资金户　　　　　　　　　　　　　　　　1 600

报废清理过程中,回收设备作价 2 500 元,回收材料按计划成本作价 500 元。根据有关验收单,应做如下会计分录:

借:库存设备　　　　　　　　　　　　　　　　　　　　　　　2 500
　库存材料　　　　　　　　　　　　　　　　　　　　　　　　500
　贷:待摊投资——报废工程损失　　　　　　　　　　　　　　3 000

**【例 5-36】** 按规定以基建投资借款支付在基建过程中破坏土地而发生土地复垦费用 3 000 元,土地损失补偿费用 27 000 元。应做如下会计分录:

借:待摊投资——土地复垦及补偿费　　　　　　　　　　　　　30 000
　贷:基建投资借款　　　　　　　　　　　　　　　　　　　　30 000

**【例 5-37】** 清理固定资产发生净损失 6 300 元,固定资产盘亏 2 700 元,经批准后转账。应做如下会计分录:

借:待摊投资——固定资产损失　　　　　　　　　　　　　　　9 000
　贷:固定资产清理　　　　　　　　　　　　　　　　　　　　6 300
　　待处理财产损失——待处理固定资产损失　　　　　　　　　2 700

**【例 5-38】** 某建设单位将库存积压的主要材料销售给其他单位,收到价款 56 000 元,已存入银行。应做如下会计分录:

借:银行存款　　　　　　　　　　　　　　　　　　　　　　　56 000
　贷:待摊投资——器材处理亏损　　　　　　　　　　　　　　56 000

月末结转上述积压材料计划成本 60 000 元,分配材料成本差异 5%。应做如下会计分录:

借:待摊投资——器材处理亏损　　　　　　　　　　　　　　　63 000
　贷:库存材料　　　　　　　　　　　　　　　　　　　　　　60 000
　　材料成本差异　　　　　　　　　　　　　　　　　　　　　3 000

如以上材料成本差异是贷差(节约),则材料成本差异改用红字。其余作相同会计分录。

**【例 5-39】** 对外销售积压需要安装设备 1 台,实际成本 2 400 元,售价 2 600 元,设备价款尚未收到,另代垫运杂费 80 元,用现金支付。应做如下会计分录:

| | |
|---|---|
| 借:应收有偿调出器材及工程款 | 2 680 |
| 　贷:库存设备 | 2 400 |
| 　　待摊投资——器材处理亏损 | 200 |
| 　　现金 | 80 |

以银行存款支付该积压设备改制、修理费用 1 000 元。应做如下会计分录:

| | |
|---|---|
| 借:待摊投资——器材处理亏损 | 1 000 |
| 　贷:银行存款 | 1 000 |

收到对方汇来的设备款及运杂费存入银行。根据银行收账通知,应做如下会计分录:

| | |
|---|---|
| 借:银行存款 | 2 680 |
| 　贷:应收有偿调出器材及工程款 | 2 680 |

**【例 5-40】** 由于管理不善,库存需要安装设备 1 台盘亏 2 400 元,当月已调整库存。经报请批准后,应做如下转销会计分录:

| | |
|---|---|
| 借:待摊投资——设备盘亏及毁损 | 2 400 |
| 　贷:待处理财产损失——待处理设备损失 | 2 400 |

**【例 5-41】** 按照国家规定,调整器材的调拨价格,库存需要安装设备发生折价 5 000 元,库存材料发生折价 3 000 元。应做如下会计分录:

| | |
|---|---|
| 借:待摊投资——调整器材调拨价格折价 | 8 000 |
| 　贷:库存设备 | 5 000 |
| 　　材料成本差异 | 3 000 |

**【例 5-42】** 某建设单位以银行存款支付企业债券的设计和印刷费 45 500 元,银行代理发行手续费 35 100 元。应做如下会计分录:

| | |
|---|---|
| 借:待摊投资——企业债券发行费用 | 80 600 |
| 　贷:银行存款——债券资金户 | 80 600 |

**【例 5-43】** 根据当月工资分配表,结算应付编外人员生活费 1 240 元。应做如下会计分录:

| | |
|---|---|
| 借:待摊投资——其他待摊投资 | 1 240 |
| 　贷:应付工资 | 1 240 |

**【例 5-44】** 行政事业单位建设项目因火灾烧毁库存设备 1 台,价值 5 000 元,库

存材料一批价值 4 000 元(假定均无残值)。批准前应做如下会计分录：

借：待处理财产损失——待处理设备损失　　　　　　　　　　　　　5 000
　　　　　　　　　　——待处理材料损失　　　　　　　　　　　　　4 000
　　贷：库存设备　　　　　　　　　　　　　　　　　　　　　　　　5 000
　　　　库存材料　　　　　　　　　　　　　　　　　　　　　　　　4 000

报请批准后，应做如下会计分录：

借：待摊投资——其他待摊投资　　　　　　　　　　　　　　　　　9 000
　　贷：待处理财产损失——待处理设备损失　　　　　　　　　　　　5 000
　　　　　　　　　　　——待处理材料损失　　　　　　　　　　　　4 000

如上述建设单位改为非行政事业单位，则批准后改为借记"其他投资——递延资产"科目。其余作相同会计分录。

该项目发生火灾后进行各种预防和善后措施，用银行存款支付各种费用 580 元，领用库存材料计划成本 400 元，分配材料成本差异 20 元。应做如下会计分录：

借：待摊投资——其他待摊投资　　　　　　　　　　　　　　　　　1 000
　　贷：银行存款　　　　　　　　　　　　　　　　　　　　　　　　580
　　　　库存材料　　　　　　　　　　　　　　　　　　　　　　　　400
　　　　材料成本差异　　　　　　　　　　　　　　　　　　　　　　20

【例 5-45】　某建设单位以基建投资借款支付商业网点费 30 000 元，供电贴费 20 000 元。应做如下会计分录：

"待摊投资"科目的明细分类核算，对那些经常支出的项目，如建设单位管理费等，应单独按费用项目分栏设置明细分类账；对那些不经常发生支出的项目，可在一张明细分类账中进行登记，以减少账页的设置。如有用预收下年度预算拨款完成的待摊投资，应单独进行明细分类核算。在计算当年待摊投资完成额时，也要分别资金来源，分别加以计算。

### 三、土地征用、开发及迁移补偿费的核算

【例 5-46】　建设单位通过划拨方式取得无限期的土地使用权，用拨款支付土地补偿费、附着物和青苗补偿费，安置补偿费以及土地征收管理费共计 2 000 000 元。应做如下会计分录：

借：待摊投资——土地征用及迁移补偿费　　　　　　　　　　　　2 000 000
　　贷：限额存款　　　　　　　　　　　　　　　　　　　　　　　2 000 000

【例 5-47】　行政事业单位建设项目通过出让方式取得有限期的土地使用权，以银行存款支付出让金 1 500 000 元。应做如下会计分录：

借：待摊投资——土地征用及迁移补偿费　　　　　　　　　　　　1 500 000
　　贷：银行存款　　　　　　　　　　　　　　　　　　　　　　　1 500 000

如上述建设单位为非行政事业单位,则借记改为"其他投资——无形资产"科目。其余作相同会计分录。

在土地征用及迁移补偿费中,还要包括土地开发费。土地开发费,一般是指建设单位向地方政府交纳的用于市政公用设施配套费支出和开发建设新菜地的支出。为了改造、开发城镇土地,一方面要维修好城镇原有的市政公用设施;另一方面要对城镇土地追加新的投资,用于扩建和新建市政公用设施。现在国家用于这方面的资金,主要是城市维护建设基金,但因资金来源有限而使用需要量有增无减,为了适应城镇建设发展的需要,按规定都向建设单位征收土地开发费,进行资金筹措,用于改造、开发城镇土地,扩建和新建一批必需的市政公用设施。除此以外,国家为了解决因工程建设需要而征用市郊菜地进而影响城市居民吃菜困难的,按规定数额(如1.2～3.0万元/亩)向建设单位收取新菜地开发建设基金,以便重新开发新菜地,保证城市居民蔬菜的供应,凡征收菜地建设费,不再重复收土地复垦费。

由于土地征用及迁移补偿费本身数额就很大,再加上缴纳的土地开发费用,这一项目的投资支出所占投资总额的比重就越来越大,如将这项费用随同待摊投资的其他费用分配计入各项交付使用资产成本的话,势必造成各项交付使用财产成本的不真实。因此,建设单位所发生的土地征用及迁移补偿费应单独列出,在有关房屋、建筑物交付使用时,直接分配计入其交付使用资产价值中去,而不应随同其他待摊投资支出对各项交付使用资产进行分摊。

**【例5-48】** 某行政事业建设单位共支出土地征用及迁移补偿费360 000元。在征用的土地上共建造了价值7 200 000元的建筑物,其中厂房价值3 600 000元,食堂价值1 800 000元,职工宿舍价值1 800 000元。这些建筑物交付使用时,应先将土地征用及迁移补偿费按占地面积2∶1∶1比例进行分配,厂房、食堂和职工宿舍各分配180 000元、90 000元和90 000元;然后再按7 200 000元的基数分配其他的待摊投资。假如其他待摊投资的预定分摊率为8%,即厂房、食堂和职工宿舍各分配288 000元、144 000元和144 000元。应做如下会计分录:

```
借:交付使用资产——厂房                      4 068 000
              ——食堂                      2 034 000
              ——职工宿舍                   2 034 000
  贷:建筑安装工程投资                         7 200 000
     待摊投资——土地征用及迁移补偿费            360 000
     待摊投资                                576 000
```

### 四、动拆迁安置房的核算

动拆迁安置房,是指建设单位因安置动拆迁而购入的商品房。动拆迁安置房在未作安置之前,应暂作库存住宅处理,待实际发生安置补偿时,再按动拆迁合同或协议规定,据实转入"待摊投资"计入工程成本。建设项目在办理竣工决算前,必须对库存住宅进行清理,对清理出来的结余动迁用房要进行公开变卖处理,其收入应转作结余资金。

为了核算和监督动拆迁安置房,建设单位应该增设"220 未使用安置房"科目。

"未使用安置房"科目:属于资金占用类科目,用来专项核算建设单位因动迁而购入的安置房(见图表 5-10)。本科目的期末借方余额,在编制资金平衡表时暂在"器材"项目中合并反映。

图表 5-10

| 借 | 未使用安置房 | 贷 |
|---|---|---|
| 安置房购入时("银行存款") | 1. 安置房使用时("待摊投资——土地征用及迁移补偿费")<br>2. 未使用安置房进行变卖处理("银行存款") | |
| 余额:购入而尚未使用或变卖的安置房 | | |

现举例说明动拆迁安置房的总分类标核算如下:

**【例 5-49】** 某建设单位因动拆迁而购入安置房 10 套,每套 9 万元,共计 90 万元,以银行存款付讫。应做如下会计分录:

| | |
|---|---|
| 借:未使用安置房 | 900 000 |
| 贷:银行存款 | 900 000 |

**【例 5-50】** 承[例 5-49]。因动拆迁安排使用 5 套安置房。应做如下会计分录:

| | |
|---|---|
| 借:待摊投资——土地征用及迁移补偿费 | 450 000 |
| 贷:未使用安置房 | 450 000 |

**【例 5-51】** 超标准安置,应收动迁单位或个人安置房的差价款 36 000 元。应做如下会计分录:

| | |
|---|---|
| 借:其他应收款 | 36 000 |
| 贷:待摊投资——土地征用及迁移补偿费 | 36 000 |

收到安置房差价款时,应做如下会计分录:

| | |
|---|---|
| 借:银行存款 | 36 000 |
| 贷:其他应收款 | 36 000 |

**【例 5-52】** 建设项目办理竣工决算前,对清理出来的结余动迁用房屋 5 套进行公开变卖处理。应做如下会计分录:

(1) 当按原价 450 000 元处理时:

| | |
|---|---|
| 借:银行存款 | 450 000 |
| 贷:未使用安置房 | 450 000 |

（2）当按折价为 420 000 元进行变卖处理时：

借：银行存款              420 000

  待摊投资——土地征用及迁移补偿费    30 000

  贷：未使用安置房          450 000

（3）当按溢价为 480 000 元进行变卖处理时：

借：银行存款              480 000

  贷：未使用安置房           450 000

    待摊投资——土地征用及迁移补偿费   30 000

## 五、负荷联合试车费的核算

负荷联合试车可由建设单位自己组织进行，也可委托生产单位组织进行，建设单位在会计核算上应采取不同的方法进行核算。

建设单位自行组织试车所发生的各项试车支出，应借记"待摊投资——负荷联合试车费"科目，贷记"银行存款"等有关科目；发生的试车收入，应借记"银行存款"等有关科目，贷记"待摊投资——负荷联合试车费"科目。试车费支出大于试车收入的净损失，应作为待摊投资完成额，与其他待摊投资一起分摊计入交付使用资产成本。试车收入大于试车支出的纯收入，应作为基建收入处理，借记"待摊投资——负荷联合试车费"科目，贷记"应交基建收入"科目。

【例 5-53】 某建设单位在冶炼车间自行组织负荷联合试车中，耗用原材料 10 000 元，支付工资 200 元，用银行存款支付其他费用 800 元。试车结束，将所得产品入库作价 11 500 元。应做如下会计分录：

发生自行试车费用时：

借：待摊投资——负荷联合试车费        11 000

  贷：库存材料            10 000

    应付工资            200

    银行存款            800

产品作价入库时：

借：库存材料             11 500

  贷：待摊投资——负荷联合试车费       11 500

结转试车纯收入时：

借：待摊投资——负荷联合试车费        500

  贷：应交基建收入           500

当建设单位委托生产单位进行试车时，所发生的试车支出和试车收入，由生产单位核算。试车结束后，根据生产单位的转账通知，将试车净损失，借记"待摊投资——

负荷联合试车费"科目,贷记"其他应付款"等有关科目;如为试车净收入,则借记"其他应收款"等有关科目,贷记"应交基建收入"科目。

**【例 5-54】** 某建设单位将冶炼车间的系统联动设备委托生产单位组织试车,根据生产单位提交的试车价款结算账单。

如为试车净损失 1 000 元,则应做如下会计分录:

借:待摊投资——负荷联合试车费　　　　　　　　　　　　　　　　1 000
　贷:其他应付款——××生产单位　　　　　　　　　　　　　　　　　1 000

如为试车净收入 500 元,则应做如下会计分录:

借:其他应收款——××生产单位　　　　　　　　　　　　　　　　　500
　贷:应交基建收入　　　　　　　　　　　　　　　　　　　　　　　　500

## 六、待摊投资的分配

对于已发生和归集的待摊投资,应由各项应分摊待摊投资的交付使用资产和移交其他单位的未完工程来共同负担。各项应分摊待摊投资的交付使用资产包括建筑安装工程投资;在安装设备投资;其他投资中的基本畜禽支出和林木支出(如建设单位设置役畜和鱼苗支出明细科目,则还应包括这两项资产)。

上述资产在竣工验收交付使用时,应按规定的方法和比例分摊待摊投资。当建设单位根据规定转出未完工程,在移交时也应按规定的比例分摊待摊投资。移交转出的未完工程一般包括建筑安装工程投资、设备投资和其他投资,其应分配待摊投资的投资标准与以上划分标准相同。

各项不应分配待摊投资的资产是指运输设备及其他不需要安装设备投资、工器具投资以及其他投资中的房屋购置、办公生活用家具器具、可行性研究固定资产购置。这些资产一般仅计算采购成本,不分摊待摊投资。

明确了哪些交付使用资产需要分摊待摊投资,哪些不需要分摊待摊投资后,接下来就需要确定哪些待摊投资可直接进行分配,哪些需要按规定方法进行分配。前面已讲过,待摊投资中,土地征用及迁移补偿费应随同房屋、建筑物资产成本直接计入其相关的交付使用资产成本中,其余的待摊投资都要按一定的分配方法分配计入各有关资产的交付使用资产成本中去。常用的分摊方法有以下两种:

(1) 按概算数的比例分摊。其计算公式如下:

$$预定分摊率 = \frac{概算中各待摊投资项目的合计数（扣除土地征用及迁移补偿费）}{概算中建筑安装工程投资、需要安装设备投资和其他投资中应负担待摊投资的部分} \times 100\%$$

$$某项交付使用资产应负担的待摊投资 = 该项资产直接发生的建筑安装工程投资、需要安装设备投资和其他投资中应负担待摊投资部分合计 \times 预定分摊率$$

这种分摊方法适用于建设工程分项交付使用,且每次交付使用资产和应摊入交付使用资产成本的待摊投资发生额不存在比例关系,适用范围比较广泛。采用这种方法,待摊投资的预定分摊数与实际发生数常常会有差额。因此,按概算数求得的分摊率,若与实际发生相差较大时,应根据实际情况加以调整,追加或追减有关交付使用资产成本;若与实际发生相差不大时,可将最后一次交付使用资产按实际发生的待分配的待摊投资余额全部分摊完毕。

(2)按实际数的比例分摊。其计算公式如下:

$$实际分摊率=\frac{上年结转和本年发生的待摊投资合计(扣除土地征用及迁移补偿费)}{上年结转和本年发生的建筑安装工程投资、在安装设备投资和其他投资中应负担待摊投资的部分}×100\%$$

$$\frac{某项交付使用资产}{应负担的待摊投资}=\frac{该项资产直接发生的建筑安装工程投资、需要安装设备投资和其他投资中应负担待摊投资部分合计}{}×实际分摊率$$

这种分摊方法仅适用于建设工程一次交付使用,或者虽然分次交付,但每次交付使用资产成本与实际发生应摊入的待摊投资之间比较均衡时,才比较合理。

## 第六节 转出投资和待核销基建支出的核算

### 一、转出投资的核算

在基本建设过程中,非经营性项目发生的产权不归已构成基本建设投资完成额但不计入交付使用资产价值按规定移交给其他单位使用的专用设施投资支出称为转出投资。转出投资的发生虽与完成基本建设任务有着一定联系,也会形成其他单位的固定资产,但不属于本单位使用投资后建成的固定资产,因此转出投资不能计入本单位交付使用资产成本。

非经营性项目为项目配套的专用设施投资,包括专用道路、专用通讯设施、送变电站、地下管道等,产权归属本单位的,计入交付使用资产成本;产权不归属本单位的,则作转出投资处理,冲销相应的资金来源。经营性项目为项目配套的专用设施投资,包括专用铁路线、专用公路、专用通讯设施、送变电站、地下管道、专用码头等,建设单位必须与有关部门明确界定投资来源和产权关系。由本单位负责投资但产权不归属本单位的,作交付使用无形资产处理;产权归属本单位的,计入交付使用固定资产价值。

经营性和非经营项目的统建住房,若产权归属本单位时,应视同出包工程,通过"预付工程款""建筑安装工程投资""应付工程款"等科目核算;若产权不归属本单位但拥有使用权时,则应作交付使用无形资产处理。

转出投资的受让单位和接受经营性项目转入资产的单位,执行企业财务制度的,应根据项目的资金来源,分别作增加负债和增加资本公积处理;执行事业单位财务制度的,转入事业单位的其他收入。

建设单位为了核算和监督转出投资的发生和冲转情况,应设置"转出投资"科目。

"转出投资"科目:属于资金占用科目,用来核算非经营性项目而建成的,产权不归属本单位的专用设施的实际成本(见图表5-11)。应注意的是,在计算转出投资完成额时,如形成的转出投资是由建筑安装工程投资等投资科目转入的,则这些投资完成额已在建筑安装工程投资中计算了投资完成额,转出投资科目就不得重复计算。本科目应按照转出投资的类别设置明细账进行明细核算。

图表5-11

| 借 | 转 出 投 资 | 贷 |
|---|---|---|
| 非经营性项目为项目配套的产权不归己的专用设施完工时("建筑安装工程投资") | 下年初冲转转出投资时("基建拨款——以前年度拨款") | |
| 余额:已转出但尚未冲转的转出投资实际成本 | | |

现举例说明转出投资的核算方法。

1. 配套专用设施

【例5-55】　某非经营性项目,为项目配套所需建成了一座送变电站,应付承包单位第二建筑工程公司工程款270 000元,领用安装材料8 500元,以银行存款付讫单独结算冬雨季施工增加费6 500元,现已办理了验收手续,可以交付使用。应做如下会计分录:

(1)发生支出时:

借:建筑安装工程投资　285 000
　贷:应付工程款——二建　270 000
　　库存材料　8 500
　　银行存款　6 500

(2)专用设施完工后,产权不归属本单位时:

借:转出投资——送变电站　285 000
　贷:建筑安装工程投资　285 000

如该项送变电站产权归属本单位,则:

借:交付使用资产——固定资产　285 000
　贷:建筑安装工程投资　285 000

(3)下年初冲销转出投资时:

借:基建拨款——以前年度拨款　285 000
　贷:转出投资——送变电站　285 000

【例5-56】　某经营性项目,为项目配套所需建设了一条专用铁路线,已发生的建筑安装工程投资支出为3 900 000元,现专用铁路线可以交付使用。应做如下会计分录:

（1）如该专用铁路线产权不归本单位：

借：交付使用资产——无形资产　　　　　　　　　　　　　3 900 000

　　贷：建筑安装工程投资　　　　　　　　　　　　　　　　3 900 000

（2）如该专用铁路线产权归属本单位所有，则

借：交付使用财产——固定资产　　　　　　　　　　　　　3 900 000

　　贷：建筑安装工程投资　　　　　　　　　　　　　　　　3 900 000

### 2.统建住房

【例5-57】　参加统建部门市教委建造教师住宅（产权属房管部门），总投资2 000 000元，其中专项拨款占60%，基建投资借款40%，按照协议开工前先付总投资60%，计1 200 000元，用银行存款拨付。应做如下会计分录：

（1）拨付统建单位投资时：

借：其他投资——无形资产　　　　　　　　　　　　　　　1 200 000

　　贷：银行存款　　　　　　　　　　　　　　　　　　　　1 200 000

（2）完工交付使用时：

借：交付使用资产——无形资产　　　　　　　　　　　　　2 000 000

　　贷：其他投资——无形资产　　　　　　　　　　　　　　2 000 000

同时，用基建投资借款完成的交付使用资产及时通知生产使用单位：

借：应收生产单位投资借款　　　　　　　　　　　　　　　800 000

　　贷：待冲基建支出　　　　　　　　　　　　　　　　　　800 000

（3）下年初建立新账时：

借：基建拨款——以前年度拨款　　　　　　　　　　　　　1 200 000

　　待冲基建支出　　　　　　　　　　　　　　　　　　　800 000

　　贷：交付使用资产——无形资产　　　　　　　　　　　　2 000 000

### 3.受让和接受单位的账务处理

借：固定资产

　　无形资产

　　贷：其他应付款（执行企业财务制度，来源为贷款并由接受单位归还）

　　　　资本公积（执行企业财务制度，资金来源为拨款或投资时视同捐赠）

　　　　其他收入（执行事业单位财务制度）

## 二、待核销基建支出的核算

非经营性项目在建设过程中发生的构成基建投资额，但不形成交付使用资产按规定核销的投资支出称为待核销基建支出。非经营性项目发生的江河清障、航道清淤、飞播造林、补助群众造林、水土保持、城市绿化、取消项目可行性研究费、项

目报废等不能形成资产的投资支出,作待核销处理,在项目完工(或取消)后,报经同级财政部门审批,冲销相应的资金来源。形成资产部分的投资,计入交付使用资产价值。

为了核算和监督待核销基建支出的发生和冲销情况,建设单位应设置"待核销基建支出"科目。

"待核销基建支出"科目:属于资金占用类科目,用来核算非经营性项目中构成投资完成额但不计入交付使用资产而予以核销的各项投资支出(见图表5-12)。应注意的是,在计算待核销投资完成额时,如形成的待核销投资是由建筑安装工程投资、待摊投资等投资科目转入的,则这些投资完成额已在建筑安装工程投资、待摊投资中计算了投资完成额、待核销投资就不得重复计算。本科目应按支出的类别设置明细账进行明细核算。

图表5-12

| 借　　　　　　　　　待核销基建支出　　　　　　　　　　贷 | |
| --- | --- |
| 非经营性项目发生的各项不能形成资产部分需报请财政部门核销的投资支出 | 下年初经批准冲销待核销基建支出("基建拨款——以前年度拨款") |
| 余额:已发生尚待批准核销的基建支出数额 | |

现举例说明待核销基建支出的核算方法。

【例5-58】　某非经营性项目当年发生江河清障、航道清淤、飞播造林、补助群众造林、水土保持、城市绿化等支出共计1 690 000元,以银行存款支付。应做如下会计分录:

借:待核销基建支出　　　　　　　　　　　　　　　　　　1 690 000
　贷:银行存款　　　　　　　　　　　　　　　　　　　　　　1 690 000

【例5-59】　某项目由于设计方案变更,经上级批准报废。已施工部分完成的建筑安装工程投资为44 800元,发生清理费用7 980元,从存款户支付,收回残料作价9 400元。经批准后,可以转销。应做如下会计分录:

(1)如该项目为非经营性项目:

借:待核销基建支出　　　　　　　　　　　　　　　　　　52 780
　贷:建筑安装工程投资　　　　　　　　　　　　　　　　　　44 800
　　　银行存款　　　　　　　　　　　　　　　　　　　　　　7 980
借:库存材料　　　　　　　　　　　　　　　　　　　　　9 400
　贷:待核销基建支出　　　　　　　　　　　　　　　　　　　9 400

(2)如该项目为经营性项目:

借:待摊投资——报废工程损失　　　　　　　　　　　　　52 780
　贷:建筑安装工程投资　　　　　　　　　　　　　　　　　　44 800
　　　银行存款　　　　　　　　　　　　　　　　　　　　　　7 980

借：库存材料　　　　　　　　　　　　　　　　　　　　　　　9 400
　　贷：待摊投资——报废工程损失　　　　　　　　　　　　　　　　9 400

【例 5-60】　某建设项目经可行性研究,确定取消不再建设,其已发生各项可行性研究费 6 900 元。经批准,可以转销。应做如下会计分录：

（1）如该项目为非经营性项目：

借：待核销基建支出　　　　　　　　　　　　　　　　　　　　6 900
　　贷：待摊投资——可行性研究费　　　　　　　　　　　　　　　　6 900

（2）如该项目为经营性项目：

借：待摊投资——其他待摊投资　　　　　　　　　　　　　　　6 900
　　贷：待摊投资——可行性研究费　　　　　　　　　　　　　　　　6 900

【例 5-61】　某非经营性项目上年共发生待核销基建支出 1 740 280 元,本年年初予以结转。应做如下会计分录：

借：基建拨款——以前年度拨款　　　　　　　　　　　　　　1 740 280
　　贷：待核销基建支出　　　　　　　　　　　　　　　　　　　　1 740 280

## 复习思考题

1. 预付备料款的扣回时间是怎样加以确定的？
2. 出包工程价款是如何进行核算的？
3. "建筑安装工程投资"账户的性质和结构用途如何？其明细账怎样设置？
4. 在安装设备与不需要安装设备在核算上有什么不同？其明细账怎样设置？
5. 在安装设备投资完成额需要符合哪些条件？
6. "其他投资"账户核算哪些内容？
7. 土地征用及迁移补偿费核算的内容包括哪些？
8. 负荷联合试车时,应怎样组织核算？
9. 投资方向调节税,应怎样进行核算？
10. 哪些资产在交付使用和转出时应分配待摊投资？
11. 归集的待摊投资应采用什么方法进行分摊？
12. 采用预定分摊率、待摊投资实际发生数与预定分配数不一致时,如何进行调整？
13. "转出投资"账户核算哪些内容？
14. "待核销基建支出"账户核算哪些内容？

## 练　习　题

习题一
【目的】　练习预付备料款和出包工程价款的核算。

【要求】　计算预付备料款数额及起扣时间,并为各项经济业务编制会计分录。

【资料】　建设单位燎原化工厂20××年6月开始开工建设,资金来源为基建投资借款。本年6月将原料车间厂房委托市建六公司进行施工。该工程造价400 000元,材料费比重占总投资额的70%,预付备料款额度为21%。各月发生的经济业务如下:

1.本年6月初将库存钢材一批交施工企业抵作备料款,钢材计划成本40 000元,实际成本39 000元,结算价格为42 000元。其余备料款从借款户支付。

2.6月中旬预付工程款50 000元,月末接到施工企业工程价款结算账单115 500元,其中所列本月实际已完工程价值为110 000元,随同工程价款一并结算的还有临时设施包干费2 000元,劳保支出500元,施工机构转移费3 000元。预付款和应付工程款项已从借款户付讫。

3.7月中旬预付工程款80 000元,月末根据工程价款结算账单实际已完工程价值为150 000元,预付和应付的工程款从借款户付讫。

4.8月中旬预付工程款40 000元,因连日暴雨,月末已完工程价值仅45 000元。施工企业又单独送来各项费用结算账单,所列各项费用支出为:夜间施工增加费500元,雨季施工增加费1 000元,施工机构转移费8 000元,在预付工程款中扣除。

5.9月末施工企业送来工程价款结算账单,累计已完全部工程价款为400 000元(包括各项费用结算账单),该厂房工程价款全部予以结算完毕。

**习题二**

【目的】　练习设备投资和其他投资的核算。

【要求】　为所发生的经济业务编制会计分录。

【资料】　某用自筹资金进行建设的非行政事业建设单位在20××年12月发生的部分经济业务如下:

1.将库存的10台需安装的机床出库交付安装公司安装,设备价值为500 000元,安装中又用银行存款支付设备基础支出20 000元,安装费用9 000元。

2.购入汽车3辆,已验收入库,货款150 000元已用银行存款支付,采购保管费预定分配率为2%。

3.为生产单位购置房屋1栋,价值200 000元,已通过银行结算完毕。

4.用银行存款购入种畜10头,价款40 000元,购入后又发生饲养人员工资200元,饲料费支出400元。

5.为进行可行性研究,购入仪器1台,价款2 000元,款项已付。

6.经对在安装的机床进行检查,发现有3台不符合正式开始安装的条件,应办理假退库手续。机床价值为150 000元。下年初再重新入账。

7.年末对库存设备进行盘点,盘亏需安装设备一批,价值2 400元,盘盈工、器具一批,价值600元。经批准盘盈、盘亏设备和工、器具可以转销。

8.用银行存款支付样机样品购置费3 600元,生产培训人员实习费800元,结算应付培训人员工资6 960元,应付福利费974元,工会经费139元。

**习题三**

【目的】　练习待摊投资的核算。

【要求】　为发生的经济业务编制会计分录。

【资料】　某拨贷合一的行政事业建设单位20××年4月份发生的部分经济业务如下:

1. 建设单位购买办公用品一批,价款 2 250 元,支付可行性研究费用 620 元,款项已通过银行用投资借款结清。

2. 接上级通知,收到随同进口成套设备发生的国外设计及资料费 27 000 元和外国技术人员费 36 000 元的账单,有关款项主管部门已同中国技术进口总公司结清。

3. 建设单位对炼钢车间自己组织试车,发生工资支出 3 000 元,原材料支出 8 200 元,用投资借款支付其他费用 4 000 元,试车结束后,所得产品得销售款 15 500 元已存入银行。

4. 用投资借款支付土地征用费 50 000 元,土地平整费 4 800 元,建筑场地的布置费 3 000 元,绿化工作费 2 000 元。

5. 经建行同意,用投资借款支付建筑安装工程招标公证费 2 000 元,工程质量监测费 3 000 元。

6. 应收某器材供应单位器材款 1 000 元无法收回,应付某施工单位的工程款 800 元也无法偿还,经批准均可销账。

7. 从拨款户支付商业网点费 7 500 元,供电贴费 3 900 元。

8. 某工程的改扩建方案决定取消,所发生的可行性研究费 5 300 元,经批准作转账处理。

9. 因设计方案变更,原有金加工车间厂房工程经批准报废清理,该工程的实际建筑工程成本 60 000 元,从拨款户支付清理费用 880 元,回收材料残值估价 1 800 元入账。

10. 处理积压材料一批,收回价款 2 000 元,存入银行清理资金户,该材料计划成本 2 400 元,材料成本差异率 2%。

11. 从拨款户支付积压设备修理改制费 4 200 元。

12. 委托外单位对仓库进行防洪防涝措施,从拨款户支付 5 000 元。

13. 按规定年初从银行存款预交投资方向调节税 6 000 元,年终工程竣工,实际计算应交投资方向调节税 4 000 元,税务部门退回多交税额。

14. 清理固定资产发生净收益 4 300 元,固定资产盘盈 2 200 元,经批准后转账。

15. 从拨款户支付在基建过程中因破坏土地而发生的土地损失补偿费用 100 000 元。

16. 4 月末"基建投资借款——国外借款"的余额为 50 000 美元,月末市场汇率 $100＝￥836,原账面记账人民币金额为 420 000 元。

# 第六章

## 交付使用资产和基建资金转销的核算

# 第一节　交付使用资产的核算

## 一、基本建设支出概述

建设单位在项目建设过程中发生的各项支出统称为基本建设支出(基建支出),这些支出有些和工程建设中主体工程支出密切相关,直接构成工程实体的支出,如建筑安装工程支出、设备、工器具支出;有些支出虽与项目的主体工程关联度不大,但也是项目配套工程的组成部分,且能形成单独的实体,如购置的房屋、用于可行性研究的固定资产购置、办公及生活用家具、器具购置等;还有些支出不属于工程项目实体方面支出,是为工程建设管理发生的费用,如建设单位管理费、勘察设计费、临时设施费、施工机构转移费等,这些支出均是属于实体工程建设中的辅助支出和服务性支出,因此在工程项目完工交付使用时,按一定的分摊方法,分摊计入实体工程建设成本,共同构成交付使用资产的价值。还有些支出,如非经营性项目发生的产权不归自己的专用设施支出、因自然灾害发生的项目整体报废净损失、取消项目的可行性研究费等,这些支出或者建成后移交给其他单位,或者作为损失费用报请核销,均不能构成交付使用资产的价值。

基建支出按最终能否形成交付使用资产划分,可分为构成交付使用资产的支出和不构成交付使用资产的支出。构成交付使用资产的支出包括形成本单位交付使用资产价值的支出和转出投资,不构成交付使用资产的支出仅指待核销基建支出部分。基建支出的内容如图表6-1所示。

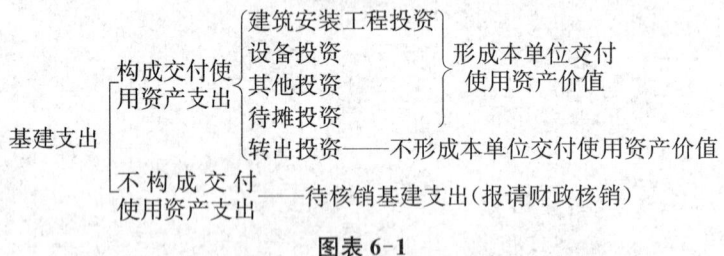

**图表 6-1**

如图表6-1所示,在基建支出中,形成本单位的交付使用资产价值的有建筑安装工程投资等四项投资支出,而转出投资虽也构成投资完成额,但它属建设单位在建设中将产权不归本单位的专用设施移交给其他单位,最终是形成其他建设单位的交付使用资产价值。

另外,上述基建支出的分类,是指用财政拨款资金建设的非经营性项目基建支出的划分,当涉及建设中的一些社会公益性支出,如江河清障、航道清淤、城市绿化等及建设中的损失性费用如取消项目可行性研究费等不能形成交付使用资产的支出,则可向主管部门提出申请核销这部分基建支出。对用非财政预算内资金建设的经营性项目,则因项目建设资金的来源,或是企业自筹,或是借款及债券资金,均需建设单位自负责任,因此其基建支出的划分是除自用固定资产支出外,均构成四项投资完成额,分别是"建筑安装工程投资""设备投资""其他投资""待摊投资"。而这些投资随项目完工最终又都形成"交付使用资产"价值。

## 二、交付使用资产成本计算对象和成本组成内容

（一）交付使用资产成本的计算对象

交付使用资产是指建设单位已经完成建造和购置过程,并经办理验收交接手续而交付生产使用单位的各项资产,包括固定资产和列入概算为生产准备的不够固定资产标准的工具、器具、家具等流动资产以及无形资产和递延资产。

交付使用资产标志着基建支出的最终物资成果,反映基建投资已经形成生产能力或效益的有效部分,是考核基建投资效益的重要经济指标。交付使用资产成本,一般应以具有独立使用价值的固定资产、流动资产以及无形资产和递延资产作为计算对象。这里所指的独立使用价值是指有较完整的使用功能,能按照设计所规定的要求,单独地发挥作用。在确定交付使用资产成本计算对象时,应注意以下两点:

一是完整的项目,其配套、辅助设施也应包括在内,如需要安装设备交付使用资产成本,既包括设备本身价值,也包括设备的基础工程支出、安装费支出、辅助设施支出及分摊的待摊投资支出;

二是独立使用价值,凡是单台设备、单件物体、单栋房屋、单项工具,只要是可以独立使用,均可作为一个交付使用资产成本的计算对象。

（二）交付使用资产成本的组成

各项交付使用资产成本,应按下列方法和内容分别计算:

（1）新建房屋、建筑物、管道和线路业务等建筑物、构筑物,其完成的交付使用资产成本,包括:①建筑工程投资支出;②应分摊的待摊投资支出。

其中对新建房屋、建筑物的交付使用资产成本,在其分摊待摊投资时,还要考虑分析是否需要分摊土地征用及迁移补偿费:如属非经营性项目的,土地征用费又属行政划拨方式发生的,则新建房屋、建筑物的交付使用资产成本还包括分摊的土地征用及迁移补偿费;如属经营性项目,土地征用费属拍卖、投标、转让等发生的,则其新建房屋、建筑物的交付使用资产成本就如上所列示。

（2）动力设备和生产设备等安装完成的交付使用资产的成本,包括:①需要安装设备投资支出(设备采购成本);②安装工程投资支出(设备安装费成本);③建筑工程投资支出(设备基础、支柱、锅炉及各种特种炉的建筑工程成本);④应分摊的待摊投资支出。

（3）运输设备及其他不需要安装设备、工具、器具、家具、可行性研究固定资产购置、房屋购置、无形资产、递延资产等交付使用资产成本,包括:

仅计算它们的设备投资支出和其他投资支出,不再分摊待摊投资。如不需要安

装设备、生产用的工具、器具，只包括其采购中发生的买价、运杂费、采购保管费；购置的房屋、可行性研究用固定资产购置、办公、生活用家具、器具、无形资产等，只包括其买价、转让费及运杂费。

（4）基本畜禽、林木、役畜、鱼苗支出等交付使用资产成本，包括：①实际购置成本（买价＋运杂费等）；②饲养培育费用（购入后饲育支出）；③应分摊的待摊投资支出。

以上各项交付使用资产成本组成中，如有购置建造过程中发生的增值税、消费税等税金支出，均要计入相应资产的交付使用资产成本中。具体成本计算，可根据各自相应投资科目的明细账分析计算相加所得。

### 三、交付使用资产的验收交接手续

按照建设项目竣工验收的有关规定，建设项目可以在全部完工后再办理竣工验收交接手续，进行整体移交，也可在主要单项工程完工的情况下，办理单项工程的竣工验收交接手续。交付使用资产办理验收交接时，应防止两种情况的发生：一种是项目已经全部完成，所建造的固定资产已达到预定可使用状态，但为了继续吃基建的"大锅饭"，迟迟不办理验收交接手续，这种情况在用预算拨款建设的非经营性项目中较常见；另一种是项目尚不具备独立的使用功能，尚未到达预定可使用状态，就甩项竣工，搞简易投产验收。因此，建设单位的财会人员应忠于职守，遵循基本建设程序，督促和协助有关部门搞好项目竣工验收这项工作。

对可办理竣工验收手续的单项工程和建设项目，应按照国家有关规定、设计文件和技术验收规范，办理竣工验收和财产交付使用手续，编制"交付使用资产明细表"，交接双方签证后，作为竣工决算附件。"交付使用资产明细表"一式数份，其中一份交生产使用单位作为登记资产账目的依据，一份由建设单位作为登记"交付使用资产"账户的依据。为简化明细核算的手续，"交付使用资产"科目不再另行设置明细账，可把"交付使用资产明细表"装订成"交付使用资产清册"，以此作为"交付使用资产"科目的明细记录。

交付使用资产明细表，由于各自成本计算对象和组成内容不同，可采用图表6-2、图表6-3、图表6-4、图表6-5等不同格式。

### 四、交付使用资产核算

为了核算和监督交付使用资产完成、验收交付使用及转销，应设置"交付使用资产"科目。

"交付使用资产"科目：属资金占用建设成果类科目，用来核算已经完成购置、建造过程，并已办理了验收交付手续，移交给生产、使用单位的各项资产，包括固定资产和为生产准备的不够固定资产标准的工具、器具、家具等流动资产以及无形资产和递延资产的实际成本（如图表6-6所示）。使用"交付使用资产"科目，有一个前提，即属基建资金购建完成的资产，在交付生产和使用单位时，可使用本科目，如在建工程是

图表 6-2 交付使用资产明细表

单项工程:原料车间 （房屋及建筑物）

| 资产名称 | 结构 | 建筑面积 | | | 概算数 | 成本 | | | | 说明 |
| | | 单位 | 设计 | 实际 | | 建筑成本 | 待摊投资 | | 合计 | |
| | | | | | | | 直接计入 | 分摊计入 | | |
| 厂房 | 钢筋混凝土 | m² | 1 000 | 1 000 | 2 000 000 | 1 900 000 | | 190 000 | 2 090 000 | 自筹资金拨款 |
| （下略） | | | | | | | | | | |

建设单位盖章:20××年 12 月 31 日　　　　　　生产单位盖章:20××年 12 月 31 日

图表 6-3 交付使用资产明细表

单项工程:原料车间 （需要安装设备）

| 资产名称 | 型号规格 | 单位 | 数量 | 概算数 | 成本 | | | | | 说明 |
| | | | | | 设备投资 | 安装成本 | 建筑成本 | 待摊投资 | 合计 | |
| 甲需要安装设备 | | 台 | 1 | 600 000 | 500 000 | 25 000 | 15 000 | 54 000 | 594 000 | 自筹资金拨款 |
| （下略） | | | | | | | | | | |

建设单位盖章:20××年 12 月 31 日　　　　　　生产单位盖章:20××年 12 月 31 日

图表 6-4 交付使用资产明细表

单项工程:原料车间 （不需要安装设备、工具、器具）

| 资产名称 | 型号规格 | 单位 | 数量 | 概算数 | 成本 | | | | 说明 |
| | | | | | 固定资产 | | 递延资产 | | |
| | | | | | 单位 | 总价 | 单价 | 总价 | |
| 乙不需安设备 | | 台 | 2 | 50 000 | 25 000 | 50 000 | | | 自筹资金拨款 |
| 工、器具 | | 件 | 5 | 3 500 | | | 700 | 3 500 | |
| 样机 | | 台 | 1 | 5 000 | | | 5 000 | 5 000 | |
| （下略） | | | | | | | | | |

建设单位盖章:20××年 12 月 31 日　　　　　　生产单位盖章:20××年 12 月 31 日

图表 6-5 交付使用资产明细表

（基本畜禽、林木、鱼苗、役畜等）

| 资产名称 | 品种规格 | 单位 | 数量 | 概算数 | 成本 | | | 说明 |
| | | | | | 其他投资 | 待摊投资 | 合计 | |
| 购置房屋 | 栋 | | 1 | 1 950 000 | 2 000 000 | | 2 000 000 | 投资借款 |
| 鱼苗 | 尾 | | 100 000 | 70 000 | 660 000 | 66 000 | 666 000 | |
| （下略） | | | | | | | | |

建设单位盖章:20××年 12 月 31 日　　　　　　生产单位盖章:20××年 12 月 31 日

用自有资金建设的,并且该部分资金并未纳入基本建设投资计划,则工程完工交付使用时,不能计入"交付使用资产"科目,而应计入"固定资产"科目。

"交付使用资产"科目的具体核算内容如下:

图表6-6

| 借 | 交付使用资产 | 贷 |
|---|---|---|
| 登记已经办理交接手续的交付使用资产实际成本("建筑安装工程投资""设备投资""其他投资""待摊投资"科目) | | 下年初建立新账时把本年度已发生尚未冲转余额全部冲转("基建拨款——以前年度拨款""待冲基建支出""企业债券资金""项目资本""项目资本公积"科目) |
| 余额:本年已发生而尚未冲转的交付使用资产<br>　　　实际成本<br>　　(下年初建立新账结转后无余额) | | |

本科目应按固定资产、流动资产、无形资产和递延资产的类别和名称进行明细核算。

以下举例说明交付使用资产的核算:

【例6-1】 某自筹资金项目的原料车间已竣工,办妥了验收交接手续后,移交给生产单位使用,其中厂房建筑工程投资1 900 000元,待摊投资预定分配率为10%(以下举例中均相同),该厂房工程发生征地费1 000 000元。

做如下会计分录并登记"交付使用资产明细表"(以下会计分录均已登入表中):

借:交付使用资产——固定资产(厂房)　　　　　　　　　　　　　2 090 000
　贷:建筑安装工程投资　　　　　　　　　　　　　　　　　　　1 900 000
　　　待摊投资　　　　　　　　　　　　　　　　　　　　　　　　190 000

因本项目为经营性项目,征地费应在"其他投资——无形资产"科目反映。

【例6-2】 原料车间甲需要安装设备也已交付使用,设备采购成本500 000元,设备基础工程支出15 000元,设备安装费支出25 000元。应做如下会计分录:

借:交付使用资产——固定资产(甲需要安装设备)　　　　　　　594 000
　贷:设备投资——在安装设备　　　　　　　　　　　　　　　　500 000
　　　建筑安装工程投资——建筑工程投资　　　　　　　　　　　 15 000
　　　　　　　　　　　　——安装工程投资　　　　　　　　　　 25 000
　　　待摊投资[(500 000+15 000+25 000)×10%]　　　　　　 54 000

此项经济业务中,需注意的问题是:构成交付使用资产的建设成本是由若干科目的金额加计而成,如此例中"设备投资""建筑安装工程投资""待摊投资"共同构成了一项具有完整使用价值的固定资产项目。

【例6-3】 原料车间交付乙不需安装设备2台交付使用,采购成本每台25 000

元,工、器具一批共计 3 500 元,样机 1 台,单价 5 000 元。应做如下会计分录:

借:交付使用资产——固定资产(乙不需安设备)　　　　　　　　　50 000
　　　　　　　　——递延资产(样机)　　　　　　　　　　　　　　 5 000
　　　　　　　　——流动资产(工、器具)　　　　　　　　　　　　 3 500
　贷:设备投资——不需安设备　　　　　　　　　　　　　　　　　50 000
　　　　　　　——工、器具　　　　　　　　　　　　　　　　　　 3 500
　　　其他投资——递延资产　　　　　　　　　　　　　　　　　　 5 000

**【例 6-4】**　某投资借款项目,因工程配套要求,将购置的总价 2000 000 元的房屋移交给生产单位使用。

借:交付使用资产——固定资产　　　　　　　　　　　　　　　2 000 000
　贷:其他投资——房屋购置　　　　　　　　　　　　　　　　2 000 000

同时,通知生产单位转账:

借:应收生产单位投资借款　　　　　　　　　　　　　　　　　2 000 000
　贷:待冲基建支出　　　　　　　　　　　　　　　　　　　　2 000 000

　　当用投资借款完成的财产交付使用时,一方面要登记交付使用资产账户;另一方面也表示建设单位接受委托借入借款进行工程建设,现已购建完成,财产也已交付使用,生产和接受财产单位应负起偿还借款的责任,所以会计制度规定同时要做通知生产单位转账会计分录。除用投资借款完成的资产交付使用时要加做分录外,其他各种资金购建财产交付使用时,均不需加做会计分录。另外,上述[例 6-3]、[例 6-4]业务涉及的资产均不需要分摊投资,因此,当该类资产交付使用时,均没有分配待摊投资。

　　**【例 6-5】**　某投资借款建设的农牧业单位购入鱼苗 100 000 尾,单价 6 元,购入后发生饲养管理支出 60 000 元,现交付有关单位,并已办好验收手续。待摊投资分配率同前。

借:交付使用资产——鱼苗　　　　　　　　　　　　　　　　　　666 000
　贷:其他投资——鱼苗支出　　　　　　　　　　　　　　　　　660 000
　　　待摊投资　　　　　　　　　　　　　　　　　　　　　　　　 6 000
借:应收生产单位投资借款　　　　　　　　　　　　　　　　　　 66 000
　贷:待冲基建支出　　　　　　　　　　　　　　　　　　　　　　66 000

　　在财产交付使用时,要分清哪些财产应负担待摊投资,哪些不负担待摊投资,对于原在各投资额科目归集,按规定应予以转出或核销的那部分支出,在财产交付使用时,应该扣除,不得随同作为交付使用资产核算。

　　这些财产如原在“建筑安装工程投资”科目核算的非经营性项目中的产权不归本单位的专用设施支出,这部分支出应在完工时,结转到“转出投资”科目;原在“建筑安装工程投资”“设备投资”“其他投资”“待摊投资”科目中归集的经营性项目有偿移交其他单位继续建设的未完在建工程,也需在移交时,从这些科目结转到"应收有偿调出器材及工程款"科目;另外,原在"建筑安装工程投资"科目核算的非经营性项目的非常损失(报废工程损失),原在"待摊投资"科目核算的非经营性项目的取消项目可行性研究费,均应在报经批准后结转到"待核销基建支出"科目。

# 第二节 基建资金冲转的核算

基建资金用于建设项目建设,依次经过投资取得、投资使用和投资完成转销三个阶段,随着各项资产完工交付使用,基建资金也应办理资金冲转退出建设单位的账务处理。由于用于基建的资金其来源渠道众多,有预算内拨款、预算外拨款,也有投资借款和企业债券资金、项目资本金等,其资金冲转的账务处理不同,资金退出建设单位的时间也不同:凡属预算拨款资金,因其资金使用无偿性的特点,决定了资产交付使用后的下一年度资金冲转后,资金完全退出建设单位,建设单位的会计核算工作可告全部完成;凡属投资借款资金,因其资金需要还本付息,资产交付使用后,并不表明借款已经偿还,因此在资产交付使用后的下年度资金冲转后,资金没有退出建设单位,它需等生产单位还清所有借款本息后,资金才算退出建设单位;至于企业债券资金和项目资本金的资金,虽然其资金并非无偿使用,但在资金冲转的账务处理上,在资产交付使用后的下年度资金冲转后,建设单位账上不反映其资金的偿还运用情况,也可作为资金退出建设单位看待。

## 一、拨款单位基建资金冲转的核算

拨款资金可分为预算内拨款和预算外拨款两种,其资金冲转的账务处理是相同的。当年形成的交付使用资产、转出投资、待核销基建支出,表示拨款资金使用的最终结果,随移交手续的办妥,资金也已离开建设单位。为反映预算资金的冲转,在下年初建立新账时,将上年发生的"交付使用资产""转出投资"和"待核销基建支出"科目的期末余额,全数冲转"基建拨款——以前年度拨款"科目,经转销后,剩余额即为拨入尚未完工工程占用的资金。

1. 账务处理的具体方法

(1)下年初建立新账时,将上年度"基建拨款"科目所属的"本年预算拨款""本年基建资金拨款""本年进口设备转账拨款""本年器材转账拨款""本年维护费拨款""本年煤代油专用基金拨款""本年自筹资金拨款""本年其他拨款""本年国债专项资金拨款""本年财政贴息资金拨款""本年专项建设基金拨款"等明细科目的贷方余额,全数转入"以前年度拨款"明细科目,以便划清拨款年限。

为了在资金结转中分清预算内外资金,应在"以前年度拨款"二级明细科目下再设置"预算拨款""基建基金拨款""自筹资金拨款"等三级明细科目,不同资金来源拨款可相应结转到"以前年度拨款"的相应明细科目。

（2）下年初建立新账时,将上年度"基建拨款——本年交回结余资金"和"基建拨款——本年器材转账拨款""基建拨款——本年其他拨款"等明细科目的借方余额,全数冲转"以前年度拨款"明细科目,以反映实际拨入的基建拨款数。"本年器材转账拨款"明细科目余额可能为贷方余额,也有可能为借方余额,贷方余额表示拨入款增加,借方余额表示拨款的冲抵。

（3）下年初建立新账时,将上年度"交付使用资产"科目借方余额中拨款完成金额和"转出投资""待核销基建支出"科目借方余额,一起冲转"以前年度拨款"明细科目,以完成拨款资金的转销。

经过上述程序,基建拨款资金完成了账面上的结转,意味着该部分资金退出了建设单位。

另外,如下年初预存在银行的待转自筹资金拨款,经批准可在当年使用时,则可按批准动用数借记"基建拨款——待转自筹资金拨款"科目,贷记"基建拨款——本年自筹资金拨款"科目。如有上年预收下年度预算拨款的,则应结转为本年预算拨款。

2. 举例说明拨款单位基建资金冲转的核算

【例 6-6】　某建设单位 2002 年年末有关科目的余额,如图表 6-7 所示。

图表 6-7　　　　　　　　　　　　　　　　　　单位:元

| 总账科目 | 明细科目 | 借或贷 | 余　　额 | 说　　　明 |
|---|---|---|---|---|
| 基建拨款 | 以前年度拨款 | 贷 | 6 000 000 | 其中:预算拨款 4 000 000<br>自筹资金拨款 2 000 000 |
| | 本年预算拨款 | 贷 | 5 000 000 | |
| | 本年进口设备转账拨款 | 贷 | 800 000 | |
| | 本年器材转账拨款 | 借 | 900 000 | |
| | 本年基建基金拨款 | 贷 | 300 000 | |
| | 本年煤代油专用基金拨款 | 贷 | 200 000 | |
| | 待转自筹资金拨款 | 贷 | 3 000 000 | 其中:经批准可动用 2 500 000 |
| | 本年自筹资金拨款 | 贷 | 2 000 000 | |
| | 本年交回结余资金 | 借 | 600 000 | 自筹资金拨款 |
| 交付使用资产 | | 借 | 9 700 000 | 其中:预算拨款完成 6 000 000<br>自筹资金完成 3700 000 |
| 转出投资 | | 借 | 400 000 | 预算拨款完成 |
| 待核销基建支出 | | 借 | 200 000 | 预算拨款完成 |

下年初建立新账时:

（1）结转"基建拨款"科目所属各明细科目贷方余额,应进行如下账务处理:

借：基建拨款——本年预算拨款       5 000 000

    ——本年进口设备转账拨款    800 000

    ——本年基建资金拨款     300 000

    ——本年煤代油专用基金拨款   200 000

    ——本年自筹资金拨款    2 000 000

 贷：基建拨款——以前年度拨款    8 300 000

（2）结转"基建拨款"科目所属"本年器材转账拨款"和"本年交回结余资金"明细科目借方余额，应进行如下账务处理：

借：基建拨款——以前年度拨款——预算拨款   900 000

        ——自筹资金拨款   600 000

 贷：基建拨款——本年器材转账拨款   900 000

    ——本年交回结余资金   600 000

（3）结转"交付使用资产""转出投资"和"待核销基建支出"科目借方余额，应进行如下账务处理：

借：基建拨款——以前年度拨款——预算拨款   6 600 000

        ——自筹资金拨款  3 700 000

 贷：交付使用资产       9 700 000

  转出投资        400 000

  待核销基建支出      200 000

经过以上结转程序，"交付使用资产""转出投资""待核销基建支出"总账科目已无余额，"基建拨款"有关明细科目除"以前年度拨款"和"待转自筹资金拨款"外均无余额，而"以前年度拨款"明细科目的余额，表示至目前累计拨入的拨款资金尚未核销的部分，一般也表示处于在建工程的拨款资金占用数。

（4）经批准将可动用的自筹资金从"待转自筹资金拨款"结转到"本年自筹资金拨款"明细科目，应进行如下账务处理：

借：基建拨款——待转自筹资金拨款    2 500 000

 贷：基建拨款——本年自筹资金拨款   2 500 000

借：银行存款——自筹资金户     2 500 000

 贷：银行存款——待转自筹资金户   2 500 000

## 二、投资借款单位基建资金冲转的核算

投资借款完成的资产，其资金的冲转与拨款单位不同，在下年初资金结转时，拨款资金要进行本年拨款和以前年度拨款的结转，而投资借款资金则不需要经过这个程序，可直接进行冲转。但投资借款项目在资产交付使用时，要加做一笔通知生产单位转账的会计分录。另外，经过资金结转后，其表示的含义也不同，拨款单位为资金

退出建设单位,投资借款单位则无这种含义,其资金退出建设单位,要等到投资借款全部还清,资金运动才告结束。

以下举例说明借款单位资金冲转的核算方法:

【例6-7】 某用投资借款建设的项目,2002年开工并投入借款资金20 000 000元,当年部分项目已达到"预定可使用状态",并办妥了交付使用资产手续,当年共交付使用的资产为6 000 000元,其中,厂房建筑工程投资4 000 000元,在安装生产设备1600 000元,应分摊的待摊投资400 000元。其当年和下年初财产交付使用和资金结转的账务处理如下:

(1)当年形成交付使用资产时:

借:交付使用资产——固定资产　　　　　　　　　　　　　　　6 000 000
　　贷:建筑安装工程投资　　　　　　　　　　　　　　　　　　4 000 000
　　　　设备投资——在安装设备　　　　　　　　　　　　　　　1 600 000
　　　　待摊投资　　　　　　　　　　　　　　　　　　　　　　　400 000

通知生产单位转账:

借:应收生产单位投资借款　　　　　　　　　　　　　　　　　6 000 000
　　贷:待冲基建支出　　　　　　　　　　　　　　　　　　　　6 000 000

(2)下年初资金转销时:

借:待冲基建支出　　　　　　　　　　　　　　　　　　　　　6 000 000
　　贷:交付使用资产　　　　　　　　　　　　　　　　　　　　6 000 000

本例中,下年初冲销的6 000 000元,并不表示该部分资金退出了建设单位。借款资金退出建设单位,需分析"应收生产单位投资借款"的余额和贷方发生额,以及"基建投资借款"的余额和借方发生额,当借款资金建设的项目已完工,所建成的资产已全部移交给生产或使用单位,随着生产或使用单位偿还借款,建设单位账上的"应收生产单位投资借款"和"基建投资借款"科目余额为零的时候,则表示借款资金退出了建设单位。因此,借款资金的偿还过程就是借款资金退出建设单位的过程。

### 三、拨贷合一单位基建资金冲转的核算

如果一个建设项目既有拨款资金又有投资借款资金共同进行建设,则称作拨贷合一项目。对拨贷合一项目的基建资金冲转,掌握两条原则:一是不管是单项、单位工程还是整个项目,投资时资金划分清楚的,交付使用资产中也能分清不同资金购建的,则用拨款资金完成的按拨款项目资金冲转办法冲转,用投资借款资金完成的,按投资借款项目资金冲转办法冲转;二是项目建设中混同投资,即拼盘项目,不能分清资金区别的,则各自按照占项目总投资的比例,分别计算在交付使用资产中完成的份额,再用各自资金冲转的办法冲转。

195

在按比例计算各自在交付使用资产中完成的份额时,应注意以下两项内容的计算:一项是投资借款利息,因拨款资金无此内容,所以利息净支出应全部由投资借款资金负担,同时为方便计算,可假设当年发生的借款利息已全部进入当年完成的交付使用资产价值中;另一项是涉及拨款资金的待核销基建支出、转出投资核销时,因其支出全部由财政核销与投资借款资金无关。

以下举例说明拨贷合一单位基建资金冲转的核算:

【例 6-8】 某拨贷合一项目 2002 年计划投资总额 5 000 000 元(不包括借款利息),其中投资借款 3 000 000 元,自筹资金拨款 2 000 000 元,当年完成交付使用资产价值 4 150 000 元(其中:借款利息净支出 150 000 元)。各种资金完成交付使用资产的比例,其计算结果如图表 6-8 所示。

图表 6-8　交付使用资产分配表

单位:元

| 项　　目 | 合　　计 | 投资借款(60%) | 自筹资金(40%) |
|---|---|---|---|
| 交付使用资产 | 4 150 000 | (4 150 000－150 000)×60%<br>＝2 400 000 | (4 150 000－150 000)×40%<br>＝1 600 000 |
| 其中:借款利息 | (150 000) | 150 000 | |
| 合　　计 | 4 150 000 | 2 550 000 | 1 600 000 |

根据上述计算结果,2002 年的账务处理如下:

① 借:交付使用资产　　　　　　　　　　　　　　　　　　　　　　4 150 000

　　贷:建筑安装工程投资等科目　　　　　　　　　　　　　　　　　　　　4 150 000

② 借:应收生产单位投资借款　　　　　　　　　　　　　　　　　　2 550 000

　　贷:待冲基建支出　　　　　　　　　　　　　　　　　　　　　　　　2 550 000

下年初建立新账时的账务处理如下:

① 借:基建拨款——本年自筹资金拨款　　　　　　　　　　　　　　2 000 000

　　贷:基建拨款——前年度拨款——自筹资金拨款　　　　　　　　　　　2 000 000

② 借:待冲基建支出　　　　　　　　　　　　　　　　　　　　　　2 550 000

　　　基建拨款——以前年度拨款——自筹资金拨款　　　　　　　　　1 600 000

　　贷:交付使用资产　　　　　　　　　　　　　　　　　　　　　　　　4 150 000

本例业务中,当年投资总额并未全部形成交付使用资产,但对拨款资金的下年初明细科目结转,则应按余额全部结转,如本例中 200 万元;当冲销已交付资产时,则按该项资产完成比例计算的数额冲转。另外,投资借款资金一般用于经营性生产项目,而预算拨款资金一般用于非经营性行政、事业项目,伴随预算拨款资金而发生的转出投资,待核销基建支出,在拨贷合一项目资金冲转时,应全部由拨款资金冲销。但因投资借款和预算拨款,在目前基建管理体制下共建一个项目的例子较少,因此不再单独举例说明。

### 四、企业债券资金和项目资本资金基建资金冲转的核算

企业债券资金和项目资本资金的资金冲转可参见第二章第五、六两节内容。企业债券资金项目其发行债券的条件较多;而项目资本项目其筹集资金相对容易些。现为了说明资金冲转方法的运用,假设这两种资金共建某项目,已完成交付使用资产若干金额,其资金在下年初建立新账冲转时,应进行如下步骤的处理:

1. 计算当年完成交付使用资产中各种资金所占的比例

在按投资比例计算各种资金完成比例时,应注意企业债券资金发生的债券应付利息、债券发行手续费、佣金、发行费等支出,这部分支出属债券资金所特有,项目资本资金无此类支出,因此这部分支出要由债券资金来负担。同时,为了简化计算,可假定这部分支出全部可计入当年交付使用资产的价值。

2. 下年初资金冲转

按各自资金冲转的方法,分别冲转。

以下举例说明其资金冲转的核算:

【例6-9】　某项目系债券资金和项目资本资金合一建设的,2002年度计划投资总额2 000 000元(包括债券利息、发行费用等),其中企业债券资金1 100 000元,项目资本资金900 000元,当年完成交付使用资产1 600 000元(其中债券利息净支出和发行费计20 000元)。各种资金完成交付使用资产的比例,其计算结果如图表6-9所示。

图表6-9　交付使用资产分配表

单位:元

| 项　目 | 合　计 | 企业债券资金(55%) | 项目资本资金(45%) |
|---|---|---|---|
| 交付使用资产 | 1 600 000 | (1 600 000－20 000)×55%<br>＝869 000 | (1 600 000－20 000)×<br>45%＝711 000 |
| 其中:债券利息、发行费 | (20 000) | 20 000 | |
| 合　计 | 1 600 000 | 889 000 | 711 000 |

下年初建立新账时:

(1) 冲转企业债券资金完成的交付使用资产:

借:企业债券资金　　　　　　　　　　　　　　　　　　　　　889 000

　　贷:交付使用资产　　　　　　　　　　　　　　　　　　　　　889 000

(2) 冲转项目资本资金完成的交付使用资产:

借:项目资本　　　　　　　　　　　　　　　　　　　　　　　711 000

　　贷:交付使用资产　　　　　　　　　　　　　　　　　　　　　711 000

# 复习思考题

1. 什么是交付使用资产？各类交付使用资产的建设成本是怎样构成的？

2. 怎样进行交付使用资产核算？

3. 交付使用资产成本的计算对象是什么？

4. 用基建投资借款完成的交付使用资产，为什么要在交付生产单位使用时，同时借记"应收生产单位投资借款"科目，贷记"待冲基建支出"科目？

5. 试述不同资金来源的基建资金冲转有什么特点和区别。

6. 试述拨款单位资金冲转核算的程序。

7. 试述投资借款单位资金冲转核算的程序。

8. 试述企业债券资金和项目资本资金单位资金冲转核算的程序。

9. 怎样组织拨贷合一单位基建资金冲转的核算？

10. 怎样组织企业债券资金和项目资本资金基建资金冲转的核算？

# 练 习 题

**习题一**

【目的】 练习交付使用资产的核算。

【要求】

1. 计算待摊投资预定分配率；

2. 计算各项交付使用资产的建设成本；

3. 分别为各项经济业务编制会计分录。

【资料】

某投资借款建设单位预计建设期内发生的待摊投资 800 000 元，建设期内的建筑安装工程投资支出 5 600 000 元，需要安装设备投资支出 4 200 000 元，基本畜禽支出 200 000 元。20××年12月份，有下列各项办妥验收交接手续的交付使用资产：

| | | |
|---|---|---|
| 1. 厂房 | 建筑工程成本 | 1 200 000 |
| 2. 仓库 | 建筑工程成本 | 1 000 000 |
| 3. 宿舍 | 建筑工程成本 | 1 100 000 |
| 4. 工艺设备 | 基础工程成本 | 16 000 |
| | 安装工程成本 | 25 000 |
| | 设备采购成本 | 2 800 000 |
| 5. 自卸汽车5辆 | 采购成本 | 350 000 |
| 6. 生产用工、器具 | 采购成本 | 13 000 |
| 7. 可行性研究自用固定资产 | 采购成本 | 12 000 |
| 8. 基本畜禽 | 采购成本 | 180 000 |
| | 饲养费用 | 10 000 |

9. 将投资借款完成的各项交付使用资产，及时通知生产单位转账。

**习题二**

【目的】 练习交付使用资产的核算。

【要求】

1. 计算待摊投资的实际分配率;

2. 分别为各项业务作出会计分录。

【资料】 某拨贷合一单位自 20××年 7 月至下年初发生的部分经济业务如下:

1.7 月 20 日将原料车间#1 工艺设备和#2 动力设备交付给第一设备安装公司进行安装,设备采购成本如下:1#工艺设备 95 000 元,#2 动力设备 120 300 元。

2.8 月 31 日用投资借款支付筹建机构人员差旅费 1 000 元,委托其他单位代为培训生产工人费 2 000 元。

3.9 月 3 日对库存设备进行盘点,发现 1 台需要安装电动机遗失,价值 5 200 元,经查系管理不善造成,管理人员应承担损失 200 元,其余经批准可以转账。

4.9 月 5 日,用投资借款支付第一设备安装公司设备安装费 18 000 元,其中#1 工艺设备基础工程费用 4 000 元,安装费 6 000 元;#2 动力设备基础工程费用 3 000 元,安装费用 5 000 元。

5.11 月 28 日,原料车间竣工交付生产单位使用,并与为其配套价值 130 000 载重汽车 2 辆、一批价值 4 000 元的工器具一起移交,原料车间厂房建筑成本 810 000 元,#1 设备和#2 设备支出参见业务 1 和 4。待摊投资按实际数分配,待摊投资的期末余额为 280 000 元,分配标准总和为 2 800 000 元(用投资借款建设)。

6.11 月 30 日将在建的变压站有偿调拨给其他单位继续施工,该工程已发生建筑安装工程投资 150 000 元,在安装设备投资 200 000 元,款未收到。

7.12 月 2 日,用银行存款补助项目周边居民造林支出 5 800 元,由预算拨款列支。

8.12 月 20 日,将用拨款资金建设的产权属外单位的某专用公路配套设施移交给外单位继续建设,已发生建筑安装工程投资 160 000 元。

9.下年度 1 月 1 日,将上年完成的交付使用资产、转出投资、待核销基建支出冲转有关科目。

**习题三**

【目的】 练习拨款单位基建资金的冲转。

【资料】 某建设单位 20××年年末有关科目余额如下:

单位:元

| 总账科目 | 明细科目 | 借或贷 | 余额 | 说明 |
|---|---|---|---|---|
| 基建拨款 | 以前年度拨款 | 贷 | 1 200 000 | 其中:预算拨款 400 000<br>自筹资金拨款 800 000 |
| | 本年预算拨款 | 贷 | 900 000 | |
| | 本年进口设备转账拨款 | 贷 | 120 000 | 预算拨款 |
| | 本年器材转账拨款 | 借 | 60 000 | 预算拨款 |
| | 本年自筹资金拨款 | 贷 | 2 000 000 | |
| | 待转自筹资金拨款 | 贷 | 1 300 000 | 经批准下年初可动用 700 000 |
| | 本年交回结余资金 | 借 | 50 000 | 预算拨款 |

（续表）

| 总账科目 | 明细科目 | 借或贷 | 余　额 | 说　　明 |
|---|---|---|---|---|
| | 本年其他拨款 | 贷 | 28 000 | |
| 交付使用资产 | | 借 | 1 650 000 | 其中：预算拨款完成 650 000<br>　　　自筹资金完成 1 000 000 |
| 转出投资 | | 借 | 100 000 | 预算拨款完成 |
| 待核销基建支出 | | 借 | 110 000 | 预算拨款完成 |

【要求】

1. 下年初建立新账时结转"基建拨款"所属本年各有关明细科目余额。

2. 结转上年度完成的"交付使用资产""转出投资""待核销基建支出"科目的余额。

3. 结转经批准使用的"待转自筹资金拨款"数额。

习题四

【目的】　练习拨贷合一单位基建资金冲转的核算。

【资料】　某建设单位系自筹资金拨款，投资借款合一建设单位，20××年基建投资计划中自筹资金占 30%，投资借款占 70%，计划投资总额 30 000 000 元，当年完成交付使用资产 20 000 000 元（其中：借款利息 1 500 000 元，已列入计划投资总额）。

【要求】

1. 做当年形成交付使用资产会计分录。

2. 计算各种资金完成交付使用资产数额。

3. 进行自筹拨款资金冲转账务处理。

4. 进行投资借款资金冲转账务处理。

# 第七章

## 基建收入、基建包干节余、留成收入和其他基建业务的核算

# 第一节　基建收入的核算

## 一、基建收入的内容

基建收入是指在基本建设过程中形成的各项工程建设副产品变价净收入、负荷试车和试生产收入以及其他收入。包括以下几个部分：

（1）工程建设副产品变价收入。包括：煤炭建设中的工程煤收入、矿山建设中的矿产品收入、油（气）田钻井建设中的原油（气）收入和森工建设中的路影材收入等。

（2）工业项目为检验设备安装质量进行的负荷试车或按合同及国家规定进行试生产所实现的产品收入。包括：水利、电力建设移交生产前的水、电、热费收入、原材料、机电轻纺、农林建设移交生产前的产品收入、铁路交通临时运营收入等。

（3）各类建设项目总体建设尚未完成和移交生产，但其中部分工程简易投产而产生的营业性收入等。

对各类副产品和负荷试车产品基建收入的确定，是按实际销售收入扣除销售过程中所发生的费用和税金确定的，负荷试车费用应从建设项目投资中解决。

对试生产期间基建收入的确定，是以产品实际销售收入减去销售费用及其他费用和销售税金后的纯收入确定。

## 二、基建收入的分成办法

（1）对基建副产品收入，实行"三·七"分成，即30％上交财政或用于归还投资借款、企业债券资金，70％留成。对留成部分由建设单位和施工企业按"二·八"比例分成，建设单位留用20％，即对基建副产品收入建设单位可按收入总额的14％（100％×70％×20％）留用。

（2）对负荷试车和试生产收入，国内项目70％上交财政或用于偿还投资借款，30％建设单位留用；引进国外成套设备项目，90％上交财政或用于偿还投资借款，10％建设单位留用；引进部分国外设备与国内设备配套建设的项目，按设备投资比例加权平均确定分配比例。

（3）对建设项目部分工程简易投产基建收入，60％上交财政或用于偿还投资借款等，40％建设单位留用。

建设单位对留用的基建收入按"六·二·二"比例作为留成收入、职工福利基金和奖励基金，但不得用于计划外工程项目建设。

### 三、基建收入的核算

为了总括地反映和监督基建收入的形成、上交和留用情况,应设置"应交基建收入"科目。

"应交基建收入"科目:属资金来源类科目,用以核算基建收入的实现、上交和留用情况,其贷方登记实现的基建收入;借方登记按规定上交财政或偿还基建投资借款以及建设单位留用的基建收入;本科目贷方余额表示:应交未交或尚未用以偿还投资借款的基建收入。本科目应按实现的基建收入类别设置明细账进行明细核算。如图表 7-1 所示。

图表 7-1

**应交基建收入**

| 1. 应分配给施工企业部分<br>2. 上交或偿还投资借款部分<br>3. 结留建设单位留用部分 | 1. 工程建设副产品变价收入<br>2. 工业项目负荷联合试车收入<br>3. 水利、电力、铁路项目移交生产前试营运收入<br>4. 整体项目未完工,部分工程简易投产的营业性收入 |
|---|---|
| | 余额:应交未交或尚未偿还投资借款的基建收入 |

以下举例说明基建收入实现、分成、留用的核算:

【例 7-1】　某用投资借款建设的煤矿项目,建设中采得工程煤一批,对外销售得款 117 000 元,其中应交增值税 17 000 元。应做如下会计分录:

借:银行存款 117 000

　贷:应交基建收入——副产品收入 100 000

　　应交税金——应交增值税(销项) 17 000

【例 7-2】　上项基建收入 30％用于偿还投资借款。应做如下会计分录:

借:应交基建收入(100 000×30％) 30 000

　贷:银行存款 30 000

借:基建投资借款 30 000

　贷:应收生产单位投资借款 30 000

【例 7-3】　上项基建收入留成部分按"二·八"比例在建设单位和施工企业中进行分配,建设单位留用中再按"六·二·二"比例分别转作留成收入、应付福利费和应付工资。应做如下会计分录:

借:应交基建收入 70 000

　贷:其他应付款——应付施工企业基建收入款 56 000

　　留成收入 8 400

　　应付福利费 2 800

　　应付工资 2 800

【例7-4】 某用投资借款建设的化工厂,有一个生产车间提前简易投产,取得产品销售收入 200 000 元,应交增值税 34 000 元,产品成本为 120 000 元。对实现的基建收入 60%偿还投资借款,40%建设单位留用。应做如下会计分录:

(1) 取得销售收入时:

| | |
|---|---|
| 借:银行存款 | 234 000 |
| 　贷:应交基建收入 | 200 000 |
| 　　　应交税金——应交增值税(销项) | 34 000 |

(2) 结转基建纯收入时(结转产品成本):

| | |
|---|---|
| 借:应交基建收入 | 120 000 |
| 　贷:库存材料 | 120 000 |

(3) 60%偿还投资借款时〔(200 000-120 000)×60%〕:

| | |
|---|---|
| 借:应交基建收入 | 48 000 |
| 　贷:银行存款 | 48 000 |
| 借:基建投资借款 | 48 000 |
| 　贷:应收生产单位投资借款 | 48 000 |

(4) 40%建设单位留用时〔(200 000-120 000)×40%〕:

| | |
|---|---|
| 借:应交基建收入 | 32 000 |
| 　贷:留成收入(60%) | 19 200 |
| 　　　应付福利费(20%) | 6 400 |
| 　　　应付工资(20%) | 6 400 |

【例7-5】 某用企业债券资金建设的项目,将第一车间的系统联动设备委托生产单位组织试车,生产单位提交的账单显示,试车净收入为 10 000 元。应做如下会计分录:

| | |
|---|---|
| 借:其他应收款 | 10 000 |
| 　贷:应交基建收入 | 10 000 |

【例7-6】 上项基建收入 70%偿还企业债券资金,30%留给建设单位,留用部分按"六·二·二"比例转作留成收入、应付福利费和应付工资。应做如下会计分录:

| | |
|---|---|
| 借:应交基建收入 | 7 000 |
| 　贷:银行存款(其他应收款) | 7 000 |

偿还企业债券资金是指将这笔资金转交生产单位,由生产单位将来用这笔资金对企业债券进行还本付息。

建设单位留用时,应做如下会计分录:

借：应交基建收入　　　　　　　　　　　　　　　　　　　　　　　3 000
　　贷：留成收入　　　　　　　　　　　　　　　　　　　　　　　　1 800
　　　　应付福利费　　　　　　　　　　　　　　　　　　　　　　　　600
　　　　应付工资　　　　　　　　　　　　　　　　　　　　　　　　　600

# 第二节　基建包干节余的核算

基建包干节余是指实行基本建设项目投资包干责任制的建设单位，在全面完成包干指标的基础上，较批准的设计概算或修正概算投资额节约的资金。

建设项目投资包干责任制，是指建设单位对国家计划确定的建设项目按建设规模、投资总额、建设工期、工程质量和材料消耗包干，实行责、权、利相结合的经营管理责任制。

## 一、基建包干的形式和包干的内容

### （一）基建包干的形式

应根据不同建设项目的特点和具体条件，采用不同的包干形式：如建设单位对项目主管部门包干；工程承包公司接受项目主管部门或建设单位委托，实行包干；施工单位接受项目主管部门或建设单位的委托，实行包干；下级主管部门对上级主管部门包干；等等。

实行建设项目投资包干责任制，不论采取哪种包干形式，有条件的工程项目，都要实行招标，择优选择有关承包单位。

### （二）基建包干的内容

（1）建设项目的总承包单位，一般应对以下几个方面的主要内容进行包干：

① 包投资：以批准的设计概算或修正概算确定的投资额为准。

② 包工期：以国家计划或上级主管部门确定的合理工期为准。

③ 包质量：以有关的技术标准、规范以及设计要求的工程质量标准为准。

④ 包主要材料用量：以设计文件规定的主要材料用量清单，或包、保双方商定的主要材料清单为准。

⑤ 包形成综合生产能力：工业项目要按设计规定，把主体工程、配套工程"三废"治理工程同时建成，按规定的建设规模形成综合生产能力。非工业项目要包建成合格交付使用。

（2）建设项目的主管部门，一般应保证下列主要建设条件：

① 保建设资金：按确定的建设总进度和包干投资总额保证连续建设所需的资金。

② 保设备、材料：按主要物资用量清单和建设进度，在包干指标的范围内组织资源，保证供应。

③ 保外部配套条件：妥善安排供电、供水、通讯、交通运输等外部配套条件。

④ 保生产定员配备：按设计定员和生产准备进度，及时申请核拨生产人员劳动指标。

⑤ 保工业项目投料试车所需的原料、燃料供应等。

包干指标确定后，一般不得变动，如遇特殊情况，才可调整包干指标。如遇上自然灾害、国家计划调整、设计重大修改等。

## 二、基建包干节余的分成

对实现的基建包干节余，基建投资借款项目50％用于偿还投资借款，50％建设单位留用；预算拨款项目20％上交财政，30％上交主管部门，50％建设单位留用；小型项目节约投资额不大的，在与开户银行协商后报主管部门批准，可以提高留成比例或全额留给建设单位。

建设单位留用的包干节余，用于建造职工住宅和集体福利设施等，因已包括在建设项目总投资内，可不计入自筹基建控制指标。

基建包干节余原则上应在建设项目全部竣工后提取，但对建设工期长的项目，其单项工程竣工后有节余的，可按竣工决算预提一部分。

## 三、基建包干节余的核算

为了总括地反映和监督基建包干节余的实现和分成情况，实行基建投资包干责任制的建设单位在竣工后，对确已实现包干节余或经批准在单项工程竣工后预提留用的包干节余，应设置"应交基建包干节余"科目组织核算。

"应交基建包干节余"科目：属资金来源类科目，用以核算基建包干节余的实现、上交和留用情况。如图表7-2所示。

图表7-2

| 借 | 应交基建包干节余 | 贷 |
|---|---|---|
| 上交财政或偿投资借款的包干结余数额；<br>建设单位结转留用的包干节余数额。 | 实现的包干节余数额；<br>建设期预提的包干节余数额。 |
| | 余额：已实现尚未分配的包干节余数额。 |

以下举例说明基建包干节余的实现、分成和留用的核算：

【例7-7】 某实行基建投资包干责任制的投资借款建设单位，工程竣工全面完成了各项包干指标，实际发生基建支出为19 000 000元，较批准的设计概算投资额20 000 000元节约了1 000 000元。应做如下会计分录：

（1）工程竣工实现包干节余时：

借：待摊投资——包干节余        1 000 000
 贷：应交基建包干节余         1 000 000

同时从投资借款账户转出相应金额：

借：银行存款　　　　　　　　　　　　　　　　　　　　　　　　　1 000 000
　　贷：基建投资借款　　　　　　　　　　　　　　　　　　　　　　　　1 000 000

（2）50％用以偿还基建投资借款时：

借：应交基建包干节余　　　　　　　　　　　　　　　　　　　　　　500 000
　　贷：银行存款　　　　　　　　　　　　　　　　　　　　　　　　　　500 000
借：基建投资借款　　　　　　　　　　　　　　　　　　　　　　　　500 000
　　贷：应收生产单位投资借款　　　　　　　　　　　　　　　　　　　　500 000

（3）50％留给建设单位，按"六·二·二"比例转作留成收入、应付福利费和应付工资时：

借：应交基建收入　　　　　　　　　　　　　　　　　　　　　　　　500 000
　　贷：留成收入　　　　　　　　　　　　　　　　　　　　　　　　　　300 000
　　　　应付福利费　　　　　　　　　　　　　　　　　　　　　　　　　100 000
　　　　应付工资　　　　　　　　　　　　　　　　　　　　　　　　　　100 000

【例7-8】　某实行投资包干责任制的投资借款单位，单项工程竣工后，经批准按单项工程节余额的一定比例预提留用包干节余10 000元。应做如下会计分录：

（1）建设期间经批准预提留用包干节余时：

借：其他应收款——预提留用包干节余　　　　　　　　　　　　　　　10 000
　　贷：应交基建包干节余　　　　　　　　　　　　　　　　　　　　　　10 000

（2）预提部分结转留用时：

借：应交基建包干节余　　　　　　　　　　　　　　　　　　　　　　10 000
　　贷：留成收入　　　　　　　　　　　　　　　　　　　　　　　　　　6 000
　　　　应付福利费　　　　　　　　　　　　　　　　　　　　　　　　　2 000
　　　　应付工资　　　　　　　　　　　　　　　　　　　　　　　　　　2 000

（3）如该项目投资借款实行指标管理，则要：

借：银行存款　　　　　　　　　　　　　　　　　　　　　　　　　　10 000
　　贷：基建投资借款　　　　　　　　　　　　　　　　　　　　　　　　10 000

如上述预提包干节余的投资借款单位，工程竣工时全面超额完成了包干指标，确定实现包干节余22 000元。

（1）按实现包干节余数：

借：待摊投资——包干节余　　　　　　　　　　　　　　22 000
　　贷：其他应收款——预提留用包干节余　　　　　　　　　　　　10 000
　　　　应交基建包干节余　　　　　　　　　　　　　　　　　　12 000

（2）实现的包干节余按 50％留用计算，为 11 000 元，原预提留用了 10 000 元，应补留 1 000 元。

借：应交基建包干节余　　　　　　　　　　　　　　　　1 000
　　贷：留成收入　　　　　　　　　　　　　　　　　　　　　　600
　　　　应付福利费　　　　　　　　　　　　　　　　　　　　　200
　　　　应付工资　　　　　　　　　　　　　　　　　　　　　　200

同时，结转银行存款：

借：银行存款　　　　　　　　　　　　　　　　　　　　12 000
　　贷：基建投资借款　　　　　　　　　　　　　　　　　　　12 000

（3）按 50％比例用以归还基建投资借款时：

借：应交基建包干节余　　　　　　　　　　　　　　　　11 000
　　贷：银行存款　　　　　　　　　　　　　　　　　　　　　11 000
借：基建投资借款　　　　　　　　　　　　　　　　　　11 000
　　贷：应收生产单位投资借款　　　　　　　　　　　　　　　11 000

再如上述预提包干节余的投资借款单位，工程竣工时，未完成原预计实现的包干节余数，确定实现的包干节余为 14 000 元。

（1）按确定实现数入账时：

借：待摊投资——包干节余　　　　　　　　　　　　　　14 000
　　贷：其他应收款——预提留用包干节余　　　　　　　　　　　10 000
　　　　应交基建包干节余　　　　　　　　　　　　　　　　　4 000

同时结转银行存款：

借：银行存款　　　　　　　　　　　　　　　　　　　　4 000
　　贷：基建投资借款　　　　　　　　　　　　　　　　　　　4 000

（2）按 50％留用计算为 7 000 元，原预留了 10 000 元，多预留部分应退回。

借：留成收入　　　　　　　　　　　　　　　　　　　　1 800
　　应付福利费　　　　　　　　　　　　　　　　　　　　600
　　应付工资　　　　　　　　　　　　　　　　　　　　　600
　　贷：应交基建包干节余　　　　　　　　　　　　　　　　　3 000

（3）按 50％归还投资借款时：

| | | |
|---|---|---|
| 借：应交基建包干节余 | | 7 000 |
| 　贷：银行存款 | | 7 000 |
| 借：基建投资借款 | | 7 000 |
| 　贷：应收生产单位投资借款 | | 7 000 |

# 第三节　留成收入、应付福利费和有价证券的核算

## 一、留成收入的核算

留成收入是指建设单位从建设成本中提取，留给建设单位用于改善工作条件、支付赔款及职工困难补助等方面支出的资金。这部分资金不属于基建资金，而属建设单位的自有资金。

（一）留成收入的来源

留成收入资金来源有以下几个方面：

（1）项目建设期实现基建收入时，按规定的比例留用形成；

（2）项目竣工实现基建包干节余时，按规定的比例留用形成；

（3）因建设单位组织管理得当，项目提前建成投产，提前期间基建投资借款应计利息，可全部留归建设单位。

（二）留成收入的用途

留成收入可用于购置固定资产和办公设备等改善工作条件；可用于举办职工集体福利设施改善职工生活条件；可用于补助困难职工生活补贴，发给职工劳动竞赛奖金以及弥补医疗、劳动保险费用的不足；也可用于项目建设管理期间违反合同造成的罚款、罚息支出等。

在用留成收入兴建职工宿舍及其他建设工程时，应纳入统一自筹基建投资计划（基建包干节余留用部分可不计入自筹基建控制指标）。

（三）留成收入的核算

为了总括核算和监督留成收入的形成、使用和结存情况，应设置"留成收入"科目进行核算。"留成收入"属资金来源类科目。如图表 7-3 所示。

图表 7-3

| 借 | 留　成　收　入 | 贷 |
|---|---|---|
| 用于改善工作条件<br>用于举办职工福利设施<br>用于补助困难职工生活<br>用于罚款罚息支出等 | 从基建收入中留成<br>从基建包干节余中留成<br>投资借款利息节约留成 | |
| | 余额：尚能使用的留成收入数额 | |

以下举例说明留成收入的核算:

**【例7-9】** 某投资借款项目,比规定的建设工期提前1个月建成投产,这期间投资借款应负担利息2 000元,按规定全部留给建设单位。该项投资借款实行贷款转存款管理方式。应做如下会计分录:

借:待摊投资——借款利息      2 000

  贷:留成收入      2 000

**【例7-10】** 按规定比例计算,实现的基建收入可留成1 000元,投资包干节余可留成3 000元。应做如下会计分录:

借:应交基建收入      1 000

  应交基建包干节余      3 000

  贷:留成收入      4 000

**【例7-11】** 建设单位采购器材时,延误付款,应支付货款滞纳金200元。另在工程建设时,超过了计划规定的建设工期,应付超期利息支出1 500元。该项目用投资借款建设,借款实行贷转存管理。应做如下会计分录:

借:留成收入      1 700

  贷:银行存款      1 700

## 二、应付福利费的核算

应付福利费是从职工工资总额中计提,计入建设成本,用于职工福利方面的费用。

建设单位根据规定,按工资总额的一定比例(14%)计提职工福利费,可随同工资计入建设成本,是工资附加费的主要组成部分。

应付福利费的用途,主要包括以下几个方面:

(1) 医药卫生支出。即职工及其按规定报销的直系亲属的医药费、医务人员工资、医务经费、职工因公负伤就医路费等。开支范围和标准,应按"劳保条例"和有关规定执行。

(2) 职工生活困难补助。

(3) 集体福利设施支出。

(4) 职工浴室、理发室、托儿所、幼儿园的人员工资和其他各项支出扣除收入后的差额,以及食堂炊事用具的购置、修理费用等。

建设单位应建立和健全职工福利费开支的审批制度,正确计提和合理使用职工福利费,定期公布有关账目,接受职工群众的监督。

为了总括反映和监督职工福利费的提取、使用和结存情况,应设置"应付福利费"科目进行核算。"应付福利费"属资金来源类科目。如图表7-4所示。

图表 7-4

| 借 | 应付福利费 | 贷 |
|---|---|---|
| 支付职工医疗卫生费用<br>支付职工困难补助<br>支付职工其他福利费用<br>支付医务、福利人员工资 | 按工资总额一定比例提取时<br>按留用基建收入一定比例提取时<br>按留用包干节余一定比例提取时 | |
| | 余额：应付福利费的结余 | |

以下举例说明应付福利费的核算：

【例 7-12】　某建设单位月末按职工工资总额的 14% 计提应付福利费，各类人员工资总额情况如下：筹建机构管理人员 10 000 元，材料仓库保管人员 2 000 元，生产职工培训人员 3 000 元。应做如下会计分录：

按这些人员工资总额 14% 计提如下：

借：待摊投资——建设单位管理费　　　　　　　　　　　　　　1 400
　　采购保管费——材料　　　　　　　　　　　　　　　　　　 280
　　其他投资——递延资产　　　　　　　　　　　　　　　　　 420
　　贷：应付福利费　　　　　　　　　　　　　　　　　　　　　　2 100

【例 7-13】　收到各种福利事业收入现金 1 600 元。应做如下会计分录：

借：现金　　　　　　　　　　　　　　　　　　　　　　　　　1 600
　　贷：应付福利费　　　　　　　　　　　　　　　　　　　　　　1 600

【例 7-14】　支付职工困难补助 1 800 元，以现金付讫。分配医务福利人员工资 1 000元。应做如下会计分录：

借：应付福利费　　　　　　　　　　　　　　　　　　　　　　2 800
　　贷：现金　　　　　　　　　　　　　　　　　　　　　　　　　1 800
　　　　应付工资　　　　　　　　　　　　　　　　　　　　　　　1 000

## 三、有价证券的核算

有价证券是证明一定经济关系的持券人有权取得收益的价值凭证，主要有股票、债券、基金等。从我国目前对建设单位有价证券管理的要求看，建设单位不得用基建闲置资金购买股票、基金等，只能购买国债及部分流通的企业债券资金。建设单位购买有价证券取得利息收入时，分两种情况：如用基建闲置资金投资的，则利息收入计入"应交基建收入"科目，再按一定比例留成作为留成收入；如用建设单位的自有留成资金购买的，则利息收入可全部计入留成收入。

为核算和监督有价证券的购入、兑付、结存情况，应设置"有价证券"科目，并按有价证券的种类设明细账进行明细核算。

以下举例说明有价证券的核算：

【例7-15】 建设单位以闲置的基建资金认购国库券150 000元。应做如下会计分录：

借：有价证券             150 000
 贷：银行存款            150 000

【例7-16】 国库券到期兑付，收回本金150 000元，利息27 000元。应做如下会计分录：

（1）收回本金时：

借：银行存款             150 000
 贷：有价证券            150 000

（2）收到利息时：

借：银行存款             27 000
 贷：应交基建收入           27 000

# 第四节　应付票据和其他应付款的核算

## 一、应付票据的核算

应付票据，是指建设单位在项目建设过程中，因采购设备、材料物资、结算已完出包工程款等而开出承兑的商业汇票，包括商业承兑汇票和银行承兑汇票。

应付票据是由出票人出票，委托付款人在指定日期无条件支付确定的金额给收款人或者持票人的票据。应付票据也是委托付款人允诺在一定时期内支付一定款额的书面证明。在采用商业承兑汇票方式下，承兑人应为付款人，承兑人对这项债务在一定时期内支付的承诺，在采用银行承兑汇票方式情况下，商业汇票应由在承兑银行开立存款户的存款人签发，由银行承兑。由银行承兑的银行承兑汇票，只是为收款方式按期收回债权提供了可靠的信用保证，对付款人来说，付款人的现存义务依然存在。我国商业汇票的付款期限最长不超过6个月。

为了核算、监督商业汇票的签发、承兑和到期付款情况，建设单位应设置"应付票据"科目。"应付票据"属资金来源类科目，用于核算建设单位因购买材料、设备和结算已完出包工程价款而开出、承兑的商业汇票。如图表7-5所示。

图表7-5

| 借 | 应　付　票　据 | 贷 |
|---|---|---|
| 到期支付的商业承兑汇票和银行承兑汇票的面值 | 签发开出的商业承兑汇票面值<br>签发开出的银行承兑汇票面值 | |
| | 余额：尚未到期支付的商业汇票的面值 | |

商业汇票在我国会计实务中一般采用按票据面值记账的方法,应付票据按是否带息分为带息应付票据和不带息应付票据两种。

(1) 带息应付票据的处理。应付票据如为带息票据,其票据的面值就是票据的现值。由于我国商业汇票期限较短,因此,通常在期末时,对尚未支付的应付票据计提利息,计入"待摊投资——建设单位管理费";票据到期支付票款时,尚未计提的利息部分直接计入当期建设单位管理费。

(2) 不带息应付票据的处理。不带息应付票据,其面值就是票据到期的应付金额。

建设单位应设置"应付票据备查簿",详细登记每笔应付票据的种类、签发日期、到期日票据金额、合同交易额、收款人姓名或单位名称,以及付款日期和金额等详细资料。应付票据到期付清时,应在备查簿内逐笔注销。

以下举例说明应付票据的核算:

**【例 7-17】** 建设单位购入需安装设备 1 台,买价 100 000 元,增值税 17 000 元,运杂费 2 000 元,按合同规定签发并承兑不带息的商业承兑汇票一张,面值 119 000 元,期限为 3 个月,已交付销货单位。应做如下会计分录:

借:器材采购——设备采购　　　　　　　　　　　　　　　119 000
　贷:应付票据　　　　　　　　　　　　　　　　　　　　　119 000

设备入库时:

借:库存设备　　　　　　　　　　　　　　　　　　　　　119 000
　贷:器材采购——设备采购　　　　　　　　　　　　　　　119 000

**【例 7-18】** 向开户行办理应付上海某建筑工程公司已完工程款结算用的银行承兑汇票 1 张,面额 200 000 元,期限 2 个月,银行承兑汇票手续费 200 元已用银行存款支付。应做如下会计分录:

将银行承兑汇票交付建筑工程公司时:

借:应付工程款(建筑安装工程投资)　　　　　　　　　　200 000
　贷:应付票据　　　　　　　　　　　　　　　　　　　　　200 000

支付手续费时:

借:待摊投资——建设单位管理费　　　　　　　　　　　　　　200
　贷:银行存款　　　　　　　　　　　　　　　　　　　　　　200

**【例 7-19】** 签发并承兑带息的商业承兑汇票 1 张,面额 300 000 元,票面利率年利 3.6%,期限 4 个月,用于抵付前欠某木材厂的购料款。应做如下会计分录:

借:应付器材厂——木材厂　　　　　　　　　　　　　　　300 000
　贷:应付票据　　　　　　　　　　　　　　　　　　　　　300 000

**【例 7-20】** 上述业务中应付票据均已到期,建设单位用投资借款支付票据本金 619 000 元,利息 1 200 元。应做如下会计分录:

借：应付票据              619 000

  待摊投资——建设单位管理费        1 200

  贷：基建投资借款            620 200

## 二、其他应付款的核算

其他应付款，在建设单位会计核算中，是指除应付器材款、应付工程款、应付工资、应付票据、应付有偿调入器材及工程款等之外，应付、暂收其他单位和个人的款项。其他应付款是在结算中形成的暂时性资金来源，具体包括：

（1）应付经营租入固定资产和包装物租金；

（2）职工未按期领取的工资；

（3）存入保证金（如收入包装物押金等）；

（4）应付、暂收所属单位、个人的款项；

（5）其他应付、暂收款项。

在对各项应付暂收款项进行核算时，应设置"其他应付款"科目。"其他应付款"属资金来源类科目。如图表 7-6 所示。

图表 7-6

| 借 | 其 他 应 付 款 | 贷 |
|---|---|---|
| 已支付的各种应付、暂收款项 | 发生的各种应付、暂收款项 | |
| | 余额：尚未支付的各种其他应付款 | |

本科目应按应付和暂收款项的类别和单位或个人设置明细账，进行明细核算。

以下举例说明其他应付款的核算：

【例 7-21】 在工资发放中，职工李明因出差未领当月工资 2 000 元，暂予结转。应做如下会计分录：

借：应付工资              2 000

  贷：其他应付款——李明          2 000

【例 7-22】 按本月应付工资总额 50 000 元的 2% 计提工会经费。应做如下会计分录：

借：待摊投资——建设单位管理费        1 000

  贷：其他应付款——应付工会经费        1 000

【例 7-23】 李明出差归来，领取上月未领工资 2 000 元。应做如下会计分录：

借：其他应付款——李明           2 000

  贷：现金              2 000

【例 7-24】 因本单位违约，按规定应付某器材供应单位违约金 500 元。应做如下会计分录：

借：留成收入　　　　　　　　　　　　　　　　　　　　　　　500

　　贷：其他应付款——某器材供应单位　　　　　　　　　　　　500

# 第五节　应交税金的核算

建设单位是一个接受委托进行基建工程管理、执行基建计划的基层单位，因其不是一个物质资料生产单位，也不是施工建筑安装单位，因此涉及的税金业务和应纳税业务不是很多。但因建设单位涵盖了国民经济的各部门、各行业，具体的基建业务需要建设单位交纳税金的事项有三部分：一部分涉及流转税，有应交增值税业务；另一部分业务涉及土地方面税金的有城镇土地使用税和耕地占用税；第三部分为建设单位日常管理中发生的，有印花税和车船使用税。

## 一、增值税的核算

### 1. 增值税的核算

建设单位发生增值税业务，如属采购材料、设备、固定资产等发生的进项税额，应计入相应物资的采购成本，不再通过"应交税金"科目核算；如属销售材料、代其他建设单位加工材料及建设单位附设的工厂、车间生产的水泥预制构件、其他构件或建筑材料，用于本单位的建筑工程，应在业务发生时征收增值税，通过"应交税金"科目核算。另外，建设单位对实现的基建副产品销售也应按规定交纳增值税。

以下举例说明该类业务的核算：

【例 7-25】　建设单位将多余的一批钢材向外出售，该批钢材实际成本 2 800 元，计划成本 29 000 元，售价 31 000 元，增值税率为 17%。款项已收到。应做如下会计分录：

借：银行存款　　　　　　　　　　　　　　　　　　　　　　36 270

　　贷：库存材料　　　　　　　　　　　　　　　　　　　　　29 000

　　　　待摊投资——器材处理亏损　　　　　　　　　　　　　 2 000

　　　　应交税金——应交增值税（销项）　　　　　　　　　　 5 270

借：待摊投资——器材处理亏损　　　　　　　　　　　　　　 1 000

　　贷：材料成本差异　　　　　　　　　　　　　　　　　　　 1 000

【例 7-26】　建设单位附设的预制构件厂向工程项目提供了一批预制楼板，结算价为 200 000 元，增值税率为 17%。该批楼板已用于厂房工程。应做如下会计分录：

借：建筑安装工程投资　　　　　　　　　　　　　　　　　 234 000

　　贷：其他应付款　　　　　　　　　　　　　　　　　　　 200 000

　　　　应交税金——应交增值税（销项）　　　　　　　　　　 34 000

**【例 7-27】** 经计算用银行存款交纳本月应交增值税 30 000 元。应做如下会计分录：

借：应交税金——应交增值税（销项）　　　　　　　　　　　30 000
　贷：银行存款　　　　　　　　　　　　　　　　　　　　　　30 000

## 二、土地使用税和耕地占用税的核算

1. 土地使用税的核算

土地使用税是国家对在城市、县城、建制镇、工矿区范围内使用土地的单位和个人征收的一种税。

土地使用税对国内资金建设的项目征收，对外资建设项目不征收。土地使用税采用定额税率，即采用有幅度的差别税额，按大、中、小城市和县城、建制镇、工矿区分别规定每平方米土地使用税年应纳税额。具体标准如下：

(1) 大城市 0.5 元至 10 元。

(2) 中等城市 0.4 元至 8 元。

(3) 小城市 0.3 元至 6 元。

(4) 县城、建制镇、工矿区 0.2 元至 4 元。

上海市为元/平方米：特级土地 7 元、一级土地 6.5 元、二级土地 5.5 元、三级土地 4.5 元、四级土地 3.5 元、五级土地 2.5 元、六级土地 2 元、七级土地 1 元、八级土地 0.5 元。

北京市为元/平方米：一级土地 7 元、二级土地 5 元、三级土地 4 元、四级土地 3 元、五级土地 1 元、六级土地 0.5 元。

土地使用税应纳税额可以通过纳税人实际占用的土地面积乘以该土地所在地段的适用税额求得。其计算公式为：

$$全年应纳税额＝实际占用应税土地面积（平方米）×适用税额$$

**【例 7-28】** 某建设单位使用土地面积为 20 000 平方米，每平方米年税额为 4.5 元。

$$年应纳土地使用税税额＝20 000×4.5＝90 000（元）$$

应做如下会计分录：

借：待摊投资——土地使用税　　　　　　　　　　　　　　90 000
　贷：应交税金——应交土地使用税　　　　　　　　　　　　90 000

用银行存款交纳土地使用税时：

借：应交税金——应交土地使用税　　　　　　　　　　　　90 000
　贷：银行存款　　　　　　　　　　　　　　　　　　　　　90 000

2. 耕地占用税的核算

耕地占用税是国家向占用耕地建房或者从事其他非农业建设的单位、个人征收的一种税。耕地占用税实行定额税率,每平方米 1 元~10 元,按实际占用耕地面积一次性交纳。

**【例 7-29】**　某建设单位在项目建设中,实际占用耕地 30 000 平方米,经税务部门审核,按每平方米 2 元交纳耕地占用税。应做如下会计分录:

借:待摊投资——耕地占用税　　　　　　　　　　　　　　　　　　　　60 000

　　贷:应交税金——应交耕地占用税　　　　　　　　　　　　　　　　　　60 000

### 三、印花税和车船使用税的核算

1. 印花税的核算

印花税是对经济活动和经济交往中书立、使用、领受具有法律效力凭证的单位和个人征收的一种税。印花税征税范围广泛,如合同或具有合同性质的凭证、产权转移书据、营业账簿及权利、许可证照等,都必须依法纳税。印花税最高税率为 2‰,最低税率为 0.5‰,按定额税率征税的每件 5 元。印花税在建设单位会计核算中,一般不通过应交税金科目,而在发生时,直接借记"待摊投资——建设单位管理费"科目。

**【例 7-30】**　建设单位向某银行借入基建投资借款 100 000 000 元,并订立了相同金额的借款合同。借款合同的印花税率为 0.5‰,建设单位用银行存款支付该笔印花税。应做如下会计分录:

借:待摊投资——建设单位管理费　　　　　　　　　　　　　　　　　　5 000

　　贷:银行存款　　　　　　　　　　　　　　　　　　　　　　　　　　5 000

**【例 7-31】**　建设单位将厂房建筑工程委托给某施工单位建设,工程价格 2 000 000 元,双方签订了承包合同。按承包金额的 3‰交纳印花税,建设单位已用银行存款交纳。应做如下会计分录:

借:待摊投资——建设单位管理费　　　　　　　　　　　　　　　　　　6 000

　　贷:银行存款　　　　　　　　　　　　　　　　　　　　　　　　　　6 000

2. 车船使用税的核算

车船使用税,是国家对行驶于境内公共道路的车辆和航行于境内河流、湖泊或者领海的船舶,依法征收的一种税。车船使用税是一种行为税性质的税种,它就使用的车船征税,不使用的车船不征税。

车船使用税实行定额税率,按年计征。

**【例 7-32】**　建设单位按规定计算出当年应缴纳的车船使用税为 8 000 元,并用银行存款付讫。应做如下会计分录:

借：待摊投资——车船使用费　　　　　　　　8 000
　　贷：应交税金——应交车船使用税　　　　　　　8 000
借：应交税金——应交车船使用税　　　　　　8 000
　　贷：银行存款　　　　　　　　　　　　　　　8 000

# 复习思考题

1. 什么是基本建设收入？基建收入包括哪些内容？
2. 各项基建收入的分成比例是如何确定的？
3. 什么是基建包干节余？建设项目的总承包单位应包干哪些内容？建设项目的主管部门应保证哪些条件？
4. 实现基建包干节余的分成办法如何确定？应怎样进行会计核算？
5. 预提基建包干节余是怎样核算的？
6. 应付福利费可用于哪些方面的支出？
7. 什么是建设单位的留成收入？其来源和用途各有哪些？
8. 建设单位应交税金各有哪些？是如何进行会计核算的？

# 练 习 题

## 习题一

【目的】　练习基建收入和基建包干节余的核算。

【要求】　根据资料，作出各项经济业务的会计分录。

【资料】　某投资借款建设单位（指标管理），20××年12月份发生的部分经济业务如下：

1. 矿山建设工程中，采得一批矿石对外销售，得款67 860元，其中应交增值税9 860元。实现的基建收入30%用于偿还投资借款，剩余部分按"二·八"比例在建设单位和施工单位中分配，建设单位留用部分按"六·二·二"比例转作留成收入、应付福利费和应付工资。

2. 建设单位有一单项工程提前投产，取得产品销售款300 000元，应交增值税51 000元，产品成本200 000元。对实现的基建收入60%归还投资借款，40%留用，留用比例同业务1。

3. 该建设单位实行基建投资包干责任制，假定月末工程全部完工并完成了各项包干指标，该项目概算数为50 000 000元，竣工决算基建支出为49 500 000万元。对实现的包干节余，50%用于偿还投资借款，50%留用，留用比例同业务1。

4. 假定该单位项目未全部完工，而是某一单项工程完工，预计可实现基建投资额节余400 000元，先按50%预提包干节余。待建设项目全部竣工时，经确定实现包干节余300 000元。

## 习题二

【目的】　练习留成收入和应付福利费的核算。

【要求】　根据资料，作出各项经济业务的会计分录。

【资料】　某投资借款单位，在20××年12月份发生部分经济业务如下：

1. 某单项工程提前建成投产，计节约建设期利息支出1 000元，按规定可全部留归建设单位。

（该项投资借款实行贷转存管理）

2. 建设期实现的基建收入除用以偿还投资借款外,尚应留归建设单位 2 000 元。

3. 在采购器材时,应支付器材供应单位货款滞纳金 300 元,已用银行存款支付。

4. 按下列工资总额的 14% 计提应付福利费:建设单位管理部门人员工资 16 000 元,材料仓库人员工资 2600 元,生产培训人员工资 5 000 元。

5. 用应付福利费支付职工困难补助费 1 000 元,补贴医务经费 1 800 元,均用现金支付。

6. 接到银行交来投资借款扣息清单,其中有超过计划建设期利息支出 800 元,应由建设单位自有资金负担。

### 习题三

【目的】 练习其他基建业务的核算。

【要求】 根据资料,作出各项经济业务的会计分录。

【资料】 某用自筹资金建设的单位,在 20××年 12 月发生的部分经济业务如下:

1. 开出商业承兑汇票 1 张,期限 5 个月,用以支付采购入库的不需要设备一批,设备实际成本 10 万元。

2. 本单位在器材采购中违约,按合同规定应支付对方违约金 2 000 元。

3. 因管理需要,临时租入办公设备 1 台,按规定本期应付租金 1 000 元。

4. 用银行存款支付已到期的商业承兑汇票,金额 5 万元。

5. 经计算当年应交纳车船使用税 1 万元,用银行存款交纳。

6. 本月委托施工企业承建车间厂房工程,合同金额为 300 万元,印花税率为 3‰,用银行存款支付该项印花税。

7. 施工现场制作混凝土构件一批,预算价 4.5 万元,成本 4 万元,现全部用于工程建设。营业税税率为 3‰。

8. 本年共应交纳土地使用税 10 万,已用银行存款交纳。

# 第八章

## 会计报表

# 第一节　会计报表概述

## 一、会计报表的作用

建设单位会计报表是根据账簿记录和其他有关资料,运用一定的指标体系,定期综合反映基本建设计划、基本建设财务计划和基本建设概预算执行情况的书面报告。

由于会计报表是对日常核算资料的进一步综合和系统化,因此它所反映的基建经济活动更为集中和概括。通过会计报表所提供的信息,对于监督基建资金的运行、调控基建投资规模、改善基建经营管理、促进基建投资效益的提高,都有重要的意义。

建设单位利用会计报表所提供的信息,可以全面掌握各项计划的执行情况,随着关注基建投资的进程,评定工作成绩,发现存在问题,从而提出措施,改进工作,挖掘提高基建投资效益的潜力。

各级主管部门和财政、银行等综合经济部门,根据建设单位会计报表所提供的信息,可以全面检查和了解建设单位基建活动的情况,借以加强对建设单位的监督和管理,保证基建资金的及时供应和合理调配,促使建设单位精打细算节约使用基建资金。

建设单位的会计报表经过逐级上报、汇总后,可全面反映各部门各地区基建投资计划和财务计划的执行情况,为国家各级经济部门制定计划、进行国民经济综合平衡和决定有关经济政策提供重要的依据。

## 二、会计报表的种类

建设单位需要报送的报表,由国家财政部门和有关管理部门根据国民经济宏观调控的要求统一规定。按现行规定,应报送的会计报表有以下几种:

(1) 基建财务快速月报(月报);

(2) 资金平衡表(月报、年报);

(3) 基建投资表(年报);

(4) 待摊投资明细表(年报);

(5) 基建借款情况表(年报);

(6) 投资包干情况表(年报)。

在规模较大的自营建设单位,还应增设"工程成本表"和"固定资产增减表"。

建设单位在报送3、6、9月份报表和年度报表时,应同时附送"财务情况说明书"。在财务情况说明书中,以文字对以下内容加以说明:

(1) 概(预)算、基建投资计划、财务计划的执行情况和投资效果分析;

（2）转出投资和待核销基建支出情况的分析；

（3）基建拨款或基建投资借款支用数与工程进度的适应程度，以及各种基建资金来源和资金运用情况及结余资金的分析；

（4）加强经济核算、改进财务管理和提高投资效果等方面的主要措施以及其他需要说明的问题。

### 三、会计报表的编制要求

编会计报表的目的就是要为有关方面提供信息，为会计信息的使用者提供真实、可信的财务信息。编制会计报表必须做到手续齐备、数字准确、内容完整、说明清楚、编报及时，以充分发挥会计信息的使用价值。

#### （一）要保证会计报表的真实性

会计作为一个信息系统，其提供的信息是国家宏观经济管理部门、项目筹建机构管理者及有关方面进行投资决策的依据。如果会计数据不能真实客观地反映项目建设的真实情况，势必无法满足各有关方面了解项目建设情况，进行决策的需要，甚至可能导致错误的决策。为如实反映信息，必须将本期内实际发生的各项经济业务登记入账，检查总账与相关明细账的余额之和是否相符，并依据账簿资料和其他相关业务资料编制会计报表。为保证报表所列数字的真实性，不能提前结账或任意估报数字，更不能弄虚作假虚造报表数字。在编制年度会计报表（年度财务决算报告）以前，还必须与有关部门密切配合，认真做好年终清理和结算工作。

1. 全面清理财产物资

核实库存物资的数量，查明盘亏和盘盈情况，并按规定对器材盘点盈亏做出账务处理，保证账实相符。同时查明物资积压情况，以便及时采取措施加以处理。

2. 核实基本建设支出

对不能作为实际投资支出，但已计入有关投资支出账户的各项支出应予剔除，漏计部分应予补列，以核实各项基建投资支出。对于转出投资和待核销基建支出，未经有关部门批准，不得擅自增加支出内容。

3. 全面清理基本建设工程

对已竣工的工程，要做好竣工决算，及时办理交付验收手续，以便尽早发挥投资效益，增加生产能力或使用效益。对于在建工程，要分清正常的跨年度工程和不正常的在建工程。对于不正常的在建工程，如已投产使用而未办理移交的工程、已竣工未投产使用的工程、主体已基本完工尚需收尾配套的工程、长期拖延工期的工程、停缓建工程、报废工程等应认真查明原因。查明原因后，确已完工的，要抓紧办理交付验收手续；尚有配套工程未完成的，应督促有关部门采取措施，集中力量加快施工进度；有报废工程的，应按规定程序报请有关部门核销或进行相应转账处理。

4. 积极清理往来款项

本单位内部的往来款项，原则上年终应结清；本单位与生产使用单位之间的往来款项,要积极组织回收或偿还。尚未清理部分,应与对方核查落实,对于发生的坏账损失,报送批准后转账处理。

**5.做好银行资金的对账工作**

年终应与有关银行进行贷款户、银行存款户以及其他资金户的对账和签证工作,保证双方账目相符。

**(二)要保证会计报表的完整性**

编制会计报表必须按照统一规定的报表种类、格式和内容来进行。在月末或年末应编报的各种报表都需编报齐全;应当填列的报表项目,不论是表内项目还是补充资料或附表的项目,都需全部填列;应当汇总编报的各基层单位的报表,都需予以汇总。总之,要做到不漏编、不漏报,确保会计报表的完整性。

**(三)要保证会计报表的及时性**

任何信息的使用价值不仅要求其真实可靠,而且还在于必须保证时效,及时将信息提供给使用者使用。各种会计报表必须在规定的会计期间结束后,及时进行编制,并在规定的期限内迅速上报,以便会计报表所提供的信息,对检查、分析、指导、预测工作起到应有的作用。为了保证报表的及时性,可从以下三个方面着手:

第一,及时收集会计信息,在经济业务发生后,会计人员要及时收集整理各种原始单据;

第二,及时对会计信息进行加工处理,及时编制记账凭证、登记账簿,并编制会计报表;

第三,及时传递会计信息,将编制出的会计报表传递给有关方面。

**(四)要保证会计报表的清晰性**

收集会计信息的目的在于使用信息,要使用会计信息首先必须了解会计信息的内涵,弄懂会计信息的内容,否则,就谈不上信息的使用。保证报表的清晰性,即要求会计报表所提供的信息简明易懂,能简单明了地反映建设项目的各项指标完成情况,并容易为人们所了解。

# 第二节 基建财务快速月报

基建财务快速月报是总括反映中央级建设单位基建拨款、基建投资借款、基建投资完成额和基建结余资金等主要财务情况的会计报表。其要求是编报时间要快、反映情况要及时。因此,通过编制基建财务快速月报,有利于及时考核基建财务计划的执行情况,分析基建投资的使用效果,满足有关方面对基建工作加强管理、组织资金供应的需要。

## 一、基建财务快速月报的特点

(1)中央级建设单位编报:基建财务快速月报编报单位为中央级(中央各部属建

设项目)建设单位,地方级建设单位不要求编报。

（2）只报送主要的财务指标:基建财务快速月报填列的指标,根据规定只报送资金来源、投资完成额、在建工程、基建结余资金等主要财务指标,不要求完整和全面的财务指标。

（3）以千元为计量单位:和其他报表以元为计量单位不同,指标金额计算到千元即可。

（4）传递速度快:基建财务快速月报要求在每个会计期间结束后的7天内编制完毕并报送出去,一般可通过电传形式传递。

## 二、基建财务快速月报的编制

基建财务快速月报的格式如图表8-1所示。

**图表8-1 基建财务快速月报**

编制单位:××建设单位　　　　　20×1年×月　　　　　单位:千元

| 项　　目 | 行次 | 金额 | 项　　目 | 行次 | 金额 |
|---|---|---|---|---|---|
| 本年预算拨款累计 | 1 | | 借款指标结余 | 11 | |
| 自筹资金拨款累计 | 2 | | 本年投资完成额累计 | 12 | |
| 本年投资借款支用数累计 | 3 | | 其中:建筑安装工程投资 | 13 | |
| 其中:拨改贷投资借款支用数累计 | 4 | | 设备投资 | 14 | |
| 　国家专业投资公司委托借款支用数累计 | 5 | | 其他投资 | 15 | |
| 　部门基建基金借款支用数累计 | 6 | | 待摊投资 | 16 | |
| 　建行投资借款支用数累计 | 7 | | 交付使用资产 | 17 | |
| 投资借款余额 | 8 | | 在建工程 | 18 | |
| 投资借款指标结余 | 9 | | 基建结余资金 | 19 | |
| 其中:拨改贷投资借款指标结余国家专业投资公司委托 | 10 | | 其中:需要安装设备 | 20 | |
| | | | 库存材料 | 21 | |

基建财务快速月报各项目的内容和填列方法如下:

（1）"本年预算拨款累计"项目:反映自年初起到本月末止的预算拨款累计拨入数。根据"基建拨款"科目所属"本年预算拨款"明细科目的月末余额填列。

（2）"自筹资金拨款累计"项目:反映自年初起到本月末止自筹资金拨款累计拨入数,不包括待转自筹资金拨款数。根据"基建拨款"科目所属"本年自筹资金拨款"明细科目的月末余额填列。

（3）"本年投资借款支用数累计"项目:反映自年初起到本月末止累计支用的基建投资借款数。根据"基建投资借款"科目年初至本月末的贷方累计发生额或根据基建投资借款指标备查簿的"支用数"栏年初至本月末发生数加总填列。

（4）"拨改贷投资借款支用数累计"项目：反映自年初起到本月末止累计支用的拨改贷基建投资借款数。根据"基建投资借款"科目所属"拨改贷投资借款"明细科目的年初至本月末贷方累计发生额填列。

（5）"国家专业投资公司委托借款支用数累计"项目：反映自年初起到本月末止累计支用的国家专业投资公司委托借款数。根据"基建投资借款"科目所属"国家专业投资公司委托借款"明细科目的年初至本月末贷方累计发生额填列。

（6）"部门基建基金借款支用数累计"项目：反映自年初起到本月末止累计支用的部门基建基金借款数。根据"基建投资借款"科目所属"部门基建基金借款"明细科目的年初至本月末贷方累计发生额填列。

（7）"建行投资借款支用数累计"项目：反映自年初起到本月末止累计支用的建设银行投资借款数。根据"基建投资借款"科目所属"建行投资借款"明细科目的年初至本月末贷方累计发生额填列。

（8）"投资借款余额"项目：反映月末尚未归还的基建投资借款总额。根据"基建投资借款"科目的月末余额填列。

（9）"投资借款指标结余"项目：反映银行核定的基建投资借款指标月末结余额。根据"基建投资借款指标备查簿"中的月末结余数，即结转本年继续使用的上年投资借款指标结余，加本年核定的投资借款指标，减本表3行"本年投资借款支用数累计"后的数额填列。由于结转本年继续使用的上年投资借款指标结余数已纳入本年基建投资借款计划，抵顶本年核定的投资借款指标，因此，本项目也可根据本年基建投资借款计划数，减"本年投资借款支用数累计"后的余额填列。

（10）"拨改贷投资借款指标结余"项目：反映核定的拨改贷投资借款指标的月末结余数。根据"基建投资借款指标备查簿"中结转本年继续使用的上年拨改贷投资借款指标结余，加本年核定的拨改贷投资借款指标，减本表4行"拨改贷投资借款支用数累计"后的数字填列。

（11）"国家专业投资公司委托借款指标结余"项目：反映国家专业投资公司委托借款指标月末结余数。根据"基建投资借款指标备查簿"中结转本年继续使用的该项借款指标结余，加本年核定的该项借款指标，减本表5行"国家专业投资公司委托借款支用数累计"后的数额填列。

（12）"本年投资完成额累计"项目：反映自年初起到本月末止所发生的基建投资完成额。根据"建筑安装工程投资""设备投资""其他投资""待摊投资"科目的本年借方发生的合计数分析计算填列。但应扣除以下各项内容：扣除"建筑安装工程投资""设备投资""其他投资""待摊投资"科目借方反映的从其他单位无偿转入的未完工程（包括转入的不需要安装设备和工、器具的实际成本）和贷方反映的有偿调出未完工程；扣除"建筑安装工程投资"科目贷方反映的抵作预付备料款的材料结算价格大于计划成本（材料日常核算按计划价格计价时）或实际成本（材料日常核算按实际价格计价时）的差额；扣除"待摊投资"科目贷方反映的自行负荷联合试车的全部收入、抵减坏账损失的确实无法偿付的应付款项、清理固定资产毁损时的收入、报废工程的残值收入、设备盘盈数额、存款利息和财政贴息资金收入、器材处理收益、汇兑收益以及有偿调出未完工程时有偿分配转出的待摊投资支出;扣除"待摊投资"科目借方反映的报废工程损失、取消项目可行性研究费等。

在计算本年投资完成额时,之所以要扣除其他单位转账拨入的未完工程和转入的待摊投资支出,而不扣除有偿调入的未完工程及待摊投资,这是因为前者不是本单位本期完成的工作量,是由上级主管部门抵作本年基建拨款而下达的转账拨入部分,因而不构成本单位本期投资完成额,而后者本单位需按调出单位实际发生的投资支出支付调入未完工程的价款,所以应视同本单位本期实际完成的工作量,计入投资完成额。同理,在有偿调出未完工程时,未完工程发生的投资支出能通过向调入单位收取价款得到补偿,因此,在计算投资完成额时应予扣除;之所以要扣除抵作预付备料款的材料结算价格大于计划成本或实际成本的差额,这是因为这一差额是由于材料价款结算时造成,而非建设单位的实际支出,自然不能计算在投资完成额内;之所以要扣除自行进行负荷联合试车时的全部收入,这是因为在自行试车情况下,按规定在"待摊投资"科目借方发生额中已反映自行试车的全部支出,而列作待摊投资支出的负荷联合试车费实质是指试车支出大于试车收入的亏损部分,因此,只有用试车收入减试车支出,才能正确反映建设单位的投资完成额;之所以要扣除报废工程结转的实际成本,这是因为这些支出原已在"建筑安装工程投资""设备投资"等科目的借方加以反映,现结转到"待摊投资"科目的借方,造成重复反映,理应扣除;所以要在"待摊投资"科目的贷方扣除报废工程的残值收入、存款利息收入、汇兑收益、器材处理收益、设备盘盈等,一是因为这些收益按规定要用以抵减支出,计算投资完成额的实质是指支出减收益后的净额,因此,对于这些计入"待摊投资"科目贷方的收益部分应予扣除;二是因为这些收入尚可再次用于工程建设构成投资完成额,若不扣除势必造成以后报告期投资完成额的重复计算。

(13)"建筑安装工程投资"项目:反映自年初起到本月末止所累计发生的建筑安装工程投资完成额。根据"建筑安装工程投资"科目的年初至本月末借方累计发生额,减去其他单位无偿转入的未完建筑安装工程成本,减去材料抵作备料款时结算价格大于计划成本的差额(在本科目贷方发生额中寻找),再减去有偿调出的未完建筑安装工程投资(贷方寻找)后填列。

(14)"设备投资"项目:反映自年初起到本月末止所累计发生的设备投资完成额。根据"设备投资"科目的年初至本月末借方累计发生额,减去其他单位无偿转入的设备投资,再减去有偿调出的设备投资未完工程(贷方寻找)后填列。

(15)"其他投资"项目:反映自年初起到本月末止所累计发生的其他投资完成额。根据"其他投资"科目的年初至本月末借方累计发生额,减去其他单位无偿转入的其他投资,再减去有偿调出的其他投资未完工程(贷方寻找)后填列。

(16)"待摊投资"项目:反映自年初起到本月末止所累计发生的待摊投资完成

额。以"待摊投资"科目的年初至本月末借方累计发生额为基础,减去报废工程实际成本、取消项目可行性研究费、其他单位无偿转入的待摊投资(均在借方发生额中寻找),再减去存款利息收入、器材处理收益、无法支付的呆账、固定资产清理收益、报废工程残值收入、汇兑收益、负荷联合试车费收入、调整器材调拨价格溢价、设备盘盈等(均在贷方发生额中寻找)后填列。

(17)"交付使用资产"项目:反映自年初起到本月末止累计完成的交付使用资产价值。根据"交付使用资产"科目的月末余额填列。

(18)"在建工程"项目:反映月末在建工程的实际结余数。即指已完成购置过程但未交付使用或正在进行施工并已构成各项投资完成额的未完工程。根据"建筑安装工程投资""设备投资""其他投资""待摊投资"四个科目的月末余额合计填列。

(19)"基建结余资金"项目:反映月末基建资金的实际结余数。即指资金来源为基建拨款、基建投资借款、企业债券资金和项目资本资金,资金占用为器材储备资金、货币资金和结算资金的基建资金。根据"基建拨款"科目月末余额(扣除"待转自筹资金拨款"数),加"基建投资借款""上级拨入投资借款""待冲基建支出""企业债券资金""项目资本""项目资本公积"科目月末余额合计,减"交付使用资产""待核销基建支出""转出投资""应收生产单位投资借款""拨付所属投资借款"科目月末余额,再减本表第18行"在建工程"项目的期末数后的数字填列。

(20)"需要安装设备"项目:反映月末库存、在途和委托加工中的需要安装设备的实际成本。根据"库存设备""库存进口设备"科目的月末余额,加"器材采购——设备""器材采购——进口设备""委托加工器材——设备""委托加工器材——进口设备"科目的月末余额(扣除在途和委托加工中的不需要安装设备的实际成本),加"采购保管费"科目所属"设备""进口设备"明细科目的月末借方余额(月末如为贷方余额作为负数,年终应无余额)后的合计数填列。

(21)"库存材料"项目:反映月末库存、在途和委托加工中的材料实际成本。根据"库存材料""库存进口材料"科目月末余额,加"材料成本差异"科目月末借方余额(贷方余额作为负数),加"器材采购——材料""委托加工器材——材料"科目月末余额,加"采购保管费——材料"科目月末借方余额(如为贷方余额作为负数)后的合计数填列。

# 第三节　资金平衡表

资金平衡表是总括反映建设单位月末或年末全部资金来源和资金运用情况,说明建设单位某一时点财务状况的会计报表。可用以检查各类资金的构成情况,考核基建投资计划和财务计划的执行情况,分析基建投资的使用效果和基建资金对完成基建计划的保证程度,以及基建结余资金变动和动员内部资源的情况。

## 一、资金平衡表的结构和内容

资金平衡表由"基本部分"和"补充资料"两部分组成。

资金平衡表的结构分为左右两方,左方为资金占用,右方为资金来源。年末资金平衡表的格式如图表8-2所示。

图表8-2 资金平衡表

财建01表

编制单位:××项目建设单位　　　20×8年12月31日

单位:元

| 资金占用 | 行次 | 年初数 | 年末数 | 资金来源 | 行次 | 年末数 |
|---|---|---|---|---|---|---|
| 一、基本建设支出合计 | 1 | — | 5 336 000 | 一、基本建设拨款合计 | 45 | 5 687 200 |
| （一）交付使用资产 | 2 | — | 2 269 000 | （一）以前年度拨款 | 46 | 2 208 200 |
| 1. 固定资产 | 3 | — | 2 000 000 | 1. 中央财政性资金拨款 | 47 | |
| 2. 流动资产 | 4 | — | — | 其中:以前年度部门自筹 | 48 | |
| 3. 无形资产 | 5 | | 260 000 | 2. 地方财政性资金拨款 | 49 | 2 208 200 |
| 4. 递延资产 | 6 | | 9 000 | 其中:以前年度部门自筹 | 50 | |
| （二）待核销基建支出 | 7 | — | 80 000 | 3. 其他拨款 | 51 | — |
| （三）转出投资 | 8 | — | 30 000 | （二）本年拨款 | 52 | 3 479 000 |
| （四）在建工程 | 9 | 1 715 883 | 2 957 000 | 1. 中央财政性资金拨款 | 53 | |
| 1. 建筑安装工程投资 | 10 | 550 826 | 1 500 000 | 其中:中央预算内基建拨款 | 54 | |
| 2. 设备投资 | 11 | 674 397 | 900 000 | 国债专项资金拨款 | 55 | |
| 3. 待摊投资 | 12 | 78 560 | 500 000 | 中央财政专项资金 | 56 | |
| 4. 其他投资 | 13 | 12 100 | 57 000 | 中央政府性基金 | 57 | |
| 二、应收生产单位投资借款 | 14 | 10 100 | 90 000 | 其他资金(中央部门自筹) | 58 | |
| 三、器材 | 15 | 859 500 | 460 000 | 2. 地方财政性资金拨款 | 59 | 3 479 000 |
| 其中:待处理器材损失 | 16 | — | 1 500 | 其中:省级拨款 | 60 | — |
| 四、货币资金合计 | 17 | | 25 600 | 地市级拨款 | 61 | |
| 其中:银行存款 | 18 | | 25 000 | 县市级拨款 | 62 | |
| 财政应返还额度 | 19 | | | 其他资金(地方部门自筹) | 63 | |

（续表）

| 资金占用 | 行次 | 年初数 | 年末数 | 资金来源 | 行次 | 年末数 |
|---|---|---|---|---|---|---|
| 其中:直接支付 | 20 | — | — | 3.其他拨款 | 64 | — |
| 授权支付 | 21 | — | — | （三）预收下年度财政性资金拨款 | 65 | — |
| 现金 | 22 | — | 600 | 其中:部门自筹 | 66 | — |
| 有价证券 | 23 | — | | （四）本年交回结余资金（均以"—"号表示） | 67 | — |
| 五、预付及应收款合计 | 24 | — | 4,600 | 1.应交中央财政 | 68 | — |
| 1.预付备料款 | 25 | — | 3 000 | 2.应交地方财政 | 69 | — |
| 2.预付工程款 | 26 | — | — | 3.应交主管部门 | 70 | — |
| 3.预付设备款 | 27 | — | | 二、项目资本 | 71 | — |
| 4.应收有偿调出器材及工程款 | 28 | — | | 三、项目资本公积 | 72 | — |
| 5.应收票据 | 29 | — | — | 四、基建借款 | 73 | 479 900 |
| 6.其他应收款 | 30 | — | 1 600 | 其中:企业债券资金 | 74 | 344 900 |
| 六、固定资产合计 | 31 | — | 370 000 | 五、待冲基建支出 | 75 | 90 000 |
| 固定资产原价 | 32 | | 448 200 | 六、应付款合计 | 76 | 2 300 |
| 减:累计折旧 | 33 | | 78 300 | （一）应付器材款 | 77 | 1 050 |
| 固定资产净值 | 34 | | 369 900 | （二）应付工程款 | 78 | 800 |
| 固定资产清理 | 35 | | | （三）应付有偿调入器材及工程款 | 79 | — |
| 待处理固定资产损失 | 36 | — | 100 | （四）应付票据 | 80 | — |
| | 37 | — | — | （五）应付工资及福利费 | 81 | — |
| | 38 | — | — | （六）其他应付款 | 82 | 450 |
| | 39 | — | — | 七、未交款合计 | 83 | 1 800 |
| | 40 | — | — | （一）未交税金 | 84 | — |
| | 41 | — | — | （二）未交基建收入 | 85 | 1 800 |
| | 42 | — | — | （三）其他未交款 | 86 | — |
| | 43 | — | — | 八、留成收入 | 87 | 25 000 |
| 资金占用合计 | 44 | — | 6 286 200 | 资金来源合计 | 88 | 6 286 200 |

基建资金平衡表补充资料（年报填列）：

（一）基本建设计划投资执行情况

（1）本年计划数 4 000 000 元；

（2）本年基建实际支出数 3 800 500 元。

（二）本年交付使用资产合计 2 269 000 元

其中：1. 基建拨款部分 2 129 000 元；

      2. 投资借款部分 90 000 元；

其中：拨改贷投资借款部分 90 000 元；

      3. 企业债券资金部分 50 000 元；

      4. 项目资本资金部分　　元。

（三）不正常的在建工程实际支出

（1）已投产使用未办理移交的工程　　元；

（2）已竣工未交付使用的工程　　元；

（3）主体已基本完工尚需收尾配套的工程　　元；

（4）长期拖延工期的工程　　元；

（5）停缓建工程　　元；

（6）待报废工程　　元。

（四）基建结余资金

（1）年初数 892 317 元；

（2）年末数 831 100 元。

根据资金来源与相对应的资金占用相等的平衡原理，资金平衡表中资金来源总计必须等于资金占用总计。它也是建设单位会计进行试算平衡的基础。

资金平衡表中，资金占用设置了十大类内容，前八类项目反映基建资金占用情况，后两类项目反映其他资金占用情况；资金来源设置了十一类内容，前九类项目反映各项基建资金的来源情况，后两类项目反映其他资金来源情况。

"资金平衡表"中"年初数"的设置，不同于企业"资产负债表"中"年初数"的设置。企业资产负债表中的"年初数"是各个项目都设置的，而建设单位只对 9 个资金占用项目要求填列"年初数"。这些项目包括"在建工程""建筑安装工程投资""设备投资""待摊投资""其他投资""应收生产单位投资借款""拨付所属投资借款""器材"和"待处理器材损失"。填列方法是：按照上年末本表对应项目的年末数填列。

资金平衡表的"补充资料"，是对"基本部分"有关项目反映内容的进一步说明。按规定应分别反映基建投资计划执行情况、本年交付使用资产、不正常在建工程、基建结余资金等内容，以便分析基建投资计划的执行情况和基建资金的使用情况，加强经营管理。

## 二、资金平衡表的编制方法

资金平衡表的期末数是反映建设单位全部资金月末或年末的静态数据，各项目一般按有关科目的期末余额填列。其中资金占用方的项目,可根据各有关科目的借方余额填列;资金来源方的项目,可根据各有关科目的贷方余额填列。但由于表中有些项目的名称与会计科目不完全一致,有些名称虽一致,而反映的内容又不完全吻合,因此,对这些项目的期末数,不能直接根据有关科目的期末余额进行转录,还必须根据科目的登记内容进行必要的分析、计算和调整。归纳起来,资金平衡表期末数的填列方法有以下几种:

一是直接根据有关总账科目或明细账科目的期末余额填列。

二是根据两个总账科目期末余额的差额或相加数填列。

三是根据若干总账科目的期末余额分析计算填列。

四是根据若干明细账科目的期末余额分析计算填列。

(一)本表资金占用方各项目的"期末数"栏的填列方法

(1)"基本建设支出合计"项目(1行):反映建设单位期末基本建设支出余额。这项指标反映的数字包括两部分内容:一部分是上年度转入的在建工程支出数;另一部分是当年完成的基建支出("基建支出合计"项目"年末数"减去"在建工程"项目的"年初数",即为建设单位当年实际完成的基建支出)。本项目根据本表"交付使用资产"(2行)与"在建工程"(9行)的合计数填列。

(2)"交付使用资产"项目(2行):反映建设单位年末已经完成的购置、建造过程,并经验收合格交付使用单位的各项资产的实际成本总额。包括各种固定资产、为生产准备的不够固定资产标准的工具、器具、家具等流动资产、无形资产和递延资产的实际成本。根据"交付使用资产"科目期末余额填列。

(3)"固定资产"项目(3行)、"流动资产"项目(4行)、"无形资产"项目(5行)、"递延资产"项目(6行):分别根据"交付使用资产"科目所属各相关明细科目的期末余额填列。

(4)"在建工程"项目(9行)、"建筑安装工程投资"项目(10行)、"设备投资"项目(11行)、"其他投资"项目(13行)和"待摊投资"项目(12行):"在建工程"根据10～13行项目期末合计数填列,反映建设单位期末各种在建工程成本的余额。其他各项分别根据各自总账科目的期末余额填列。

(5)"待核销基建支出"项目(7行):反映建设单位本年发生的尚未冲销的待核销基建支出数。根据"待核销基建支出"科目的期末余额填列。

(6)"转出投资"项目(8行):反映建设单位本年发生的转出投资实际数。根据"转出投资"科目的期末余额填列。

(7)"应收生产单位投资借款"项目(14行):反映实行投资借款的建设单位应向生产单位收取的基建投资借款数额。根据"应收生产单位投资借款"科目的期末余额填列。

(8)"拨付所属投资借款"项目:反映主管部门拨付所属建设单位"统建统还"的投资借款。根据"拨付所属投资借款"科目的期末余额填列。主管部门编制汇总会计取表时,该项目数字应与"上级拨入投资借款"项目数字相互抵消。

(9)"器材"项目(15行):反映建设单位期末在库、在途和在加工中的需要安装设备和材料的实际成本,不包括在库的及在途和加工中的不需要安装设备、工、器具的实际成本。本项目应根据"器材采购""采购保管费""库存材料""库存设备""低值易耗品""材料成本差异""委托加工器材""待处理财产损失——待处理设备损失""待处理财产损失——待处理材料损失"等科目的期末余额合计分析计算填列。

(10)"待处理器材损失"项目(16行):反映期末待处理器材的实际损失。根据"待处理财产损失"科目所属"待处理设备损失"和"待处理材料损失"明细科目的期末余额合计填列。

(11)"货币资金合计"项目(17行):反映建设单位期末实际拥有的货币资金数。根据"银行存款"和"现金"项目的合计数填列。"银行存款"和"现金"项目各自根据本科目的期末余额填列。

(12)"预付及应收款"项目(24行):反映建设单位期末处于结算中的各项预付和应收款项数额。根据其所属各项目的合计数填列。

(13)"预付备料款"项目(25行)和"预付工程款"项目(26行):反映建设单位期末已预付施工企业尚未结算扣回的预付工程资金。分别根据"预付备料款"和"预付工程款"科目的月末余额填列。

(14)"预付大型设备款"项目(27行):反映截至期末尚未收回的预付给供应单位的大型设备款。根据"应付器材款"科目所属有关明细科目的借方余额填列。

(15)"应收有偿调出器材及工程款"项目(28行):反映有偿调出设备、材料及有偿转出未完工程的应收价款。根据"应收有偿调出器材及工程款"科目期末借方余额填列。

(16)"应收票据"项目(29行):反映尚未到期贴现的商业汇票余额。根据"应收票据"科目期末余额填列。

(17)"其他应收款"项目(30行):反映除预付备料款、预付工程款及预付大型设备款以外的其他各项应收及预付款项。根据"其他应收款"科目期末余额填列。

(18)"有价证券"项目(23行):反映建设单位购入的国库券等有价证券。根据"有价证券"科目的期末余额填列。

(19)"固定资产原价"项目(32行):反映期末固定资产的账面原值。根据"固定资产"科目的期末余额填列。

(20)"累计折旧"项目(33行):反映期末累计计提的固定资产折旧额。根据"累计折旧"科目的期末余额填列。

(21)"固定资产净值"项目(34行):反映期末固定资产的折余价值。根据"固定资产原价"项目数额减去"累计折旧"项目数额后填列。

(22)"固定资产清理"项目(35行):反映期末因毁损、报废等原因转入清理但尚未清理完毕的固定资产净值,以及在清理过程中发生的清理费用和变价收入等各项收支的差额。根据"固定资产清理"科目的期末借方余额填列。如为贷方余额应以"—"号填列。

(23)"待处理固定资产损失"项目(36行):反映尚待批准转销处理的固定资产盘亏减去盘盈后的净损失。根据"待处理财产损失——待处理固定资产损失"科目借方期末余额填列。如为贷方余额以"—"号填列。

(二)本表资金来源方各项目的"期末数"栏的填列方法

(1)"基本建设拨款合计"项目(45行):反映建设单位到期末累计拨入尚未冲转的基建拨款资金数。根据其所属各明细科目的贷方余额相加后减去有关明细科目的借方余额后填列。

(2)"以前年度拨款"项目(46行):反映以前年度拨入到本期末尚未冲转的各种基建拨款总额。根据"以前年度拨款"明细科目的期末余额填列。

(3)"本年拨款"项目(52行):反映本年内由财政预算拨入的基建拨款。根据"本年预算拨款"明细科目的期末余额填列。

(4)"本年基建基金拨款"项目:反映本年内主管部门拨入的基建基金拨款。根据"本年基建基金拨款"明细科目的期末余额填列。

(5)"本年进口设备转账拨款"项目:反映本年内通过主管部门转账拨入的成套进口设备价款和有关费用。根据"本年进口设备转账拨款"明细科目的期末余额填列。

(6)"本年器材转账拨款"项目:反映本年内由主管部门从本系统其他建设单位转账拨入的设备、材料价款,转账拨出的设备、材料价款也在本项目内反映。根据"本年器材转账拨款"明细科目的期末贷方余额填列。如为借方余额以"—"号填列。

(7)"本年煤代油专用基金拨款""本年自筹资金拨款""本年维护费拨款""本年其他拨款"等项目:反映本年内建设单位实际收到的各项基建拨款资金。均可根据"基建拨款"科目所属相关明细科目的期末余额填列。

(8)"待转自筹资金拨款"项目:反映建设单位按规定预存有关银行待批准使用的自筹基建资金。对这部分资金采取的管理办法是"先存后批""先批后用"。根据"待转自筹资金拨款"明细科目的期末余额填列。

(9)"本年交回结余资金"项目(67行):反映本年内交回上级或交回财政的基建结余资金。根据"基建拨款"科目所属"本年交回结余资金"明细科目期末余额以"—"号填列。另外,建设单位如有"本年国债专项资金拨款、本年专项建设基金拨款"的,均可根据各自的期末余额填列。

(10)"项目资本"项目(71行):反映本年内建设单位收到投资者投入的项目资本金。根据"项目资本"科目期末余额填列。

(11)"项目资本公积"项目(72行):反映本年内建设单位收到投资者实际缴付的出资额超过其注册资本的差额、接受捐赠财产等。根据"项目资本公积"科目的期末余额填列。

（12）"基建借款"项目（73 行）：反映建设单位借入的投资借款和其他借款的总额。根据"基建投资借款"项目和"其他借款"项目的合计数填列。

（13）"基建投资借款"项目：反映建设单位借入的各种投资借款的期末余额。根据"基建投资借款"科目的期末余额填列。

（14）"其他借款"项目：反映建设单位借入的除基建投资借款以外的其他各种临时性借款。根据"其他借款"科目的期末余额填列。

（15）"上级拨入投资借款"项目：反映实行"统借统还"基建投资借款的建设单位收到上级主管部门拨入的基建投资借款和分配的基建投资借款利息的数额。根据"上级拨入投资借款"科目的期末余额填列。

（16）"企业债券资金"项目（74 行）：反映建设单位从生产企业转入的发行企业债券筹措的基建资金以及应负担的债券利息。根据"企业债券资金"科目的期末余额填列。

（17）"待冲基建支出"项目（75 行）：反映实行投资借款的建设单位当年完成的所有待冲销的交付生产使用的资产价值。根据"待冲基建支出"科目的期末余额填列。

（18）"应付款合计"项目（76 行）：反映建设单位期末所有应付暂收款项的总额。根据其所属各明细项目的期末合计数填列。

（19）"应付器材款"项目（77 行）：反映应付而未付的设备、材料价款。根据"应付器材款"科目所属各明细科目的贷方余额合计填列。

（20）"应付工程款"项目（78 行）、"应付有偿调入器材及工款"项目（79 行）、"应付票据"项目（80 行）、"其他应付款"项目（82 行）：均可根据各对应总账科目的期末余额填列。

（21）"未交款合计"项目（83 行）：反映建设单位应交未交的各项应交款数额。根据其所属明细项目期末合计数填列。

（22）"未交税金"项目（84 行）、"未交基建收入"项目（85 行）、"未交基建包干节余"项目：分别反映建设单位应交未交的税金、基建收入、基建包干节余数额。分别根据"应交税金""应交基建收入""应交基建包干节余"科目的期末余额填列。

（23）"上级拨入资金"项目：反映建设单位收到投资单位（主管部门或企业）拨入的供建设单位组织和管理基本建设活动使用的资金，以及从其他途径取得的资金。包括拨入的固定资产和流动资产等。根据"上级拨入资金"科目的期末余额填列。

（24）"留成收入"项目（87 行）：反映建设单位按规定从实现的基建收入和基建包干节余中提取留归建设单位使用的各种收入。根据"留成收入"科目的期末余额填列。

（三）补充资料的填列方法

建设单位在年末编制资金平衡表，还需同时编制补充资料部分。补充资料各项目填列方法如下：

1."基本建设计划执行情况"各项目

(1)"本年计划数"项目:根据批准的年度基本建设计划填列。

(2)"本年基建实际支出数"项目:根据"建筑安装工程投资""设备投资""其他投资""待摊投资""转出投资""待核销基建支出"六个科目的本年借方发生额合计填列(应扣除其他单位转账拨入的未完工程及待摊投资、有偿调出的未完工程及待摊投资、抵作备料款的材料结算价格大于计划成本或实际成本的差额。对于各科目间相互转账部分和有收入相抵支出部分应予扣除,如自行进行负荷联合试车的收入、器材处理收益、各类存款利息收入、经核销无法偿付的应付款项、取消项目可行性研究费、汇兑收益、报废工程实际支出及其残值收入、固定资产盘盈和清理收入等)。

2."本年交付使用资产合计"各项目

(1)基建拨款部分:根据拨款资金建成的资产数填列。

(2)投资借款部分:根据投资借款完成的资产数填列。

(3)企业债券资金部分:根据用企业债券资金建成移交的资产数填列。

(4)项目资本资金部分:根据投资者投入资金完成的资产数填列。

以上各项目,在工程建设中能分清楚资金来源、单独建造的,则根据"交付使用资产"科目本年借方发生额,分别资金来源填列;分不清资金来源的,可根据各种资金占总投资的比例,按比例计算填列。

3."不正常的在建工程实际支出"各项目

分别各种情况,根据"建筑安装工程投资""设备投资"和"其他投资"等科目的明细分类账分析填列。

4.基建结余资金

基建结余资金"年初数",根据上年年报的期末数填列;"年末数",根据资金平衡表有关项目的数字计算填列如下:

基建拨款单位:

$$\text{基建结余资金年末数} = \text{"基建拨款合计"项目期末数} - \text{"待转自筹资金拨款"项目期末数} - \text{"基建支出合计"项目期末数}$$
$$- \text{"转出投资"项目期末数} - \text{"待核销基建支出"项目期末数}$$

基建投资借款单位:

$$\text{基建结余资金年末数} = \text{"基建投资借款"项目期末数} - \text{"待冲基建支出"项目期末数} - \text{"基建支出合计"项目期末数}$$
$$- \text{"应收生产单位投资借款"项目期末数}$$

多种资金共建一个项目的单位:(即拼盘项目)

$$\begin{aligned}
\text{基建结余} \atop \text{资金年末数} = {\text{"基建拨款合计"} \atop \text{项目期末数}} - {\text{"待转自筹资金拨} \atop \text{款"项目期末数}} + {\text{"基建投资借款"} \atop \text{项目期末数}} \\
+ {\text{"待冲基建支出"} \atop \text{项目期末数}} + {\text{"企业债券资金"} \atop \text{项目期末数}} + {\text{"项目资本"} \atop \text{项目期末数}} \\
+ {\text{"项目资本公积"} \atop \text{项目期末数}} - {\text{"基建支出合计"} \atop \text{项目期末数}} - {\text{"待核销基建支出"} \atop \text{项目期末数}} \\
- {\text{"转出投资"} \atop \text{项目期末数}} - {\text{"应收生产单位投资} \atop \text{借款"项目期末数}}
\end{aligned}$$

必须指出,基建结余资金年末数一般均为正数,但在借入其他借款的建设单位,可能会出现负数。因为基建结余资金主要以基建拨款和基建投资借款为来源,占用于器材储备过程和结算过程中的资金,并未将其他借款考虑在内,当基建拨款和基建投资借款来源合计小于基建支出合计时,基建结余资金就会出现负数,而这正是其他借款所完成的。

# 第四节  基建投资表

基建投资表是反映建设项目自开始建设到本年末止基本建设投资来源、基本建设投资支出数的会计报表。可用以检查基本建设概算和本年基建计划的执行情况,考核、分析投资效果,为编制竣工决算提供资料。

## 一、基建投资表的结构

基建投资表的结构,分为三部分:第一部分反映建设项目概算总费用,为建设项目的计划投资数;第二部分反映从开始建设到本年末止累计投入的基建资金数额;第三部分反映从开始建设到本年末止累计发生的基建投资支出数,包括累计已移交的交付使用资产、待核销基建支出、转出投资和在建工程。

基建投资表格式和内容如图表8-3、图表8-4所示。

## 二、基建投资表的编制方法

基建投资表的横栏,反映各项拨、借款和各项基建支出等的分类情况;竖行,反映各单项工程和单位工程的明细情况及费用性支出总数。基建投资表各栏的填列方法如下:

(1)"工程及费用"项目栏:按计划概算或投资计划所列的工程填列。对于以前年度已经建成交付使用的单项工程和待核销基建支出、转出投资,因已在以前年度的基建投资表中逐项反映过,所以在编制本年投资表时,列为"以前年度已建成单项工程和待核销款合计",合并为一行填列(在其对应的有关栏内只需填列一个总数)。对于本期建设的工程,列为"本年在建工程和待核销款合计",需按工程分项填列。对于各项费用性基建支出,如"待摊投资""待核销基建支出""转出投资"等,可单独列示

**图表 8-3  基建投资表**

财建 02 表

编制单位：××项目建设单位　　　　20×8 年度　　　　单位：元

| 工程及费用项目 | 开工日期 | 概算数 | 基建投资拨款及借款 | | | | | | |
|---|---|---|---|---|---|---|---|---|---|
| | | | 累计 | 其中 | | | | | |
| | | | | 国家拨款 | 单位拨款 | 国家资本 | 法人资本 | 基建投资借款 | 企业债券资金 |
| | 1 | 2 | 3 | 4 | 5 | 6 | 7 | 8 | 9 |
| （20×1年总计） | | 5 000 000 | 2 926 000 | 1 500 000 | | 400 000 | 600 000 | 500 000 | |
| 其中:1. 以前年度合计 | | 726 000 | | | | | | | |
| 2. 本年度合计 | | 2 200 000 | | | | | | | |
| （1）甲单位工程 | | 1 300 000 | | | | | | | |
| A 单位工程 | | | | | | | | | |
| B 单位工程 | | | | | | | | | |
| （2）乙单项工程 | | 700 000 | | | | | | | |
| C 单位工程 | | | | | | | | | |
| D 单位工程 | | | | | | | | | |
| （3）各项费用性支出 | | 500 000 | | | | | | | |

| 基建投资支出 | | | | | | | |
|---|---|---|---|---|---|---|---|
| 累计 | 交付使用资产 | | | | 待核销基建支出 | 转出投资 | 在建工程 |
| | 固定资产 | 流动资产 | 无形资产 | 递延资产 | | | |
| 10 | 11 | 12 | 13 | 14 | 15 | 16 | 17 |
| 2 800 000 | 900 000 | | 100 000 | | 100 000 | 20 000 | 1 680 000 |
| 718 000 | 598 000 | | 100 000 | | | 20 000 | |
| 2 082 000 | 302 000 | | | | 100 000 | | 1 680 000 |
| 1 280 000 | 1 280 000 | | | | | | |
| 1 000 000 | 1 000 000 | | | | | | |
| 280 000 | 280 000 | | | | | | |
| 460 000 | | | | | | | 460 000 |
| 300 000 | | | | | | | 300 000 |
| 160 000 | | | | | | | 160 000 |
| 150 000 | | | | | | 100 000 | 50 000 |

**图表 8-4　　基建投资表**

财建 02 表

编制单位:××项目建设单位　　　　　20×8 年度　　　　　　　　单位:元

| 工程及费用项目 | 开工日期 | 概算数 | 基建投资拨款及借款 | | | | | | |
|---|---|---|---|---|---|---|---|---|---|
| | | | 累计 | 其中 | | | | | |
| | | | | 国家拨款 | 单位拨款 | 国家资本 | 法人资本 | 基建投资借款 | 企业债券资金 |
| | 1 | 2 | 3 | 4 | 5 | 6 | 7 | 8 | 9 |
| (20×8 年总计) | | 5 000 000 | 4 926 000 | 2 926 000 | | 400 000 | 600 000 | 1 000 000 | |
| 其中:1. 以前年度合计 | | 2 926 000 | | | | | | | |
| 2. 本年度合计 | | 200 0000 | | | | | | | |
| (1) 乙单位工程 | | 700 000 | | | | | | | |
| C 单位工程 | | | | | | | | | |
| D 单位工程 | | | | | | | | | |
| (2) 丙单项工程 | | 800 000 | | | | | | | |
| E 单位工程 | | | | | | | | | |
| F 单位工程 | | | | | | | | | |
| (3) 各项费用性支出 | | 500 000 | | | | | | | |

| 基建投资支出 | | | | | | | |
|---|---|---|---|---|---|---|---|
| 累计 | 交付使用资产 | | | | 待核销基建支出 | 转出投资 | 在建工程 |
| | 固定资产 | 流动资产 | 无形资产 | 递延资产 | | | |
| 10 | 11 | 12 | 13 | 14 | 15 | 16 | 17 |
| 4 800 000 | 4 230 000 | 250 000 | 100 000 | 50 000 | 100 000 | 20 000 | 50 000 |
| 2 800 000 | 900 000 | | 100 000 | | 100 000 | 20 000 | × |
| 2 000 000 | 1 650 000 | 250 000 | | 50 000 | | | 50 000 |
| 700 000 | | | | | | | |
| 420 000 | 420 000 | | | | | | |
| 280 000 | 280 000 | | | | | | |
| 800 000 | | | | | | | 50 000 |
| 500 000 | 500 000 | | | | | | |
| 300 000 | 250 000 | | | | | | 50 000 |
| 350 000 | | | | | | | 350 000 |

"各项费用性支出行",不必分别工程项目逐行填列(在其对应的有关栏内只需填列一个总数)。

(2)"开工日期"栏(1栏):填列实际开始施工的日期。

(3)"概算数"栏(2栏):根据批准的基建计划中所列项目概数填列。

(4)"基建投资拨款借款"各栏(3～9栏):

"累计"栏(3栏):反映自开始建设到本年末止累计拨入的基建拨款、支用的投资借款、投资者投入的资金和转入的企业债券资金的合计数。根据其所属各栏数字加总,分别项目逐行填列。

"其中:国家拨款"栏(4栏):反映自开始建设起到本年末止累计由国家财政拨入的所有预算内基建拨款。根据上年本表本栏数字和"基建拨款"科目所属"本年预算拨款""本年基建基金拨款""本年进口设备转账拨款""本年器材转账拨款"明细科目的贷方发生额(扣除"本年交回结余资金""本年器材转账拨款"明细科目借方发生额)加总填列。

"其中:单位拨款"栏(5栏):反映自开始建设起到本年末止累计由单位拨入的自筹资金拨款。根据上年本表本栏数字和"基建拨款"所属"本年自筹资金拨款"明细科目本年贷方发生额加总填列。

"其中:国家资本"栏(6栏):反映自开始建设起到本年末止累计由国家通过投入资本金形式投入的项目资本。根据上年本表本栏数字和"项目资本"科目所属相关明细科目的本年贷方发生额加总填列。

"其中:法人资本"栏(7栏):反映自开始建设起到本年末止累计由法人投入的项目资本。根据上年本表本栏数字和"项目资本"科目所属相关明细科目的本年贷方发生额加总填列。

"其中:基建投资借款"栏(8栏):反映自开始建设起到本年末止累计借入的各种投资借款。根据上年本表本栏数字和"基建投资借款"科目本年贷方累计发生额(扣除借方发生额中反映的用清理积余物资收回资金归还的投资借款)加总填列。

"其中:企业债券资金"栏(9栏):反映自开始建设起到本年末止累计转入的企业债券资金。根据上年本表本栏数字和"企业债券资金"科目本年贷方累计发生额(扣除借方反映的归还给生产企业的债券结余资金)加总填列。

(5)"基建投资支出"各栏(10～17栏):

"累计"栏(10栏):反映自开始建设起到本年末止累计完成的各项基建投资支出。根据其所属各栏数字加总,分别项目逐行填列。

"交付使用资产"(11～14栏):反映自开始建设起到本年末止累计完成的各项交付使用资产价值。根据上年本表各相关栏目数字和"交付使用资产"科目所属相关明细科目本年借方累计发生额加总,分别工程项目逐行填列。

"待核销基建支出"栏(15栏):反映自开始建设起到本年末止累计发生的待核销基建支出。根据上年本表本栏数字和"待核销基建支出"科目本年借方发生额加总,在"各项费用性支出行"填列一个总数。

"转出投资"栏(16栏):反映自开始建设起到本年末止累计发生的转出投资。根据上年本表本栏数字和"转出投资"科目本年借方发生额加总,在"各项费用性支出行"填列一个总数。

"在建工程"栏(17栏):反映年末在建工程投资支出数。根据"建筑安装工程投资""设备投资""其他投资""待摊投资"科目的年末借方余额合计并根据相关明细账,分别工程项目逐行填列。其中待摊投资可在"各项费用性支出行"填列一个总数,不必分行填列。"在建工程"栏的数字应与年末资金平衡表中"在建工程"项目期末数相符。

# 第五节 待摊投资明细表

待摊投资明细表用于详细反映本年实际发生的各项待摊投资数额,可作为检查、分析和考核各项待摊投资支出的依据。

待摊投资明细表的格式如图表8-5所示。

**图表8-5　待摊投资明细表**

财建03表

编制单位:××项目建设单位　　　　　20×8年度　　　　　　　单位:元

| 项　目 | 行次 | 本年数 | 累计数 | 项　目 | 行次 | 本年数 | 累计数 |
|---|---|---|---|---|---|---|---|
| 1. 建设单位管理费 | 1 | | | 15. 招投标费 | 15 | | |
| 2. 代建管理费 | 2 | | | 16. 经济合同仲裁费 | 16 | | |
| 3. 土地征用及迁移补偿费 | 3 | | | 17. 诉讼费 | 17 | | |
| | | | | 18. 律师代理费 | 18 | | |
| 4. 土地复垦及补偿费 | 4 | | | 19. 土地使用税 | 19 | | |
| 5. 勘察设计费 | 5 | | | 20. 耕地占用税 | 20 | | |
| 6. 研究试验费 | 6 | | | 21. 车船使用税 | 21 | | |
| 7. 可行性研究费 | 7 | | | 22. 汇兑损益 | 22 | | |
| 8. 临时设施费 | 8 | | | 23. 报废工程损失 | 23 | | |
| 9. 设备检验费 | 9 | | | 24. 坏账损失 | 24 | | |
| 10. 负荷联合试车费 | 10 | | | 25. 借款利息 | 25 | | |
| 11. 合同公证及工程质量监理费 | 11 | | | 26. 减:财政贴息资金 | 26 | | |
| | | | | 27. 减:存款利息收入 | 27 | | |
| 12. (贷款)项目评估费 | 12 | | | 28. 固定资产损失 | 28 | | |
| 13. 国外借款手续费及承诺费 | 13 | | | 29. 器材处理亏损 | 29 | | |
| | | | | 30. 设备盘亏及毁损 | 30 | | |
| 14. 社会中介机构审计(查)费 | 14 | | | 31. 调整器材调拨价格折价 | 31 | | |

（续表）

| 项　　目 | 行次 | 本年数 | 累计数 | 项　　目 | 行次 | 本年数 | 累计数 |
|---|---|---|---|---|---|---|---|
| 32. 企业债券发行费用 | 32 | | | 36. 其他待摊投资 | 36 | | |
| 33. 航道维护费 | 33 | | | 37. 合计 | 37 | | |
| 34. 航标设施费 | 34 | | | 38. 已摊销数 | 38 | | |
| 35. 航测费 | 35 | | | | | | |

　　待摊投资明细表各项目，一般根据"待摊投资"科目所属各明细科目本年借方发生额填列，但当有待摊投资收入冲减相应项目支出时，则应按明细科目借方余额填列，如某明细科目为贷方余额则用"－"号表示。这类项目有"负荷联合试车费""坏账损失""企业债券利息""报废工程损失""固定资产损失""器材处理亏损""调整器材调拨价格折价""其他待摊投资"等。27 行"存款利息收入"项目，反映建设单位本年实现的利息收入和财政拨入贴息资金。应根据"待摊投资"科目所属"借款利息"明细科目贷方本年发生额分析填列。待摊投资明细表的合计数应与资金平衡表中"待摊投资"项目期末数相符。

# 第六节　基建借款情况表

　　基建借款情况表是反映建设单位年度各种基本建设借款的借入、归还及豁免等情况的会计报表。可用以检查年度基建投资借款计划和其他借款计划的执行情况。

　　基建借款情况表的格式如图表 8-6 所示。

**图表 8-6　基建借款情况表**　　　　　　　　财建 04 表

编制单位：××项目建设单位　　　　　20×8 年度　　　　　　　　单位：元

| 借款种类 | 行次 | 年初借款余额 | 本年实际借款数 | | 本年还款数 | | 本年豁免数 | | 年末借款余额 |
|---|---|---|---|---|---|---|---|---|---|
| | | | 本金 | 利息 | 本金 | 利息 | 本金 | 利息 | |
| 一、基建投资借款合计 | 1 | | | | | | | | |
| 其中：1. 拨改贷投资借款 | 2 | | | | | | | | |
| 　　2. 国家开发银行投资借款 | 3 | | | | | | | | |
| 其中：用软贷款安排的投资借款 | 4 | | | | | | | | |
| 3. 国家专业投资公司委托借款 | 5 | | | | | | | | |
| 其中：基建基金委托借款 | 6 | | | | | | | | |
| 其他委托借款 | 7 | | | | | | | | |
| 4. 部门统借基建基金借款 | 8 | | | | | | | | |
| 5. 部门基建基金借款 | 9 | | | | | | | | |
| 6. 特种拨改贷投资借款 | 10 | | | | | | | | |
| 7. 建设银行投资借款 | 11 | | | | | | | | |

（续表）

| 借款种类 | 行次 | 年初借款余额 | 本年实际借款数 | | 本年还款数 | | 本年豁免数 | | 年末借款余额 |
|---|---|---|---|---|---|---|---|---|---|
| | | | 本金 | 利息 | 本金 | 利息 | 本金 | 利息 | |
| 8. 煤代油投资借款 | 12 | | | | | | | | |
| 9. 国外借款 | 13 | | | | | | | | |
| 10. 其他投资借款 | 14 | | | | | | | | |
| 二、国内储备借款 | 15 | | | | | | | | |
| 其中：中央基建储备借款 | 16 | | | | | | | | |
| 三、周转借款 | 17 | | | | | | | | |
| 四、生产自立借款 | 18 | | | | | | | | |
| 合　计 | | | | | | | | | |

### 一、本表纵向各栏的填列方法

（1）"年初借款余额"栏（1栏）：反映建设单位年初各种基建借款余额。根据上年本表"年末借款余额"（8栏）数字分行填列。

（2）"本年实际借款数"项目所属"本金"栏（2栏）：反映建设单位自年初起至本年末止支用的基建投资借款、国内储备借款、周转借款和生产自立借款的本金。分别根据"基建投资借款"和"其他借款"科目所属各明细科目贷方累计发生额分析填列。

（3）"本年实际借款数"项目所属"利息"栏（3栏）：反映建设单位自年初起至本年末止发生的基建投资借款、国内储备借款、周转借款和生产自立借款的利息。分别根据"基建投资借款"和"其他借款"科目所属各明细科目本年贷方累计发生额分析填列。

（4）"本年还款数"项目所属"本金"栏（4栏）：反映建设单位自年初起至本年末止累计归还的基建投资借款、国内储备借款、周转借款和生产自立借款的本金。分别根据"基建投资借款"和"其他借款"科目本年借方累计发生额分析填列。

（5）"本年还款数"项目所属"利息"栏（5栏）：反映建设单位自年初起至本年末止累计归还的基建投资借款、国内储备借款、周转借款和生产自立借款的利息或资金占用费。分别根据"基建投资借款"和"其他借款"科目本年借方累计发生额分析填列。

（6）"本年豁免数"项目所属"本金"栏（6栏）：反映建设单位本年内经批准累计豁免的竣工项目预算内基建投资借款的本金，即豁免的"拨改贷投资借款"本金。根据"基建投资借款"科目本年借方有关发生额分析填列。建行投资借款、国内储备借款、周转借款和生产自立借款等项目，这一栏空置不填。

（7）"本年豁免数"项目所属"利息"栏（7栏）：反映建设单位本年内经批准累计豁免的竣工项目预算内基建投资借款的利息，即豁免的"拨改贷投资借款"利息。根据"基建投资借款"科目本年借方有关发生额分析填列。建行投资借款、国内储备借款、周转借款和生产自立借款等项目，这一栏空置不填。

（8）"年末借款余额"栏（8 栏）：反映建设单位本年年末各种基建借款余额。根据"基建投资借款"和"其他借款"科目年末贷方余额合计填列。

## 二、本表各行反映的内容

（1）"拨改贷投资借款"项目（2 行）：反映建设单位 1988 年前借入的预算内拨改贷投资借款。

（2）"国家开发银行投资借款"项目（3 行）：反映建设单位从国家开发银行借入的投资借款。

"用软贷款安排的投资借款"项目（4 行）：反映建设单位从国家开发银行借入的用国家预算划拨的基金安排的基建投资借款。

（3）"国家专业投资公司委托借款"项目（5 行）：反映建设单位 1994 年前从原国家专业投资公司借入的投资借款。

"基建基金委托借款"项目（6 行）：反映原国家专业投资公司用国家预算拨入的基金安排的投资借款。

"其他委托借款"项目（7 行）：反映原国家专业投资公司用发行建设债券筹措的资金安排的投资借款。

（4）"部门统借基建基金借款"项目（8 行）：反映建设单位借入的实行部门统借统还、有偿使用方式由主管部门从财政统借的基建基金借款。

（5）"部门基建基金借款"项目（9 行）：反映实行基金制的主管部门用部门管理的基建基金安排的投资借款。

（6）"特种拨改贷投资借款"项目（10 行）：反映建设单位借入的用发行国家重点建设债券筹集的资金安排的投资借款。

（7）"建设银行投资借款"项目（11 行）：反映建设单位借入的建设银行发放的基建投资借款。

（8）"煤代油投资借款"项目（12 行）：反映建设单位借入的煤代油投资借款。

（9）"国外借款"项目（13 行）：反映建设单位从国外政府、国际金融组织和国外金融机构借入的基建投资借款。

（10）"其他投资借款"项目（14 行）：反映建设单位借入的除上述投资借款以外的其他投资借款。如建设单位从工商银行、农业银行和中国银行借入的基建投资借款。

（11）"国内储备借款"项目（15 行）：反映建设单位为以后年度储备设备、材料而向银行借入的储备借款。

"中央基建储备借款"项目（16 行）：反映中央级建设单位从建行总行借入的储备借款。

（12）"周转借款"项目（17 行）：反映实行投资包干责任制的建设单位由于建设进度提前，年度投资借款指标不足，而向银行借入的周转借款。

（13）"生产自立借款"项目（18 行）：反映经批准停缓建单位由于生产自立而向银行借入的生产自立借款。

项目建设单位主要指标表如图表8-7所示。

**图表8-7 项目建设单位主要指标表**

财建05表

编制单位:××项目建设单位 　　　　20×8年度 　　　　单位:元

| 项　　目 | 行次 | 金额或个数 |
|---|---|---|
| 一、汇编建设项目个数(个) | 1 | |
| (一)按类型分:1.经营性建设项目个数 | 2 | |
| 　　　　　　2.非经营性建设项目个数 | 3 | |
| (二)按规模分:1.大中型建设项目个数 | 4 | |
| 　　　　　　2.小型及其他建设项目个数 | 5 | |
| 二、交付使用资产合计 | 6 | |
| 三、基建结余资金 | 7 | |
| (一)年初结余资金 | 8 | |
| (二)年末结余资金 | 9 | |
| 四、本年自筹基建资金 | 10 | |
| (一)中央各部门自筹基建资金 | 11 | |
| (二)中央企业单位自筹基建资金 | 12 | |
| (三)地方各部门自筹基建资金 | 13 | |
| (四)地方企业单位自筹基建资金 | 14 | |
| 五、本年预算执行情况 | 15 | |
| (一)本年预算数 | 16 | |
| 1.本年中央财政拨款 | 17 | |
| (1)本年中央预算内基建拨款 | 18 | |
| (2)本年国债专项资金拨款 | 19 | |
| (3)本年中央财政专项资金拨款 | 20 | |
| (4)本年中央政府性基金拨款 | 21 | |
| (5)本年其他中央财政拨款 | 22 | |
| 2.本年地方财政拨款 | 23 | |
| (二)本年到位数 | 24 | |
| 1.本年中央财政拨款 | 25 | |
| (1)本年中央预算内基建拨款 | 26 | |
| (2)本年国债专项资金拨款 | 27 | |
| (3)本年中央财政专项资金拨款 | 28 | |
| (4)本年中央政府性基金拨款 | 29 | |
| (5)本年其他中央财政拨款 | 30 | |
| 2.本年地方财政拨款 | 31 | |
| (三)本年未到位数 | 32 | |
| 1.本年中央财政拨款 | 33 | |
| (1)本年中央预算内基建拨款 | 34 | |

(续表)

| 项　目 | 行次 | 金额或个数 |
|---|---|---|
| （2）本年国债专项资金拨款 | 35 | |
| （3）本年中央财政专项资金拨款 | 36 | |
| （4）本年中央政府性基金拨款 | 37 | |
| （5）本年其他中央财政拨款 | 38 | |
| 　2.本年地方财政拨款 | 39 | |
| 六、政府采购执行情况 | 40 | |
| 　（一）政府采购预算金额 | 41 | |
| 　（二）政府采购执行金额 | 42 | |

1 行＝（2＋3）行＝（4＋5）行；10 行＝（11＋12＋13＋14）行；16 行＝（17＋23）行；17 行＝（18＋19＋20＋21＋22）行；24 行＝（25＋31）行；

25 行＝（26＋27＋28＋29＋30）行；32 行＝（33＋39）行；33 行＝（34＋35＋36＋37＋38）行；32 行＝（16－24）行；33 行＝（17－25）行；

34 行＝（18－26）行；35 行＝（19－27）行；36 行＝（20－28）行；37 行＝（21－29）行；38 行＝（22－30）行；39 行＝（23－31）行。

6 行＝01 表 2 行；7 行不填数；8 行＝上年年末结余资金，如有调整，应按调整数字填列，并在决算报表编制说明中进行说明；

9 行＝01 表（45＋71＋72＋73＋75－1－14）年末行；18 行＝01 表 54 行；19 行＝01 表 55 行；20 行＝01 表 56 行；21 行＝01 表 57 行；

22 行＝01 表 58 行；23 行＝01 表（60＋61＋62＋63）行；11 行＝01 表 58 行；13 行＝01 表 63 行；（12＋14）行＝01 表 64 行。

# 第七节　投资包干情况表

投资包干情况表是反映实行基本建设投资包干责任制的建设单位预提、留用、实现、上交及用以归还基建投资借款的包干节余情况的会计报表。可用以检查投资包干项目是否按规定计算实现的包干节余，以及包干节余是否按规定比例结转留用、上交和用以归还基建投资借款。

投资包干情况表的格式如图表 8-8 所示。

**图表 8-8　投资包干情况表**

编制单位：××项目建设单位　　　　　20×8年度　　　　　　　　单位：元

| 建设项目 | 建设项目概算包干数 | 已完单项工程概算数 | 已完单项工程实际支出 | 已完单项工程概算节余数 | 预提留用包干节余数 | 建设项目概算包干节余数 | 应留用包干节余 | 应归还基建借款包干节余数 | 应交财政和主管部门包干节余数 | 已归还基建借款包干节余数 | 已交财政和主管部门包干节余数 |
|---|---|---|---|---|---|---|---|---|---|---|---|
| | 1 | 2 | 3 | 4 | 5 | 6 | 7 | 8 | 9 | 10 | 11 |
| 合计 | | | | | | | | | | | |

投资包干情况表各项目内容和填列方法如下：

（1）"建设项目概算包干数"项目：根据批准的包干合同（或协议）中确定的包干数填列。

（2）"已完单项工程概算数"项目：根据批准的基建概算中该单项工程概算数填列。

（3）"已完单项工程实际支出"项目：反映已竣工的单项工程的实际支出数额。根据已完单项工程竣工决算报告中的数字填列。

（4）"已完单项工程概算节余数"项目：反映已完单项工程实现的包干节余。根据本表"已完单项工程概算数"减"已完单项工程的实际支出"后的数额填列。

（5）"预提留用包干节余数"项目：反映建设单位经批准在建设期间按规定预提留用的包干节余。根据上年本表本项目数字和"应交基建包干节余"科目本年贷方累计发生额合计分析填列。

（6）"建设项目概算包干节余数"项目：反映实行包干的建设项目全部竣工时实际的包干节余。根据"应交基建包干节余"科目本年贷方发生额分析填列。

（7）"应留用包干节余数"项目：反映建设单位按规定应结转留用的包干节余。根据实际的包干节余（即本表"建设项目概算包干节余数"项目数字）按规定比例计算填列。

（8）"应归还基建借款包干节余数"项目：反映建设单位按规定应用于归还基建投资借款的包干节余。根据实现的包干节余（即本表"建设项目概算包干节余数"项目数字）按规定比例计算或根据"建设项目概算包干节余数"项目减"应留用包干节余数"项目后的数额填列。

（9）"应交财政和主管部门包干节余数"项目：反映按规定或经批准豁免归还基建投资借款的建设单位和实行基建拨款的建设单位，应上交财政和主管部门的包干节余。根据实现的包干节余（即本表"建设项目概算包干节余数"项目数字）和规定的上交比例计算填列。

（10）"已归还基建借款包干节余数"项目：反映已归还基建投资借款的包干节余。根据上年本表本项目数字和"应交基建包干节余"科目本年借方发生额分析填列。

（11）"已交财政和主管部门包干节余数"项目：反映建设单位实际已上交财政和主管部门的包干节余。根据上年本表本项目数字和"应交基建包干节余"科目本年借方发生额分析填列。

# 第八节　自营工程成本表

自营工程成本表是反映自营建设单位月度、年度工程施工的成本构成和成本升降情况的会计报表。可用以考核建筑安装工程成本计划的执行情况，分析工程成本降低的原因,以便进一步挖掘降低工程成本的潜力。

自营工程成本表的格式如图表8-9所示。

**图表8-9　　自营工程成本表**

编制单位:××项目建设单位　　　　　20×8年度×月　　　　　　　　单位:元

| 成本项目 | 本月数 | | | | 本年累计数 | | | |
|---|---|---|---|---|---|---|---|---|
| | 预算成本 | 实际成本 | 降低或超支(一) | | 预算成本 | 实际成本 | 降低或超支(一) | |
| | | | 金额 | % | | | 金额 | % |
| | 1 | 2 | 3=1-2 | 4=3÷1 | 5 | 6 | 7=5-6 | 8=7÷5 |
| 人工费 | | | | | | | | |
| 材料费 | | | | | | | | |
| 机械使用费 | | | | | | | | |
| 其他直接费 | | | | | | | | |
| 直接费合计 | | | | | | | | |
| 施工管理费 | | | | | | | | |
| 工程成本合计 | | | | | | | | |

补充资料:
① 计划成本降低率;② 平均职工　　人,其中:建安工人　　人;
③ 平均民工　　人;④ 全员劳动生产率:　　元;⑤ 建安工人劳动生产率　　元。

自营工程成本表在结构上分为本月数和本年累计数两部分,并按成本项目列示已完工程的"预算成本""实际成本""成本降低额"和"成本降低率"等项指标。为方便分析工程成本的升降原因,本表年报应填列补充资料,用以反映计划成本降低率、施工单位平均人数、年末人数和劳动生产率等指标。

自营工程成本表各项目内容和填列方法如下:

(1) 本月"预算成本"栏内各项数字:反映本月自营工程的各项预算成本。各直接费项目的预算成本,原则上应根据本月已完工程实物量,按照地区单位估价表(或预算定额),分别计算填列。施工管理费的预算成本,按施工管理费取费标准计算填列。对单独计算的夜间施工增加费等,应根据各费用项目的内容,按照各种成本项目的比重,分别计算列入各有关项目预算成本内。

(2) 本月"实际成本"栏内各项数字:反映自营工程的实际成本。应根据"工程施工"成本明细账中各成本项目的本月实际已完工程成本加总填列。

(3) 本月或本年累计"降低金额"栏内各项数字:根据预算成本减去实际成本后的余额填列。如果发生成本超支,应以"一"号表示。

(4) 本月或本年累计"降低率"栏内各项数字:按下列公式计算填列:

$$降低率=\frac{降低额}{预算成本}\times100\%$$

（5）本年累计"预算成本"栏内各项数字：反映自年初起至本月末止自营工程的预算成本。根据本年各月本表的本月"预算成本"栏内数字加总计算填列。

（6）本年累计"实际成本"栏内各项数字：反映自年初起至本月末止自营工程的实际成本。根据本年各月本表的本月"实际成本"栏内数字加总计算填列。

（7）补充资料的填列方法如下：

"计划成本降低率"：按批准的降低成本计划填列。

"平均职工""平均建安工人""平均民工"项目：反映自年初起至年末止施工单位平均拥有的职工、建安工人、民工人数。可根据劳动部门的统计资料分析填列。

"全员劳动生产率"：按下列公式计算填列：

$$全员劳动生产率＝\frac{本年自行完成的建安工作量}{本年全部职工平均人数＋本年参加本单位生产的民工等非本单位人员的平均人数}$$

"建安工人劳动生产率"：按下列公式计算填列：

$$建安工人劳动生产率＝\frac{本年自行完成的建安工作量}{本年建安工人平均人数}$$

# 第九节　建设项目竣工决算

## 一、竣工决算的概述

建设项目竣工决算是综合反映竣工基本建设项目建设全过程的财务情况和建设成果的总结性报告文件。它可用以反映建设过程中实际发生的全部基本建设支出，正确核定新增固定资产和流动资产的价值，是建设单位向生产使用单位办理建成财产移交、确定交付使用资产价值的依据，也是向国家或企业报账并最终转销基本建设拨款的文件。利用建设项目竣工决算。可以全面考核基本建设项目的计划和概算、预算的执行情况，分析基本建设投资效益。

建设项目竣工决算是根据历年会计报表及有关资料编制的，是对建设项目自开始建设到竣工止所有基本建设支出等财务情况和最终建设成果的综合反映，是竣工验收报告的重要组成部分。而会计报表只是总括反映一定时间内（月度、年度）基本建设经济活动情况和基本建设支出等财务情况的报表。因此，建设项目竣工决算的编制过程，也就是对历年会计报表等资料，进行综合整理使之概括化的过程，也是全面总结建设经验的过程。为了搞好竣工决算，建设单位会计人员必须注意积累各项有关资料，做好基础工作，在工程竣工后，应当认真做好财务清理结束工作，核实基本建设拨款、借款、企业债券资金和投资者投入资金的实际数额，正确计算各项交付使用资产、转出投资和待核销基建支出，清理结余的财产物资和其他资金，按规定正确编制竣工决算。同时,对建设过程中投资使用情况进行总结、分析,以利不断提高基建管理水平,提高投资效益。

建设项目竣工决算由决算报表和竣工决算说明书组成。

大中型建设项目,一般包括:

(1) 竣工工程概况表;

(2) 竣工财务决算表;

(3) 交付使用资产总表;

(4) 交付使用资产明细表。

小型建设项目,一般包括:

(1) 竣工决算总表;

(2) 交付使用资产明细表。

竣工决算应在竣工项目办理动用验收后 1 个月内编好,上报主管部门,并同时抄送有关设计单位和开户银行。主管部门和建设银行对报送的竣工决算审查批复后,建设单位和经办行应即办理决算调整和结束工作。

## 二、竣工工程概况表的编制

竣工工程概况表主要反映竣工的大、中型建设项目的建设工期、新增生产能力、基本建设支出以及主要技术经济指标等内容,为全面考核、分析计划和概算执行情况提供依据。

竣工工程概况表的一般格式如图表 8-10 所示。

竣工工程概况表中有关项目的设计、概算和计划等数字,应根据批准的设计、概算、计划填列。"新增生产能力""完成主要工作量""主要材料消耗"等项目的实际数,可根据有关统计资料填制,其中有关施工资料部分,由施工单位负责提供。"收尾工程"项目,是反映全部验收投产后还遗留的少量收尾工程。收尾工程的实际投资额,应根据具体情况进行估算,并加以说明,完工以后不再编制竣工决算。"基本建设支出"各项目的实际数,应根据历年(包括竣工年度)审批后的基建投资表和待核销基建支出及转出投资明细表汇总填列。"主要技术经济指标"项目,应填列反映投资效果的综合性指标,一般根据概算或主管部门规定的指标计算填列。

## 三、竣工财务决算表的编制

竣工财务决算表反映竣工的大、中型建设项目从开工起至竣工止全部资金来源和资金运用情况,是分析考核基建资金和其他资金使用效果,并落实结余的基建资金和物资的依据。

竣工财务决算表的一般格式如图表 8-11 所示。

**图表 8-10 基本建设项目概况表**

建竣决 01 表

| 建设项目(单项工程)名称 | | | 建设地址 | | | 项 目 | 概算(元) | 实际(元) | 备注 |
|---|---|---|---|---|---|---|---|---|---|
| 主要设计单位 | | | 主施工企业 | | | 建筑安装工程 | | | |
| 占地面积 | 设计 | 实际 | 总投资(万元) | 设计 | 实际 | 设备、工具、器具 | | | |
| | | | | | | 待摊投资 | | | |
| | | | | | | 其中:建设单位管理费 | | | |
| 新增生产能力 | 能力(效益)名称 | | 设计 | 实际 | | 其他投资 | | | |
| | | | | | | 待核销基建支出 | | | |
| 建设起止时间 | 设计 | | 从 年 月 日开工至 年 月 日竣工 | | | 非经营项目转出投资 | | | |
| | 实际 | | 从 年 月 日开工至 年 月 日竣工 | | | 合 计 | | | |
| 设计概算批准文号 | | | | | | | | | |

| 完成主要工程量 | 建 设 规 模 | | 设备(台、套、吨) | |
|---|---|---|---|---|
| | 设 计 | 实 际 | 设 计 | 实 际 |
| | | | | |

| 收尾工程 | 工程项目、内容 | 已完成投资额(万元) | 尚需投资(万元) | 完成时间 |
|---|---|---|---|---|
| | | | | |
| | | | | |
| | | | | |
| | 小 计 | | | |

### 图表 8-11　基本建设项目竣工财务决算表

建竣决 02 表　　　　　　　　　　　　　　　　　　　　　　　　　单位:元

| 资金来源 | 金额 | 资金占用 | 金额 |
|---|---|---|---|
| 一、基建拨款 | | 一、基本建设支出 | |
| 　1.预算拨款 | | 　1.交付使用资产 | |
| 　2.基建基金拨款 | | 　2.在建工程 | |
| 　　其中:国债专项资金拨款 | | 　3.待核销基建支出 | |
| 　3.专项建设基金拨款 | | 　4.非经营项目转出投资 | |
| 　4.进口设备转账拨款 | | 二、应收生产单位投资借款 | |
| 　5.器材转账拨款 | | 三、拨付所属投资借款 | |
| 　6.煤代油专用基金拨款 | | 四、器材 | |
| 　7.自筹资金拨款 | | 　其中:待处理器材损失 | |
| 　8.其他拨款 | | 五、货币资金 | |
| 二、项目资本 | | 六、预付及应收款 | |
| 　1.国家资本 | | 七、有价证券 | |
| 　2.法人资本 | | 八、固定资产 | |
| 　3.个人资本 | | 　固定资产原价 | |
| 　4.外商资本 | | 　减:累计额 | |
| 三、项目资本公积 | | 　固定资产净值 | |
| 四、基建借款 | | 　固定资产清理 | |
| 　其中:国债转贷 | | 　待处理固定资产损失 | |
| 五、上级拨入投资借款 | | | |
| 六、企业债券资金 | | | |
| 七、待冲基建支出 | | | |
| 八、应付工程款 | | | |
| 九、其他应付款 | | | |
| 十、未交款 | | | |
| 　1.未交税金 | | | |
| 　2.其他未交 | | | |
| 十一、上级拨入资金 | | | |
| 十二、留成收入 | | | |
| 合　　　计 | | 合　　　计 | |

补充资料:

(1)基建投资借款期末余额。

(2)应收生产单位投资借款期末数。

(3)基建结余资金。

竣工财务决算表分资金运用和资金来源两方列示。资金来源方的"预算拨款""基建基金拨款""进口设备转账拨款""自筹资金拨款"项目,均反映建设项目自开始建设到竣工时为止的累计拨入数,分别根据历年资金平衡表的相应项目数字汇总填列;"其他基建拨款"项目,反映自开始建设到竣工时为止"器材转账拨款""煤代油专用基金拨款"和"其他拨款"的累计拨入数,应根据历年资金平衡表有关项目数字汇总计算填列;"基建投资借款"项目,反映建设项目自开始建设到竣工时为止基建投资借款的累计支用数,应根据历年资金平衡表补充资料中"基建投资借款支用数"汇总填列;"企业债券资金""项目资本""项目资本公积"项目,均反映自开始建设到竣工时为止累计收到的该项资金,应根据历年资金平衡表的相应项目数字汇总填列;"应付款""未交款""上级拨入资金"和"留成收入"项目,反映建设项目竣工时的数据,分别根据竣工年度资金平衡表的相应项目期末数填列。

本表资金占用方的"交付使用资产""待核销基建支出""转出投资"项目,均反映建设项目自开始建设到竣工时为止的累计发生数,分别根据历年资金平衡表的相应项目数字汇总填列;"在建工程"项目,反映收尾工程的投资额,根据竣工年度资金平衡表的"在建工程"项目的期末数填列;"需要安装设备""库存材料""应收款""银行存款及现金""固定资产净值""有价证券"项目,均反映竣工时的结余数,分别根据竣工年度资金平衡表的相应项目的期末数填列。

本表补充资料:

(1)"生产单位已偿还投资借款"项目:反映生产单位已经偿还的基建投资借款,根据"应收生产单位投资借款"科目历年贷方发生额(扣除用基建收入偿还借款后的贷方发生额)合计数填列。

(2)"尚未偿还投资借款"项目:反映生产单位尚未偿还的基建投资借款,根据"应收生产单位投资借款"科目借方余额填列。

(3)"基建收入"项目的总计数:根据"应交基建收入"科目历年贷方发生额汇总填列。其中"已上交财政""已偿还投资借款"项目,分别根据"应交基建收入"科目历年借方发生额分析填列。

小型建设项目,一般将竣工工程概况表和竣工财务决算表合并为竣工决算总表,用以反映竣工的小型建设项目的工程概况和财务情况。小型建设项目竣工决算总表,在内容上除不反映完成主要工程量、主要材料消耗、主要技术经济指标等内容外,其他项目及编制方法与大、中型建设项目的竣工工程概况表和竣工财务决算相同。

小型建设项目竣工决算总表的一般格式如图表8-12所示。

### 四、交付使用资产总表和明细表的编制

交付使用资产总表反映大、中型建设项目建成后新增固定资产、流动资产、无形资产、递延资产的价值,作为财产交接的依据。本表根据第六章交付使用资产明细表

图表 8-12　　小型建设项目竣工决算总表

| 建设项目 | | | | | 项　目 | 金额(元) | 主要事项说明 |
|---|---|---|---|---|---|---|---|
| 建设地址 | | 占地面积 | 设计 | 实际 | 资金来源 | 1. 预算拨款<br>2. 自筹资金拨款<br>3. 其他基建拨款<br>4. 基建投资借款<br>5. 企业债券资金<br>6. 项目资本<br>7. 应付款<br>…… | |
| 建设时间 | 计划 | 从　年　月开工至　年　月竣工 | | | | | |
| | 实际 | 从　年　月开工至　年　月竣工 | | | | | |
| 新增生产能力 | 能力或效益名称 | 单位 | 设计 | 实际 | | | |
| 初步设计和概算批准机关、日期、文号 | | | | | 合　计 | | |

| 建设成本 | 项　目 | 概算(元) | 实际(元) | 资金占用 | | 金额 | 说明 |
|---|---|---|---|---|---|---|---|
| | 1. 建筑安装工程<br>2. 设备、工具、器具<br>3. 其他基建投资<br>其中:土地征用及迁移补偿费<br>　　　勘察设计费<br>　　　建设单位管理费<br>　　　可行性研究费<br>　　　…… | | | | 1. 交付使用资产<br>2. 转出投资<br>3. 待核销基建支出<br>4. 在建工程<br>5. 器材<br>6. 银行存款及现金<br>…… | | |
| | 合　计 | | | | 合　计 | | |

按单项工程分行填列。"总计"栏的合计数,应与竣工财务决策表中的"交付使用资产"项目的数字相一致。"建安工程""设备""其他费用"栏,填列新增固定资产的建筑安装工程支出、设备投资支出和分摊计入的待摊投资支出。"流动资产"栏,填列新增达不到固定资产标准的工具、器具等低值易耗品的投资支出。"无形资产"栏,填列建设单位取得的各项无形资产。"递延资产"栏,填列在建设期间发生的移交给生产单位准备在生产经营期间摊销的长期待摊费用。

基本建设项目交付使用在资产总表的格式如图表 8-13 所示。

基本建设交付使用资产明细表(见图表 8-14)反映大、中、小型建设项目竣工交付使用各项资产的详细内容,是具体办理财产交接手续和生产使用单位登记资产明细账、卡的依据。交付使用资产明细表的格式和编制方法,见本书第六章第一节说明。基本建设项目待摊投资明细表、基本建设项目建设单位管理费用明细表如表 8-15,表 8-16 所示。

建设项目竣工后,除需编制上述竣工决算报表外,还应同时编报竣工情况说明书,主要内容一般包括:工程概况、基本建设概算、投资计划和财务计划的执行情况,以及投资效果分析、主要经验、存在问题和其他一些必要的说明等。

**图表 8-13 基本建设项目交付使用资产总表**

建竣决 03 表
单位:元

| 序号 | 单项工程项目名称 | 总计 | 固定资产 | | | | 流动资产 | 无形资产 | 递延资产 |
|---|---|---|---|---|---|---|---|---|---|
| | | | 合 计 | 建安工程 | 设备 | 其他 | | | |
| | | | | | | | | | |
| | | | | | | | | | |
| | | | | | | | | | |
| | | | | | | | | | |
| | | | | | | | | | |
| | | | | | | | | | |

交付单位: 负责人: 接收单位: 负责人:
盖　章: 年 月 日 盖　章:, 年 月 日

**图表 8-14 基本建设项目交付使用资产明细表**

建竣决 04 表
单位:元

| 单位工程名称 | 建设工程 | | | 设备 工具 器具 家具 | | | | | | 流动资产 | | 无形资产 | | 递延资产 | |
|---|---|---|---|---|---|---|---|---|---|---|---|---|---|---|---|
| | 结构 | 面积 | 价值(元) | 名称 | 规格型号 | 单位 | 数量 | 价值(元) | 设备安装费(元) | 名称 | 价值(元) | 名称 | 价值(元) | 名称 | 价值(元) |
| | | | | | | | | | | | | | | | |
| | | | | | | | | | | | | | | | |
| | | | | | | | | | | | | | | | |
| | | | | | | | | | | | | | | | |
| | | | | | | | | | | | | | | | |
| | | | | | | | | | | | | | | | |
| | | | | | | | | | | | | | | | |
| 合计 | | | | | | | | | | | | | | | |

交付单位: 接收单位:
盖　章: 年 月 日 盖　章: 年 月 日

**图表 8-15 基本建设项目待摊投资明细表**

建竣决 05 表 单位:元

| 项 目 | 行次 | 累计数 | 项 目 | 行次 | 累计数 |
|---|---|---|---|---|---|
| 1. 建设单位管理费 | 1 | | 20. 耕地占用税 | 20 | |
| 2. 代建管理费 | 2 | | 21. 车船占用税 | 21 | |
| 3. 土地征用及迁移补偿费 | 3 | | 22. 汇兑损益 | 22 | |
| 4. 土地复垦及补偿费 | 4 | | 23. 报废工程损失 | 23 | |
| 5. 勘察设计费 | 5 | | 24. 坏账损失 | 24 | |
| 6. 研究试验费 | 6 | | 25. 借款利息支出 | 25 | |
| 7. 可行性研究费 | 7 | | 26. 减:财政贴息资金 | 26 | |
| 8. 临时设施费 | 8 | | 27. 减:存款利息收入 | 27 | |
| 9. 设备检验费 | 9 | | 28. 固定资产损失 | 28 | |
| 10. 负荷联合试车费 | 10 | | 29. 器材处理亏损 | 29 | |
| 11. 合同公证及工程质量监理费 | 11 | | 30. 设备盘亏及毁损 | 30 | |
| 12. (贷款)项目评估费 | 12 | | 31. 调整器材调拨价格折价 | 31 | |
| 13. 国外借款手续费及承诺费 | 13 | | 32. 企业债券发行费用 | 32 | |
| 14. 社会中介机构审计(查)费 | 14 | | 33. 航道维护费 | 33 | |
| 15. 招投标费 | 15 | | 34. 航标设施费 | 34 | |
| 16. 经济合同仲裁费 | 16 | | 35. 航测费 | 35 | |
| 17. 诉讼费 | 17 | | 36. 其他待摊投资 | 36 | |
| 18. 律师代理费 | 18 | | 37. 合计 | 37 | |
| 19. 土地使用税 | 19 | | | | |

**图表 8-16 基本建设项目建设单位管理费用明细表**

建竣决 06 表 单位:元

| 项 目 | 行次 | 累计数 | 项 目 | 行次 | 累计数 |
|---|---|---|---|---|---|
| 1. 不在原单位发工资的工作人员工资 | 1 | | 10. 零星购置费 | 10 | |
| 2. 基本养老保险费 | 2 | | 11. 招募生产工人费 | 11 | |
| 3. 基本医疗保险费 | 3 | | 12. 技术图书资料费 | 12 | |
| 4. 失业保险费 | 4 | | 13. 印花税 | 13 | |
| 5. 办公费 | 5 | | 14. 业务招待费 | 14 | |
| 6. 差旅交通费 | 6 | | 15. 施工现场津贴 | 15 | |
| 7. 劳动保护费 | 7 | | 16. 竣工验收费 | 16 | |
| 8. 工具用具使用费 | 8 | | 17. 其他管理性质开支 | 17 | |
| 9. 固定资产使用费 | 9 | | 合 计 | 18 | 0.00 |

## 复习思考题

1. 什么是建设单位会计报表？建设单位会计报表有哪几种？它们各自有何作用？

2. 会计报表的编制要求有哪些？为了保证报表的真实性，应当做好哪些工作？

3. 基建财务快速月报的特点有哪些？其各项目金额怎样填列？

4. 资金平衡表资金来源和资金占用各包括哪些内容？其一般的填列方法有哪些？

5. 资金平衡表基本部分和补充资料各项目的余额应如何填列？

6. 基建投资表在结构上由哪几部分组成？各部分主要反映什么内容？表内各项目数字应如何填列？

7. 待摊投资明细账填列时应注意什么问题？

8. 怎样编制基建借款情况表和投资包干情况表？

9. 建设单位编制的各种年度会计报表之间，有哪些项目的数字应当核对相符？

10. 自营工程成本表应如何编制？

11. 建设项目竣工决算有什么作用？它与会计报表有什么不同？

12. 竣工决算由哪些报表组成？竣工财务决算表应如何填列？

## 练　习　题

**习题一**

【目的】　练习基建财务快速月报和资金平衡表的编制方法。

【资料】

1. 某建设单位 20×8 年 12 月 31 日有关总账和明细账的余额如下：

单位:元

| 账户 | 借方 | 贷方 |
|---|---|---|
| 基建拨款 | 60 000 | 5 800 000 |
| 以前年度拨款 | | 2 000 000 |
| 本年预算拨款 | | 1 500 000 |
| 本年器材转账拨款 | | 200 000 |
| 本年自筹资金拨款 | | 1 800 000 |
| 本年交回结余资金 | 60 000 | |
| 待转自筹资金拨款 | | 300 000 |
| 基建投资借款 | | 2 500 000 |
| 拨改贷投资借款 | | 2 500 000 |
| 企业债券资金 | | 1 900 000 |
| 项目资本 | | 2 000 000 |
| 项目资本公积 | | 300 000 |

(续表)

| 账户 | 借方 | 贷方 |
|---|---|---|
| 待冲基建支出 | | 100 0000 |
| 累计折旧 | | 160 000 |
| 应付器材款 | | 35 000 |
| 其他应付款 | | 12 000 |
| 应付福利费 | | 8 000 |
| 应付有偿调入器材及工程款 | | 26 000 |
| 留成收入 | | 16 000 |
| 应交基建收入 | | 6 000 |
| 建筑安装工程投资借款 | 2 500 000 | |
| 设备投资 | 850 000 | |
| 其他投资 | 190 000 | |
| 待摊投资 | 360 000 | |
| 交付使用资产 | 2 950 000 | |
| 　固定资产 | 2 200 000 | |
| 　流动资产 | 50 000 | |
| 　递延资产 | 30 000 | |
| 　无形资产 | 670 000 | |
| 应收生产单位投资借款 | 1 000 000 | |
| 器材采购 | 170 000 | |
| 　设备采购 | 100 000 | |
| 　材料采购 | 70 000 | |
| 库存设备 | 950 000 | |
| 库存材料 | 1 500 000 | |
| 材料成本差异 | 30 000 | |
| 委托加工器材 | 80 000 | |
| 　材料委托加工 | 80 000 | |
| 银行存款 | 1 048 000 | |
| 现金 | 10 000 | |
| 预付备料款 | 1 600 000 | |
| 预付工程款 | 450 000 | |
| 待处理财产损失 | 15 000 | |
| 待处理材料损失（已减盘盈 1 000 元） | 15 000 | |
| 总　　计 | 13 763 000 | 13 763 000 |

2. 20×8 年有关科目的年初余额和发生额如下：

单位：元

| 账 户 | 年初余额 | 借方发生额 | 贷方发生额 |
|---|---|---|---|
| 建筑安装工程投资 | 500 000 | 3850 000 | 1 850 000 |
| 其中：无偿转入未完建安工程 | | 100 000 | |
| 设备投资 | 150 000 | 1 200 000 | 500 000 |
| 其中：有偿调入不需安装设备 | | 26 000 | |
| 待摊投资 | 100 000 | 660 000 | 400 000 |
| 其中：器材处理收益 | | | 10 000 |
| 其他投资 | 20 000 | 370 000 | 200 000 |
| 基建投资借款 | 500 000 | 600 000 | 2 600 000 |
| 拨改贷投资借款 | 500 000 | 600 000 | 2 600 000 |

3. 20×8 年年初基建结余资金为 2 600 000 元。

4. 20×8 年基建投资计划总额为 9 050 000 元，其中：预算拨款 2 150 000 元，自筹资金 1 800 000 元，基建投资借款 2 600 000 元，企业债券资金 1 000 000 元，项目资本资金 1 500 000 元。

5. 20×7 年结转 20×8 年继续使用的基建投资借款指标为 300 000 元，20×8 年基建投资借款指标核定数为 2 300 000 元。

【要求】 根据上述资料，编制 20×8 年 12 月份基建财务快速月报和 20×8 年 12 月 31 日资金平衡表。

**习题二**

【目的】 练习基建投资表的编制方法。

【资料】 习题一某建设单位于 20×8 年开始建设。

(1) 整个建设项目概算总投资额为 30 000 000 元。计划所列规定建设期内投资借款利息 400 000 元。

(2) 20×8 年基建投资表中各栏的总计数为：

| | |
|---|---|
| "基建投资拨款及借款累计" | 5 000 000 元 |
| 其中："国家拨款" | 1 600 000 元 |
| "单位拨款" | 1 000 000 元 |
| "国家资本" | 600 000 元 |
| "法人资本" | 400 000 元 |
| "基建投资借款" | 500 000 元 |
| "企业债券资金" | 900 000 元 |
| "基建投资支出累计" | 2 400 000 元 |
| "已移交固定资产" | 1 200 000 元 |
| "已移交流动资产" | 130 000 元 |

"已移交无形资产"                                          250 000 元

"已移交递延资产"                                          50 000 元

"在建工程"                                                   770 000 元

【要求】 根据习题一和上述资料,为该建设单位编制 20×8 年度基建投资表。

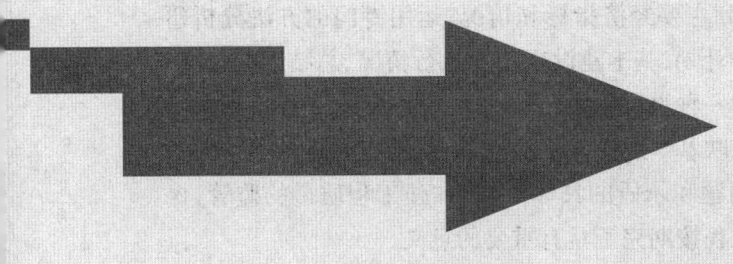

# 第九章

## 会计分析

# 第一节　会计分析的要求和方法

会计分析是会计工作的一项重要内容。建设单位会计分析是对建设单位会计报表以及其他核算资料所反映的一系列主要经济指标和情况，运用专门的方法分析研究基本建设投资计划、基本建设财务计划、基本建设概预算执行情况、总结经验、改善经营管理、提高基本建设投资效益的一种重要手段。

通过会计分析，对全面考核和反映基本建设经济活动情况，检查分析各项计划和概预算执行结果的差异，提出解决问题和矛盾的具体方法，加强工程质量的监管，保证基建材料物质的及时供应，确保工程按期完工具有重要的意义。

## 一、会计分析的要求

进行会计分析，应按一定的要求和方法进行。其基本要求有以下几项：

（1）以有关的基本建设的法规、政策、制度为指导。以批准的基本建设投资计划、财务计划和概预算等作为分析评定基建财务管理、工程项目管理、自营成本计算的主要标准。

（2）要全面综合地分析研究各项经济指标。在评价分析某一项经济指标时，应联系其他相关的经济指标综合考察，力求客观、全面。对存在的问题，要抓住主要矛盾，有的放矢地提出解决问题的方法。

（3）要深入实际搞好调查研究工作，在收集和整理会计报表等核算资料的基础上，专业分析和群众性的经济活动分析相结合，以提高分析质量。

## 二、会计分析的方法

会计分析工作一般按制定计划、收集资料、审查分析、调查研究、编写报告等几个步骤进行。

建设单位会计报表的分析，主要从基建资金来源及基建资金使用情况着手，具体反映基建资金的供应、分配和基建资金形成物质成果的状况，因此可以从定性和定量两方面来进行分析。定性分析主要参照基本建设法规、规章、有关的经济法律和国家有关政策、法令结合本单位的实际展开分析，也可称政策性分析；定量分析是运用数量、指标等作为参照物，对基建资金截至报告日的状况、运用分析对比的方法，通过差异计算揭示矛盾，提出问题，也可称技术性分析。

定量分析方法主要有对比分析法和因素分析法。现将两种方法的基本内容和运用方法简介如下：

（一）对比分析法

对比分析法(亦称比较法)是通过一个指标的两个量的直接对比来找出差距、发现问题。通过比较,深入分析产生问题的原因和提出解决问题的方法。应用对比分析法的对比形式,主要有以下几种:

（1）某个指标的实际数与计划数的对比。

（2）某个指标的本期实际数与上期(或某期)实际数的对比。

（3）某个指标的实际数与其他先进单位同类指标实际数的对比。

对比分析法也可用于分析会计报表中各项目之间的关系。总之,不同的对比形式或内容,具有不同的作用。根据不同的对比目的和要求,可以采取不同的表示方式。但是,运用对比分析法,必须保证对比分析的某一指标的两个量要有可比性。另外,在对比分析时,还必须考虑各项指标间的相互制约关系,防止孤立地、片面地看问题。否则,比较的结果就不能充分说明问题。

（二）因素分析法

因素分析法(亦称连锁替代法)是指在指标对比分析的基础上,分析某一指标的完成情况受到哪些因素的影响以及影响程度如何的一种方法。某项指标完成情况的好坏,是由多方面因素综合影响的结果。在这些因素中有主要的,有次要的,从数量上确定各种因素对指标完成情况的影响程度是十分必要的,可以说因素分析法是对比分析法的深入和继续。

进行因素分析时,首先是确定影响某一指标完成情况的因素有哪些,然后按组成因素分为计划和实际两个指标体系,再以计划指标体系为基础,把实际指标体系的各因素的实际数顺序地替换计划指标体系中的计划数。每完成一次替换后,即得出一个替换指标,将每次替换后的指标与该因素被替换前的指标进行比较,就可以确定出这一因素影响程度的总和,而各因素影响程度的总和,又必等于实际指标与计划指标的总差异量。

以下将对比分析法和因素分析法一并举例说明如下:

假定某自营工程,某月材料费计划支出为 50 000 元,实际支出为 52 479 元。要求分析该工程该月材料费支出计划完成情况及原因。

首先,应用对比分析法分析该工程材料费支出计划的完成情况。

$$52\ 479 - 50\ 000 = 2\ 479(元)$$

$$\frac{2\ 479}{50\ 000} \times 100\% = 4.96\%$$

材料费支出超计划 2 479 元,超计划 4.96%。

其次,运用因素分析法进一步分析材料费超支的原因。

（1）确定影响材料费支出的因素:一般说来,影响材料费支出额的因素有三个,即工程量、单位工程量材料消耗量和材料单价。这三个因素对材料费支出额影响。

可用下列公式表示：

$$材料费支出额＝工程量×单位工程量材料消耗量×材料单价$$

如该工程有关材料费支出的计划数和实际数的有关统计资料如图表9-1所示。

图表9-1　　　　　　　　有关统计资料

| 影响因素 | 计划 | 实际 | 差异 |
|---|---|---|---|
| 工程量(m³)① | 200 | 210 | ＋10 |
| 单位工程量材料消耗量(吨)② | 0.5 | 0.51 | ＋0.01 |
| 材料单价(元/吨)③ | 500 | 490 | －10 |
| 材料费支出总额(元) | 50 000 | 52 479 | ＋2 479 |

（2）计算各因素对材料费支出额的影响程度：

① 产量变动的影响：

计划指标：　　　　$200×0.5×500＝50\ 000$

替换指标①：　　　$210×0.5×500＝\begin{array}{c}52\ 500\\+2\ 500\end{array}$

② 消耗量变动的影响：

替换指标①：　　　$210×0.5×500＝52\ 500$

替换指标②：　　　$210×0.51×500＝\begin{array}{c}53\ 550\\+1\ 050\end{array}$

③ 材料单价变动的影响：

替换指标①：　　　$210×0.51×500＝53\ 550$

替换指标②：　　　$210×0.51×490＝\begin{array}{c}52\ 479\\-1\ 071\end{array}$

将以上三个因素影响数值相加,正好等于材料费支出总额实际数与计划数的差异额2 479元。

在实际工作中,上述替换计划的过程也可以运用差额计算的方法,加以简化。

① 产量变动的影响：

$$(210-200)×0.5×500＝+2\ 500$$

② 消耗量变动的影响：

$$210×(0.51-0.5)×500＝+1\ 050$$

③ 材料单价变动的影响：

$$210×0.51×(490-500)＝-1\ 071$$

# 第二节　会计分析的主要内容

建设单位会计报表分析,主要包括如下内容:投资完成额的分析、拨款贷款支出数的分析、在建工程的分析、固定资产交付使用的分析和结余资金占用的分析等五方面的内容。现分别展开分析如下:

## 一、基建投资完成额的分析

基建投资额是基建工作量的货币表现。分析基建投资额的完成情况,主要是检查基建投资计划的执行情况,了解工作进度,分析进度快慢的原因,以便及时采取有效措施。在严格遵守基建程序、确保工程质量、按照既定规模建设的前提下,努力完成和提前完成基建投资计划。基建投资完成额的分析可从以下几个方面进行:

(一)总投资计划完成情况分析

反映建设单位自开始建设起至本期报告期止,累计投资支出的完成情况。可根据基建投资表、总概算和基建投资计划等资料分析计算。其计算公式如下:

$$\text{自开始建设投资累计完成程度} = \frac{\text{自开始建设投资完成额累计(基建投资表第10栏)}}{\text{概算投资总额(基建投资表第2栏)}} \times 100\%$$

分析该指标时,应结合计划规定建设期等资料进行评价。该指标用于检查建设项目的总进度,指标数值越大越好。

(二)年度投资计划完成情况分析

反映本年度基建投资计划的完成程度,可根据基建投资表和本年基建投资计划等资料分析核算。其计算公式如下:

$$\text{本年度投资计划完成程度} = \frac{\text{本年实际投资完成额}}{\text{本年计划投资额}} \times 100\%$$

分析该指标时,应结合投资额构成内容等资料进行评价,在投资额支出结构合理的情况下,该指标数值越大越好。

在分析季度建设投资完成额时,应以自年初起至本月(季)止累计完成投资额与年度计划投资额进行对比,观察年度基建投资计划累计完成程度的大小,检查建设进度是否均衡进行。如第一、第二、第三季度累计完成年度计划的百分比是否分别达到25%、50%、75%左右,年度计划能否全面完成。

(三)单项工程投资计划完成情况分析

在分析年度投资计划完成情况的基础上,进一步分析单项工程投资计划完成情况。分析计算方法相同,并检查有无计划外的工程和设备购置。各单项工程的进度是否符合计划的要求。对单项工程投资计划完成情况的分析,应深入实际、具体结合各单项工程在建和完工情况。当有工程竣工时,其配套项目是否完工,能否保证已竣工工程发挥设计规定的生产能力,做到完工一个交付验收一个。

(四)投资额构成情况分析

在分析单项工程投资计划完成的基础上,进一步具体分析投资额构成情况,主要是观察各项基建工程量完成计划的程度,以及其对基建投资计划总的完成情况的影响。投资额构成是反映基建支出中最终形成交付使用资产的内部结构如何,它由构成交付使用资产实体部分支出:建筑安装工程投资支出、设备投资支出、其他投资支出、应分摊的待摊投资支出组成。另外在非经营性项目的分析中,对一些取消性费用、损失性费用、补助性费用,则需转到待核销基建支出中,对非经营性项目建造的产权不归自己的专用设施,还需结转到转出投资中。

通过以上这些费用占全部基建支出的比例,可分析基建支出最终形成物质资产的数额有多少,再进一步分析构成交付使用资产投资额的支出,哪些是构成工程实体的支出,哪些是为工程建设管理发生的不构成工程实体的支出,可揭示交付使用资产的真实含金量。

基建投资额的完成情况,受多方面的因素综合影响,在分析中要善于发现问题,抓住问题的关键,以便得出正确的结论。

## 二、基建拨款、贷款支出额的分析

建设单位基建资金来源主要有拨款资金和投资借款资金,分析这部分资金来源的情况,主要是检查各项来源是否符合有关的法规政策,分析这部分资金使用情况,主要是检查各项计划的执行结果,各项资金来源对完成基建计划的保证程度,各项资金来源是否与建设进度相适应等情况。

在分析基建资金来源的情况时,应先根据资金平衡表和基建财务计划等资料,检查各项基建资金来源是否符合规定,自筹资金来源是否正当,是否经过有关部门批准,是否都已列入基建投资计划等。然后再从以下几方面进行检查和分析:

(一)分析基建拨款与借款计划的执行情况

将本年实际收到的本年预算拨款数额和本年自筹资金拨款数额与财务计划中的预算拨款计划数、自筹资金拨款计划数进行对比,将本年投资借款指标实际支出数与财务计划中的基建投资借款计划数进行对比,查明是否按计划进行拨款和借款。

一般说来,拨款和借款的实际数小于或大于计划数,主要取决于以下三方面的原因:

(1)实际完成投资额小于或大于计划投资额;

(2)新增为以后年度储备实际完成数小于或大于计划数;

(3)动员内部资源实际完成数大于或小于计划数。

(二)分析基建资金来源对完成基建计划的保证程度

该项分析,主要是要查明实际拨入和借入的基建资金,是否能满足当年实际完成额和器材储备的需要。

一般要求年度实际拨入的基建拨款和实际支用的基建投资借款、国内储备借款以及动员内部资源计划数这四项的总和大于或等于年度实际完成投资额和新增为以后年度储备计划数这两项的总和；反之，则说明基建资金不能满足当年实际完成投资额和储备资金的需要，对保证完成基建计划的保证程度是不足的。

（三）分析基建资金来源与建设进度的适用情况

该项分析可将本年实际投资完成额与本年实际取得的基建拨款和基建投资借款进行对比，观察其比例的大小。其计算公式如下：

$$投资完成额与拨、借款的比例 = \frac{本年实际投资完成额}{本年拨款和借款总额} \times 100\%$$

当然，投资完成额与拨、借款的比例越趋近于100%，说明基建资金来源与建设进度的适应程度越好。但从整个建设期来说，这一比例在建设初期通常小于100%，在竣工年度通常大于100%，这也是正常情况。这一比例小于100%，即表明基建拨款和基建投资借款尚未全部用于完成工作量。尚未用于完成工作量的部分，或者形成了器材储备，或者占用于结算过程中，从而反映了基建结余资金；这一比例大于100%，即表明这一部分工作量是由动员内部资源、压缩基建结余来完成的。

分析基建资金来源与建设进度的适用情况，除可按年度实际情况进行检查分析外，也可同时检查分析建设项目自开始建设起至报告期止累计基建资金来源与建设进度的适应情况。其计算公式如下：

$$建设进度与拨、借款进度的比例 = \frac{自开始建设累计完成投资额占概算总额比重}{自开始建设累计拨、借款总额占概算总额比重} \times 100\%$$

## 三、在建工程分析

主要分析本年完成投资额中，扣除已形成交付使用资产移交生产单位和作为转出投资、待核销基建支出已结转和待核销部分，剩余的未完工程投资就是在建工程分析的对象。未完工程投资由建筑安装工程投资、设备投资、其他投资和待摊投资组成。在建工程分析，应先根据资金平衡表中"在建工程"年末数与年初数的比较，确定其增减变化的绝对数，然后根据在建工程的年末数与当年实际完成投资额进行比较，求出在建工程占用率。其计算公式如下：

$$在建工程占用率 = \frac{年末在建工程}{本年实际完成基建投资额} \times 100\%$$

在建工程由于是尚未形成生产能力的半截子工程，因此一般讲，在为下年度保持一定数量在建工程的条件下，在建工程占用率越小，投资效果越好。如果在建工程占用率过大，应结合有关资料，查明在建工程中哪些是属于不正常的，在此基础上，加快收尾配套工程的建设进度，对已投产使用而未办理竣工验收和财产交接手续的工程，应抓紧做好竣工验收阶段的各项工作，尽早办好各项手续。

## 四、固定资产交付使用分析

基本建设投资效果是指基建投入资金与基本建设所得最终有效成果的对比关系。固定资产交付使用分析,主要在于检查交付使用财产的数量和交付时间是否符合计划的要求,投资的使用是否节约。因为发挥基建投资效果的关键,一是在于集中使用资金,加速固定资产交付使用,迅速形成生产能力或使用效益;二是节约使用投资,降低单位生产能力所花的投资。固定资产交付使用分析,可以从以下几方面进行:

(一)固定资产交付使用情况分析

根据当年交付使用资产的数额与当年实际完成基建投资额比较,说明当年基建投资支出中有多少个形成了最终物质成果。其计算公式如下:

$$固定资产交付使用率=\frac{本年交付使用资产(固定资产部分)}{本年实际完成基建投资额}\times100\%$$

按以上方法计算的固定资产交付使用率,一般只适用于综合评价部门、地区和全国范围内的投资效果。从一个单位来看,固定资产交付使用率的大小,在建设过程中的各个时期是不同的。它在建设初期,由于大部分投资额还没有形成交付使用资产,固定资产交付使用率较小;在建设后期,由于大部分工程都在收尾配套阶段,以往年度的在建工程大部分在本年度竣工交付使用,固定资产交付使用率就大。因此,以一个单位看,在建设中期,年度固定资产交付使用率越大,表明基建投资效果越好。为了切实反映在实际完成的基建工作量中已构成最终有效成果份额的大小,通常还可将本年交付使用资产与本年实际完成投资额和年初在建工程投资之和进行比较,计算固定资产交付使用率。其计算公式如下:

$$固定资产交付使用率=\frac{本年交付使用资产(固定资产部分)}{本年实际完成基建投资额+年初在建工程}\times100\%$$

按照上式计算的固定资产交付使用率越大,表明已耗费并占用于完成基建工作量的投资支出中,在建工程和不构成交付使用资产价值的投资支出减少,而形成的新增固定资产越多,建设进度越快,当然基建投资效果越好;反之,则表明基建投资效果越差,除可能发生大量转出投资和待核销基建支出外,一般是由于建设进度较慢,在建工程增大所造成的,应当再进一步分析在建工程情况。

必须指出的是,如果交付使用资产中,流动资产、无形资产和递延资产数额占有较大的比重,在运用以上两个公式计算时,应从交付使用资产价值中扣除,这样才能准确地反映固定资产交付使用率。

(二)建设工期的分析

建设工期分析,主要是根据基建投资表,检查分析各单项工程是否按期竣工交付使用。查明计划总的完成情况,以及哪些项目按计划竣工投产,形成新增固定资产和生产能力或效益,哪些项目未按计划竣工投产,并进一步分析其原因。

（三）单位生产能力投资的分析

单位生产能力投资，是指竣工投资单项工程或建设项目的新增单位生产能力所耗费的投资。其计算公式如下：

$$单位生产能力投资＝\frac{某单项工程或建设项目全部投资额}{某单项工程或建设项目新增生产能力}$$

单位生产能力投资越少，就能以同量的投资为社会提供更多的新增生产能力，或者增加同样的生产能力只需耗费较少的投资，因而表明基建投资效果越好，可为国家节约建设资金；反之，表明基建投资效果越差。

## 五、基建结余资金占用分析

基建结余资金是建设单位已经取得但尚未用于基建支出的基建资金。基建结余资金是一个静态指标，它是基建资金来源与基建支出的差额，其内容包括储备资金、货币资金和结算资金。应指出的是，储备资金不包括库存不需要安装设备及工器具。因不需要安装设备及工器具，只要验收入库就可算作投资完成额；结算资金包括债权和债务两部分，债权部分包括预付备料款、预付工程款、备用金等，但不能把应收生产单位投资借款包括在内。因为应收生产单位投资借款，它不能在结算收回后重新用于基建支出；债务部分包括结算中形成的各种应付款、暂收款、应交款等，结算资金中的债务部分是基建结余资金的抵减部分。

在保证建设项目顺利进行的前提下，为使同量资金完成更多的工作量，建设单位应尽可能把基建结余资金压缩控制在合理的范围内。分析基建结余资金的情况，目的是检查其增减变动情况，分析占用水平的高低，以及结构是否合理。

（一）分析基建结余资金占用水平的高低

应根据基建结余资金的年末数与年初数的比较，确定其增减的绝对数。年末数若少于年初数，说明动员了一部分内部资源，用于完成工作量；反之，则说明增加了器材储备等结余资金。由于各建设单位投资规模不同，各年度基建投资计划完成额不同，所需占用的基建结余资金数也不同。所以分析评价一个建设单位的基建结余资金占用水平是否适当，不能只看其占用额和年末增减变动的绝对数，还应看其相对占用水平的高低，即计算基建结余资金占用率。其计算公式如下：

$$年末基建结余资金占用率＝\frac{年末基建结余资金}{本年基建实际支出}×100\%$$

各单位基建结余资金占用率究竟多大为合适，一般由财政或主管部门根据历史资料及测算结果大致规定一个比率，这个比率是衡量基建结余资金占用水平高低的正常值，各建设单位应努力把基建结余资金压缩到正常值以下。

（二）分析检查储备资金的情况

在分析检查基建结余资金总的占用水平的基础上，还应按其组成内容，进行详细分析检查。储备资金数量大,种类多,情况比较复杂,所以对储备资金的分析检查是整个基建结余资金分析检查的重点。

检查中应重点了解以下一些情况:

(1) 哪些器材是为下年建设所需的,哪些是不需用而应积极处理的;哪些是短缺而需要加紧储备的。

(2) 各种器材账卡、账实是否相符;有无盘盈盘亏和毁损的器材,原因是什么。

器材的超储积压或储备量不足,都会影响基建计划的完成。前者造成用于完成工作量的资金减少,后者影响以后年度的正常施工。因此对超储积压或储备量不足,应查明原因,如果各项储备与各项工程的建设进度和下年度建设需要不相适应,必须及时采取措施加以处理,对储备资金的全面分析检查不仅要有财会部门和物资部门参加,还应有计划部门和工程技术部门一道参加,这样才能更好地提出管理的有效措施。

**(三) 分析检查结算资金的情况**

对结算资金的检查主要包括以下几方面:首先是检查预付给施工企业的备料款和工程款有无多付或重付的情况;该扣的部分是否及时从工程价款中扣回;有无长期挂账未办理结算的往来款项。目前大多数建设单位与施工企业办理工程价款结算仍采用分期分次的中间结算办法,多数施工企业的流动资金,主要靠向发包单位预收备料款及工程款解决。建设单位预付的备料款和工程款是结算资金中的主要部分,不容忽视。其次是检查结算制度和财经纪律的执行情况,有无违反信用制度的预付款;有无个人占用款;各种应缴款是否及时足额缴纳。再次是在应收款中,还要注意对包装物押金回收情况的分析。如果不注意包装物的回收工作,将有很大一部分押金转为无效的基建支出,影响投资效果的发挥。

至于货币资金,由于构成比较单纯,特别是在实行基建投资借款的建设单位,它在全部基建结余资金中所占的比例很小,一般不作为检查要点。

# 复习思考题

1. 会计分析的基本要求有哪些?

2. 会计报表分析的方法有哪些? 如何运用?

3. 基建投资完成额的分析应从哪几方面进行?

4. 基建拨款、贷款支出数的分析包括哪些内容?

5. 在建工程占用率是如何计算的?

6. 固定资产交付使用情况是怎样分析的?

7. 单位生产能力投资的分析有什么意义?

8. 基建结余资金包括哪些内容?

9. 基建结余资金分析可以从几方面着手进行?

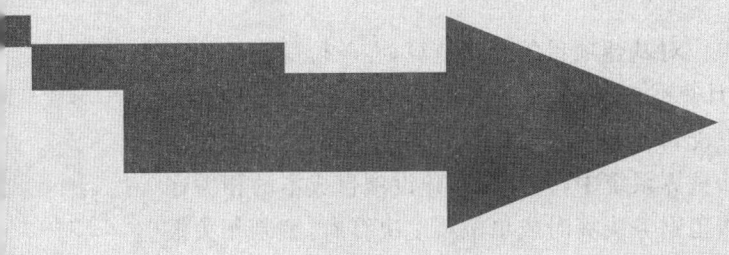

# 第十章

# 建设项目
# 非独立核算

# 第一节　建设项目非独立核算概述

## 一、基建项目非独立核算的概念和特点

基建项目非独立核算是指建设单位对基建项目的会计核算,在单位的会计账务处理系统中,通过设立建设项目成本计算账户、核算项目建造成本的一种会计核算方法。其特点:不设立基建会计机构,只配备专职或兼职核算人员;不单独设立基建会计核算账簿,只在原单位的日常会计核算系统中,开设核算建设项目成本的相关账户;不单独定期编制会计报表,只在竣工财务决算时或单位年度决算时,编制相关报表或在报表附注里披露基建项目的有关情况。

## 二、基建项目非独立核算的基本要求

### (一)核算组织管理要求

基建项目的非独立核算的组织管理,根据建设单位对建设项目的管理需求,按照内部控制制度要求,组织会计核算。一般要求,实行财产物资采购、领用、保管和付款岗位分离,配备相应的管理和核算人员,负责基建业务的内部机构定期将发生的基建经济业务,向建设单位财务会计部门报销,由建设单位财务会计部门审核、付款、记账,会计核算实行"报账制"。

### (二)会计制度选择要求

基本建设项目非独立核算,实施独立核算的单位应当根据本单位执行的会计制度结合国有建设单位会计制度对基本建设活动实施会计核算和监督。也就是说,选用本单位正在执行的会计制度组织会计核算。

### (三)会计业务处理要求

建设项目非独立核算,主要是核算建设项目的建造成本,不同会计制度对基建项目的成本归集有所不同,企业单位在"在建工程"科目下设置相应的明细科目对基建支出进行核算;事业单位在"事业支出——项目支出"科目下设置相应的明细科目对基建支出进行核算;行政单位在"行政支出——项目支出"科目下设置相应的明细科目对基建支出进行核算。除建造成本以外的其他经济业务会计核算比照各自所执行的会计制度实施。

### (四)会计报告编报要求

建设项目实施非独立核算,建设单位平时一般仅编制待摊投资明细表及基建投资表等反映基建项目支出情况的报表,年度终了时要按照建设单位年终决算要求,编制相关附表或在会计报表附注里披露有关建设项目的情况;在建设项目竣工时,根据

现行有关规定,一般应当编制交付使用资产总表、交付使用资产明细表、待摊投资明细表、待摊投资分配表等,全面反映建设项目竣工财务决算的情况。

# 第二节 企业建设项目非独立核算

## 一、基建工程支出的核算内容

为了反映企业基建工程、安装工程、技术改造工程、大修理工程等发生的实际支出,以及需要安装设备的实际成本,可设置"在建工程"科目进行核算。

建设期间根据项目概算购入不需要安装的固定资产、为生产准备的工具器具、购入的无形资产及发生的不属于工程支出的其他费用等,不在"在建工程"科目核算。基建工程支出核算,可在"在建工程"中设置以下明细科目:

1. "建筑工程"科目:该科目核算企业在基建期间为建造房屋、建筑物等土建工程所发生的支出,应按照单项工程和单位工程进行明细核算。主要包括以下内容:

① 各种房屋和建筑物以及列入房屋工程预算内的暖气、卫生、通风、照明、煤气、消防等设备的价值及其装设油饰工程,列入建筑工程核算预算内的各种管道、电力、电讯、电缆导线的敷设工程。

② 设备基础、支柱、工作台、梯子等建筑工程,各种窑炉的砌筑工程等。

③ 为施工而进行的建筑场地布置,原有建筑物和障碍物的拆除、土地平整、设计中规定为施工而进行的地质勘探、以及工程完工后建筑场地的清理和绿化等。

④ 矿井开凿工程、铁路、公路、桥梁等工程。

⑤ 水利工程,如水库、堤坝、灌等工程。

⑥ 防空、地下建筑物等特殊工程。

2. "安装工程"科目:该科目核算企业在基建期间进行设备安装等所发生的人工、材料、机械作业等费用。应按单项工程和单位工程进行明细核算。主要包括以下内容:

① 生产、动力、起重、运输、传动和实验、医疗等各种需要安装设备的装置、装配工程,与设备相连的工作台、梯子、栏杆的安装工程,被安装设备的绝缘、防腐、保温、油漆等工程。

② 为测定安装工程质量,对单体设备、系统设备进行单机试车运行和系统联机无负荷试运行所发生的支出。

3. "在安装设备"科目:该科目核算基建工程领出的正在安装的设备的实际成本。

## 二、基建工程支出的核算方法

企业在建的基建工程,从施工方式上分,可分为出包基建工程和自营基建工程两种。对出包基建工程,按照双方协议确定价或标价由企业财务与承包单位进行已完工程价款的结算,另外出包工程如涉及预付备料款、预付工程款业务的,则也由企业财务按协议或合同规定及时向承包单位进行拨付;对自营工程,因整个建筑安装施工活动都由基建企业自行负责,企业财务就需对整个工程建设成本进行会计核算。

（一）出包基建工程的核算方法

出包基建工程会计上核算主要包括两方面的内容:一是按合同规定在工程开工前预付一部分备料款及在期初预付一部分工程款;二是如工程价款是按月结算的,则在月末根据承包单位提交的"已完工程价款结算账单"在审核查实的基础上与承包单位进行已完工程价款的结算。

以下举例说明出包基建工程支出的核算:

【例 10-1】 某企业用借款资金建造装配车间和生产车间,借款总额 700 万元,自筹资金 300 万元,投资总额 1 000 万元,其中装配车间计划投资 400 万元,生产车间计划投资 600 万元,其中装配车间自营施工,生产车间出包施工。银行借款于 2018 年 8 月 1 日借入,年利率 6% 借期 2 年,生产车间于 2018 年 8 月 2 日发包给上海第六建筑公司施工,按合同规定,于 8 月 2 日预付备料款 150 万元,其中用银行存款支付 100 万元,用钢材等材料支付 50 万元。生产车间工程于 2018 年 8 月 2 日开工至 2019 年 7 月 31 日完工,其中 2018 年 8～12 月的已完工程量为 200 万元,2019 年 1～7 月的已完工程量为 400 万元。银行借款费用发生数为,2018 年 8～12 月 17.5 万元,2019 年 1～7 月 24.5 万元,整个工程建设中没有不正常的中断,所有借款费用均可予以资本化。应做如下会计分录:

（1）向银行借款 700 万元(贷转存方式):

借:银行存款               7 000 000

 贷:长期借款            7 000 000

（2）预付生产车间出包工程备料款:

借:在建工程——建筑工程(生产车间)      1 500 000

 贷:银行存款            1 000 000

  工程物资             500 000

（3）2018 年 8～12 月结算已完工程 200 万元款已付:

借:在建工程——建筑工程(生产车间)      2 000 000

 贷:银行存款            2 000 000

（4）结转 2018 年生产车间应负担的借款费用:(利息支出银行不再贷款)

借:在建工程——待摊投资(生产车间)

            (17.5 万元×60%)105 000

 贷:银行存款            105 000

（5）2019年1～7月已完工程400万元结算，其中应扣回150万元预付备料款：

借：在建工程——建筑工程（生产车间）　　　　　　　　　　　　　　2 500 000

　　贷：银行存款　　　　　　　　　　　　　　　　　　　　　　　　　　2 500 000

（6）结转2019年生产车间应负担的借款费用：

借：在建工程——待摊投资（生产车间）　　　　（24.5万元×60%）147 000

　　贷：银行存款　　　　　　　　　　　　　　　　　　　　　　　　　　147 000

（二）自营基建工程的核算

基建工程自营时，需进行材料、人工费、安装费等各项工程费用的成本核算。

以上述［例10-1］中的装配车间为例，进行业务核算举例说明：

**【例10-2】**　装配车间领用工程用材料一批实际成本160万元，领用本单位产品一批用于工程，该批产品成本10万元，市场价12万元，领用工程用需安装设备一批，实际成本100万元，装配车间应负担人工费40万元，应负担辅助车间提供的水、电、设备安装等劳务成本60万元（其中设备安装费10万元）。应做如下会计分录：

（1）领用工程用材料时：

借：在建工程——建筑工程（装配车间）　　　　　　　　　　　　　　1 600 000

　　贷：工程物资　　　　　　　　　　　　　　　　　　　　　　　　　　1 600 000

（2）领用本单位产品时：

借：在建工程——建筑工程（装配车间）　　　　　　　　　　　　　　120 400

　　贷：库存商品　　　　　　　　　　　　　　　　　　　　　　　　　　100 000

　　　应交税金——应交增值税（销项）　　　　（12万元×17%）20 400

（3）领用需安装设备时：

借：在建工程——在安装设备（装配车间）　　　　　　　　　　　　　1 000 000

　　贷：工程物资　　　　　　　　　　　　　　　　　　　　　　　　　　1 000 000

（4）应负担自营工程工资：

借：在建工程——建筑工程（装配车间）　　　　　　　　　　　　　　400 000

　　贷：应付工资　　　　　　　　　　　　　　　　　　　　　　　　　　400 000

（5）应负担辅助生产车间提供的各项劳务成本

借：在建工程——建筑工程（装配车间）　　　　　　　　　　　　　　500 000

　　　　　　　——安装工程（装配车间）　　　　　　　　　　　　　　100 000

　　贷：生产成本——辅助生产成本　　　　　　　　　　　　　　　　　　600 000

（6）负担整个自营建设期间的借款费用：

借：在建工程——待摊投资（装配车间）（42万元×40%）　　　　　168 000

　　贷：银行存款　　　　　　　　　　　　　　　　　　　　　　　　　　168 000

### 三、基建工程待摊投资的核算

企业基建工程建设中发生的征地费、管理费、负荷联合试车费、工程物资毁损等费用可在"在建工程"中设置"待摊投资"明细科目进行核算。"待摊投资"具体包括以下内容：

（1）工程管理费。包括基建工作人员工资、办公费、差旅费、基建用固定资产折旧费、工具、器具使用费、印花税及与工程有关的其他管理性质的支出。

（2）征地费。指通过划拨方式取得土地而支付的地上附着物和青苗补偿费、安置补偿费以及发生的土地复耕费等。不包括支付的土地使用权出让金。

（3）可行性研究费。包括勘察设计费、研究实验费、可行性研究费等。

（4）临时设施费。包括按照规定拨付给施工企业的临时设施包干费，以及企业自行施工发生的临时设施实际支出。

（5）筹资费。包括应由基建项目负担的借款利息、债券利息、债券发行费用、汇兑损失等。

（6）负荷联合试车费。指单项工程（车间）在预定可使用状态前，进行投料试车所发生的试车费用减试车收入后的差额。

（7）合同公证费及工程监理费。指支付的合同公证费和工程监理费。

（8）税金。包括耕地占用税等。

（9）工程损失。由于自然灾害等原因造成的单项工程或单位工程报废或毁损，减去残料价值和过失人或保险公司等赔款后的净损失。如为非正常原因造成的报废或毁损，或在建工程项目全部报废或毁损，应将其净损失直接计入当期营业外支出。

工程物资在建设期间发生的盘亏、报废及毁损，其净损失部分经批准也在本项目列支。

（10）其他。指除上述以外的其他应计入工程成本的费用支出，如供电贴费、商业网点费等。

现举例说明待摊投资的核算：

【例 10-3】 用银行存款支付某工程项目可行性研究费 20 万元。应做如下会计分录：

| | |
|---|---|
| 借：在建工程——待摊投资 | 200 000 |
| 　贷：银行存款 | 200 000 |

【例 10-4】 用银行存款支付工程管理费 2 万元，青苗补偿费 3 万元。应做如下会计分录：

| | |
|---|---|
| 借：在建工程——待摊投资 | 50 000 |
| 　贷：银行存款 | 50 000 |

【例 10-5】 某单位在建工程因发生自然灾害，发生毁损，已发生工程实际成本

为 10 万元,残料估价 1 万元入库,保险公司应赔偿 5 万元。经批准该单位工程可转销。应做如下会计分录:

|  |  |  |
|---|---|---|
| 借:在建工程——待摊投资 | 40 000 |  |
| 　工程物资 | 10 000 |  |
| 　其他应收款 | 50 000 |  |
| 　贷:在建工程——建筑工程 |  | 100 000 |

**【例 10-6】**　某基建工程在达到预定可使用状态前进行负荷联合试车,试车中领用生产用原材料 8 万元,发生辅助生产费用 1 万元,用银行存款支付其他费用 2 万元。应做如下会计分录:

|  |  |  |
|---|---|---|
| 借:在建工程——待摊投资 | 110 000 |  |
| 　贷:原材料 |  | 80 000 |
| 　生产成本——辅助生产成本 |  | 10 000 |
| 　银行存款 |  | 20 000 |

**【例 10-7】**　负荷联合试车结束,将生产出的合格产品出售,取得货款 8 万元,税金 1.36 万元。应做如下会计分录:

|  |  |  |
|---|---|---|
| 借:银行存款 | 93 600 |  |
| 　贷:在建工程——待摊投资 |  | 80 000 |
| 　应交税金——应交增值税(销项) |  | 13 600 |

### 四、基建工程完工清理的核算

基建工程完工后应当进行清理,已领出的剩余材料应当办理退库手续,冲减在建工程成本。基建工程完工交付使用时,企业应当计算各项交付使用固定资产的成本,编制交付使用固定资产明细表。

基建工程完工时,对发生的其他支出费用应分别情况进行结转或分配。如一个基建项目有若干单项或单位工程组成,则发生的其他支出如能确定为某个单项或单位工程所发生,就应计入该单项或单位工程成本中,不进行分配;若其他支出发生时不能划分费用支出对象,则应按一定方法,分配计入相应的单项或单位工程成本中。具体分配方法可参见建设单位会计中待摊投资的分配方法。

以下举例说明完工清理的核算:

**【例 10-8】**　装配车间自营工程完工,多余材料实际成本为 2 万元,作退库处理。应做如下会计分录:

|  |  |  |
|---|---|---|
| 借:工程物资 | 20 000 |  |
| 　贷:在建工程——建筑工程(装配车间) |  | 20 000 |

**【例 10-9】**　装配车间竣工投入生产,共计发生工程成本 388.84 万元,其中建筑

工程 262.04 万元,在安装设备 100 万元,安装工程 10 万元,直接计入的其他支出 16.8 万元。另外需分配转入的其他支出 10 万元。应做如下会计分录:

借:固定资产——生产经营用 3 988 400
贷:在建工程——建筑工程 2 620 400
——安装工程 100 000
——在安装设备 1 000 000
——待摊投资 268 000

对于基建工程中发生的不在"在建工程"科目核算的不需要安装设备、无形资产等项目内容,企业应当设置"在建工程其他支出备查簿",专门登记基建项目发生的构成项目概算内容但不通过"在建工程"科目核算的其他支出,包括按照建设项目概算内容购置的不需要安装设备、现成房屋、无形资产以及发生的递延资产费用等。企业在发生上述支出时,应当通过"固定资产""无形资产"和"长期待摊费用"科目核算。

## 第三节　更改工程和大修理工程支出的核算

### 一、更改工程支出的核算

更改工程支出是对原有固定资产的技术改造以及改建、扩建等工程发生的各项费用。其目的在于改进固定资产的质量和功能。更改工程一般包括:技术改造、改良、装饰、装修等工程。

企业固定资产的更改工程支出,应作为资本性支出,增加固定资产的原值。在具体核算时,应在"在建工程"科目设置"技术改造工程"明细科目,归集更改工程支出、计算成本,工程完工交付使用时再转入"固定资产"账户。

固定资产进行更改工程时,其净值转入"在建工程——技术改造工程"账户,然后加上由于更新改造、扩建而使该项固定资产达到可使用状态前发生的更改支出,减去变价收入,形成更改后固定资产的原值。更改完成时,还应根据固定资产更改的具体情况,重新确定其折旧年限及折旧率。

以下举例说明更改工程的核算:

【例 10-10】某企业对第一生产车间的生产线进行技术改造,该生产线原值 100 万元,已提折旧 24 万元,预计使用年限 10 年,净残率为 4%,年折旧率为 9.6%,年折旧额为 9.6 万元。现采用自营方式对其进行技术改造。技术改造中领用工程用料 36 万元,应分配工资 10 万元,用银行存款支付其他各项费用 8 万元,工程改造中取得残料估价 1 万元入库。工程改造完毕后交付使用。

应做如下会计分录:

(1)生产线转入改造工程:

借：在建工程——技术改造工程　　　　　　　　　　　　　760 000

　　累计折旧　　　　　　　　　　　　　　　　　　　　240 000

　　贷：固定资产　　　　　　　　　　　　　　　　　　　　　1 000 000

（2）领用材料、分配工资、支付其他费用：

借：在建工程——技术改造工程　　　　　　　　　　　　　540 000

　　贷：工程物资　　　　　　　　　　　　　　　　　　　　　360 000

　　　　应付工资　　　　　　　　　　　　　　　　　　　　　100 000

　　　　银行存款　　　　　　　　　　　　　　　　　　　　　80 000

（3）残值估价入库

借：工程物资　　　　　　　　　　　　　　　　　　　　　10 000

　　贷：在建工程——技术改造工程　　　　　　　　　　　　　10 000

（4）工程完工交付使用：

借：固定资产　　　　　　　　　　　　　　　　　　　　1 290 000

　　贷：在建工程——技术改造工程　　　　　　　　　　　　1 290 000

假定该生产线工程改造完工后，预计可使用 15 年，净残值率仍为 4%，则年折旧率为 6.4%，年折旧额为 82 560 元。

## 二、大修理工程支出的核算

固定资产在长期使用过程中，各部件会经常发生损坏。为了保持固定资产正常运转和使用，充分发挥其使用效能，就必须定期或不定期进行维修。固定资产大修理的特点是：修理范围大、支出费用多、间隔时间长。一般来说，大修理并不延长固定资产的使用年限或提高其预计服务能力，因此对其支出一般不予资本化而是计入当期损益。如果发生的大修理费用数额较大或者发生不均衡的，可以采用预提或待摊办法处理。

## 三、在建工程减值准备的核算

企业应当定期或于年终时，对在建的各项工程进行全面检查，如果有证据表明在建工程发生了减值，应当计提减值准备。存在下列一项或若干项情况的，应当计提在建工程减值准备：

（1）长期停建并且预计在未来 3 年内不会重新开工的在建工程；

（2）所建项目无论在性能上，还是在技术上已经落后，并且给企业带来的经济利益具有很大的不确定性；

（3）其他足以证明在建工程已经发生减值的情形。

企业发生在建工程减值时，因企业执行的会计制度不同，其会计处理有所不同：

（1）执行《企业会计制度》的单位，借记"营业外支出——计提的在建工程减值准备"科目,贷记"在建工程减值准备"科目;如已计提减值准备的在建工程价值又得以恢复,应在原已计提减值准备的范围内转回,借记"在建工程减值准备"科目,贷记"营业外支出——计提的在建工程减值准备"科目。

（2）执行《企业会计准则》的单位,借记"资产减值损失——在建工程减值准备"科目,贷记"在建工程减值准备"科目。该减值准备只有在相关被处置等时才能转出。

（3）执行《小企业会计制度》的单位,无需计提在建工程减值准备。

值得注意的是,在建工程资产减值准备核算是企业财务会计的核算内容,而非基建会计核算的内容。所以,基建项目非独立核算工作不用调整基建项目的有关成本费用。非企业单位在建工程无需考虑减值准备。

# 第四节　工程物资的核算

为了反映和监督基建工程、更改工程和大修理工程所用的各种物资的实际成本,包括为工程准备的材料、尚未交付安装的需要安装设备的实际成本,以及预付大型设备款和基本建设期间根据项目概算购入为生产准备的工具及器具等的实际成本,应设置"工程物资"科目进行核算。企业购入不需要安装的设备,应当在"固定资产"科目核算,不在本科目核算。"工程物资"应设置以下明细科目进行明细核算:

（1）专用材料:购入工程用材料,应按实际成本和增值税税额构成专用材料实际成本。

（2）专用设备:购入工程用需要安装设备,应按购入成本和增值税构成专用设备实际成本。

（3）预付大型设备款:因基建工程需要,为购置大型设备而预付款。

（4）为生产准备的工具及器具:购入以后为生产准备的工具及器具实际成本。

以下举例说明工程物资的核算:

【例10-11】　因基建工程需要,预购大型设备1台,先预付30％款项计27万元。应做如下会计分录:

| | |
|---|---|
| 借:工程物资——预付大型设备款 | 270 000 |
| 　贷:银行存款 | 270 000 |

【例10-12】　上述大型设备到货,经验收入库,合同总价款105.3万元,其中增值税为15.3万元,余款及税款用银行存款支付。应做如下会计分录:

| | |
|---|---|
| 借:工程物资——专用设备 | 1 053 000 |
| 　贷:工程物资——预付大型设备款 | 900 000 |
| 　　　银行存款 | 153 000 |

【例10-13】　将购入的大型设备交付基建工程安装,并用银行存款支付安装费10万元。应做如下会计分录:

借：在建工程——在安装设备 　　　　　　　　　　　　　　 1 053 000
　　　　　　——安装工程 　　　　　　　　　　　　　　　　 100 000
　　贷：工程物资——专用设备 　　　　　　　　　　　　　　 1 053 000
　　　　银行存款 　　　　　　　　　　　　　　　　　　　　 100 000

**【例 10-14】** 购入工程用材料一批,买价 2 万元,增值税 0.34 万元,运杂费 0.06 万元,均用银行存款支付。应做如下会计分录：

借：工程物资——专用材料 　　　　　　　　　　　　　　　 24 000
　　贷：银行存款 　　　　　　　　　　　　　　　　　　　　 24 000

**【例 10-15】** 上项材料在工程建设时专用,工程完工时转作生产经营用。按计划成本计价,该批材料为 2.1 万元。应做如下会计分录：

借：原材料 　　　　　　　　　　　　　　　　　　　　　　 21 000
　　应交税金——应交增值税(进项) 　　　　　　　　　　　　 3 400
　　贷：材料成本差异 　　　　　　　　　　　　　　　　　　 400
　　　　工程物资——专用材料 　　　　　　　　　　　　　　 24 000

# 第五节　会计报表

企业非独立核算经营性建设项目的核算在企业会计报表方面的变化,主要有增加会企 01 表"资产负债表"附表 4"基建工程明细表";会企 01 表附表 5"基建投资明细表"和会企 01 表附表 6"基建借款明细表"。

## 一、基建工程明细表

基建工程明细表反映基建工程的建设及完工情况,编制本表是为了考核建设项目的建设进度及概算执行情况。如图表 10-1 所示。

**图表 10-1　基建工程明细表**

会企(01)表附4

编制单位：　　　　　　　　　　20×8 年度　　　　　　　　　　单位:元

| 单项工程和费用 | 开工日期 | 概算数 | 完工基建工程 | 建筑工程 | 安装工程 | 在安装设备 | 小计 | 其他支出 | 合计 | 工程物资 |
|---|---|---|---|---|---|---|---|---|---|---|
| | 1 | 2 | 3 | 4 | 5 | 6 | 7 | 8 | 9 | 10 |
| | | | | | | | | | | |
| | | | | | | | | | | |
| | | | | | | | | | | |
| | | | | | | | | | | |

本表的填列方法如下：

(1)"单项工程及费用"栏,按照建设项目概算所列单项工程和费用分行填列。

(2)"开工日期"栏,根据工程实际开工日期填列。

(3)"概算数"栏,根据批准的项目概算数分别单项工程填列。

(4)"完工基建工程"栏,反映已完工并交付使用的基建工程的实际成本,根据"在建工程"中"建筑工程""安装工程""在安装设备""其他支出"4个明细科目的贷方发生额分别单项工程逐行分析填列。

(5)"建筑工程"栏,反映尚未完工的建筑工程的实际成本。根据"建筑工程"明细科目借方余额分别单项工程逐行分析填列。

(6)"安装工程"栏,反映尚未完工的安装工程的实际成本。根据"在建工程——安装工程"科目期末借方余额分别单项工程逐行分析填列。

(7)"在安装设备"栏,反映基建工程领出的、正在安装的设备的实际成本。根据"在建工程——在安装设备"科目期末借方余额分别单项工程逐行分析填列。

(8)"其他支出"栏,根据基建工程在建设期间发生的应分摊计入交付使用固定资产价值的费用支出。本栏不分行填列,只填列一个总数。根据"在建工程——其他支出"科目期末借方余额填列。

(9)"小计"栏,根据表中3-6栏的合计数填列。

(10)"工程物资"栏,反映为基建工程购入的但尚未领用的工程物资的实际成本。本栏不分行填列,只填列一个总数。根据"工程物资"科目期末余额(应扣除为生产准备的工具、器具的实际成本)分析填列。

(11)"合计"栏,反映尚未完工的基建工程的实际成本。根据7栏加8栏的合计数计算填列。

## 二、基建投资情况表

本表反映企业基建项目的投资来源、基建项目的实际支出等情况。编制本表是为了考核基建项目年度投资计划及概算执行情况。如图表10-2所示。

本表的填列方法如下：

(1)"基建资金来源"类项目,反映企业用于基建项目的资金。根据"实收资本""长期借款""应付债券"等科目的有关记录分析填列。其中"累计发生数"栏,根据上年本表该栏数字加"本年度发生数"栏数字合计填列。

(2)"基建工程支出"类项目,反映企业基建工程的实际支出。

根据"在建工程"科目有关明细科目的记录及"工程物资"科目的有关明细科目的记录分析填列。其中,"累计发生数"栏,根据上年本表该栏数字加"本年发生数"栏数字合计填列。

(3)"其他基建支出"类项目,反映企业在基建过程中发生的虽不通过"在建工程"科目核算、但构成基建项目概算内容的其他支出。根据"工程物资——为生产准

**图表 10-2 基建投资情况表**

会企(01)表附5

编制单位：　　　　　　　　　　　　20×8年度　　　　　　　　　　　　单位:元

| 工程及费用项目 | 开工日期 | 概算数 | 基建资金来源 | | | | | 基建工程支出 | | | | | | 其他基建支出 |
|---|---|---|---|---|---|---|---|---|---|---|---|---|---|---|
| | | | 累计 | 其中 | | | | 累计 | 其中 | | | | | |
| | | | | 实收资本 | 长期借款 | 应付债券 | | | 建筑工程 | 安装工程 | 在安设备 | 其他支出 | 工程物资 | |
| | 1 | 2 | 3 | 4 | 5 | 6 | 7 | 8 | 9 | 10 | 11 | 12 | 13 | 14 |
| 　总　计 | | | | | | | | | | | | | | |
| 其中:1. 以前年度合计<br>　　　2. 本年度合计 | | | | | | | | | | | | | | |
| 其中:(1) 甲工程<br>　　　(2) 乙工程<br>　　　(3) 丙工程<br>　　　(4) 丁工程 | | | | | | | | | | | | | | |

备的工具、器具"科目和"在建工程其他支出"备查簿的有关记录,分别项目填列。

### 三、基建借款情况表

本表反映企业按规定从各种渠道借入的用于基建的借款。本表根据"长期借款"和"短期借款"科目的有关记录分析计算填列。如图表 10-3 所示。

**图表 10-3 基建借款情况表**

会企(01)表附6

编制单位：　　　　　　　　　　　　20×8年度　　　　　　　　　　　　单位:元

| 借款种类 | 行次 | 年初借款余额 | 本年实际借款数 | | 本年还款数 | | 本年豁免数 | | 年末借款余额 |
|---|---|---|---|---|---|---|---|---|---|
| | | | 本金 | 利息 | 本金 | 利息 | 本金 | 利息 | |
| | | 1 | 2 | 3 | 4 | 5 | 6 | 7 | 8 |
| | 1<br>2<br>3<br>4<br>5<br>……<br>18 | | | | | | | | |
| 　合　计 | | | | | | | | | |

# 第六节　政府建设项目非独立核算

政府建设项目非独立核算一般是指行政事业单位作为建设的会计主体,项目资金由财政预算安排,且项目建设周期长短不一,或从市场上直接购买建设性项目的会计核算。根据《政府会计制度》和《政府收支分类科目——支出经济分类科目》所规定的核算内容,进行账务处理。政府会计核算模式图如图表 10-4 所示。

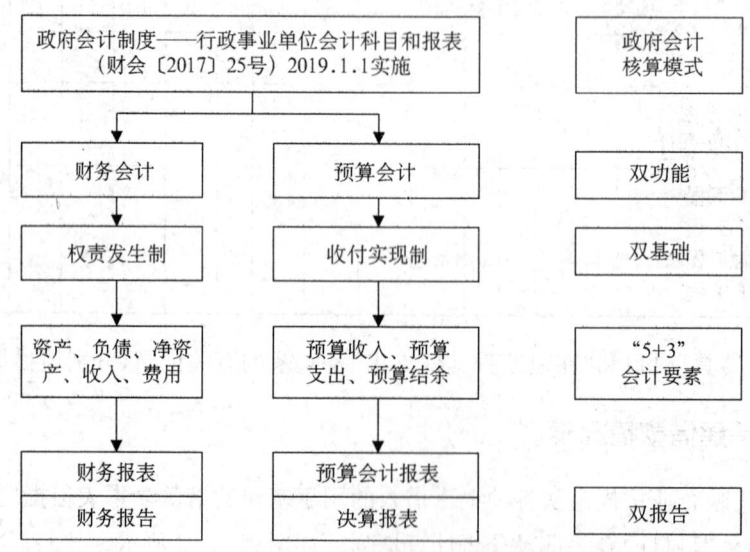

**图表 10-4　政府会计核算模式图**

《政府会计制度》总说明:行政事业单位会计核算应当具备财务会计与预算会计双重功能,实现财务会计与预算会计适度分离并相互衔接,全面、清晰地反映单位信息和预算执行信息。

财务会计核算实行权责发生制,以财务会计核算生成的数据为准,编制财务报表。预算会计核算实行收付实现制,以预算会计核算生成的数据为准,编制预算会计报表。

行政事业单位对基本建设投资应当按照《政府会计制度》规定统一进行会计核算,不再单独建账,但是应当按项目单独核算,并保证项目资料完整。

## 一、会计科目设置

(一)预算支出类(预算会计科目)

1.“行政支出”科目

“行政支出”科目,核算行政单位履行其职责实际发生的各项现金流出。本科目应当分别按照“财政拨款支出”“非财政专项资金支出”和“其他资金支出”,“基本支出”和“项目支出”等进行明细核算,并按照《政府收支分类科目》中“支出功能分类科目"的项目进行明细核算:"基本支出"和"项目支出"明细科目下应当按照《政府收支分类科目》中"部门预算支出经济分类科目"的款级科目进行明细核算,同时在"项目支出"明细科目下按照具体项目进行明细核算。

2."单位支出"科目

"单位支出"科目,核算事业单位开展业务活动及其辅助活动实际发生的各项现金流出。本科目应当分别按照"财政拨款支出","非财政专项资金支出"和"其他资金支出","基本支出"和"项目支出"等进行明细核算,并按照《政府收支分类科目》中"支出功能分类科目"的项级科目进行明细核算,"基本支出"和"项目支出"明细科目下应当按照《政府收支分类科目》中"部门预算支出经济分类科目"的款级科目进行明细核算,同时在"项目支出"明细科目下按照具体项目进行明细核算。

（二）资产类（财务会计科目）

1."工程物资"科目

"工程物资"科目,核算单位为在建工程准备的各种物资的成本,包括工程用材料,设备等。本科目按照"库存材料""库存设备"等工程物资类别进行明细核算。

2."在建工程"科目

"在建工程"科目,主要核算内容:

（1）核算单位在建的建设项目工程的实际成本;

（2）不区分基本建设与非基本建设;

（3）批判继承《国有建设单位会计和制度》的内容;

（4）按项目进行单位核算;

（5）单位在建的信息系统项目工程,公共基础设施项目工程,保障性住房工程的实际成本,也通过在建工程科目核算本科目应当设置"建筑安装工程投资""设备投资""待摊投资""其他投资""待核销基建支出","基建转出投资"等明细科目,并按照具体项目进行明细核算。

## 二、财务处理方法

行政事业单位基本建设投资的财务处理方法如图表 10-5 所示。

图表 10-5　行政事业单位基本建设投资的财务处理方法

| 序号 | 业务和事项内容 | | 财务会计 | 预算会计 |
|---|---|---|---|---|
| （一） | 工程物资 | | | |
| （1） | 取得工程物资 | 购入工程物资 | 借:工程物资<br>贷:财政拨款收入/零余额账户用款额度/银行存款/应付账款/其他应付款等 | 借:行政支出/事业支出/经营支出等[实际支付的款项]<br>贷:财政拨款预算收入/资金结存 |

（续表）

| 序号 | 业务和事项内容 | | 财务会计 | 预算会计 |
|---|---|---|---|---|
| （2） | 领用工程物资 | 发出工程物资 | 借：在建工程<br>贷：工程物资 | — |
| （3） | 剩余工程物资 | 剩余工程物资转为存货 | 借：库存物品<br>贷：工程物资 | — |
| （二） | 在建工程 | | | |
| （1） | 建筑安装工程投资 | 将固定资产等转入改建、扩建时 | 借：在建工程——建筑安装工程投资<br>贷：固定资产等<br>　　固定资产累计折旧等 | — |
| | | 发包工程预付工程款时 | 借：预付账款——预付工程款<br>贷：财政拨款收入/零余额账户用款额度/银行存款等 | 借：行政支出/事业支出等<br>贷：财政拨款预算收入/资金结存 |
| | | 按照进度结算工程款时 | 借：在建工程——建筑安装工程投资<br>贷：预付账款——预付工程款<br>　　财政拨款收入/零余额账户用款额度/银行存款/应付账款等 | 借：行政支出/事业支出等〔补付款项〕<br>贷：财政拨款预算收入/资金结存 |
| | | 自行施工小型建筑安装工程发生支出时 | 借：在建工程——建筑安装工程投资<br>贷：工程物资/零余额账户用款额度/银行存款/应付职工薪酬等 | 借：行政支出/事业支出等〔实际支付的款项〕<br>贷：资金结存等 |
| | | 改扩建过程中替换(拆除)原资产某些组成部分的 | 借：待处理财产损溢<br>贷：在建工程——建筑安装工程投资 | — |
| | | 工程竣工验收交付使用时 | 借：固定资产等<br>贷：在建工程——建筑安装工程投资 | — |
| （2） | 设备投资 | 购入设备时 | 借：在建工程——设备投资<br>贷：财政拨款收入/零余额账户用款额度/应付账款/银行存款等 | 借：行政支出/事业支出等〔实际支付的款项〕<br>贷：财政拨款预算收入/资金结存 |
| | | 安装完毕，交付使用时 | 借：固定资产等<br>贷：在建工程——设备投资——建筑安装工程投资——安装工程 | — |
| | | 将不需要安装设备和达不到固定资产标准的工具器具交付使用时 | 借：固定资产/库存物资<br>贷：在建工程——设备投资 | — |

（续表）

| 序号 | 业务和事项内容 | | 财务会计 | 预算会计 |
|---|---|---|---|---|
| （3） | 待摊投资 | 发生构成待摊投资的各类费用时 | 借：在建工程——待摊投资<br>贷：财政拨款收入/零余额账户用款额度/银行存款/应付利息/长期借款/其他应交税费等 | 借：行政支出/事业支出等［实际支付的款项］<br>贷：财政拨款预算收入/资金结存 |
| | | 对于建设过程中试生产、设备调试等产生的收入 | 借：银行存款等<br>贷：在建工程——待摊投资［按规定冲减工程成本的部分］<br>应缴财政款/其他收入［差额］ | 借：资金结存<br>贷：其他预算收入 |
| | | 经批准将单项工程或单位工程报废净损失计入继续施工的工程成本的 | 借：在建工程——待摊投资<br>银行存款/其他应收款等［残料变价收入、赔款等］<br>贷：在建工程——建筑安装工程投资［毁损报废工程成本］ | — |
| | | 工程交付使用时，按照一定的分配方法进行待摊投资分配 | 借：在建工程——建筑安装工程投资<br>——设备投资<br>贷：在建工程——待摊投资 | — |
| （4） | 其他投资 | 发生其他投资支出时 | 借：在建工程——其他投资<br>贷：财政拨款收入/零余额账户用款额度/银行存款等 | 借：行政支出/事业支出等［实际支付的款项］<br>贷：财政拨款预算收入/资金结存 |
| | | 资产交付使用时 | 借：固定资产/无形资产等<br>贷：在建工程——其他投资 | — |
| （5） | 基建转出投资 | 建造的产权不归属本单位的专用设施转出时 | 借：在建工程——基建转出投资<br>贷：在建工程——建筑安装工程投资 | — |
| | | 冲销转出的在建工程时 | 借：无偿调拨净资产<br>贷：在建工程——基建转出投资 | — |
| （6） | 待核销基建支出 | 发生各类待核销基建支出时 | 借：在建工程——待核销基建支出<br>贷：财政拨款收入/零余额账户用款额度/银行存款等 | 借：行政支出/事业支出等［实际支付的款项］<br>贷：财政拨款预算收入/资金结存 |
| | | 取消的项目发生的可行性研究费 | 借：在建工程——待核销基建支出<br>贷：在建工程——待摊投资 | — |

| 序号 | 业务和事项内容 | 财务会计 | 预算会计 |
|---|---|---|---|
| (6) | 待核销基建支出 | 由于自然灾害等原因发生的项目整体报废所形成的净损失 | 借：在建工程——待核销基建支出 银行存款/其他应收款等[残料变价收入、保险赔款等] 贷：在建工程——建筑安装工程投资等 | — |
| | | 经批准冲销待核销基建支出时 | 借：资产处置费用 贷：在建工程——待核销基建支出 | — |

# 一、基本建设财务规则

（财政部令第 81 号）

## 第一章　总则

**第一条**　为了规范基本建设财务行为，加强基本建设财务管理，提高财政资金使用效益，保障财政资金安全，制定本规则。

**第二条**　本规则适用于行政事业单位的基本建设财务行为，以及国有和国有控股企业使用财政资金的基本建设财务行为。

基本建设是指以新增工程效益或者扩大生产能力为主要目的的新建、续建、改扩建、迁建、大型维修改造工程及相关工作。

**第三条**　基本建设财务管理应当严格执行国家有关法律、行政法规和财务规章制度，坚持勤俭节约、量力而行、讲求实效，正确处理资金使用效益与资金供给的关系。

**第四条**　基本建设财务管理的主要任务是：

（一）依法筹集和使用基本建设项目（以下简称项目）建设资金，防范财务风险；

（二）合理编制项目资金预算，加强预算审核，严格预算执行；

（三）加强项目核算管理，规范和控制建设成本；

（四）及时准确编制项目竣工财务决算，全面反映基本建设财务状况；

（五）加强对基本建设活动的财务控制和监督，实施绩效评价。

**第五条**　财政部负责制定并指导实施基本建设财务管理制度。

各级财政部门负责对基本建设财务活动实施全过程管理和监督。

**第六条**　各级项目主管部门（含一级预算单位，下同）应当会同财政部门，加强本部门或者本行业基本建设财务管理和监督，指导和督促项目建设单位做好基本建设财务管理的基础工作。

**第七条**　项目建设单位应当做好以下基本建设财务管理的基础工作：

（一）建立、健全本单位基本建设财务管理制度和内部控制制度；

（二）按项目单独核算，按照规定将核算情况纳入单位账簿和财务报表；

（三）按照规定编制项目资金预算，根据批准的项目概（预）算做好核算管理，及时掌握建设进度，定期进行财产物资清查，做好核算资料档案管理；

（四）按照规定向财政部门、项目主管部门报送基本建设财务报表和资料；

（五）及时办理工程价款结算，编报项目竣工财务决算，办理资产交付使用手续；

（六）财政部门和项目主管部门要求的其他工作。

按照规定实行代理记账和项目代建制的，代理记账单位和代建单位应当配合项目建设单位做好项目财务管理的基础工作。

## 第二章　建设资金筹集与使用管理

**第八条**　建设资金是指为满足项目建设需要筹集和使用的资金，按照来源分为财政资金和自筹资金。其中,财政资金包括一般公共预算安排的基本建设投资资金和其他专项建设资金,政府性基金预算安排的建设资金,政府依法举债取得的建设资金,以及国有资本经营预算安排的基本建设项目资金。

**第九条** 财政资金管理应当遵循专款专用原则,严格按照批准的项目预算执行,不得挤占挪用。

财政部门应当会同项目主管部门加强项目财政资金的监督管理。

**第十条** 财政资金的支付,按照国库集中支付制度有关规定和合同约定,综合考虑项目财政资金预算、建设进度等因素执行。

**第十一条** 项目建设单位应当根据批准的项目概(预)算、年度投资计划和预算、建设进度等控制项目投资规模。

**第十二条** 项目建设单位在决策阶段应当明确建设资金来源,落实建设资金,合理控制筹资成本。非经营性项目建设资金按照国家有关规定筹集;经营性项目在防范风险的前提下,可以多渠道筹集。

具体项目的经营性和非经营性性质划分,由项目主管部门会同财政部门根据项目建设目的、运营模式和盈利能力等因素核定。

**第十三条** 核定为经营性项目的,项目建设单位应当按照国家有关固定资产投资项目资本管理的规定,筹集一定比例的非债务性资金作为项目资本。

在项目建设期间,项目资本的投资者除依法转让、依法终止外,不得以任何方式抽走出资。

经营性项目的投资者以实物、知识产权、土地使用权等非货币财产作价出资的,应当委托具有专业能力的资产评估机构依法评估作价。

**第十四条** 项目建设单位取得的财政资金,区分以下情况处理:

经营性项目具备企业法人资格的,按照国家有关企业财务规定处理。不具备企业法人资格的,属于国家直接投资的,作为项目国家资本管理;属于投资补助的,国家拨款时对权属有规定的,按照规定执行,没有规定的,由项目投资者享有;属于有偿性资助的,作为项目负债管理。

经营性项目取得的财政贴息,项目建设期间收到的,冲减项目建设成本;项目竣工后收到的,按照国家财务、会计制度的有关规定处理。

非经营性项目取得的财政资金,按照国家行政、事业单位财务、会计制度的有关规定处理。

**第十五条** 项目收到的社会捐赠,有捐赠协议或者捐赠者有指定要求的,按照协议或者要求处理;无协议和要求的,按照国家财务、会计制度的有关规定处理。

# 第三章 预算管理

**第十六条** 项目建设单位编制项目预算应当以批准的概算为基础,按照项目实际建设资金需求编制,并控制在批准的概算总投资规模、范围和标准以内。

项目建设单位应当细化项目预算,分解项目各年度预算和财政资金预算需求。涉及政府采购的,应当按照规定编制政府采购预算。

项目资金预算应当纳入项目主管部门的部门预算或者国有资本经营预算统一管理。列入部门预算的项目,一般应当从项目库中产生。

**第十七条** 项目建设单位应当根据项目概算、建设工期、年度投资和自筹资金计划、以前年度项目各类资金结转情况等,提出项目财政资金预算建议数,按照规定程序经项目主管部门审核汇总报财政部门。

项目建设单位根据财政部门下达的预算控制数编制预算,由项目主管部门审核汇总报财政部门,经法定程序审核批复后执行。

**第十八条**　项目建设单位应当严格执行项目财政资金预算。对发生停建、缓建、迁移、合并、分立、重大设计变更等变动事项和其他特殊情况确需调整的项目,项目建设单位应当按照规定程序报项目主管部门审核后,向财政部门申请调整项目财政资金预算。

**第十九条**　财政部门应当加强财政资金预算审核和执行管理,严格预算约束。

财政资金预算安排应当以项目以前年度财政资金预算执行情况、项目预算评审意见和绩效评价结果作为重要依据。项目财政资金未按预算要求执行的,按照有关规定调减或者收回。

**第二十条**　项目主管部门应当按照预算管理规定,督促和指导项目建设单位做好项目财政资金预算编制、执行和调整,严格审核项目财政资金预算、细化预算和预算调整的申请,及时掌握项目预算执行动态,跟踪分析项目进度,按照要求向财政部门报送执行情况。

## 第四章　建设成本管理

**第二十一条**　建设成本是指按照批准的建设内容由项目建设资金安排的各项支出,包括建筑安装工程投资支出、设备投资支出、待摊投资支出和其他投资支出。

建筑安装工程投资支出是指项目建设单位按照批准的建设内容发生的建筑工程和安装工程的实际成本。

设备投资支出是指项目建设单位按照批准的建设内容发生的各种设备的实际成本。

待摊投资支出是指项目建设单位按照批准的建设内容发生的,应当分摊计入相关资产价值的各项费用和税金支出。

其他投资支出是指项目建设单位按照批准的建设内容发生的房屋购置支出,基本畜禽、林木等的购置、饲养、培育支出,办公生活用家具、器具购置支出,软件研发和不能计入设备投资的软件购置等支出。

**第二十二条**　项目建设单位应当严格控制建设成本的范围、标准和支出责任,以下支出不得列入项目建设成本:

(一)超过批准建设内容发生的支出;

(二)不符合合同协议的支出;

(三)非法收费和摊派;

(四)无发票或者发票项目不全、无审批手续、无责任人员签字的支出;

(五)因设计单位、施工单位、供货单位等原因造成的工程报废等损失,以及未按照规定报经批准的损失;

(六)项目符合规定的验收条件之日起3个月后发生的支出;

(七)其他不属于本项目应当负担的支出。

**第二十三条**　财政资金用于项目前期工作经费部分,在项目批准建设后,列入项目建设成本。

没有被批准或者批准后又被取消的项目,财政资金如有结余,全部缴回国库。

## 第五章　基建收入管理

**第二十四条**　基建收入是指在基本建设过程中形成的各项工程建设副产品变价收入、负荷试车和试运行收入以及其他收入。

工程建设副产品变价收入包括矿山建设中的矿产品收入，油气、油田钻井建设中的原油气收入，林业工程建设中的路影材收入，以及其他项目建设过程中产生或者伴生的副产品、试验产品的变价收入。

负荷试车和试运行收入包括水利、电力建设移交生产前的供水、供电、供热收入，原材料、机电轻纺、农林建设移交生产前的产品收入，交通临时运营收入等。

其他收入包括项目总体建设尚未完成或者移交生产，但其中部分工程简易投产而发生的经营性收入等。

符合验收条件而未按照规定及时办理竣工验收的经营性项目所实现的收入，不得作为项目基建收入管理。

**第二十五条**　项目所取得的基建收入扣除相关费用并依法纳税后，其净收入按照国家财务、会计制度的有关规定处理。

**第二十六条**　项目发生的各项索赔、违约金等收入，首先用于弥补工程损失，结余部分按照国家财务、会计制度的有关规定处理。

## 第六章　工程价款结算管理

**第二十七条**　工程价款结算是指依据基本建设工程发承包合同等进行工程预付款、进度款、竣工价款结算的活动。

**第二十八条**　项目建设单位应当严格按照合同约定和工程价款结算程序支付工程款。竣工价款结算一般应当在项目竣工验收后 2 个月内完成，大型项目一般不得超过 3 个月。

**第二十九条**　项目建设单位可以与施工单位在合同中约定按照不超过工程价款结算总额的 5% 预留工程质量保证金，待工程交付使用缺陷责任期满后清算。资信好的施工单位可以用银行保函替代工程质量保证金。

**第三十条**　项目主管部门应当会同财政部门加强工程价款结算的监督，重点审查工程招投标文件、工程量及各项费用的计取、合同协议、施工变更签证、人工和材料价差、工程索赔等。

## 第七章　竣工财务决算管理

**第三十一条**　项目竣工财务决算是正确核定项目资产价值、反映竣工项目建设成果的文件，是办理资产移交和产权登记的依据，包括竣工财务决算报表、竣工财务决算说明书以及相关材料。

项目竣工财务决算应当数字准确、内容完整。竣工财务决算的编制要求另行规定。

**第三十二条**　项目年度资金使用情况应当按照要求编入部门决算或者国有资本经营决算。

**第三十三条**　项目建设单位在项目竣工后，应当及时编制项目竣工财务决算，并按照规定报送项目主管部门。

项目设计、施工、监理等单位应当配合项目建设单位做好相关工作。

建设周期长、建设内容多的大型项目，单项工程竣工具备交付使用条件的，可以编报单项工程竣工财务决算，项目全部竣工后应当编报竣工财务总决算。

**第三十四条**　在编制项目竣工财务决算前，项目建设单位应当认真做好各项清理工作，包括账目核对及账务调整、财产物资核实处理、债权实现和债务清偿、档案资料归集整理等。

第三十五条　在编制项目竣工财务决算时,项目建设单位应当按照规定将待摊投资支出按合理比例分摊计入交付使用资产价值、转出投资价值和待核销基建支出。

第三十六条　项目竣工财务决算审核、批复管理职责和程序要求由同级财政部门确定。

第三十七条　财政部门和项目主管部门对项目竣工财务决算实行先审核、后批复的办法,可以委托预算评审机构或者有专业能力的社会中介机构进行审核。对符合条件的,应当在 6 个月内批复。

第三十八条　项目一般不得预留尾工工程,确需预留尾工工程的,尾工工程投资不得超过批准的项目概(预)算总投资的 5%。

项目主管部门应当督促项目建设单位抓紧实施项目尾工工程,加强对尾工工程资金使用的监督管理。

第三十九条　已具备竣工验收条件的项目,应当及时组织验收,移交生产和使用。

第四十条　项目隶属关系发生变化时,应当按照规定及时办理财务关系划转,主要包括各项资金来源、已交付使用资产、在建工程、结余资金、各项债权及债务等的清理交接。

## 第八章　资产交付管理

第四十一条　资产交付是指项目竣工验收合格后,将形成的资产交付或者转交生产使用单位的行为。

交付使用的资产包括固定资产、流动资产、无形资产等。

第四十二条　项目竣工验收合格后应当及时办理资产交付使用手续,并依据批复的项目竣工财务决算进行账务调整。

第四十三条　非经营性项目发生的江河清障疏浚、航道整治、飞播造林、退耕还林(草)、封山(沙)育林(草)、水土保持、城市绿化、毁损道路修复、护坡及清理等不能形成资产的支出,以及项目未被批准、项目取消和项目报废前已发生的支出,作为待核销基建支出处理;形成资产产权归属本单位的,计入交付使用资产价值;形成资产产权不归属本单位的,作为转出投资处理。

非经营性项目发生的农村沼气工程、农村安全饮水工程、农村危房改造工程、游牧民定居工程、渔民上岸工程等涉及家庭或者个人的支出,形成资产产权归属家庭或者个人的,作为待核销基建支出处理;形成资产产权归属本单位的,计入交付使用资产价值;形成资产产权归属其他单位的,作为转出投资处理。

第四十四条　非经营性项目为项目配套建设的专用设施,包括专用道路、专用通讯设施、专用电力设施、地下管道等,产权归属本单位的,计入交付使用资产价值;产权不归属本单位的,作为转出投资处理。

非经营性项目移民安置补偿中由项目建设单位负责建设并形成的实物资产,产权归属集体或者单位的,作为转出投资处理;产权归属移民的,作为待核销基建支出处理。

第四十五条　经营性项目发生的项目取消和报废等不能形成资产的支出,以及设备采购和系统集成(软件)中包含的交付使用后运行维护等费用,按照国家财务、会计制度的有关规定处理。

第四十六条　经营性项目为项目配套建设的专用设施,包括专用铁路线、专用道路、专用通讯设施、专用电力设施、地下管道、专用码头等,项目建设单位应当与有关部门明确产权关系,并按照国家财务、会计制度的有关规定处理。

## 第九章 结余资金管理

**第四十七条** 结余资金是指项目竣工结余的建设资金,不包括工程抵扣的增值税进项税额资金。

**第四十八条** 经营性项目结余资金,转入单位的相关资产。

非经营性项目结余资金,首先用于归还项目贷款。如有结余,按照项目资金来源属于财政资金的部分,应当在项目竣工验收合格后 3 个月内,按照预算管理制度有关规定收回财政。

**第四十九条** 项目终止、报废或者未按照批准的建设内容建设形成的剩余建设资金中,按照项目实际资金来源比例确认的财政资金应当收回财政。

## 第十章 绩效评价

**第五十条** 项目绩效评价是指财政部门、项目主管部门根据设定的项目绩效目标,运用科学合理的评价方法和评价标准,对项目建设全过程中资金筹集、使用及核算的规范性、有效性,以及投入运营效果等进行评价的活动。

**第五十一条** 项目绩效评价应当坚持科学规范、公正公开、分级分类和绩效相关的原则,坚持经济效益、社会效益和生态效益相结合的原则。

**第五十二条** 项目绩效评价应当重点对项目建设成本、工程造价、投资控制、达产能力与设计能力差异、偿债能力、持续经营能力等实施绩效评价,根据管理需要和项目特点选用社会效益指标、财务效益指标、工程质量指标、建设工期指标、资金来源指标、资金使用指标、实际投资回收期指标、实际单位生产(营运)能力投资指标等评价指标。

**第五十三条** 财政部门负责制定项目绩效评价管理办法,对项目绩效评价工作进行指导和监督,选择部分项目开展重点绩效评价,依法公开绩效评价结果。绩效评价结果作为项目财政资金预算安排和资金拨付的重要依据。

**第五十四条** 项目主管部门会同财政部门按照有关规定,制定本部门或者本行业项目绩效评价具体实施办法,建立具体的绩效评价指标体系,确定项目绩效目标,具体组织实施本部门或者本行业绩效评价工作,并向财政部门报送绩效评价结果。

## 第十一章 监督管理

**第五十五条** 项目监督管理主要包括对项目资金筹集与使用、预算编制与执行、建设成本控制、工程价款结算、竣工财务决算编报审核、资产交付等的监督管理。

**第五十六条** 项目建设单位应当建立、健全内部控制和项目财务信息报告制度,依法接受财政部门和项目主管部门等的财务监督管理。

**第五十七条** 财政部门和项目主管部门应当加强项目的监督管理,采取事前、事中、事后相结合,日常监督与专项监督相结合的方式,对项目财务行为实施全过程监督管理。

**第五十八条** 财政部门应当加强对基本建设财政资金形成的资产的管理,按照规定对项目资产开展登记、核算、评估、处置、统计、报告等资产管理基础工作。

**第五十九条** 对于违反本规则的基本建设财务行为,依照《预算法》《财政违法行为处罚处分条例》等有关规定追究责任。

### 第十二章　附则

**第六十条**　接受国家经常性资助的社会力量举办的公益服务性组织和社会团体的基本建设财务行为，以及非国有企业使用财政资金的基本建设财务行为，参照本规则执行。

使用外国政府及国际金融组织贷款的基本建设财务行为执行本规则。国家另有规定的，从其规定。

**第六十一条**　项目建设内容仅为设备购置的，不执行本规则；项目建设内容以设备购置、房屋及其他建筑物购置为主附有部分建筑安装工程的，可以简化执行本规则。

经营性项目的项目资本中，财政资金所占比例未超过50％的，项目建设单位可以简化执行本规则，但应当按照要求向财政部门、项目主管部门报送相关财务资料。国家另有规定的，从其规定。

**第六十二条**　中央项目主管部门和各省、自治区、直辖市、计划单列市财政厅（局）可以根据本规则，结合本行业、本地区的项目情况，制定具体实施办法并报财政部备案。

**第六十三条**　本规则自2016年9月1日起施行。2002年9月27日财政部发布的《基本建设财务管理规定》（财建〔2002〕394号）及其解释同时废止。

本规则施行前财政部制定的有关规定与本规则不一致的，按照本规则执行。《企业财务通则》（财政部令第41号）、《金融企业财务规则》（财政部令第42号）、《事业单位财务规则》（财政部令第68号）和《行政单位财务规则》（财政部令第71号）另有规定的，从其规定。

# 二、20×6年北京市基本建设年度财务决算报表解释

基本建设财务决算是对建设单位（项目）基本建设各项经济活动以及基本建设投资计划和预算、财务制度执行情况的集中反映。对了解和掌握在建项目特别是财政性资金投资项目的动态情况、加强基本建设投资与财务管理等方面发挥着重要的作用。

基本建设财务决算的主要内容包括：按规定报送的年度建设单位（项目）财务决算报表和财务状况说明书（即决算编制说明）。

**一、20×6年度基本建设财务决算汇编范围**

1. 所有使用财政性资金投资的基本建设在建项目，均需按规定编报年度基本建设财务决算。包括：当年安排基本建设投资，当年虽未安排投资但有在建工程、有停缓建项目和资产已交付使用但未办理竣工决算的建设单位（项目）。

2.（不在编报范围的项目）竣工财务决算已经有关部门批复但仍未还清借款的建设单位（项目）不在本报表的汇编范围内。

3. 实行基本建设财务和企业财务并轨的单位，按财政性资金投资企业基本建设项目财务报表的要求填报。

另外，在这里强调凡是对项目评估支出费用的单位要编制有关财政性资金企业报表，这里需要区县特别注意这一点。代建制单位如果既有代建项目又有评估费用的，对代建项目填第一套报表。费用类资金填报企业报表。

4. 本套报表中财政性资金投资主要包括：

1）财政预算内基本建设资金。

指财政预算安排的明确用于基本建设支出的资金,即在预算科目中列入基本建设支出类科目的各项建设资金。(预算内基本建设资金)

2)纳入财政预算管理的专项建设基金中用于基本建设项目投资的资金。(水利基金、社会事业费、养路费)

3)财政预算外资金中用于基本建设项目投资的资金(土地批租、基础设施费)。

4)其他财政性基本建设资金(财政部门安排的)。

5.特殊情况处理

1)代建单位填报决算,要做为如同项目单位管理,按项目填报报表,同时,请使用单位协助代建单位,将代建项目汇总到主管部门的决算中,代建项目要在表2(基建投资表)的备注中注明代建;

2)凡给企业单位项目的贴息资金要填报第一套报表;

3)所有原国有企业没有财政投资的单位不再填报20×6年的报表;

4)投资回报补偿类、融资改制贴息类的项目不填报(如首发公司融资改制)

二、决算报表的编报原则和方法

原则:本套报表按照建设单位(项目)的财务隶属关系进行编制、汇总和上报。即:市级建设单位年度财务决算由市级主管部门(单位)负责编制、汇总,经审核后上报市财政局。区县财政局负责将本区县的建设单位年度财务决算报表进行汇总、审核后上报市财政局。

对中央和地方(包括市级和区县)拼盘建设项目同样按财务隶属关系进行决算编制、报送及汇总,不再按投资比例分别报送投资方。

方法:建设单位(项目)年度财务决算报表的编制工作由建设单位(项目)负责。各建设单位(项目)要按照财务隶属关系将年度财务决算报表逐级汇总、上报。例如:区属县项目,市财政(主管部门——教委)给区县项目补助的也由区县财政部门汇总上报,项目单位可将决算抄送投资方(市教委,但教委不将该项目汇总到本部门决算);市属单位项目如中央主管部门给补助的拼盘项目也由单位报送市财政局,并抄送中央主管单位(仅抄给投资方)。

三、决算编报的要求

各主管部门、建设单位要在切实做好建设资金清理、账务核实的基础上,认真编制决算报表,保证数据准确、真实、可靠和合法,并严格按照20×6年度财政性资金投资基本建设项目决算报表格式和编制说明等具体要求进行填报。

财政部门要加强对建设单位(项目)决算的组织领导和监督,认真做好年度财务决算报表的布置、审核、汇总和上报工作。编报年度基本建设财务决算的基本要求主要有以下几个方面:

1.报表数据完整、准确、真实、合法

各部门(单位)、各区县及建设单位(项目)编报年度财务决算,要在做好建设单位资金清理、账务核实的基础上进行,保证报表数据的完整、准确、真实、合法。

2.财务决算说明书(内容要详实)

各单位在做好年度决算报表的同时,应对年度基本建设财务的全面状况做详细说明,特别要对财政性资金投资的到位、使用和结存等情况做重点说明。

3.上报财政部门的决算具体内容包括:汇总决算报表(含基层项目单位决算报表)和数据软盘、决算编制说明及财务分析报告一式一份。编制说明中应对年度基本建设财务的全面状况做详细说明,特别是对财政性资金(含国债专项资金)及配套资金的到位、使用和结存情况做重点说明。

4. 时间要求

各主管部门(单位)应于20×7年1月31日前,将本部门(单位)审核无误的决算汇总报表及报表编制说明、汇总及分户数据软盘一式两份,结存资金情况表等相关资料上报北京市财政局经济建设二处。(结存资金情况表项目口径与决算口径相同)

各区县财政局应于20×7年2月16日前,将本区县审核无误的决算汇总报表及报表编制说明、汇总及分户数据软盘一式两份上报北京市财政局经济建设二处。

各部门(单位)、各地区决算汇总报表以万元为单位上报,分户数据以元为单位上报。

5. 决算软件

各单位编制、汇总财政性资金投资基本建设项目年度财务决算报表,必须使用财政部统一制作的决算报表软件。

### 四、决算报表的填报

(一) 报表封面

财政性资金投资基建财务决算报表封面分为上下两部分,上半部分主要反映基本建设单位(项目)决算报表负责人、编报人员等情况;下半部分主要反映国有建设单位代码、性质、级次等信息。主要有以下栏次:

1. 单位名称:指主管建设项目的建设单位全称

2. 单位负责人:指建设单位总负责人

3. 财务负责人:指主管建设单位财务会计工作的负责人

4. 填表人:指具体负责编制基建决算报表的人员

5. 电话号码:指建设单位财务机构所在地的电话号码

6. 单位地址:指建设单位的实际办公地址

7. 报送日期:指报表报出的实际日期

8. 单位统一代码:各建设单位应按各级技术监督部门颁布核发的9位代码填列;尚未领取统一代码的企业(单位),应主动与当地技术监督部门联系,办理核发手续。如因客观原因暂不能办理的,市属企业(单位)可向市财政局经建二处申请领取自编临时代码;区县属企业(单位)可向各区县财政局申请领取自编临时代码。企业在领取技术监督部门核发的统一代码后,自编临时代码即停止使用。

各区县财政局应依据《关于修订〈北京市企业、单位自编临时代码规则〉及〈北京市企业、单位备用代码规则〉的通知》(京财统评〔20×0〕2047号)的有关规则,给企业(单位)编制自编临时代码。

9. 单位性质:指建设单位的性质,分别按行政、事业、企业选择填列。实行项目法人责任制的建设单位和企业管理的事业单位均以企业性质填列。

10. 隶属关系:本码由"行政隶属关系代码"和"部门标识代码"两部分组成。具体填报方法如下:

前六个空格根据国家标准《中华人民共和国行政区划代码》(GB/T2260-20×2)编制。具体编制方法:省级单位以行政区划代码的前两位数字后加4个零表示;地市级单位以行政区划代码前4位数字后加2个零表示;县级(及市辖区)单位以行政区划代码本身6位数表示。后三个空格按照单位财务或产权归口管理的部门、机构,比照国家标准《中央党政机关、人民团体及其他机构名称代码》填报。

11. 所在地区:指建设单位实际所在地,根据国家标准《中华人民共和国行政区划代码》(GB/T2260—20×2)实际填列。

(二)资金平衡表(财建 01 表)

资金平衡表主要反映建设单位(项目)年末全部资金来源和资金占用情况。编制本表是为了综合反映建设单位(项目)各种资金来源和资金占用的增减变动情况及其相互关系;考核、分析基本建设资金的使用效果。具体填列方法如下:

本表有关项目"年初数"栏的数字,应根据上年末本表"年末数"栏的数字填列。在上年度决算未经审查批复以前,应填列最后上报的数字;上年度决算已经审查批复后,应按审批后的数字填列。如果本年度资金平衡表规定的项目名称和内容与上年度资金平衡表不相一致时,应对上年年末资金平衡表各项目的名称和数字按照本年度的规定进行调整,口径一致后,填入本表"年初数"栏内。

1. 资金占用方各项目的内容及"期末数"栏的填列方法

(1)"交付使用资产"项目:反映建设单位(项目)期末已经完成购置、建造过程,并经验收合格交付或结转使用单位的各项资产的实际成本总额。包括各种固定资产、为生产准备的不够固定资产标准的工具、器具、家具等流动资产、无形资产和递延资产的实际成本。本项目应根据"交付使用资产"科目的期末余额填列。

(2)"固定资产"项目:反映建设单位(项目)期末已经完成购置、建造过程,并经验收合格交付使用单位的各项固定资产的实际成本。根据"交付使用资产"科目所属"固定资产"明细科目的期末余额填列。

(3)"流动资产"项目:反映建设单位(项目)期末已经完成购置并经验收合格交付使用单位的不够固定资产标准的工具、器具、家具等流动资产的实际成本。根据"交付使用资产"科目所属"流动资产"明细科目的期末余额填列。

(4)"无形资产"项目:反映建设单位(项目)期末已经完成购置过程并经验收合格单独交付使用单位的土地使用权、专利权、专有技术等无形资产的实际成本。根据"交付使用资产"科目所属"无形资产"明细科目的期末余额填列。

(5)"递延资产"项目:反映建设单位(项目)在建设期间发生的并已单独结转使用单位的各种递延资产的实际成本,如生产职工培训费、样品样机购置费、农业开荒费用等。根据"交付使用资产"科目所属"递延资产"明细科目的期末余额填列。

(6)"待核销基建支出"项目:反映非经营性建设项目发生的江河清障、航道清淤、飞播造林、补助群众造林、退耕还林(草)、封山(沙)育林(草)、水土保持、城市绿化、取消项目可行性研究费、项目报废及其他财政部门认可的不能形成资产部门的投资支出。本项目根据"待核销基建支出"科目的年末余额填列。经营性建设项目不填该项目(以此为主)。

(分别反映建设单位发生的尚未冲销的待核销基建支出。分别根据"待核销基建支出"科目的期末余额填列。)

(7)"转出投资"项目:反映非经营性项目为项目配套建设的产权不归属本单位的专用设施的实际成本,本项目根据"转出投资"科目的年末余额填列。

经营性项目为项目配套建设的专用设施,产权不归属本单位的,必须根据财建〔20×3〕724 号第十四条的规定,经项目主管部门及同级财政部门核准后才能作转出投资处理。

("转出投资"项目,反映建设单位发生的尚未冲销的转出投资。分别根据"转出投资"科目的期

末余额填列）

（8）"在建工程"项目：反映建设单位（项目）期末各种在建工程成本的余额。根据"建筑安装工程投资""设备投资""待摊投资"和"其他投资"四个项目的期末数合计填列。

（9）"建筑安装工程投资"项目：反映建设单位（项目）期末尚处于建设中的建筑安装工程投资支出，即没有竣工交付使用的工程投资。根据"建筑安装工程投资"科目的期末余额填列。

（10）"设备投资"项目：反映建设单位（项目）期末尚处于安装过程中的设备以及尚未交付使用的不需要安装设备和为生产准备的不够固定资产标准的工具、器具的实际成本。根据"设备投资"科目的期末余额填列。

（11）"待摊投资"项目：反映建设单位（项目）发生的期末尚未分摊计入交付使用资产成本的费用性投资支出。根据"待摊投资"科目的期末余额填列。

（12）"其他投资"科目：反映建设单位（项目）按项目概算内容发生的构成基本建设实际支出但期末尚未交付使用的房屋、办公及生活用家具、器具等购置投资支出；役畜、基本畜禽、林木的购置、饲养、培育等投资支出；为生产企业用基建投资购置的尚未交付使用的专利权、土地使用权等无形资产以及递延资产等支出。根据"其他投资"科目的期末余额填列。

（13）"应收生产单位投资借款"项目：反映有基本建设投资借款的建设单位（项目）应向生产单位收取的基建投资借款。根据"应收生产单位投资借款"科目期末余额填列。

（14）"器材"项目：反映建设单位（项目）期末在库、在途和在加工中的设备和材料的实际成本，但不包括在库的不需要安装设备及工具、器具的实际成本（该部分成本在设备投资中反映）。本项目应根据"器材采购""采购保管费""库存材料""库存设备""材料成本差异""委托加工器材""待处理财产损失——待处理设备损失"和"待处理财产损失——待处理材料损失"等科目的期末余额合计填列。"待处理财产损失——待处理设备损失"和"待处理财产损失——待处理材料损失"的数额还应在"其中：待处理器材损失"项目单独反映。

（15）"银行存款"项目：反映建设单位（项目）期末银行存款的余额。根据"银行存款"科目的期末余额列。

（16）"现金"项目：反映建设单位（项目）期末的库存现金。根据"现金"科目的期末余额列。

（17）"预付备料款"项目：反映按规定预付给施工企业的备料款。根据"预付备料款"科目期末余额填列。

（18）"预付工程款"项目：反映按规定预付给施工企业的工程款。根据"预付工程款"科目的期末余额填列。

（19）"预付大型设备款"项目：反映按规定预付给供应单位的大型设备款。根据"应付器材款"科目所属有关明细科目的借方余额填列。

（20）"应收及有偿调出器材及工程款"项目：反映有偿调出设备、材料及有偿转出未完工程的应收价款。根据"应收及有偿调出器材及工程款"科目期末借方余额填列。

（21）"应收票据"项目：反映建设单位（项目）收到的未到期收款也未向银行贴现在应收票据。根据"应收票据"科目期末余额填列。

（22）"其他应收款"项目：反映除上述预付款项和应收款项以年的其他各项应收及预付款项。根据"其他应收款"科目期末余额填列。

（23）"有价证券"项目：反映建设单位（项目）购买的国库券等有价证券。根据"有价证券"科目期末余额填列。

（24）"固定资产原价"项目：反映建设单位（项目）自用的各种固定资产原价。根据"固定资产"科目的期末余额填列。

（25）"累计折旧"项目：反映期末固定资产的累计折旧额，根据"累计折旧"科目的期末余额填列。

（26）"固定资产净值"项目：根据"固定资产原价"项目减"累计折旧"项目的余额填列。

（27）"固定资产清理"项目：反映建设单位（项目）毁损、报废等原因转入清理但尚未清理完毕的固定资产净值以及在清理过程中发生的清理费用和变价收入等各项金额的差额。根据"固定资产清理"科目期末余额填列。如为贷方余额，应以"－"号反映。

（28）"待处理固定资产损失"项目：反映建设单位（项目）在清查财产中发现的尚待批准处理的固定资产盘亏扣除盘盈后的净损失。根据"待处理财产损失"科目所属"待处理固定资产损失"明细科目的期末余额填列。

2. 资金来源方各项目的内容及"年末数"的填列方法

（1）"以前年度拨款"项目：反映以前年度拨入的到本年末尚未冲转的各种基本建设拨款。根据"基建拨款"科目所属"以前年度拨款"明细科目的期末余额填列。

（2）"本年预算拨款"（38）项目：反映本年内由地方财政预算拨入的基本建设拨款。根据"基建拨款"科目所属"本年预算拨款"明细科目的期末余额填列。

（3）"本年基建拨款"（39）项目：反映本年内由中央财政预算拨入的基本建设拨款。根据"基建拨款"科目所属"本年基建拨款"明细科目的期末余额填列。（本科目反映内容与以前年度报表中的"本年基建基金拨款"相同）。

（4）"本年进口设备转账拨款"项目：反映本年内由主管部门转账拨入的进口成套设备价款和有关费用。根据"基建拨款"科目所属"本年进口设备转账拨款"明细科目的期末余额填列。

（5）"本年器材转账拨款"项目：反映本年内由上级主管部门从本系统其他建设单位转账拨入的设备、材料价款。转账拨出的设备、材料也在本项目内反映。根据"基建拨款"科目所属"本年器材转账拨款"明细科目的期末余额填列。拨出数大于拨入数的差额以"－"号表示。

（6）"本年财政专项拨款"项目：反映本年内由中央财政预算拨入的专项基本建设拨款。根据"基建拨款"科目所属"本年财政专项拨款"明细科目的期末余额填列。（地方财政预算拨入的基本建设拨款一律通过"本年预算拨款"科目反映。不使用本科目）。

（7）"本年自筹资金拨款"（43）项目：反映本年内由主管部门、地方财政、企业生产单位等拨入的自筹资金。根据"基建拨款"科目所属"本年自筹资金拨款"明细科目的期末余额填列（土地批租、基础设施费和财政其他业务处室拨付资金）。

（8）"本年国债专项资金拨款"项目：反映建设单位（项目）本年收到的国债专项资金拨款。根据"基建拨款"科目所属"本年国债专项资金拨款"明细科目的期末余额填列。

（9）"本年专项建设基金拨款"（45）项目：反映建设单位（项目）本年收到的纳入财政预算管理的专项建设基金拨款。根据"基建拨款"科目所属"本年专项建设基金拨款"明细科目的期末余额填列。包括水利基金、社会事业费和养路费。

（10）"本年其他拨款"（46）项目：反映除上述拨款以外的其他各项拨款。根据"基建拨款"科目所属"本年其他拨款"明细科目的期末余额填列。

（11）"预收下年度预算拨款"项目：反映建设单位（项目）本年收到的下年度预算拨款。根据"基建拨款"科目所属"预收下年度预算拨款"明细科目的期末余额填列。

（12）"本年交回结余资金"项目：反映建设单位(项目)本年交回上级或交回财政的基建结余资金。根据"基建拨款"科目所属"本年交回结余资金"明细科目的期末余额以"－"号填列。

（13）"项目资本"：反映经营性建设项目(单位)取得的投资者投入的项目资本金，分别按投资主体由国家资本金、法人资本金、个人资本金和外商资本金组成。根据"项目资本"科目的期末余额填列。

（14）"项目资本公积"：反映经营性建设项目(单位)取得的资本公积金，包括投资者实际缴付的出资额超出其资本金的差额(包括发行股票的溢价净收入)、接受捐赠的财产、外币资本折算差额等。根据"项目资本公积"的期末余额填列。

（15）"基建投资借款"项目：反映建设单位(项目)借入的各种投资借款的期末余额。根据"基建投资借款"科目的期末余额填列。其中，国债转贷资金要单独反映。

（16）"企业债券资金"项目：反映建设单位(项目)收到的债券资金(包括债券本金和应计入工程成本的债券利息)的期末余额。根据"企业债券资金"科目期末余额填列。

（17）"待冲基建支出"项目：反映有投资借款的建设单位当年完成的所有待冲销的交付生产单位使用的资产价值。根据"待冲基建支出"科目期末余额填列。

（18）"应付器材款"项目：反映因购入器材而应付给供应单位的款项。根据"应付器材款"科目所属有关明细科目的贷方期末余额合计填列。

（19）"应付工程款"项目：反映已经办理工程价款结算手续但尚未支付给施工企业的工程价款。根据"应付工程款"科目的期末余额填列。

（20）"应付有偿调入器材及工程款"项目：反映有偿调入设备、材料及有偿转入未完工程的应付价款。根据"应付有偿调入器材及工程款"科目的期末余额填列。

（21）"应付票据"项目：反映建设单位(项目)为抵付货款和工程价款等而开出、承兑的尚未到期付款的应付票据。根据"应付票据"科目的期末余额填列。

（22）"应付工资"项目：反映建设单位(项目)按规定提取尚未支付的工资。根据"应付工资"科目的期末余额填列。

（23）"应付福利费"项目：反映建设单位(项目)按规定提取尚未支用的福利费。根据"应付福利费"科目的期末余额填列。

（24）"其他应付款"项目：反映除上述各种应付款项以外的其他应付、暂收款项。根据"其他应付款"科目的期末余额填列。

（25）"未交税金"项目：反映建设单位(项目)应交未交的各种税金。根据"应交税金"科目的期末余额填列。

（26）"未交基建收入"项目：反映建设单位应交未交的基建收入。根据"应交基建收入"科目的期末余额填列。

（27）"其他未交款"项目：反映建设单位(项目)应交未交的除税金、基建收入以外的其他款项。根据"其他应交款"科目的期末余额填列。

（28）"上级拨入资金"项目：反映建设单位(项目)收到投资单位(主管部门或企业)拨入的供建设单位(项目)组织和管理基本建设活动使用的资金。根据"上级拨入资金"科目的期末余额填列。

（29）"留成收入"项目：反映建设单位(项目)按规定从实现的基建收入和结余资金中提取的留归建设单位使用的各种收入。根据"留成收入"科目的期末余额填列。

（三）基建投资表（财建 02 表）

本表反映建设项目从开始建设起到本年年末止累计拨入、借入的基本建设资金以及这些资金的使用情况。编制本表是为了检查项目概算执行情况，考核分析投资效果，并为编制竣工决算提供资料。具体填列方法如下：

建设单位填制本表应将所有项目（不论大、中、小型）逐项填列，上报的数据软件中应包括所有分项内容。

各主管部门、区县财政部门上报市财政局的数据软件中应包括所属的全部项目，汇总报表可只填汇总数。

1. 项目编号：指建设单位（项目）将其所管理的所有建设项目按顺序编制的号码，本码由三位数字组成，由建设单位从 001 号开始顺序编制。填报时该栏不能为空白。

2. 建设项目名称：指建设单位所管理的建设项目的全称。编报时要求建设项目名称不能少于4 个字符。

3. 项目规模：按照建设项目立项时确定的大中型、小型及其他两类填列。建设项目年度财务决算大中小型划分标准比照财建〔20×2〕394 号文件第四十三条的规定执行。即：经营性项目投资额在 5 000 万元（含 5 000 万元）以上、非经营性项目投资额在 3 000 万元（含 3 000 万元）以上的为大中型项目。其他项目为小型项目。填报时该栏不能为空白。

4. 项目性质：按照新建、改扩建、续建和其他四类分别填列。填报时该栏不能为空白。

5. 项目类型：按项目建成后的实际用途分经营性项目、非经营性两种类型分别填列。

6. 开工日期：按建设项目实际开始施工的日期填列。

7. 概算数：反映建设项目的投资概算数，根据批准的建设项目概算数填列。

8. 基建投资拨借款栏所属"累计"栏：反映自开始建设起到本年年末止累计基建拨款、基建投资借款、企业债券资金和其他资金的合计数。根据上年末本表该栏数字和"基建拨款""基建投资借款""企业债券资金"科目的本年贷方累计发生额（扣除"以前年度拨款""预收下年度预算拨款"数）合计填列。

"国家拨款"反映自开始建设起到本年年末止累计由财政拨入的基本建设资金，根据上年本表该栏数字和"基建拨款"科目所属"本年预算拨款""本年基建拨款""本年财政专项拨款""本年国债专项资金拨款"等明细科目的本年贷方发生额合计填列（其中：国家资本金需单独反映）。

"单位拨款"反映自开始建设起到本年年末止累计由单位拨入的基本建设资金，根据上年本表该栏数字和"基建拨款"科目所属"本年自筹资金拨款"等明细科目的本年贷方发生额分析计算填列（其中：法人资本金需单独反映）。

"国家资本金""法人资本金"分别反映自开始建设起到本年年末止由投资者累计投入项目的国家资本金、法人资本金，根据该科目期末累计发生额填列。

"基建投资借款"栏反映自开始建设起到本年年末止累计借入的各种投资借款，根据上年本表该栏数字和"基建投资借款"科目本年贷方发生额计算填列（其中：国债转贷资金需单独反映）。

"企业债券资金"栏反映自开始建设起到本年年末止累计拨入的企业债券资金，根据上年本表该栏数字和"企业债券资金"科目的本年贷方发生额填列。

"其他"栏反映自开始建设起到本年年末止累计拨款入的除上述几项投资外的其他基本建设资金（利用外资）。

9."基本建设支出"栏所属"累计"栏，反映自开始建设起到本年年末止累计发生的基本建设支出,根据本表"固定资产""流动资产""无形资产""递延资产""在建工程""待核销基建支出""转出投资"栏数字合计填列。

"固定资产""流动资产""无形资产"和"递延资产"分别反映自开始建设起到本年年末止累计已移交生产使用单位的固定资产、流动资产、无形资产和递延资产。分别根据上年本表该栏数字和"交付使用资产"科目的本年年末借方余额分析计算填列。

"在建工程"栏反映建设单位各种在建工程成本的年末余额。根据"建筑安装工程投资""设备投资""待摊投资"和"其他投资"科目的年末借方余额合计填列。

"待核销基建支出"和"转出投资"分别反映自开始建设起到本年年末止累计发生的尚未经批转冲销相应资金来源的待核销基建支出和转出投资,分别根据上年本表该栏数字和"待核销基建支出""转出投资"科目的年末借方余额计算填列。

(四)待摊投资明细表(财建 03 表)

本表主要反映建设单位(项目)发生的构成基本建设实际支出的、并按规定应当分摊计入交付使用资产成本的各项费用支出的明细情况。编制本表主要是为了检查建设单位概预算和基建财务制度的执行情况。表中"本年数"栏按照待摊投资明细项目当年实际发生额填列。"累计"栏根据各明细项目自开始建设起至本年末止累计发生数填列。主要指标填列方法如下:

1. 借款利息:反映建设单位(项目)借入的基建投资借款所发生的按规定应计入交付使用资产价值的借款利息。根据"待摊投资－借款利息"科目本年借方发生额分析填列。

2. 财政贴息资金:反映建设单位(项目)收到财政拨入的应冲减利息支出(工程成本)的贴息资金。根据"待摊投资——借款利息"科目本年贷方发生额分析填列。

3. 存款利息收入:反映建设期间建设单位(项目)的建设资金(包括投资借款)在银行存款户上所实现的利息收入。根据"待摊投资－借款利息"科目本年贷方发生额分析填列。

4. 本表"汇兑损益""固定资产损失""器材处理亏损""设备盘亏及毁损""调整器材调拨价格折价"项目,均反映建设单位(项目)当年发生的应计入交付使用资产价值的各项净损失,应分别根据"待摊投资"科目所属有关明细科目的本年借方或贷方发生额分析计算填列。

5. 已摊销数:反映建设单位(项目)按规定已经分摊计入交付使用资产价值的待摊投资额。

6. 本表其他各项目,分别根据"待摊投资"科目所属明细科目的本年借方发生额分析填列。

(五)基建借款情况表(财建 04 表)

本表反映建设单位(项目)各种基建借款的借入、归还情况。编制本表是为了检查建设单位(项目)年度基建投资借款计划和其他借款计划的执行情况(即借款的到位情况),如果已批复竣工决算的不再报此表。还款资金列入单位财务费用,或行政支出。

本表"国债转贷资金"反映建设单位(项目)使用的从国债项目资金中安排的转贷资金;"商业银行投资借款"反映建设单位从各商业银行借入的基建投资借款。

本表纵向各栏的填列方法:

1. "年初借款余额"栏,反映建设单位(项目)年初各种基建借款的余额。根据上年本表"年末借款余额"数字分别填列。

2. "本年实际借款数"栏所属"本金"和"利息"栏,反映建设单位(项目)自年初起到本年年末止支用的基本建设投资借款等借款本金及发生的利息。分别根据"基建投资借款""其他借款"科目本年贷方累计发生额分析填列。

3. "本年还款数"栏所属"本金"和"利息"栏,反映建设单位(项目)本年累计归还的各种借款本金和利息。分别根据"基建投资借款""其他借款"科目本年借方累计发生额分析填列。

4. "年末借款余额"栏,反映建设单位(项目)本年年末各种基建投资借款的余额。根据"基建投资借款"和"其他借款"科目年末贷方余额填列。

(六)主要指标表(财建05表)

本表综合反映建设项目的投资完成及预算执行等情况,包括基建项目个数、交付使用资产、基建结余资金等。本表根据年度财务核算的各有关总账、明细账以及建设项目管理等方面的资料分析填列。

1. 汇编建设项目个数:分别按照建设项目类型和规模进行填列。其中:按类型分为经营性建设项目和非经营性项目;按规模分为大中型建设项目和小型及其他建设项目。

2. 交付使用资产情况:主要反映建设单位(项目)的交付使用资产情况。其中"用基建拨款形成的交付使用资产"需单独列示。

3. 基建结余资金:分别列填年初结余资金和年末结余资金。在决算报表数字没有调整的情况下,年初结余资金应与上年的年末结余资金一致,如有调整,应按调整数字填列,并在决算报表编制说明中进行说明。年末结余资金,应根据资金平衡表中有关栏次分析计算填列(即:年末结余资金=01表基建拨款合计+项目资本+项目资本公积+基建投资借款+企业债券资金+待冲基建支出-基本建设支出合计-应收生产单位投资借款期末数)。

4. 本年自筹基建资金——包括财政其他业务处室拨付资金及单位自筹资金。

5. 本年预算执行情况:主要反映本年下达的基本建设支出预算及执行情况。建设单位(项目)应按本年实际发生数分别填列。

本年预算数(15)按财政下达预算指标为准、本年到位数(24)按实际拨付资金、未到位资金(33)按预算减到位数填列。拨款来源:本年预算拨款(16)预算内、中央资金和区县列入基建支出项目;本年专项建设基金拨款(20)水利基金、社会事业费、养路费;本年预算外(22)土地批租和基础设施费(含区县土地批租资金)。

(三)企业基本建设项目财务报表的填报:报表封面除单位性质外,其他内容与基本建设项目财务决算报表相同;财建企01表的填报方法与财建02表相同;财建企02表的填报方法与财建05表相同。

**五、建设项目资金结余情况**

为进一步做好政府投资项目的管理工作,充分发挥财政资金的使用效益,各主管部门和区县财政局在填报20×6年度决算报表的基础上,应填报《北京市政府投资项目资金结余情况表》,及时反馈财政性资金的结余情况。

**六、组织对决算编制审查**

各单位报表汇总上报完成后,市财政局将组织对各单位上报数据的真实性、完整性进行审查,请各单位认真填报。

**七、区县财政需要注意的事项**

1. 财政部门今年应按项目的实际情况真实填报;代编单位报表另外再报一套;

2. 区县实行国库集中支付的,对零余额账户的资金要求项目单位填报在银行存款项目;

3. 表1的资金来源"本年预算拨款"科目填报中央、市级和区县预算内基本建设支出科目安排的资金。同时区县财政要填报一张附表,将中央、市级和区县的资金分开做说明。

# 三、公路建设项目竣工财务报表

## 公路建设项目工程概况表

（交建竣 1 表）

编制单位：

| 建设项目或单项工程名称 | | | | | | | |
|---|---|---|---|---|---|---|---|
| 建设地址或地理位置 | | | | | | | |
| 建设时间 | 计划 | | | | | | |
| | 实际 | | | | | | |
| 工可和投资估算批准机关、文号 | 日期 | | | | | | |
| 初步设计和概算批准机关、文号 | 日期 | | | | | | |
| 签订概算投资包干合同主管机关、日期、文号 | | | | | | | |
| 主要设计单位 | | | | | | | |
| 主要监理单位 | | | | | | | |
| 主要施工单位 | | | | | | | |
| 占地面积（亩） | 设计 | | | 实际 | | | |

| 完成的主要工程数量 | | 工 程 内 容 | | 单位 | 数 设计 | 量 实际 |
|---|---|---|---|---|---|---|
| 生产性设施 | 1、路基 | 土方 | | 万m³ | | |
| | | 石方 | | 万m³ | | |
| | 2、路面铺筑 | | | 万m²/Km | | |
| | 3、混凝土 | | | 万m³ | | |
| | 4、金属结构安装 | | | 吨 | | |
| | 5、坊工工量 | | | m³ | | |
| | 6、 | | | | | |
| | 7、 | | | | | |
| | 8、 | | | | | |
| 非生产性设施 | 1、服务区管理区 | | | 处 | | |
| | 2、 | | | | | |

| 主要收尾工程 | 工程内容或名称 | 预计投资额 | 预计完成时间 |
|---|---|---|---|
| | | | |

| 主要废工程 | 工程内容或名称 | 工程投资额 | 主要工程数量 | 批准单位、文号 |
|---|---|---|---|---|
| | | | | |

原因：

（续表）

| 项目 | | 单位 | 数量 | | 工程主要特征 | 单位 | 数量 |
|---|---|---|---|---|---|---|---|
| 主要材料消耗 | 钢材（吨） | 设计 | | | 1、桥梁及总长 | 座/m | |
| | | 实际 | | | 2、涵洞及总长 | 道/m | |
| | 沥青（吨） | 设计 | | | 3、隧道及总长 | 座/m | |
| | | 实际 | | | 4、跨线桥及总长 | 道/m | |
| | 水泥 | 设计 | | | 5、管理及养护用房 | 处/m² | |
| | | 实际 | | | 6、辅道支线总长 | Km | |
| 工程总概算 | 万元 | | 工程概算包干系数 | | 7、分离式立体交叉 | 处/m² | |
| 工程实际投资 | 万元 | | 工程概算包干节余 | | 8、互通式立体 | 处/m | |
| 工程总造价 | 万元 | | 建筑安装费投资 | | 9、封闭工程 | km | |
| 其中：设备投资 | 万元 | | 其他投资 | | 10、停车场 | 处/m | |
| 其中：不计入固定资产价值的支出 | 万元 | % | 固定资产形成率 | | 11、线路总长 | km | |
| 其中：利息总支出 | 万元 | | 交通部省省厅投资 | | 12、 | km | |

主要技术经济指标

| 能力或效益名称 | 设计 | 实际 |
|---|---|---|
| 新增生产能力 | 昼夜设计交通能力（万辆） | |
| | 行车时速 km/h | 路基宽度 |
| 技术等级 | 平微一级 | 线路长度 |
| | 平均每公里造价 万元 | |
| | 每单位面积平均征地投资 万元/亩 | 预算：万元　实际：万元 |

| 工程质量鉴定 | 优3 良 合格1 项 | 不合格一项 | 总评4项 | 永久占用土地 | 亩 |
|---|---|---|---|---|---|
| 迁移人口： | 人 | 拆迁补偿： | | | 万元 |
| 拆迁房屋： | m² | | | | |

## 建设项目竣工财务决算总表

编制单位：                                                    交建竣2-1表

单位:元

| 资金来源 | 金额 | 资金占用 | 金额 |
|---|---|---|---|
| 一、基建拨款 | | 一、基本建设支出 | |
| 1.预算拨款 | | 1.交付使用资产 | |
| 2.基建基金拨款 | | 2.在建工程 | |
| 3.进口设备转账拨款 | | 3.待核销基建支出 | |
| 4.器材转账拨款 | | 4.非经营项目转出投资 | |
| 5.煤代油专用基金拨款 | | 二、应收生产单位投资借款 | |
| 6.自筹资金拨款 | | 三、拨付所属投资借款 | |
| 7.其他拨款 | | 四、器材 | |
| 二、项目资本 | | 其中:待处理器材损失 | |
| 1.国家资本 | | 五、货币资金 | |
| 2.法人资本 | | 六、预付及应收款 | |
| 3.个人资本 | | 七、有价证券 | |
| 三、项目资本公积 | | 八、固定资产 | |

## 资金来源情况表

编制单位：                                                    交建竣2-2表

单位:元

| 资金来源 | 年 度 | | 年 度 | | 年 度 | | 年 度 | | 年 度 | | 年 度 | | 年 度 | |
|---|---|---|---|---|---|---|---|---|---|---|---|---|---|---|
| | 计划数 | 实际数 | 计划数 | 实际数 | 计划数 | 实际数 | 计划数 | 实际数 | 计划数 | 实际数 | 计划数 | 实际数 | 计划数 | 实际数 |
| 一、基建拨款 | | | | | | | | | | | | | | |
| 1 | | | | | | | | | | | | | | |
| 2 | | | | | | | | | | | | | | |
| 3 | | | | | | | | | | | | | | |
| 4 | | | | | | | | | | | | | | |
| 5 | | | | | | | | | | | | | | |
| 二、项目资本 | | | | | | | | | | | | | | |
| 1 | | | | | | | | | | | | | | |
| 2 | | | | | | | | | | | | | | |
| 3 | | | | | | | | | | | | | | |

（续表）

| 资金来源 | 年度 | | 年度 | | 年度 | | 年度 | | 年度 | | 年度 | | 年度 | |
|---|---|---|---|---|---|---|---|---|---|---|---|---|---|---|
| | 计划数 | 实际数 | 计划数 | 实际数 | 计划数 | 实际数 | 计划数 | 实际数 | 计划数 | 实际数 | 计划数 | 实际数 | 计划数 | 实际数 |
| 4 | | | | | | | | | | | | | | |
| 5 | | | | | | | | | | | | | | |
| 三、项目资本公积 | | | | | | | | | | | | | | |
| 四、基建投资借款 | | | | | | | | | | | | | | |
| 1 | | | | | | | | | | | | | | |
| 2 | | | | | | | | | | | | | | |
| 3 | | | | | | | | | | | | | | |
| 4 | | | | | | | | | | | | | | |
| 5 | | | | | | | | | | | | | | |
| 五、上级拨入投资借款 | | | | | | | | | | | | | | |
| 六、企业债券资金 | | | | | | | | | | | | | | |
| 七、 | | | | | | | | | | | | | | |
| 合　计 | | | | | | | | | | | | | | |

## 待核销基建支出及转出投资明细表

编制单位：

交建竣 2-3 表

单位：元

| 项　目 | 金　额 | 内　容 | 批准单位 | 文　号 | 备　注 |
|---|---|---|---|---|---|
| 一、待核销基建支出合计 | — | | | | |
| 1 | | | | | |
| 2 | | | | | |
| 3 | | | | | |
| 4 | | | | | |
| 5 | | | | | |
| 二、非经营项目转出投资合计 | — | | | | |

（续表）

| 项　　目 | 金　额 | 内　容 | 批准单位 | 文　号 | 备　注 |
|---|---|---|---|---|---|
| 1 | | | | | |
| 2 | | | | | |
| 3 | | | | | |
| 4 | | | | | |
| 5 | | | | | |
| | | | | | |

# 四、上海市财政性基本建设项目财政财务监督管理暂行办法

## 第一章　总则

**第一条**　（目的）

财政性基本建设项目财政财务监督管理（以下简称财务监理）是财政部门管理基建财务的一项重要职能，是合理控制项目成本费用、节约建设资金的重要手段。为加强本市财政性基本建设项目财政财务监督管理，提高基本建设资金的使用效益，进一步规范财政基本建设投资评审工作，按照财政部有关规定，结合本市实际情况，制定本办法。

**第二条**　（财政部要求）

根据财政部规定，财政部门必须履行对财政性基本建设项目进行监督检查的职能，负责对财政性基本建设项目的使用效益进行重点分析、检查及监督。

**第三条**　（财务监理定义）

财政性基本建设项目的财政财务监督管理，是指对有财政性资金（包括预算内外资金、行政事业性收费、政府性基金等）安排或部分安排的建设项目，从可行性研究至竣工财务决算整个过程进行资金和财务等方面的监督管理。

**第四条**　（适用范围）

凡是财政性基本建设项目，均须按照本暂行办法第八条规定的形式进行财务监理。

**第五条**　（分级管理）

财务监理工作实行市、区（县）两级财政分级管理，其中由市财政性资金（含市、区县两级财政性资金联合投资）安排的建设项目财务监理工作由市财政部门负责；由区县财政性资金安排的建设项目财务监理工作由所属区县财政部门负责。

**第六条**　（财务监理作用）

财务监理的结果，作为编审、下达年度基建支出预算、审核拨（贷）款、工程价款结算和批复项目竣工财务决算的主要依据之一，也是确定项目包干基数、调整项目概算的参考依据之一。

## 第二章　财务监理依据和形式

**第七条**　（财务监理依据）

财务监理的依据主要有：

（一）国家和市政府颁布的有关建设项目和工程技术、经济的法律、法规、政策和规定。

（二）经有权部门批准的项目建议书、可行性研究报告、初步设计、总概算、固定资产投资计划及其他文件。

（三）依法签订的工程建设合同及与投资有关的其他合同。

（四）基本建设财务会计制度。

**第八条** （财务监理形式）

财政部门可根据建设项目特点、内容及投资来源的不同，采取由财政部门直接财务监理、财政部门委托社会中介机构财务监理或经财政部门认定的社会中介机构财务监理等三种形式进行。项目具体采用何种形式的财务监理由同级财政部门确定。

## 第三章　财务监理内容

**第九条** （财务监理内容）

财务监理工作内容包括资金监控和财务管理两方面。

**第十条** （资金监控）

资金监控的内容主要包括：

（一）参与项目可行性研究、扩初设计和概预算的审查，审查项目资金来源落实情况，审查项目建设内容及投资超计或漏计投资等情况。

（二）对项目勘察、设计、征地、动迁、补偿、市政配套增容费等前期费用进行审核，检查前期费用开支是否符合规定。

（三）执行基建财务制度有关规定，根据财政部门批准的建设单位管理费年度预算计划，加强对建设单位管理费支出的审核。

（四）参与项目招投标以及施工、材料、设备采购等经济合同谈判、签订工作，对合同中相关的经济条款提出审核意见，并做好合同执行情况的检查工作。

（五）配合建设单位做好对施工图预算、甲供材料、设备采购等价格的审核工作。

（六）审核经施工监理确认的施工单位实际完成工作量，对照施工合同和预付工程款，为建设单位签署支付工程款的审核意见。

（七）严格督促建设单位按照批准的设计规模、设计标准进行工程建设，配合建设单位做好因设计变更、施工实际情况变化等引起的造价变更的审核签证工作。对于擅自提高建设标准、扩大规模的各项开支提出审核意见。

（八）做好政策性调整、设计变更和物价上涨等因素影响项目投资的情况分析，建立实际投资与概（预）算动态对照分析表。

（九）工程竣工后，审查施工单位递交的工程竣工结算（包括甲供料、设备价款、施工用水、用电的审核抵扣等）。

（十）项目全部完成后，审查项目全部费用，审核项目造价。对实际总支出与项目总概算进行对比分析。

**第十一条** （财务管理）

财务管理的主要内容包括：

（一）建设资金必须专户管理、专款专用，不得用于计划外工程，防止建设资金流失和非法占用。

（二）协助建设单位编制年度、月度资金用款计划，并予以初审。

（三）协助建设单位正确设置会计账户，指导建设单位规范运用，正确、及时上报各类财务报表。

（四）加强对建设项目成本、费用等检查，确保各项开支符合国家规定。

（五）加强对建设单位自行采购的设备、材料的采购、保管、领用三个环节的管理及财务核算。

（六）协助建设单位正确编制竣工财务决算，审查项目竣工财务决算报表的真实性、完整性等；审查基建收入及结余资金，属于应上交财政部分是否及时上交。

## 第四章　财务监理工作要求

**第十二条**　（对建设单位的要求）

对建设单位提出如下要求：

（一）建设单位在项目可行性研究报告批复之后，即向财政部门申请确定项目财务监理形式，并报送项目扩初设计、概算等相关文件。

（二）及时向财务监理单位提供有关项目文件、资料。

（三）有权向财务监理单位提出建议和配合要求。

（四）及时通知财务监理单位参加工程协调会议及有关合同谈判、签订工作。

（五）做好各项工程结算资料催收工作，及时交付审核。

（六）做好财务监理单位与施工监理、代甲方等外部关系协调。

**第十三条**　（对财务监理单位的要求）

对财务监理单位提出如下要求：

（一）接受财政部门委托的财务监理单位，应具备规定的资格条件，严格遵守国家的有关法律、法规及执业规范等，接受财政部门的监督指导，并承担相应的审查责任。

（二）财务监理单位接受财政委托后，应及时组建财务监理班子，制订财务监理实施细则，并报送委托单位，抄送建设单位。

（三）认真做好财务监理内容所要求完成的各项工作，签署财务处理意见书。

（四）在规定时间内向财政部门报送项目概、预算审查报告。

（五）对项目工程进度、资金使用、概预算执行等情况，应及时向财政部门报送财务监理月报和年报。若发生资金挪作他用、提高建设标准、扩大建设规模、超概算等重大情况，应及时专题分析并报送财政部门。

（六）及时提供工程竣工结算审价及项目投资成本分析报告，做好相关经济技术指标分析工作。

（七）项目竣工阶段，及时提供项目概算执行情况报告、项目竣工财务决算审查报告、财务监理总结报告。

## 第五章　财务监理收费

**第十四条**　（财务监理收费）

财务监理工作收费按照"谁委托，谁付费"的原则执行。

**第十五条**　（收费标准）

财务监理具体收费标准及经费渠道,由财政部门按照财务监理的委托工作内容、工作方式及工作难易程度确定。

## 第六章  财务监理检查与处理

**第十六条** (对建设单位的检查与处理)

在财务监理过程中,如发现建设单位搞计划外工程、提高建设标准、扩大建设规模和将资金挪作他用等违法违规行为,财政部门有权采取通报批评、责令限期整改、停止拨(贷)款和追回拨(贷)款等措施,并依据《预算法》《会计法》和有关法律、法规予以处罚,同时向有关部门提出调整概算的意见。

**第十七条** (对财务监理单位的检查与处理)

财政部门定期对财务监理单位进行财务监理工作的检查。对财务监理单位报送的审查报告,财政部门可组织或委托其他财务监理单位进行抽查与复查,重点复审超概算的建设项目。财务监理单位审查报告的核增、核减数额,与复审后并经财政部门所确定的数额相差正负 5% 以上的,将扣减其委托代理费用,并取消其接受财政部门委托财务监理的资格。财务监理单位因过失或故意提供不实或内容虚假的审查报告,造成相应后果的,应承担相应的经济责任,需要追究法律责任的,依法追究有关责任人的法律责任。财政部门不再委托其项目财务监理业务。

## 第七章  附  则

**第十八条** (应用解释)

本办法由市财政局负责解释。

**第十九条** (施行日期)

本办法自发布之日起施行。

上海市财政局

沪财建〔2001〕101 号

2001 年 10 月 8 日